O SUCESSO, JAMAIS SERÁ PERDOADO

O SUCESSO, JAMAIS SERÁ PERDOADO

A AUTOBIOGRAFIA DO
BARÃO DE MAUÁ

COPYRIGHT © FARO EDITORIAL, 2024
COPYRIGHT © IRINEU EVANGELISTA DE SOUSA, 1813 - 1889

Todos os direitos reservados.

Avis Rara é um selo da Faro Editorial.

Nenhuma parte deste livro pode ser reproduzida sob quaisquer meios existentes sem autorização por escrito do editor.

Diretor editorial **PEDRO ALMEIDA**
Coordenação editorial **CARLA SACRATO**
Assistente editorial **LETÍCIA CANEVER**
Preparação **MARINA MONTREZOL**
Revisão **NICOLLY DO VALE, BARBARA PARENTE E THAIS ENTRIEL**
Capa e diagramação **OSMANE GARCIA FILHO**
Imagens de capa e miolo **DOMÍNIO PÚBLICO**

Dados Internacionais de Catalogação na Publicação (CIP)
Jéssica de Oliveira Molinari CRB-8/9852

Souza, Irineu Evangelista de, 1813-1889
   O sucesso jamais será perdoado : a autobiografia do Barão de Mauá / Irineu Evangelista de Souza. — São Paulo : Faro Editorial, 2024.
   256 p.

   Bibliografia
   ISBN 978-65-5957-418-6

   1. Souza, Irineu Evangelista de, 1813-1889 — Autobiografia I. Título

23-4851   CDD 923.9

Índice para catálogo sistemático:
1. Souza, Irineu Evangelista de, 1813-1889 — Autobiografia

1ª edição brasileira: 2024
Direitos de edição em língua portuguesa, para o Brasil, adquiridos por **FARO EDITORIAL**

Avenida Andrômeda, 885 — Sala 310
Alphaville — Barueri — SP — Brasil
CEP: 06473-000
www.faroeditorial.com.br

SUMÁRIO

APRESENTAÇÃO 11

PREFÁCIO — A TRAJETÓRIA DE UM PIONEIRO: EM TORNO DA VIDA DE MAUÁ . . 15

Nascimento 15

Antepassados 16

Órfão 17

A mestra única 17

Intermezzo sentimental 18

A separação 18

Estudante ou caixeiro? 19

A casa inglesa 20

O patrão humano 21

O comércio inglês 22

Adaptação 24

Primeira viagem à Europa 24

O "farroupilha" Irineu 25

O anel simbólico 28

Fim do comerciante 29

Ponto de descanso 32

Hora de transição 33

A ponta da areia 34

O serviço de iluminação 35

Temperamento extrapartidário 35

As estradas de ferro 39

A São Paulo Railway.. 43

A política do Prata.. 47

A navegação do Amazonas.. 49

O telégrafo submarino... 52

Trabalhos menores... 54

O banqueiro... 55

Mauá emissionista... 59

A falência... 60

Paralelos.. 62

Conclusão... 64

AUTOBIOGRAFIA DO VISCONDE DE MAUÁ.................................... 65

Exposição... 67

Estabelecimento da Ponta da Areia.. 70

Companhia de rebocadores a vapor para o Rio Grande................... 72

Companhia Iluminação a Gás do Rio de Janeiro........................... 73

Serviços prestados à política do Brasil no Rio da Prata.................. 75

Companhia Fluminense de Transportes.................................... 76

Banco do Brasil (anterior ao atual).. 77

Estrada de ferro de Petrópolis, vulgo Mauá............................... 77

Navegação a vapor do Rio Amazonas...................................... 83

Estrada de ferro do Recife a São Francisco................................ 88

Estrada de ferro da Bahia... 91

Companhia Diques Flutuantes.. 91

Companhia de Curtumes... 92

Companhia Luz Esteárica.. 92

Montes Áureos Brazilian Gold Mining Company.......................... 93

Estradas de ferro de Santos a Jundiaí..................................... 94

Estrada de ferro Dom Pedro II.. 101

Caminho de ferro da Tijuca... 103

Botanical Gardens Rail Road Company.................................... 105

Estrada de ferro Paraná a Mato Grosso................................... 107

Cabo submarino.. 116

Abastecimento de água à capital do Império.............................. 118

Estrada de ferro do Rio Verde.. 119

Serviços prestados à agricultura... 121

Banco Mauá & C.. 129

TABELAS 171

O MEIO CIRCULANTE DO BRASIL PELO VISCONDE DE MAUÁ 175

ÁRVORE GENEALÓGICA 197

Ascendência e descendência de Irineu Evangelista de Souza –
Barão e Visconde de Mauá com grandeza 197

FONTES CONSULTADAS 205

A – Escritos de Mauá 205

B – Biografias e estudos sobre Mauá 207

C – Trabalhos e publicações em torno de Mauá 210

D – Outros estudos e documentos 211

E – Livros e publicações estrangeiras 216

F – Outras fontes para pesquisas 217

BIBLIOGRAFIA COMPLEMENTAR 219

NOTAS 223

Barão de Mauá inspecionando o Estaleiro Ponta da Areia em Niterói, 1857.
Litografia aquarelada de Pieter Godfred Bertichen.

Trapiche Mauá, Rio de Janeiro, ficava na atual Praça Mauá.
Servia desde 1854 para embarque dos passageiros e cargas.

A estação Guia de Pacobaíba, antiga Estação Mauá, foi a primeira estação de trens do Brasil, inaugurada em 30 de abril de 1854, como estação inicial da Estrada de Ferro Mauá.

A morte do Visconde de Mauá na capa da *Revista Illustrada*. Litogravura, 2 de novembro de 1889.

Barão de Mauá. Litografia em preto e branco, 1861. Sebastien Auguste Sisson.

APRESENTAÇÃO

Como pode um país tão amplo em dimensões quanto em recursos naturais, que em meados do século xix prometia tornar-se um dos mais ricos do mundo, ter se transformado no país de um eterno futuro que não se torna presente jamais? Há, na história das nações tanto quanto na história dos indivíduos, certos períodos decisivos que, no lusco-fusco entre o nascimento ou o aborto, o voo de águia ou o voo de galinha, o sucesso ou o fracasso, definem-lhes o destino. Na história do Brasil, um desses períodos coincidiu com a vida e a atividade de Irineu Evangelista de Souza (1813-1889), o Visconde de Mauá, o qual, na sua ascensão e queda, simboliza tudo aquilo que o país poderia ter sido e que não foi. É isso o que fica claro na *Autobiografia* que o leitor tem em mãos, na qual, ao expor os motivos que o levaram a declarar falência depois de tornar-se um dos homens mais ricos do mundo, Mauá expõe também, inadvertidamente, os motivos que vêm desde então levando à nossa própria falência como país. Assim, este livro é um documento indispensável para qualquer brasileiro que deseje compreender por que o país em que vive é como é: a ascensão e queda de Mauá é a nossa ascensão e queda.

Nascido em 1813 de origens humildes, Irineu Evangelista de Souza começa a trabalhar aos nove anos de idade. Aos onze, torna-se caixeiro na loja de um comerciante português, trabalhando com zelo e aproveitando todo minuto livre e mesmo as horas de sono para estudar. Aos quinze anos, o jovem prodígio é promovido a guarda-livros (função equivalente à do atual contador). Quando a loja passa ao controle de um empresário inglês, o antigo dono confia-lhe Irineu como seu bem mais precioso. Mais do que funcionário, o jovem torna-se discípulo e amigo do homem de negócios inglês, com quem aprende não só as habilidades práticas necessárias para tornar-se um comerciante bem-sucedido, mas os princípios do liberalismo econômico e da filosofia da livre-iniciativa. Aos 23 anos, Irineu se torna gerente da casa comercial e aos 24 anos passa a controlar a empresa como sócio. Com trinta anos de idade, ele já se tornara um empresário respeitado, dono de uma fortuna que lhe assegurava "a mais completa independência":

> Bastaram vinte anos de atividade sem repouso, além do preciso para recuperar a perda de forças que o lidar contínuo, acompanhado da necessária meditação, opera no organismo que suporta a pressão dessas lides, para assegurar-me uma renda superior a cinquenta contos anualmente, tirando o capital empregado nos títulos mais bem-garantidos que nosso país possui, ao liquidarem-se as transações de um forte comércio de importação e exportação de cujo movimento me constitui o centro, além do quinhão proporcional que a outros sócios tocara em partilhas.

Neste ponto, porém, ocorre pela primeira vez algo que se repetiria com frequência depois na vida e na atividade de Irineu: uma mudança repentina na legislação confunde toda a atividade econômica do país, transforma lucro em prejuízo e obriga-o a rever suas iniciativas. Em 1844, entra em vigor a Lei Alves Branco, que eleva os impostos sobre produtos estrangeiros, inviabilizando o negócio das casas importadoras como a de Irineu. Liquidada a empresa, tudo convidava-o a desfrutar tranquilamente de sua grande fortuna pelo resto da vida. No entanto,

> Travou-se em meu espírito, nesse momento, uma luta vivaz entre o EGOÍSMO, que em maior ou menor dose habita o coração humano, e as ideias generosas que em grau elevado me arrastavam a outros destinos, sendo a ideia de vir a possuir uma GRANDE fortuna questão secundária em meu espírito, posso dizê-lo afoitamente, com a mão na consciência e os olhos em Deus.

Imbuído do ideal de industrializar e modernizar o país de acordo com o modelo de livre-iniciativa inglês que aprendera com seu mestre, de modo a levar o Brasil, "em um futuro não muito distante, à posição que lhe compete no congresso das nações, isto é, o primeiro lugar", Irineu lança-se ao mundo das finanças e da grande indústria, "optando por uma nova vida de atividade sem exemplo em nossa terra e muito rara em outros países, onde outros elementos auxiliam os esforços da iniciativa individual vigorosa para alcançar altos propósitos, em bem dos interesses gerais".

Nessa posição, o futuro barão e depois visconde de Mauá implantou a primeira fundição de ferro e estaleiro no país, construiu a primeira ferrovia brasileira, deu início à exploração do Rio Amazonas e afluentes, bem como do Guaíba e afluentes, forneceu navios para as intervenções platinas do Império, instalou a iluminação pública a gás na cidade do Rio de Janeiro, instalou o cabo submarino telegráfico entre a América do Sul e a Europa, prestou auxílio financeiro ao Brasil e aos países vizinhos em diversas oportunidades – para citar apenas uma fração das suas iniciativas. Mauá foi o verdadeiro construtor do Brasil.

O sucesso foi tal que, em 1867, a fortuna de Mauá era maior que o orçamento anual do Império. O que, então, pode tê-lo obrigado a decretar falência e redigir a *Exposição aos credores*, que compõe o cerne de sua autobiografia pouco mais de dez anos depois? O mesmo que desde então impede no berço o florescimento de novos mauás e estrangula em flor aqueles que se atrevem a ir adiante: a instabilidade do ambiente político e econômico nacional, o excesso de intervenção estatal no mercado, a prontidão do Estado em alterar as leis existentes ou inventar leis novas para favorecer a certos grupos em detrimento de outros, a impossibilidade de executar qualquer iniciativa sem o apoio de um Estado que ou limita as forças produtivas ou as abandona, a perseguição generalizada que políticos e empresários parasitários promovem contra o empreendedorismo e o sucesso.

O Mauá que pôde sair do nada e tornar-se o homem mais rico do Brasil é símbolo do país que poderíamos ter sido; aquele que foi obrigado a decretar falência algumas décadas depois, do país que de fato nos tornamos. Para entender como e por que seguimos um caminho e não outro, e talvez também para encontrar um caminho alternativo, este livro é leitura obrigatória.

Eduardo Levy

PREFÁCIO

A TRAJETÓRIA DE UM PIONEIRO:

EM TORNO DA VIDA DE MAUÁ

por CLAUDIO GANNS

Nada mais aventuroso que dizer, sobre temas conhecidos, coisas novas que mereçam ser guardadas, e mais perigoso ainda dizer coisas velhas, ao menos com aquela presunção de originalidade que justifique a atenção alheia.

Ao retraçar o perfil de quem foi o animador econômico do Império, depois de 1850, cuidando não ser de todo inútil, procurarei, no começo desta viagem histórica, evitar os caminhos já batidos por abnegados predecessores ou acentuar certos aspectos menos vistos da paisagem moral dessa grande existência.

De início, enveredarei pelas reminiscências de pessoas veneráveis, próximas pelo sangue ou pela aliança, do Visconde de Mauá – dirigindo a seguir a excursão atenta e indagativa aos pontos em que, no período de antecipação da sua vida pública ou adiante, em sua plena atuação transformadora, a memória imortal do arrojado impulsionador e pioneiro ainda não se libertou de acusações mais recentes e injustas.

Passados mais de cinquenta anos de seu desaparecimento, ainda não lhe é dada a oportunidade de se desvincular da árdua batalha que foi a sua existência inteira. É o ruim e amargo tributo que a mesquinha natureza humana faz pagar a toda superioridade verdadeira, justamente por ter infringido as normas da craveira comum, conquistando o direito de ser grande...

NASCIMENTO

Quase na fronteira meridional do Brasil, nasceu Irineu Evangelista de Souza, em 28 de dezembro de 1813, na freguesia de Nossa Senhora da Conceição do Arroio Grande[1], no então distrito de Jaguarão, na Capitania d'el-Rey de São Pedro do Sul.

Se é possível aos acontecimentos históricos corresponder uma predestinação, o detalhe tem a sua importância viva, porque o grande homem que seria mais tarde o vínculo mais poderoso para a influência efetiva do Brasil no Prata teve os seus olhos abertos à luz daquele panorama familiar, e as primeiras sensações do seu cérebro portentoso nasceram do espetáculo amplo das vastas campinas gaúchas, a desdobrar-se ali na linha dos horizontes indefinidos, entre o Uruguai e o Brasil, incutindo-lhe por certo no espírito em formação as fortes impressões da vida de iniciativa e liberdade das quais frui, nos seus galpões modestos, a gente admirável e rude da nossa zona fronteiriça.

Esses campos gaúchos e uruguaios foram os que Irineu de Souza, ainda menino, veria, irmanados, fazendo parte da nossa Província Cisplatina (1821).

A continuidade do território semelhante de um e do outro lado do rio limítrofe, cada vez mais interpenetrado dos acontecimentos históricos, dourou a visão do adolescente, sem dúvida aí embebida dos belos sentimentos da confraternidade e vizinhança, que seriam, mais tarde, dos mais poderosos estímulos aos seus impulsos, no sentido de estender até lá, à terra uruguaia, as suas atividades benfazejas.

Seria esse o cenário futuro da sua atuação decisiva, em benefício do Uruguai, ali estabelecendo, através do seu banco, "a mais poderosa agência diplomática do Império"[2].

ANTEPASSADOS

Reminiscências de família, ainda não publicadas, assinalam-lhe, para sabor dos linhagistas, os avós maternos: José Baptista de Carvalho, que faleceu aos cem anos "de uma queda de cavalo", no campo; e Dona Izabel de Carvalho, "senhora de origem holandesa, muito estimada pelas suas virtudes"[3].

Desse casal vieram vários filhos: pelo menos dois homens, entre os quais se inclui o capitão de navio à vela, do mesmo nome do pai, que iria trazê-lo, por volta de 1823, a empregar-se logo no Rio, como caixeirinho. Ele varria um modesto armazém de velas e chá, do qual passados dois anos se transferiu para antiga loja portuguesa de fazendas da Corte.

A filha mais velha, nascida em 1790 e tantos, é Marianna de Jesus Baptista, que se casa, em 1810, com João Evangelista de Ávila e Souza – pequeno estancieiro de Jaguarão, nascido em Paranaguá, mas filho de Manoel Jeronymo de Souza[4] e de Maria de Ávila, entroncando assim na estirpe gaúcha dos Ávila e Souza, de ascendentes portugueses dos Açores, que daria alguns nomes menores à Revolução dos Farrapos[5].

De Marianna e João Evangelista é que são filhos: Guilhermina, nascida em 1811 (irmã e futura sogra de Mauá) e, com a diferença de dois anos, o próprio Irineu Evangelista de Souza.

ÓRFÃO

Quando Irineu contava cinco anos de idade, seu pai faleceu, assassinado na barraca de campanha, à noite, quando conduzia uma tropa para vencer. A avó materna provavelmente já havia morrido, e a família ficou quase sem recursos. Não se viam talvez estranhas a essa situação penosa as tropas portuguesas e brasileiras, com destino a Montevidéu, sob o comando de Lecór, que aliciavam à sua passagem os homens válidos com a cavalhada útil, ou as de Curado que, próximas, igualmente se organizavam, com destino à fronteira de oeste, nas guerras contra Artigas.

A MESTRA ÚNICA

D. Marianna de Souza, senhora perspicaz e inteligente, ao notar que o filho, já nessa idade, herdava-lhe aumentados esses dons, começou desde cedo a ensinar-lhe as primeiras letras, de forma que ele aprendeu rápido, sob os seus desvelos, a ler e a contar. De par com essa instrução inicial procurou ainda, desde logo, firmar-lhe o caráter sobre preceitos da religião católica, que lhe ficaria no substrato moral. Ele não foi nunca praticante dos sacramentos nem assíduo às sacristias. O catolicismo exterior, tão explorado pelos fariseus, não lhe aprazia; nem enfeites de procissões decorativas, balandraus coloridos de irmandades maçônicas, como era de uso numa época mais de culto ostensivo que sincero[6]. A sua crença bíblica, misturada com a futura convivência inglesa, dar-lhe-ia certo "moralismo de negócios", espécie de "puritanismo econômico" de larva genuinamente protestante, que lhe emprestaria ao temperamento feição particular. Era crente, sim, mas no entendimento das normas cristãs, sobretudo a caridade: de bolso, de palavras e de intenções, para com os fracos e os humildes. Quase nunca terminava a refeição, mesmo no fastígio de sua carreira, sem dizer, como em agradecimento, para os íntimos da sua mesa: *Foi o que Deus deu!* No meio dos grandes sofrimentos morais, por ocasião da falência, resignado, pronunciava, vezes várias, palavras autoconsoladoras: *Cristo sofreu mais!* Frequentemente, para profligar um erro moral ou chamar alguém à razão das eternas verdades, sem as quais a vida é vazia de sentido, advertia com: *a lei de Deus!* Em sua *Exposição dos credores* e em cartas íntimas há muitas invocações ao nome de Deus.

INTERMEZZO SENTIMENTAL

Nessas circunstâncias – rezam ainda lembranças indiscretas –, apareceu por volta de 1821 novo pretendente à mão de Dona Marianna de Souza, mas agora o candidato inteligente àquela viúva ainda moça impõe condições: não quer enteados.

E aí, com a necessidade remediada da viúva e também – por que não o dizer? – com os novos impulsos do seu coração, ocorre a urgência de desfazer-se rapidamente dos filhos. A menina, com idade apenas de doze anos, é por ela casada às pressas: para ter seu consentimento, os presentes de noivado foram ainda bonecas... O rapazinho, com seus nove anos, a pedido da mãe, é trazido por seu tio, dono de um navio a vela, para o Rio, a tentar a vida comercial.

A menina passa a chamar-se, pouco depois, Guilhermina de Souza e Lima, graças ao marido, José Machado de Lima, cuja única relevância seria ser aparentado com antepassados de Pinheiro Machado. A mãe, Dona Mariana de Jesus e Silva – cujo novo sobrenome, a não ser só por isso, não foi mais identificado...

A SEPARAÇÃO

Nas agruras da despedida, agravada pela orfandade de quatro anos, ao entendimento da criança, ainda alheia aos novos entusiasmos que enchiam de todo o coração materno, perpassavam os presságios das responsabilidades futuras, quando, ainda comovido, entre lágrimas, dizia no último abraço, à mãe viúva e à irmã solteira, o seu voto decidido: haveria de estudar por si e ganhar dinheiro, para mais tarde sustentá-las ambas.

Hoje, podemos julgar com benignidade retrospectiva os ardores desses jovens temperamentos: de uma que sopitou os instintos maternos, do outro que não quis a alegria de ter filhos, mesmo emprestados, ao troco de uma felicidade ocasional, sem testemunhos constrangedores, embora machucando a ternura dos sentimentos filiais, ainda em botão!

Na casa de Mauá, muito mais tarde – bem depois de 1835, quando ele mandara buscar no sul mãe e sobrinha (a irmã e futura sogra viria mais tarde), aquela e esta castigadas pela viuvez de casamentos sem as esperadas alegrias –, estará ele reconciliado com a vida, adoçando muitas vezes, como juiz de paz carinhoso, as rabugices das duas velhinhas, em recíprocas recriminações[7].

Então, por certo, o sangue no coração generoso esquecia o presságio feliz da sua boa estrela, que ainda o guiava. Não fosse aquela dolorosa e esquecida intriga de família, e o rumo do seu destino talvez se limitasse, sem glória, à vida da pequena estância rio-grandense, a sua ação e inteligência confinadas ao modo de viver quase rude e modesto da campanha distante...

Provavelmente concorria, na indulgência, o pensamento de que também assim lhe teria fugido, sem dúvida, para outra volta do destino, a sua sobrinha Maria Joaquina. Esta, ainda menina, aos dez anos, era levada diariamente ao colégio pela sua mão paternal, a partir de 1835. No ano de 1841 (12 de abril), ela se torna a escolhida pelo seu afeto para esposa quase inseparável, até mesmo em longas e penosas viagens; a "mulher forte" pelo carinho, que lhe assiste sempre, nos bons como nos maus dias – no apogeu recebendo os títulos de baronesa e viscondessa de Mauá, e na desgraça desfazendo-se das joias, dos pequenos movéis, até das moringas de barro, para entregar aos credores. Ela lhe mitigava sempre as atribulações, como desvelada companheira – que ainda sobrevive ao marido e a alguns filhos, extinguindo-se como matrona antiga, em Petrópolis, em 1904.

ESTUDANTE OU CAIXEIRO?

Os dois anos apenas de colégio que, entre 1821 e 1823, deram, em São Paulo, a necessária instrução a Irineu (FERREIRA, 1898, p. 4; FARIA, 1926, p. 68) devem ser afastados, por falta de qualquer indicação plausível.

Naquele tempo, um capitão de barco a vela, que fazia viagens de longo curso até as Índias, não se demoraria vários dias em Santos para, subindo a Serra, levar a criança até a capital da província paulistana – ainda sem a estrada de ferro, feita depois à custa de Mauá. Nem a deixaria, igualmente, na Corte, com esse propósito, num luxo de zelos tão supérfluos para a época – julgados perfeitamente dispensáveis ainda hoje – aos que se destinavam ao comércio, visto como era o balcão a verdadeira escola técnica, prática e viva.

Em que pesem pruridos de grandeza nobilitante, mal compreendida, que só agora se manifestam, afora os rudimentos da instrução materna, Irineu foi aprendendo quase tudo mais que soube por si só: verdadeiro *self-made man*.

Numa sisudez precoce, numa vontade de vencer e ir para diante – como ele mesmo confidenciaria mais tarde à pessoa da sua intimidade, de quem recolhi esses primórdios humildes –, de começo engraxando até as botas dos caixeiros mais velhos para, com os poucos vinténs recebidos (exatamente 50$ era o pequeno salário que enviava à mãe distante, no cumprimento do voto de despedida), adquirir, aos poucos, os livros que lia, à noite, na própria loja, à luz mortiça do azeite ou do lampião em frente a casa, nas horas economizadas das diversões e do sono, quando os demais folgavam ou dormiam.

Sequioso de saber e de angariar simpatias – falam outras reminiscências –, conseguiu que um dos fregueses menos incultos da velha casa portuguesa se interessasse por ele, dando-lhe já tarde, depois das portas cerradas, mais instrução e conhecimentos práticos: ensinando-lhe contabilidade, francês e outras matérias.

Ele guardava os livros na gaveta do balcão, sobre o qual habitualmente dormia poucas horas por noite e aproveitava para estudar, ainda aí, nos momentos em que não aparecia o chefe, muito boa pessoa, mas que, segundo os estilos do tempo e da profissão, não queria saber de letrados...

Irineu transferiu-se depois para a casa comercial do Senhor João Rodrigues Pereira de Almeida[8], onde esteve cerca de quatro anos. Apenas completara treze anos de idade e já se tornara, pelo seu correto procedimento, o empregado de maior confiança do patrão, entregando-lhe este, sem hesitação, as chaves do estabelecimento.

Não foi porém o honrado comerciante feliz nos seus negócios: teve por volta de 1829[9] de liquidá-los, desfazendo-se dos bens, inclusive da própria casa de moradia, para os credores.

Dentre estes estava, como principal, outro negociante, o inglês Ricardo Carruthers, que a esse extremo se opôs, dizendo: "Não, na Inglaterra o 'home' é sagrado!".

A CASA INGLESA

Se há quem acredite nos "acasos" felizes, influindo na vida dos grandes homens, aí é que se opera a segunda mutação do destino de Irineu, abrindo-lhe um palco maior, de incalculáveis consequências.

Grato ao gesto de desprendimento, Almeida foi buscar Irineu, apresentando-o: "Em retribuição ao seu relevante favor, entrego-lhe aqui uma joia".

Já era julgamento, mas também vaticínio.

É à sombra da experiência e do método inglês de Carruthers que Mauá cresce e prospera. Essa nova escola – se a outra fora acanhada aula primária de iniciação mercantil – equivalia agora a perfeito curso de preparação secundária e superior. Não lhe faltam, abrindo a *Exposição aos credores*, as expressões reconhecidas, com que condecora a memória do velho inglês, quando entre angústias escreve:

> Um dos melhores tipos da humanidade, representado em um negociante inglês, que se distinguia pela *inteira probidade*, da velha escola da *moralidade positiva*, depois de provas suficientes da minha parte em seu serviço, escolheu-me para sócio-gerente da sua casa, quando era ainda *imberbe*, pondo-me assim *tão cedo*, na carreira comercial em atitude de poder desenvolver os elementos que porventura se aninhavam no meu espírito (MAUÁ, 1878).

Era sócio da firma Carruthers & Cia. a partir de 1.º de janeiro de 1836. Irineu tinha então apenas 23 anos incompletos e menos de sete anos de casa. Lá aprendera e praticara diariamente a língua inglesa, que falava desde então exemplarmente; adquirira o maneio das grandes transações mercantis e passara à frente de outros empregados ingleses do patrão, sem preterir a ninguém.

Tão notória já era a sua superioridade aos demais que, retirando-se o velho Carruthers, dentro em pouco, para a Inglaterra (em 1837), deixava-o na chefia de um importante comércio de importação e exportação.

O PATRÃO HUMANO

A psicologia desse velho patrão, a quem Mauá foi fiel a vida inteira, ainda mais depois de sócio e compadre, mantendo com ele correspondência que vai pelo menos até 1861[10], merece ser reabilitada de acusações inteiramente gratuitas.

O Senhor Gustavo Barroso, por simples suposição, com o preconceito ideológico – diria repressivo – de encontrar em quase todo comerciante um judeu e de ver em quase todo judeu seguramente um criminoso, denuncia-o, com intenções evidentemente pejorativas, como "judeu-inglês" – o que não corresponde à sua atitude de compreensão e simpatia humanas em relação a Almeida e de absoluto desinteresse em relação a Mauá – e que este lhe retribuía, ao fim da vida decepcionada, saudosamente, chamando-o de "santo homem!".

O autor da *História secreta* confunde-o ainda, lamentavelmente, com o próprio Irineu – por haver lido mal a Alberto de Faria neste passo – quando alude a uma suposta influência de Carruthers em 1846, junto de Paraná, Uruguai, Euzébio, Monte Alegre e Itaboraí – que era só de Irineu – para exclamar:

> Era quem mandava! Por que artes? Por que segredo, sendo um comerciante e um estrangeiro, se tornara mandachuva político? Pelo dinheiro, já que se lhe não conhece talento ou outra qualquer virtude. Não há outra explicação, doa a quem doer (BARROSO, 1937, p. 263).

Ora, para os brasileiros, ao menos a virtude de ter ajudado a formação intelectual e mercantil de um grande patrício, ele a teve: foi quem lhe propiciou os meios que o habilitaram à escalada futura. Dói, sim, a ingratidão e a injustiça, tão distantes, que atingem a memória de um raro homem de negócios, que não teve egoísmos gananciosos e que, à época em que se situa a acusação, isto é, em 1846 (MAUÁ, 1878, p. 84) já não estava mais no Brasil havia quase dez anos.

Mais adiante, seguindo por essa espécie de faro das investigações, na pista errada de suas descobertas, insiste ainda em transmudar o humano e pacato Carruthers, gozando na velhice calma a sua merecida aposentadoria, num rincão afastado da Escócia – num "socialista sansimoniano, viajado e de temperamento messiânico" (BARROSO, 1938, p. 263), classificação em que Alberto de Faria procura enquadrar apenas a Irineu Evangelista de Souza.

Se bem que muito mais inocente essa qualificação, Ricardo Carruthers nunca teve tendências, ao que nos conste, para apóstolo, e a grande e única obra que deixou foi a sua constante lição de experiência e hombridade, de que foi discípulo exemplar e agradecido o seu ex-caixeiro.

O COMÉRCIO INGLÊS

Esses negócios ingleses tinham ainda uma grande influência na vida econômica do Brasil, que lhes transferira, desde 1808, com a abertura dos portos, em detrimento da Metrópole, indiscutível preponderância e relevo.

O comércio exterior do país que, antes de 1808, era de 22 mil contos, já em 1812 passara a 80 mil (VIANA, 1922, p. 173).

O decreto de Dom João VI, de 19 de fevereiro de 1810, havia dado aos ingleses, pelo apoio que a grande nação marítima dispensava ao Reino Português, uma situação de preferência excepcional no Brasil, uma vez que tinham o privilégio dos direitos alfandegários sobre as manufaturas inglesas, aqui entradas, reduzidos apenas a 15% *ad valorem*, ao passo que as vindas de Portugal estavam sujeitas a uma taxa de 16%, e as provenientes de outros países pagavam 24% – praticamente, vale dizer, o nosso comércio era um privilégio da Inglaterra (MELLO, 1935, p. 307).

Esse tratado de 1810 afetou profundamente as relações mercantis entre o Brasil e Portugal – pois as transações comerciais com a antiga metrópole (importação e exportação) que se elevavam a 22.571 contos em 1806, caíram em 1812 a 6.451 contos (MELLO, 1935, p. 63).

Em 1818, depois de altos protestos dos comerciantes portugueses, é que as suas mercadorias foram colocadas no mesmo pé de igualdade das inglesas, isto é, sujeitas umas e outras aos direitos de 10% *ad valorem*, então fixados nessa taxa ínfima só para elas.

O tratado brasileiro-português de reconhecimento do Império, de 29 de agosto de 1825, assinado por Sir Charles Stuart e o Barão de Santo Amaro[II], estabelece, no seu artigo X, que "pagariam reciprocamente todas as mercadorias 15% de direitos de consumo, provisoriamente" (LIMA, [1901], p. 356). O tratado com a Inglaterra, firmado pelo mesmo plenipotenciário na mesma época, não fora aceito por Conning, entre outros motivos, talvez por não ter sido fixado o limite antigo de 10%, mas subido igualmente para 15%. Vantagem idêntica foi feita logo após à França (tratado de 6 de junho de 1826).

Mas já em 1827, evoluindo rapidamente nas águas dessas concessões, alegando melhores serviços no reconhecimento do Império, dispõem-se os ingleses a aceitar novo acordo comercial, de 17 de agosto, que dava também (artigo XIX) às mercadorias inglesas direitos máximos, ainda de 15% *ad valorem*, fixando-se na Inglaterra e suas colônias para as mercadorias brasileiras, ali entradas, a cláusula da nação mais favorecida (art. XXI) (LIMA, [1901], p. 276). As demais nações ficaram ainda na base dos 24%. O tratado duraria quinze anos, mas foi prorrogado de fato até 1844.

Essa taxa de 15% foi, entretanto, tornada uniformemente extensiva em 1828, sem distinção de proveniência, a todas as mercadorias de origem estrangeira.

Era, pois, já um obstáculo de quase vinte anos, que a Inglaterra, estabelecendo as suas bases, as suas ligações e os seus créditos, na luta comercial, levava aqui contra as demais nações concorrentes.

Acresce ainda que, para lhe solidificar o prestígio financeiro nas rodas do governo, desde 1824 (20 de agosto) fora com ela contratado o nosso primeiro empréstimo externo de 3 milhões de libras, que se desdobra no segundo em 1825 (12 de janeiro) e no terceiro que se lhe segue, de 4 milhões de libras em 1829 (3 de julho) (CAVALCANTI, 1923, p. 10–11).

No tratado anglo-brasileiro de 1828 fora, além disso, restabelecido o juiz conservador britânico, de 1810, extinto em 1818, para julgar os pleitos com os negociantes ingleses, subtraídos assim dos tribunais nacionais. A não ser pela influência do governo inglês e da força desse comércio, não haveria outra razão plausível para se aceitar a volta dessa jurisdição excepcional, que é escandalosamente mantida também até 1844 (MONTEIRO, 1946, p. 436).

Quando Irineu Evangelista de Souza entrou, ainda rapazote, para a casa inglesa, estava, pois, em pleno desenvolvimento de sua execução um regime que vinha dar completa igualdade entre ingleses e brasileiros dentro do Império. Pela amplíssima liberdade das transações com que os favorecia nas suas atividades, esse regime foi para nós, sob outros aspectos, um enorme benefício – acentua Oliveira Lima ([1901], p. 278).

Esse "enorme benefício" seria por certo a resultante dos métodos arejados que a velha Albion imprimia às suas atividades, baseadas nos princípios do liberalismo econômico e do livre-cambismo, dando maior amplitude às especulações mercantis, favorecendo os rasgos de audácia e de iniciativa, que aqui se vinham opondo aos processos bem mais lentos, prudentes e seguros, mas rotineiros e asfixiantes, dos nossos antepassados lusitanos.

ADAPTAÇÃO

Irineu Evangelista de Souza, passando da casa portuguesa para a inglesa, com a sua percepção rápida, a sua aptidão para observar e julgar, teria esquecido os defeitos de molde antigo de uma, para se adaptar imediatamente às qualidades da outra, mais em sintonia com o seu temperamento dinâmico e empreendedor.

As suas faculdades criadoras aí fazem o treinamento progressivo, nesse estágio de quinze anos da sua preparação para a vida pública. Tanto mais útil e fecunda essa atividade quando os seus passos, as suas iniciativas na Praça, correspondem, de ano para ano, a novos e mais dilatados benefícios, lucros certos que se vão juntando e capitalizando. O tino quase inato para os negócios revela-se, então, esplendidamente, na gerência desse rapaz gaúcho, a que homens mais velhos obedecem e que, aos 24 anos de idade, tendo passado como menino silencioso pelas lutas da Independência e da Abdicação, numa lenta antecipação, tem agora, sobre os ombros ousados, a responsabilidade da chefia de importante casa inglesa do Rio, em plena Regência de Feijó.

Tão notável gestão leva quase dez anos; vai até 1846. As circunstâncias expostas, em harmonia com a sua capacidade de iniciativa e de criação, fazem Irineu escrever, mais tarde, comentando esse período privado da sua vida:

> Bastaram vinte anos de atividade sem repouso – além do preciso para recuperar a perda de forças que o lidar contínuo, acompanhado da necessária meditação, opera no organismo que suporta a pressão dessas lides – para assegurar-me uma renda superior a cinquenta contos anualmente, fora o capital empregado em títulos mais bem garantidos que nosso país possui, ao liquidarem-se as transações de um forte comércio de importação e exportação, de cujo movimento me fiz o centro, além do quinhão proporcional que a outros sócios tocara em partilhas (MAUÁ, 1878, p. 1).

PRIMEIRA VIAGEM À EUROPA

O descanso a que alude é a viagem à Inglaterra em 1840. Mauá tinha então 27 anos de idade. A sua fortuna, para a época da liquidação que se lhe ia seguir (1846), dada a renda a que acima se refere, é avaliada no máximo – a juros de 5%, que são os dos dois empréstimos ingleses mais recentes para o Brasil (1839 e 1843) – em mil contos, em moeda da época. Deve assim haver muito exagero em outra estimativa de 300 mil libras esterlinas (FARIA, 1926, p. 298; REBELLO, 1932, p. 16) que ultrapassa sem dúvida os domínios da lenda, mesmo referindo-se não à data da liquidação da Casa Carruthers, mas a 1850, em que começam as suas iniciativas públicas.

O "FARROUPILHA" IRINEU

Um dos pontos até agora obscuros aos que trataram da vida de Mauá é o suposto auxílio financeiro que teria dado aos "farroupilhas" do sul, contra o Império – daí se originando contra ele a sabida e notória má vontade do Imperador.

A versão mais recente é a do Senhor Heitor Lyra, que alega ter isso "chocado" o Monarca por ser um "espírito visceralmente patriota", sobretudo ao "seu sentimento de grandeza da pátria, inseparável, para ele, da unidade e do sossego do país".

E acrescenta, como a justificá-lo:

Ora, Mauá não escondera, como se sabe, suas simpatias pelo movimento separatista do Rio Grande do Sul, na segunda fase da revolta dos Farrapos. Conspirava, então, quase abertamente contra a integridade do Brasil, trabalhando em favor da formação de uma república no sul (LYRA, 1939, p. 26).

Aprofundemos a pesquisa até as nascentes minúsculas do fio de água de onde cresceu e se espraiou tal lenda, até o vasto estuário, em cuja superfície se reflete a imagem consolidada de "traidor da pátria".

Remontando a corrente, a primeira caudal que encontramos é ainda a copiosa *História secreta* do Senhor Gustavo Barroso, na sua tarefa difícil de navegar a frágil embarcação das suas hipóteses, através de meandros misteriosos, algumas vezes interessantes, mas muitas outras fantasmagóricos, quando é perturbada a marcha límpida da sua visão de historiador pelos recifes maçônicos e judaicos, que lhe embaraçam o deslizar das águas tranquilas.

Para este, "já o ouro vil, o ouro internacional corria nos bastidores da contenda" (BARROSO, 1937, p. 260). É Alfredo Varela (1915, p. 101), um grande historiador gaúcho, quem o diz nestas palavras: "a República Farroupilha era alimentada pela mão oculta de Mauá".

Faz a seguir uma citação de Alberto de Faria (1926, p. 55): "Nessa casa [a de Mauá] dormiu várias noites o emissário que David Canabarro mandou a Minas consultar o liberalíssimo Teófilo Ottoni e aí se tramou a evasão de Onofre P. da Silveira, da Fortaleza de Sta. Cruz", para concluir de forma dogmática e vitoriosa que "não é preciso acrescentar mais uma linha para ficar cabalmente demonstrada a ação da Mão Oculta de Mauá nos graves acontecimentos da revolução republicana e separatista. Quando Dom Pedro II tinha pouca simpatia pelo Visconde é que sabia mais do que nós, o que tinha feito e o que poderia fazer" (BARROSO, 1937, p. 261).

Ainda mais recentemente repete a imputação: "mão oculta que subsidiava os farrapos contra o poder central" (BARROSO, 1938, p. 139).

Até aqui a acusação; agora a defesa, subindo ainda mais a corrente.

A versão do próprio Alberto de Faria (1926, p. 74) nesse mesmo livro é, entretanto, mais ardente, algo diferente. Referindo-se ao trecho de A. Varela, o biógrafo ilustre de Mauá, quando narra o auxílio que Irineu prestava aos prisioneiros de Piratinin, guardados na fortaleza de Santa Cruz, transcreve apenas a narrativa de uma carta de 1838 ou 1839, conservada no arquivo do historiador gaúcho:

> Esses 33 prisioneiros morreriam de fome e nudez, se a mão oculta lhes não ministrasse o alimento e a roupa e para que aí (no Rio Grande) se saiba de quem é essa mão oculta, cumpre-me declarar-lhe que é do rio-grandense Irineu Evangelista de Souza (VARELA, 1915, p. 101).

Já não se trata, portanto, de fornecer dinheiro para a luta nem para inglórias campanhas secessionistas; é apenas um gaúcho condoído pela situação de seus conterrâneos presos, que lhes assiste com a "mão oculta da caridade", aquela mão direita que opera sem que a esquerda o saiba – para minorar-lhes os sofrimentos do cárcere. E tanto não havia participação, que daqui se indicava qual era essa mão benfazeja, que não aparecia, para a gratidão dos companheiros.

Mas suponhamos que assim não fosse: haveria razões para o procedimento. A família de Irineu (Ávila e Souza) estava no sul, envolvida na revolução, como aliás mais de 80% da população da campanha sulina[12]. Não seria demais que o parente distante, no Rio, ao menos em solidariedade moral, apenas acompanhasse naquela época os sentimentos dos seus.

Feliz encontro, ocorrido recentemente no Instituto Histórico, na presença dos Senhores Max Fleiuss e Wanderley Pinho (em 18 de outubro de 1939), com o eminente historiador sul-rio-grandense, arguido sobre aqueles fatos, fizeram-no esclarecê-los, a meu pedido, melhor ainda.

A correspondência a que se refere está na coleção Abrilina (recentemente doada por ele ao estado do Rio Grande do Sul), que pertenceu a uma filha de Domingos de Almeida, ao mesmo tempo afilhada de Bento Gonçalves. Dela apenas se infere que o comerciante gaúcho, como está dito acima, tão só auxiliava os prisioneiros no Rio. Quando da fuga deles da referida fortaleza, é bem provável que Irineu, com os mesmos sentimentos, também os tivesse asilado em sua casa de Santa Tereza[13].

Quanto ao Tenente Martins, emissário de Canabarro para ouvir o parecer de Teophilo Ottoni a respeito das propostas de paz, de Caxias, quem o hospedou no Rio não foi Mauá, como querem Alberto de Faria e o Senhor Gustavo Barroso, mas sim Christiano Ottoni, como este afirmou pessoalmente a A. Varela, confirmando o que já dissera na biografia do irmão, citado aliás, nas obras daqueles dois escritores[14]...

Mais tarde – quando os demais prisioneiros foram libertados pela paz – os gaúchos do Rio, tendo à frente Irineu, fundaram um grêmio provisório, para assistir aos patrícios. Foram à fortaleza, recebê-los em comissão presidida por Irineu e tendo por tesoureiro Antônio Alves Pereira Coruja. Alugaram um prédio na rua da Imperatriz, onde os alojaram, fornecendo-lhes ainda roupa, comida e cigarros.

Tão homens de bem eram que, no fim de um só mês – concluía Alfredo Varela, na sua brilhante e culta palestra –, veio o último devolver a chave da casa a Coruja, com agradecimentos dos demais: estavam já todos trabalhando na Corte ou se haviam retirado para o Sul.

Agora, o depoimento do próprio Irineu – se nesses tumultuados processos históricos, entre acusação e defesa, permitem ainda os julgadores extremados que o réu, levantando a voz do além-túmulo, também deponha, com as suas próprias palavras, velhas de mais de sessenta anos:

> Passaram-se anos desde que a revolução do Rio Grande ficou dominada, não pelas armas, mas sim por um apelo ao patriotismo dos bravos rio-grandenses, que se haviam empenhado nessa luta fratricida, POR ERRADAS APRECIAÇÕES e devido, por ventura, à imprevidência dos que empunhavam o timão do Estado na época (MAUÁ, 1878, p. 16).

O apelo foi de Caxias, em face da guerra externa que se desenhava. Os que então combatiam o Império, internamente, foram desde logo, com David Canabarro à frente, defendê-lo externamente.

Quanto a Irineu – se é bem certo que ele não era de todo indiferente aos laços de sangue – estão aí as "erradas apreciações" com que, indiretamente, condenou o feito –, mas também sem esconder corajosamente as causas: "a imprevidência dos que empunhavam o timão do Estado"[15].

O que se pode, no máximo, inferir dessas provas indiretas não é contra Irineu, mas a seu favor: ter aconselhado aos rebeldes a deposição das armas, como fez também Teophilo Ottoni. Ninguém dirá que essa atitude o pudesse tornar suspeito aos olhos imperiais[16].

Ideologicamente – a sua atitude de moço não poderia afinar com a dos seus parentes gaúchos: declarou-se, embora sem ligações com o Paço, sempre monarquista de razão. É isso mesmo que, pressentindo-lhe a fuga para outros arraiais, os avançados liberais combatem nele, em 1872, e que ele mesmo exprobra em Silveira Martins: a sua marcha para o republicanismo.

Pode agora ser lavrada a sentença definitiva: os autos já estão suficientemente instruídos.

O ANEL SIMBÓLICO

O noivado de Irineu é também outra bela página, cheia de sutileza, que não deve ser escondida.

Vivia ele então na casa de Sta. Tereza[17], para onde ainda rapaz subira, fixando residência em "república" com os caixeiros da casa, para atraí-los. Ideia prática do ex-patrão e amigo Carruthers, para afastá-los das "más tentações" da cidade ou para fugir aos "mosquitos de verão", portadores de "febres", que não iam àquelas alturas – observação empírica e rudimentar que se antecipava à ciência, na adivinhação da causa da febre amarela.

Nesse retiro poético e distante, crescia, em companhia da avó, a sua sobrinha – que juntava às alegrias da idade os encantos da mocidade bela e feliz.

As relações femininas da sobrinha frequentavam sua casa e também requestavam o belo e sisudo rapaz com futuro assegurado na direção de casa comercial importantíssima. Quanto a elas, Irineu dizia que, se um dia viesse a casar-se, só descobriria sua preferência por um anel de ouro...

De volta da Europa, trouxe certa tarde a joia embrulhada e entregou-a à sobrinha para guardar discretamente. A menina não adivinhava o conteúdo, nem ele o disse no momento, embora o seu coração de mulher já o entendesse.

Uma das candidatas "espontâneas" (hoje diríamos intrometidas) de Irineu, curiosa, pediu à amiga para ver o que era.

– É um presente que o Irineu trouxe hoje. – Rompido o pequeno invólucro, aparecia o anel simbólico de noivado.

– Com certeza é para mim – exultou a visitante. A verdadeira destinatária, não sabendo disso e pela ambiguidade da entrega, como sua dona legítima, calou-se.

Ao jantar, perguntou Irineu se a sobrinha já havia mostrado a dádiva expressiva *que lhe trouxera* (sublinhou intencionalmente com a voz) às suas amigas.

A preferida calou-se, corada; mas as demais compreenderam, entre alegrias festivas e parabéns – salvo uma. Quando ficaram a sós, Irineu indagou à sobrinha o motivo do seu silêncio, colocando-lhe o anel no dedo e ainda um tanto emocionado...

– Porque a "outra" dizia que o presente era para ela! – respondeu-lhe sorrindo.

Foi por essa forma elíptica confirmado o pedido de casamento.

FIM DO COMERCIANTE

Irineu faz outro formidável esforço para nova reviravolta da sua vida extraordinária, apoiado na independência econômica que lhe garantira o êxito da casa inglesa e com base moral nos influxos da nova família, que então se funda como prolongamento da antiga.

Dando fim às suas atividades mercantis, em 1846, e encerrando com elas o ciclo da sua vida privada — a princípio atribulada —, Irineu sai do *status* de comerciante vitorioso e atira-se corajosamente à indústria.

Ele recuou, mais tarde, às raízes distantes dessa transmutação do seu destino, até a sua primeira viagem à Inglaterra, em 1840, quando ali examinou uma grande fundição de ferro e maquinismos, em Bristol, a que estava associada a construção naval. Essa visita reforçou-lhe a convicção de que "a indústria que manipula o ferro era a mãe de todas as outras" e, com iniciativa semelhante, poderia abrir-se aqui a era verdadeiramente industrial do Brasil.

Com certeza, esse era o motivo afastado, a causa remota; a mais próxima, para o encerramento de uma importante casa comercial de importação, ainda próspera, estaria vinculada a acontecimentos mais recentes: à nova pauta aduaneira da reforma Alves Branco, decretada em agosto de 1844, mas que só entraria em vigor dois meses depois. Alberto de Faria (1926, p. 134) não ignorava certamente o fato, mas foi sem dúvida o Senhor C. Rebello (1932, p. 39) quem lhe deu a importância merecida.

Essa célebre reforma visava estabelecer melhor equilíbrio nos direitos de entrada, por meio do estabelecimento de uma tarifa alfandegária baseada na nova ordem de valores comerciais. A nomenclatura adotada compreendia 2.919 artigos; para a maioria das mercadorias, os direitos estavam dobrados (30%); para os outros a majoração variava de 40% a 60%, e certos artigos não pagavam senão de 20% a 25%. Esses direitos eram, entretanto, mais moderados, em comparação aos de certas nações europeias. O aumento das receitas públicas não era o único objetivo dessa medida; visava igualmente encorajar a criação das indústrias no país, graças a uma tarifa moderada, mas suficientemente protetora (30% em média de direitos), para chamar o capital estrangeiro e nacional a empregar-se na instalação de estabelecimentos destinados a utilizar as abundantes matérias-primas existentes no país e a lhes permitir lutar contra a concorrência das outras nações favorecidas por melhor mercado de capitais e de braços (MELLO, 1935, p. 64).

Sabendo-a autorizada, desde 1841, pela lei de 30 de novembro, Irineu Evangelista de Souza, homem prático e de visão surpreendente, tomaria suas precauções. Certamente não lhe escaparia a consequência que uma nova tarifa aduaneira protecionista, anunciada em moldes de majoração de direitos, traria a qualquer organização, cujo grosso comércio fosse apoiado em importações: seria o seu declínio fatal, com o aumento progressivo da indústria interna, que se fundasse então no país, desde logo assim eficazmente defendida e amparada contra a concorrência externa.

Aí está, pois, o seu mérito principal nessa evolução rápida, que o leva "aos seus outros destinos". Qualquer outro, pela lei do menor esforço, imobilizado pela fortuna, aí sem dúvida estacionaria, usufruindo apenas as vantagens conquistadas com esforço – numa tendência à estagnação, que se atribui ao capitalismo sedentário e improdutivo. Essa crítica estrábica é tantas vezes injusta, porque também ele gera homens surpreendentes, como Irineu, "com aquela tenacidade que Deus lhe plantou na alma", criados para desmentir as acusações estremadas e resgatar, com gestos esplêndidos de desinteresse e abnegação, os erros graves da exageração capitalista, em que se assentou o mundo no século XIX[18].

Às vezes certos traços íntimos definem as grandes figuras melhor que muitas explicações exaustivas. Recolho aqui algumas anedotas inocentes, que na tradição oral da descendência se guarda das "distrações" ou do espírito de Mauá.

Como todo homem extremamente ocupado – Irineu era um cérebro em constante elaboração, espécie de motor que trabalhava até no vácuo –, sempre foi avesso às obrigações sociais. Era difícil para a esposa obter sua aquiescência para acompanhá-la na retribuição de visitas.

Certa ocasião, interrompendo tarefa urgente ante as instâncias da mulher, foram ambos visitar a família de importante titular, desses com quem as suas relações eram mais do que cerimoniosas.

Ao entregarem os cartões, anunciando-se, foram desde logo despedidos:

– Não estão em casa!

E Irineu, distraído e contente de voltar às cogitações interrompidas, disse em frente à criada:

– Que pechincha!... Que pechincha!

Frase que não deixou de ter, como é natural, entre os sorrisos da caseira, a reprovação ostensiva da esposa, nos olhos aflitos, pela inconveniência:

– Mas que é isso, Ireneo? – Era assim que na intimidade, imitando a pronúncia errada dos ingleses, ela sempre proferia o nome do marido.

Sua proverbial distração era tal que, em outra ocasião, ao entrar em casa amiga, antes de cumprimentar as pessoas ínfimas (absorvido ainda, como sempre se achava, nas suas ideias e nos seus algarismos), foi também estendendo a mão, sem reparar e com a maior cordialidade, à criada que lhe abrira a porta, procurando mesmo abraçá-la carinhosamente, pensando ser uma das moças da família.

A mulher, perfeitamente tranquila, quando narrava esse "caso" aos íntimos, acrescentava com malícia gratuita, só para gracejar com ele, que o equívoco se dera por ser a criada nova e bonita...

E Irineu, para não dar testemunho público da sua fidelidade constante, excepcionalmente sem mácula e exemplar num homem rico, correspondia com um balanço de cabeça, sublinhando a dúvida:

— Talvez, talvez!

Em outra visita de circunstância — fala outra voz evocativa, mas aí sinceramente duvidosa da veracidade do episódio —, ouviu Irineu, logo ao abrir-se a porta, a criada declarar, sem hesitação — como lição encomendada, que tantas vezes acontece — que infelizmente o dono da casa não estava.

Irineu, na expectativa de ser recebido, pois já o vira espiar discretamente por uma janela lateral quando fizera soar a campainha, retruca serenamente, com a maior fleuma:

— Diga-lhe então, quando voltar, que ao sair outra vez não se esqueça mais, o que é muito perigoso, de levar também a cabeça... — E diante da surpresa provocada, rematou com o mais perfeito bom humor: — Porque esta, ao menos, eu vi que ficou em casa...

Numa noite de espetáculo, a futura viscondessa, já toda embelezada na sua melhor "toilette" e nas suas mais ricas joias, cansava-se de esperar em vão pelo marido, que no escritório familiar ainda fazia cálculos, preparando certo relatório urgente.

Depois de aguardar mais de dez minutos que sentia longos, ainda reclama, quase à saída da casa:

— Irineu, olha que o carro já está à porta. Se não te vestes depressa, perdemos o teatro.

Nova espera de outros dez minutos que lhe pareceram mais longos ainda, agravados pela impaciência da demora e do atraso.

Eis que, afinal, surge Irineu, de chapéu alto e casaca já vestida, mas ajustando ainda a seu jeito a gravata mal posta.

A mulher, já no carro, ao vê-lo chegar, não se conteve no riso gostoso ante o espetáculo grotesco. Ele havia esquecido as calças, contrastando a severidade restante do vestuário com a alvura das ceroulas compridas, de cadarço...

Nessa noite, o teatro ficaria certamente em meio; mas já houvera, em compensação, espetáculo mais divertido, em casa.

PONTO DE DESCANSO

Chegamos, assim, até um trecho da cordilheira que vimos subindo aos poucos e onde há uma esplanada convidando a parar, antes que as estradas tomem novos rumos, para o outro lado da encosta mais alta, a nos surpreender com novos e surpreendentes panoramas. É lícito, pois, descer à sombra de um rancho protetor e aí desalterar a vista, pelo caminho percorrido, que já fica para trás, lá bem longe, na distância dos horizontes perdidos e esfumados...

Procuremos, agora, refletidamente, as razões íntimas dessa rápida ascensão e as causas misteriosas que impelirão, dentro em pouco, o viandante para os "seus novos destinos", mais alto ainda na cordilheira da vida.

Para Alberto de Faria, parece que a filosofia de Irineu é a do "sansimonismo": a escola prática francesa batizada pelo nome de seu fundador, em virtude da qual a indústria, representação de um bem transcendente, capaz de fazer a felicidade humana, era como um ideal máximo, transformava-se numa espécie de religião sem Deus. A aplicação dessa "mística" à figura de Mauá parece-nos um tanto "forçada" e reforçada apenas por circunstâncias meramente acidentais: a visita ao Brasil, em 1925, de Georges Dumas e Germain Martin – que, como bons franceses, logo aplaudiram a filiação feita por Alberto de Faria do brasileiro extraordinário a um princípio francês. Mais adiante, Normano (1939, p. 128) vai achar a aproximação interessante. Segue-se a eles agora também a compreensão adesiva do Senhor Gustavo Barroso, por motivos notórios de autossectarismo explicativo – exagerando ainda mais a influência, para catalogar Mauá na seita desses "Iluminados" da indústria e dos bancos[19]!

No ponto de negar essa influência por falta de provas que nos convençam, damos – entre outras tantas contrárias às suas vistas, ao menos nesta vez – inteira razão ao Senhor Castro Rebello – que aliás está nessa discordância também acompanhado por outro francês lúcido: o professor Henri Hauser[20].

Irineu era, a nosso ver, apenas de formação inglesa, sendo que lia livros e revistas dessa cultura desde a mocidade – época em que o espírito se plasma para a vida toda. A sua mentalidade; como aliás a de Cairu – e porque também não através deste, por igual embebido de leituras inglesas e que tanta influência exercia nos círculos comerciais, com os seus estudos mercantis e de economia – estava voltada, sim, para autores da escola liberal: Adam Smith e Bentham e, através deles, para Stuart Mill, João Baptista Say etc.

No contato com esses mestres, que eram sobretudo professores de individualismo econômico – o crespo e atrevido individualismo tão amoldável aos ingleses que emigravam – é que se deve encontrar as raízes da "mentalidade econômica" de

Irineu – só talvez mais tarde modificada por outras influências marcantes e outros escassos autores, mas, sobretudo, pelas variações que as circunstâncias da vida lhe haviam de impor, a qual ele fitava de olhos sempre abertos e sem temor, vida que é a melhor mestra de experiência e de sabedoria de cada um de nós[21].

A viagem vai prosseguir: deixemos, pois, de lado manias de catalogação arbitrárias e precárias e filosofias hipotéticas e fugitivas, e partamos para a definição de um indivíduo que nada tinha de teórico e sobre quem essa análise pretensiosa haveria de causar espanto!

Abre-se agora e aqui a encruzilhada para "outros destinos" em direção a novos e surpreendentes aspectos – os da vida pública de Irineu Evangelista de Souza. Vida cheia de lances emocionantes, em prol de seus pares, vida em que se lhe descerram gloriosamente as portas da história – numa atividade onímoda, por mais trinta anos ainda, para dar corpo sólido à estrutura econômica da pátria comum, e em que ele acaba, afinal, recolhendo só o prêmio do sofrimento, como um justo, para assim melhor entrar, já purificado dos suplícios dos interesses mesquinhos, nas regiões serenas e consagradoras da imortalidade.

HORA DE TRANSIÇÃO

Gaúcho de nascimento, mas sobretudo profundamente brasileiro, pela expressão totalitária que a grande capital do país equidistante das fronteiras imprime às índoles mais arredias e aos temperamentos mais refratários à sua absorção nacionalizadora – nesse belo cenário carioca, Irineu Evangelista de Souza começara a subir, em 1823, os degraus da longa escada que o conduzia de caixeirinho pobre a gerente de uma casa inglesa, em 1836, e que, de comerciante adentado, rico e sem compromissos, levá-lo-á ainda, por volta de 1846, até o industrial ousado.

Nessa hora de transição, depois de liquidada a atividade mercantil, estará, aos 33 anos de idade, a projetar-se para o campo das iniciativas construtoras que são as mais próximas antecipações da sua vida pública.

Desse período de hesitação traçou ele, ao momento azedo da adversidade, em breves linhas, a psicologia, quando deixou escrito na sua autobiografia de 1878:

> Travou-se em meu espírito nesse momento uma luta vivaz entre o egoísmo, que em maior ou menor dose habita o coração humano, e as ideias generosas, que em grau elevado me arrastavam a outros destinos, sendo a ideia de vir a possuir uma grande fortuna questão secundária em meu espírito, posso dizê-lo afoitamente, com a mão na consciência e os olhos em Deus (MAUÁ, 1878, p. 4).

A PONTA DA AREIA

Assim Mauá liquida a casa comercial e, depois de entender-se com Marcellino de Britto, ministro do Império (1845), sobre fornecimentos de tubos para encanar as águas do Rio Maracanã, adquire a miniatura do que então se chamava a "Ponta da Areia", estabelecimento de fundição situado em Niterói a que se anexa uma correia de construções navais, dando-lhe desde logo outra organização e amplitude, a ponto de, já no ano seguinte, representar quatro vezes o capital primitivo.

Aí é que se forjam os tubos para o encanamento de águas da cidade, não só para as obras do Rio Maracanã, como ainda para as do Rio Andaraí Grande, bem mais vultosas do que aquelas. Como não era pago pelo governo por esses fornecimentos, Mauá representou à Câmara uma longa exposição pedindo a abertura do crédito[22]. Aí ainda se fabricam os lampiões de ferro e os encanamentos destinados ao fornecimento do gás à cidade, para a empresa também por Mauá criada. Então são construídos, no período de onze anos, cerca de 72 navios – alguns dos quais auxiliariam transportes de tropas brasileiras nas guerras contra Rosas e Oribe, e outros prestariam serviços assinalados na guerra do Paraguai; ainda outros que iniciam na costa do Brasil o sistema da navegação a vapor, concorrendo com navios ingleses. Ainda aí descem a carreira e o rebocador a vapor para servir na barra do Rio Grande do Sul, e navios para o tráfego do Amazonas[23].

A fama do estabelecimento cresce e se propaga: o futuro Cotegipe, quando na Presidência da Bahia em 1852, manda aí fabricar uma ponte de ferro "que é novidade experimentada com sucesso em Sto. Amaro, na estrada de Jericó" (PINHO, 1933a, p. 239), melhoramento esse que, segundo depõe Wanderley Pinho, ainda persistia até bem recentemente.

Mas, se o estabelecimento prosperou, teve a seguir a sua queda. Em 1857 sofreu pavoroso incêndio. O vulto da indústria exigia empréstimos sucessivos: o primeiro a partir de 1847 de trezentos contos, em onze anos pago pelo próprio estabelecimento; o segundo pago integralmente por Mauá. A segunda causa da sua perda foi a nova tarifa aduaneira da reforma de 3 de setembro de 1860. A indústria que tivera o impulso inicial e prosperara, em virtude da tarifa Alves Branco (1844), ia ser a vítima da nova tarifa de Silva Ferraz – que reabria os portos aos produtos estrangeiros, pela modificação dos direitos sobre artefatos de ferro; os quais, aliás, se vinham alterando com as tarifas estudadas por Paraná desde 1854, mas só executadas por Wanderley (Lei n.º 1914, de 28 de março de 1857); e nas seguintes de Souza Franco (26 de agosto de 1857 e 28 de março de 1858)[24].

Com a redução das encomendas do governo, a crise se acentuou. Das vantagens auferidas aí, Mauá chegou a ter em certo período lucro superior a mil contos, mas foi obrigado a transferir para outrem essas oficinas afinal, com prejuízo também superior a mil contos – depois de mais de vinte anos de atividade produtiva e ousada – visto ser a primeira tentativa séria de indústria naval do Brasil.

O SERVIÇO DE ILUMINAÇÃO

Na empresa do gás – cuja inauguração do serviço se faz festivamente em 25 de março de 1854, coincidindo com a data de aniversário da Constituição, tendo o contrato sido feito com Eusebio de Queiroz, em 11 de março de 1851 –, ainda Mauá concorre com um melhoramento útil à capital do Império, em substituição aos antigos e enormes lampiões de três bicos, alimentados a azeite de peixe[25]. Para obter essa concessão, Mauá apresentou proposta ao preço de 27 réis por pé cúbico de gás, quando a mais vantajosa era de 31 réis. Essa diferença de 4 réis a favor do Estado, em 25 anos de contrato, redundara ao país uma economia de 12 mil contos. Ampliou a companhia para estender os serviços a duzentas milhas de novos encanamentos, dentro da cidade. Com a inversão de capitais ingleses, em 1865, Mauá abriu mão das "vantagens excepcionais que o contrato inicial" lhe garantia.

Foi um dos poucos negócios felizes de Mauá, assinala Alberto de Faria (1926, p. 150–151). Do capital primitivo que em 1854 era de 1.200:000$, passou em 1858 para 2.000:000$000. Com a fundação da "Rio de Janeiro Gás Company Ltda.", recebeu ações no triplo do valor primitivo e mais 120 mil libras pela cessão feita: ao todo um lucro de 250 mil libras que "naquela época era soma considerável" – correspondendo, aproximadamente, a 3 mil contos.

TEMPERAMENTO EXTRAPARTIDÁRIO

Porém, a fase da vida pública excepcional de Mauá não se inicia aí. Ele, que começara a ser industrial aos 33 anos, passa desde então a ter mais influência e prestígio.

Já nessa época (1845), porém, apesar do fundo de liberalismo que há na sua formação inglesa e nas tendências do seu próprio temperamento (a ligação discreta com os "farrapos" vai por conta dos laços de família envolvida na luta do sul), fixa ele, em artigo assinado, a sua linha de conduta equidistante dos chamados "partidos políticos":

> Não éramos homens de partido; se esses senhores (Honório, Monte Alegre, Paulino, Rodrigues Torres e Euzébio) nos honravam com a sua amizade, outros de opinião política con-

trária nos tinham em igual estima. Havíamos feito voto de dedicar toda a nossa vida aos melhoramentos materiais do nosso país, fossem quais fossem os desgostos que daí proviessem (MAUÁ, 1878, p. 84).

É realmente clarividente a orientação desse moço, saído apenas das transações puramente mercantis; em pleno período liberal (1844-1848) não se deixar desde logo enfatuar com as atenções recebidas dos políticos, e vir a público confessar também suas ligações com a ala conservadora, de outras notabilidades exponenciais, levantando a sua vocação de homem público, acima das competições e preferências meramente partidárias, olhando de um ponto de vista mais alto os grandes problemas do Brasil – ainda hibernados, só à espera da sua ação transformadora de mágico e de vidente.

É com esse propósito de servir exclusivamente aos interesses gerais que, já em março de 1850 – era tal o seu valor nos meios econômicos e financeiros – é convidado, com 37 anos, para fazer parte da comissão que se encarregaria de elaborar os regulamentos do Código Comercial[26], presidida pelo próprio ministro da Justiça, Eusebio de Queiroz. Aí se assenta ao lado de personalidades prestigiosas, que se chamam: José Clemente Pereira, um dos autores do próprio Código; Nabuco de Araújo, cujas luzes jurídicas já são notórias; Caetano Alberto Soares, um dos fundadores do Instituto dos Advogados; e Carvalho Moreira, segundo na presidência desse Instituto, o futuro diplomata Barão de Penedo. Irineu Evangelista de Souza já "era por esse tempo geralmente considerado de grande importância na praça do Rio de Janeiro", comenta Joaquim Nabuco (1897, p. 126).

O trabalho levou três meses, e a recompensa para Irineu – primeira munificência imperial vinda pela mão de Euzébio – seria logo após a comendadoria da Ordem da Rosa, pelos serviços prestados nessa comissão, à Praça do Comércio[27].

Mauá sublinharia outras vezes essa atitude de distância e alheamento das intrigas políticas. Ainda às portas de nova eleição para deputados (em 1863), quando já vinha eleito suplente desde 1853, só tomou assento na Câmara em 27 de agosto de 1855, substituindo João Jacintho de Mendonça até o fim desse ano[28] e em 1856 substituindo Oliveira Bello. Foi efetivo de 1857 até 1867 pelas liberais do Sul (Porto Alegre)[29], recomendando, por não ser ele homem de partido, que fosse escolhido outro candidato, mais de acordo com os sentimentos locais (carta a R. Ribeiro).

Ainda mais tarde, no conhecido incidente com Gaspar Silveira Martins, revela-se Mauá com os mesmos dons de franqueza e isenção. Eleito novamente deputado por liberais, quase à sua revelia – quando se achava ausente, na Europa, tratando da organização para o cabo submarino, por influência exclusiva de Osorio, contrariado nisso por Gaspar –, chega a declarar-se aos íntimos "sem compromissos partidários" antes mesmo de tomar posse na Câmara (1872).

O ministério que está no poder desde março de 1871 é conservador, presidido pelo Visconde do Rio Branco, um antigo liberal e aquele que mais tempo duraria no governo (quatro anos, três meses e dezoito dias!) em toda a nossa vida constitucional, quer do Império como da República. A esse ministério já se devia, no primeiro ano, a lei de 28 de setembro, que foi a redenção do ventre escravo, com a emancipação dos nascituros; a de 12 de julho, relativa à naturalização dos estrangeiros; e a de n.º 2.033, de 20 de setembro, chamada de reforma judiciária (regulamentada pelo Decreto n.º 4.828, de 22 de novembro de 1871) – que substituía o Código de Processo Criminal, Lei n.º 261 de 3 de dezembro de 1841[30], justiça reacionária que provocaria as revoluções de 1842 em São Paulo e Minas, por outra que ampliava o *habeas corpus*, admitia a fiança provisória e regulava a prisão preventiva (TAUNAY, 1884, p. 114; LYRA, 1939, p. 12). Reformas essas genuinamente liberais. Esse ministério esgotaria todo o programa liberal – dirá depois Joaquim Nabuco.

Três ou quatro semanas antes (27 de dezembro), estreia Gaspar e, em ressentimento pelo resultado das eleições à Câmara, onde os liberais figuravam apenas com sete deputados, por manobra partidária, já atacava Rio Branco. Mauá, amigo pessoal do presidente do conselho, seu íntimo mesmo desde os encontros no Prata, onde o chefe de missão por duas vezes lhe salvara o banco intervindo eficazmente junto ao governo uruguaio (1865), e tendo antes obtido a concessão do cabo submarino de Paranhos, afora a promessa formal de duas importantes reformas, que eram liberais – a eleitoral e a financeira (Vide Carta a Osorio) –, sobe à tribuna[31] e compromete-se publicamente a apoiá-lo. Foi então um escândalo, embora houvesse precedentes notórios dessas evoluções de homens políticos. A Câmara, quase inteira de conservadores, mas ainda aí divididos (ala de Paulino de Souza em oposição, em virtude da lei de emancipação), aplaudiu a atitude ousada; mas Gaspar, capitaneando outros poucos deputados liberais, incluindo dois mineiros[32], azeda-se e, em mau português, como era seu costume, retruca: "Devia dizer isto dos eleitores, antes de mandá-lo para cá".

Mauá respondeu que se os eleitores desaprovassem o seu procedimento, renunciaria ao diploma.

A resposta foi arrogante, mas o tribuno aceita o desafio. "Um de nós não é por certo o representante da opinião liberal. Se sou eu quem não representa as ideias liberais, também renuncio, os eleitores decidam entre ambos." (JÚLIO, 1929, p. 56).

Corrido o escrutínio, alguns meses adiante, depois de muitas acusações recíprocas, algumas dolorosas e injustas por parte de Gaspar, o resultado dá razão partidária a este – num total de 206 eleitores, 112 pronunciaram-se contra Mauá (diferença apenas de 18 votos, maioria de 9). Renunciou este imediatamente à representação e, apesar do voto da Câmara, não aceitando a teoria do mandato imperativo, não põe mais, sobranceiro, os pés no recinto[33]. A cadeira, como homenagem ao fato inédito no parlamento do país, ficaria vaga até o fim da legislatura. No ano seguinte, Mauá tinha dado a melhor resposta aos seus inimigos: estava inaugurado o telégrafo submarino para o Brasil!

A análise histórica revela hoje, com absoluta imparcialidade, o seu veredicto: se pelo calor do momento as aparências dos sentimentos partidários pareciam dar razão a Gaspar, de um ponto de vista superior, dados os antecedentes acima indicados, não faltará agora, amortecidas as paixões, quem faça inteira justiça à atitude desassombrada de Mauá. "Nada mais parecido com um conservador do que um liberal" – foi frase que teve sua celebridade: a confirmar as contínuas reviravoltas da política e as contradanças de homens de partido, que evoluíam de um para outro campo, aqui e fora do país. O próprio Paranhos, Zacharias, Nabuco, Saraiva, Sinimbu, Paranaguá, Souza Franco e Olinda são exemplos frisantes (LYRA, 1939, p. 11), bem como Silveira da Motta, Dom Manoel Mascarenhas e Silva Ferraz (TAUNAY, 1884, p. 55).

Viu-se ainda no Império, em consequência, o programa conservador executado por liberais, e as ideias liberais postas em prática no poder pelos conservadores.

Talvez, cedendo à pressão dessas evidências diuturnas, viriam os dois adversários, esquecidos os insultos, a se reconciliar mais tarde.

"Em 17 de maio de 1875, Mauá requeria uma moratória de três anos. Esgotado esse prazo, não foi possível votar à concordata, em virtude de um dispositivo da lei comercial. Silveira Martins [...] é quem se encarrega de apresentar e defender, na Câmara, o projeto de lei" (JÚLIO, 1929, p. 86), que modificaria o disposto na lei – a qual entretanto não salvaria mais Mauá da completa ruína, porque chegaria tarde, visto a Câmara ter sido nesse ano dissolvida, e a nova que só funcionaria em 1877 foi igualmente dissolvida[34]. Valia em todo o caso, sem dúvida, a intenção generosa.

No ministério Sinimbu (1878) vemos, porém, Mauá, talvez em retribuição agradecida, mas "no desejo de ser útil" enviar ao ministro da Fazenda Gaspar, antes de defendê-las pela imprensa, sugestões de ordem financeira; são os dez artigos que logo a seguir se enfeixaram no folheto *O meio circulante do Brasil*.

Mesmo assim, não se esquece Mauá de lhe lembrar, como numa confissão retrospectiva, mas cordialmente em carta íntima: "nem sempre me acho de acordo com os partidos políticos, embora sempre de acordo com a ideia liberal ou o princípio da liberdade, aplicado a todos os ramos da atividade humana" (MAUÁ, 1878 apud JÚLIO, 1929, p. 91).

É sem dúvida uma "alusão longínqua, mas perfeitamente amigável ao repto famoso" – como quer o biógrafo e filho de Gaspar –, mas é também a justa *mise au point* da posição permanente de Mauá que assim, indiretamente, apelava para a reforma dos violentos e antigos conceitos do tribuno adversário, através do juízo sereno do homem de governo, já agora de novo amigo.

Estavam já cordiais, de pazes feitas. Mas, na vida empolgante de Mauá, essa fase menor do seu temperamento é apenas fixada para se tirar a linha da sua vocação extrapartidária e acentuar-lhe a personalidade. Para o grande painel, há outros traços mais característicos, cujas tintas dão à sua fisionomia moral, em sombra de sortimentos e luz de glória, um retrato vivo e imperecível.

AS ESTRADAS DE FERRO

A estreia propriamente dita de Mauá, no amplo cenário dos empreendimentos públicos, como executor de serviços concedidos pelo Estado, realiza-se em 1852 (27 de abril), assinando contrato com o Presidente Luiz Pedreira do Couto Ferraz, o futuro Visconde de Bom Retiro, de quem guardará sempre grata memória, para a construção da primeira estrada de ferro no Brasil.

Apesar de ser uma "estradinha" – como quer depreciá-la Pio Ottoni[35], para engrandecer a iniciativa do parente Christiano Ottoni, na Dom Pedro II – é esse um fato excepcional pela primazia e pela forma em que foi realizado. F. Pereira Passos dirá em 1880 sobre o acontecimento: "esta estrada deve ser para os brasileiros uma empresa venerada, ela simboliza o *alpha* da nossa viação férrea" (PASSOS, 1836).

Os antecedentes históricos remontam a algumas datas ilustrativas (PINTO, 1977, p. 22): trilhos de madeira usaram-se de início em New Castel, na Inglaterra, para tração animada, e a partir de 1770 sobre trilhos de ferro fundido; só em 1820 é que se empregam as primeiras locomotivas; a de Stephenson é de 1829, no caminho de ferro entre Liverpool e Manchester.

No Brasil, porém – não tanto com a demora que as novas ideias levam para atravessar o oceano, caricaturada por Eça de Queiroz – apesar da Lei Geral de 1835[36], a primeira iniciativa para a construção da estrada ligando o Rio a Minas, Rio Grande do Sul e Bahia, provocada pela falta de comunicações rápidas que a revolução dos farrapos vinha trazer à evidência (GARCEZ, 1915, p. 619), malogra-se inteiramente, não obstante os esforços de Barbacena, coadjuvado por Feijó, para constituir-se a empresa, levantando capitais em Londres.

A segunda tentativa, agora interna, é do Doutor Thomas Cochrane, de 1840 (4 de novembro), concessão por oitenta anos, para o caminho de ferro entre o Rio e São Paulo: caduca em 1843, por não haverem começado as obras. Revalidado o privilégio (1849), foi o contrato entretanto anulado mais adiante pelo legislativo, visto o candidato pleitear "isenções de direitos" e "garantias de juros" – coisas então sumamente difíceis de obter.

Alguns anos antes, já a inteligência viva de Bernardo de Vasconcellos tinha o seu eclipse, quando se manifestara contrário ao empreendimento, pelo receio da falta de carga a transportar, no segundo dia de tráfego. Quase idênticos eram os pensamentos de Itaboraí e de Paraná. Deste, diz-se que, falando cordialmente a Mauá, sobre o projeto, advertira: "V. pensa que trem de ferro é cabrito maltês, para subir montanhas?". Levou ainda vinte anos para subir, mas acabou subindo!

Estudado previamente o traçado da praia da Estrela à Raiz da Serra, a única concessão que Mauá alcança é a do privilégio de zona: cinco léguas à margem da linha (Lei Provincial n.º 602, de 23 de setembro de 1852). Os trabalhos de exploração já haviam começado a 29 de agosto. Não se fala ainda de "garantias de juros", quando a recente lei geral (n.º 641 de 26 de junho) já os admitia de 5% (art. 1º, § 6º), para as companhias que se dispusessem a explorar o traçado Rio-Minas ou Rio-São Paulo (PESSÔA, 1886, p. 4).

A empresa foi, não obstante, organizada por Mauá, e vinte meses depois, em 30 de abril de 1854, viu-se festivamente inaugurado o seu primeiro trecho (entre o porto de Mauá, passando por Inhomerim, e a estação de Fragoso, com 14 km e 500 m). Nessa solenidade, após os vinte minutos da viagem, Mauá desdobra aos olhos do Imperador o panorama grandioso do novo meio de transporte, como a antecipação de sistema arterial de circulação de riquezas, subindo a serra, ganhando os planaltos mediterrâneos, vencendo montes e planícies, para atingir no futuro, lá bem longe, no coração do Brasil, o vale do Rio das Velhas! A visão do sonho audaz deveria certamente atemorizar o temperamento do Monarca austero e esquivo, amigo do seu canto petropolitano, junto aos clássicos e às belas letras. Mauá, quase desde aí, passa a ser suspeitado como indivíduo perigoso, com mania de grandezas... "Naquele tempo era um arrojo", frisa o Senhor Castro Rebello (1932, p. 47).

O ministro do império, já então o mesmo Pedreira, tomando-o pelo braço, leva-o carinhosamente a ir agradecer ao Imperador o título de Barão de Mauá, que, por discreta iniciativa de Pedreira, só então divulgada, naquela mesma data era concedido ao homem teimoso e infatigável, à vista do notável melhoramento que acabava de introduzir no país.

O mesmo governo imperial, em complemento da concessão provincial, para facilitar a ligação com a capital, também já lhe havia concedido, por dez anos, o privilégio da navegação a vapor da Corte até o porto de Mauá (Decreto n.º 987 de 12 de junho de 1852). Os estatutos de ambas as empresas estavam também aprovados (Decreto n.º 1.101 de 29 de dezembro desse mesmo ano).

Passados, justos no calendário, mais 31 meses e meio da abertura do primeiro trecho, em 16 de dezembro de 1856 é que se inaugura o segundo, perfazendo assim o total de 16 quilômetros e 190 metros – que só então atingiria a Raiz da Serra. O custo total havia sido até aí de Rs. 1.845:290$003, e o capital da empresa, inteiramente particular, no valor de Rs. 2.000:000$000, subscrito a princípio só por Mauá e depois por amigos de mocidade: Barão de Andaraí, Visconde de Condeixa, Manoel Correia de Aguiar e Ignácio Tavares – que assinaram Rs. 1.200:000$000, ficando Mauá com os 800:000$000 restantes. Para defesa do capital e a fim de assegurar o prosseguimento das obras, visto não haver de início renda compensadora (os déficits levaram seis anos), tivera Mauá que requerer diretamente à Câmara, em 26 de julho de 1856, a necessária garantia de juros de 7% por dez anos. Paraná, o todo-poderoso e influente marquês, seu amigo, mas chefe do gabinete, particularmente consultado, opõe-se à iniciativa. Mauá declara-lhe: mesmo assim apresentará o pedido à Câmara. Aí é que, rebatendo um orador (Pereira da Silva), sabendo Mauá da impugnação prévia que a medida tivera do Imperador (FARIA, 1926, p. 168), apostrofa: "não era lícito negar-se um pequeno auxílio à primeira estrada de ferro construída no Brasil, no momento em que se pagava a um artista (Tamberlink) 84 contos para se ouvirem as suas belas notas por quatro meses".

A alusão ia direta às preferências artísticas do alto, onde o modesto caixeirinho, órfão, agora transformado em homem de ação, já começava a fazer ciúmes...

Nesse debate de que sai vitorioso, consegue Mauá obter o voto de três ministros, a favor da garantia dos juros: Nabuco, Paranhos e Pedreira.

Narra Mauá:

> Lembro-me de que, nessa mesma tarde, visitando o Senhor Visconde de Paraná, me disse ele, no tom de amigável repreensão que às vezes assumia com seus amigos:
>
> – Então você teve a habilidade de dividir o ministério com a sua pretensão?
>
> – Não, Excelentíssimo – observei –, nem uma palavra disse eu a seus colegas a esse respeito.
>
> E a ideia triunfal:
>
> – E acredita que passará no Senado?
>
> – Não sei; é claro que não, se Vossa Excelência se opuser. Eu cumpri o meu dever, e isso é sempre uma satisfação. (MAUÁ, 1878, p. 26–27).
>
> No Senado, no ano seguinte, Mauá encontra oposição, por se haver levantado contra a resolução "um vulto eminente da política" (Itaboraí?). O pedido, foi, afinal arquivado[37].

O episódio é gritante – em face da própria lei de 1850 –, pois não havia nenhuma concessão nova de estradas, depois da outorgada a Mauá, no Brasil, que não houvesse se beneficiado da vantagem das garantias de juros para o seu capital, na base de 5%, concedida pelo governo imperial – fosse a Estrada de Dom Pedro II, fossem as de Bahia a São Francisco e de Recife a São Francisco. Todas elas ainda acrescidas de um reforço de garantias, outorgado pelas províncias interessadas, de mais 2% suplementares: para a Dom Pedro II, pela do Rio de Janeiro, com a Lei n.º 714, de 13 de outubro de 1854; para a da Bahia pela Lei n.º 500 de 15 de maio de 1854 e para a de Pernambuco, pela Lei n.º 153 de 21 de setembro de 1854.

Argumentou-se recentemente não ter havido injustiça, no caso da estrada Mauá, justamente a única que não tivera garantias de juros inicial, porque "seria um desatino criar vantagens" (REBELLO, 1932, p. 49) para uma estrada que iria concorrer com a de Dom Pedro II, recém-criada (1855), mas cuja inauguração do primeiro trecho até Queimados seria em 29 de março de 1858. Parece-nos, ao contrário, uma exceção odiosa. Primeiro, porque a lei de 1852, tendo oferecido juros de 5% para as primeiras estradas destinadas a Minas e a São Paulo – o que se devia logo ter feito, uma vez que já existia a estrada Mauá (desde 1852, inaugurada em 1854) –, seria dar a esta a exclusividade da comunicação para Minas, ainda porque a concessão da estrada de Petrópolis até Três Barras (no Rio Paraíba) e daí até Porto Novo do Cunha já era, com privilégio exclusivo por oitenta anos, de Irineu (Decreto n.º 1.088 de 13 de dezembro de 1852), beneficiando-se assim dos referidos favores, sem ter a outra a lhe fazer concorrência, que rumaria, nas mesmas condições, apenas para São Paulo, seria o prêmio natural e merecido ao arrojo da sua corajosa prioridade[38].

Segundo porque a estrada de rodagem da "União e Indústria" fundada por Marianno Procópio – que lhe era alma enquanto A. Oliveira Bulhões era o construtor – prosseguia o trajeto, de além Petrópolis para Minas até Três Barras, no Rio Paraíba (São José do Rio Preto), e era já "excepcionalmente favorecida"[39] pelo governo: ao menos um regime de igualdade de tratamento, por equidade, poderia ser concedido ao pioneiro das estradas de ferro no Brasil.

Terceiro – o governo imperial não deveria esquecer que Mauá havia prestado "reais" serviços na formação da empresa quase oficial, que ia ser concorrente da sua, desde os episódios iniciais da organização dos seus estatutos, como ainda os da célebre garantia que dera, dias antes, em escritura pública, desse mesmo ano de 1856 (12 de junho) em que se apresentava como fiador entre o empreiteiro Price e Christiano Ottoni, para que a construção desta prosseguisse e os trabalhos fossem pagos, empenhando nisso "os seus bens presentes e futuros", ele que não era interessado direto na questão, ou melhor, devia ter na realidade o interesse oposto...

Quarto – pelo abandono, sem indenização alguma, por parte de Mauá, do único privilégio que ainda tinha, das cinco léguas laterais, a pedido do Marquês de Paraná (portanto antes de 1856), no trecho de Petrópolis até Três Barras, para servir ainda à empresa concorrente!

Daí por diante, continua o tráfego para Petrópolis pelas três vias empregadas; a marítima, a férrea e a de rodagem, na Serra, até que, com a construção da linha de cremalheira, fosse este último e terceiro trecho inaugurado (já em outras mãos: a Grão-Pará) em 20 de fevereiro de 1883, com 25 quilômetros de percurso total. O custo dessas últimas obras atingira Rs. 1.346:079$795. Ainda para essa inovação Mauá contribuíra poderosamente; é sua concessão (31 de agosto de 1872): ao começo incumbindo o engenheiro F. Pereira Passos de estudar o sistema idêntico do caminho de ferro da Rigi, na Suíça, e depois de projetar e calcular as obras da Serra da Estrella. Essa contribuição técnica, paga inteiramente por ele, seria depois cedida gratuitamente aos seus felizes executores.

Perdia, ao fim de tantos anos de esforços nessa estrada, a primeira do Brasil, cerca de 600:000$000, que é a contribuição da coragem e das vicissitudes amargas dos primeiros empreendimentos: a lição da experiência adquirida apenas acautelará interesses futuros e beneficiará continuadores e imitadores. Como na bela imagem em que o grande poeta simboliza a ingratidão da natureza, nas árvores que crescem e "vão dar frutos no pomar alheio".

Esgalhando dessa concepção inicial de estradas de ferro, ainda do cérebro de Mauá, saíram, em contribuição menor, outras iniciativas semelhantes – todas tendentes, numa obra de penetração brasileira, a ligar o litoral ao sertão; algumas em que apenas a cooperação inicial nas capitais é sua – como nas estradas da Bahia[40] e de Pernambuco[41], e chegam a se desenvolver paulatinamente na direção de São Francisco; outras em que a sua participação ficou apenas na animação dos estudos e projetos, como a de Antonina a Curitiba, ou ainda a outra do Paraná a Mato Grosso com destino à Bolívia, com Antônio Rebouças, ou a do Rio Verde, com Couto de Magalhães.

A SÃO PAULO RAILWAY

Dentro desse programa grandioso de equipamento dos transportes, sobreleva porém às demais, pela sua alta importância econômica e pelas desastrosas consequências financeiras que se lhe seguiram, para Mauá – sendo mesmo uma das causas da sua falência – a construção da estrada de Santos a Jundiaí, depois denominada "São Paulo Railway".

A autorização para a construção havia sido feita pela Lei n.º 838, de 12 de setembro de 1855. No Decreto n.º 1.759, de 26 de abril de 1856, uma concessão aos Marqueses de Monte Alegre (Costa Carvalho), ao de São Vicente (Pimenta Bueno) e ao Barão de Mauá autoriza a incorporação da companhia. O privilégio era por 33 anos, garantia de furos de 5%, sobre o capital de 2 milhões de libras – e aprovadas as plantas pelo decreto de 11 de março de 1858. Some-se ainda o juro provincial de 2%, dado posteriormente; e o auxílio direto de 100 mil libras concedido pelo governo do Império.

Haverá recentemente quem condene em Mauá, como sinal de "verdadeiro suborno" esse "péssimo sistema de interessar os homens públicos, direta ou indiretamente, em empresas que dependiam, para viver, dos favores do Governo" (LYRA, 1939, p. 28–29). Por isso é que ele recorre a Monte Alegre e São Vicente "para figurarem, de parceria com o seu nome", nessa concessão[42].

A acusação, tirada de um livro em grande parte hostil a Mauá, feito no propósito sectário de demolir o "herói do capitalismo", que Alberto de Faria levantara muito alto (REBELLO, 1932), deve ser ainda nesse caso examinada atentamente; nem se presta o fato, aliás deturpado, a tão apressadas generalizações. Antes de mais nada, conviria desde logo acentuar que não foi Mauá quem recorreu a Monte Alegre e São Vicente: foram estes, seus íntimos de longa data, que insistiram com ele:

A magnitude da empresa criou alguma hesitação no meu espírito, e durante algum tempo resisti às solicitações dos meus amigos, cedendo afinal sob a promessa de unirem eles seus nomes prestigiosos na política do país ao meu humilde nome, impondo-me eles nessa ocasião, como condição, o não partilharem de qualquer benefício pecuniário que daí lhes pudesse provir (MAUÁ, 1878, p. 51).

O episódio tem assim explicação mais generosa: Pimenta Bueno era um paulista, orgulhoso da sua terra natal e senador por São Paulo desde 1853. Costa Carvalho, baiano de nascimento, havia, em época remota, servido como juiz em São Paulo (1821–1822), onde veio a constituir família; aí redigira o *Farol Paulistano* (1827) e, ajudado pela parentela influente da mulher, é deputado por São Paulo, à quarta legislatura da Assembleia Geral (1838); vinha já da Regência (1831) onde permanece até 1835, mas retirando-se para São Paulo a partir de 1833, onde é eleito deputado provincial (1834–1835); havia ainda presidido aquela província no período da Revolução Liberal de 1842; depois de ter sido escolhido senador por Sergipe em 1839 – sendo presidente da Câmara Alta na sessão de 1842 a 1843.

Monte Alegre e São Vicente já haviam sido ministros em 1848, sendo que o primeiro ainda foi presidente do conselho de 1849 a 1852, e o segundo ocupou esse cargo só mais tarde, em 1870. Ambos foram conselheiros de Estado: Monte Alegre desde 1842; São Vicente a partir de 1859. Portanto, a não ser o cargo político vitalício, não exerciam no momento da concessão empregos administrativos com ela incompatíveis. Tinham, sim, natural e notória influência, pela retidão e respeitabilidade que também empregavam em benefício da sua província, de origem em um, adotiva em outro.

A insistência com Mauá vinha por certo de ambos, na confiança que inspirava o empreendedor ousado que já realizara a primeira estrada de ferro no país e crescia de um prestígio, aureolado pela experiência, a que não se esquivariam de recorrer nessa matéria outras províncias; Pernambuco e Bahia, e nem mesmo a estrada quase oficial crismada com o nome do Monarca...

Ademais, quanto a Monte Alegre, havia ainda razão para diligenciar nessa realização, que só foi avante devido ao homem teimoso, como era Mauá. Nos arquivos da mesma família, em que fizera dois casamentos, estavam o anteprojeto com as respectivas plantas e orçamentos: os estudos do inglês Morney, apoiados na concessão provincial (Lei n.º 115 de 30 de março de 1838), trabalhos esses que mandara antes executar Fomm (1836). A primitiva outorga havia sido feita ali à importante firma comercial de Santos: Aguiar, Viúva & Filhos, da qual era gerente esse diligente Frederico Fomm, alemão de nascimento, mas também paulista de coração: tanto que se unira a Dona Barbara, filha do tenente-coronel João Xavier da Costa Aguiar e de Dona Anna Paes de Barros Aguiar – falecendo em 1845 (REDONDO, 1895). A primeira mulher de Monte Alegre, com quem ele se casara em 16 de julho de 1822, é Dona Genebra de Barros Leite, a viúva riquíssima do brigadeiro Luiz Antônio de Souza, a qual vem a falecer em Lisboa em 1836 e ainda é sogra de Francisco Ignácio, o homem que se opusera a José Bonifácio. A segunda mulher de Monte Alegre é Dona Maria Isabel de Souza Alvim, cujo casamento acontece em 1839. Eram ambas primas da mulher de Fomm, a qual, depois de viúva, entrega esses estudos a Monte Alegre. Daí ainda o desejo, todo de ordem moral, de Monte Alegre de colocar tais "papéis de família" – guardados como relíquia – nas mãos de quem, ajudado, se sentisse capaz de realizar a obra, como era Mauá[43].

Enquanto se prepara o levantamento dos capitais em Londres, vai Mauá provendo às despesas com novos estudos que manda estabelecer na serra de Cubatão, que levam cerca de três anos, pela equipe de engenheiros ingleses pagos à sua custa: Roberto Milligan, D'Ordam, Fox, Brunlees, C. B. Lone etc.

Soma que se eleva a 25 mil libras. É uma obra verdadeiramente grandiosa que ali se examina e prepara, o "enfunilar num despenhadeiro, a caminho do oceano toda uma riqueza que ainda hoje mal começa a aparecer e ainda não está calculada" (FARIA, 1926, p. 199).

Organizada a empresa São Paulo Railway (o Decreto n.º 2601, de 1 º de junho de 1860, autoriza-a a funcionar no Império e aprova-lhe os estatutos), o primeiro contratempo aparece: por advertência de Penedo, então nosso ministro na Inglaterra, o sócio de Mauá é obrigado ali a pagar a Rothschild & Sons, pela simples aposição dos nomes nos prospectos, 20 mil libras, de sorte que o benefício de Mauá, estimado por contrato social em 45 mil libras, imediatamente se evapora para o bolso da finança internacional.

Não seria, porém, só esse o contratempo: outros aparecem. O segundo é quando, passados mais de seis anos, na execução dos trabalhos ferroviários (começados em 24 de novembro de 1860), estão os empreiteiros ingleses (Roberto Sharp & Filhos) às portas da falência, e, para salvar a estrada, Mauá resolve ainda subsidiar os serviços – quase paralisados pelos desabamentos na Serra no final de 1864 e começo de 1865, pelas chuvas, e que foram abandonados pelos empreiteiros, completamente arruinados, desde 1.º de outubro de 1866. Essa dívida já se eleva então a mais de 200 mil libras. Aí começam as negações dos ingleses: primeiro atraindo os empreiteiros, pelo engodo de liquidações rápidas (de 30 mil libras logo e mais 30 mil libras no fim do serviço); em seguida, lá conluiados com eles, para negarem todos os pagamentos devidos a Mauá.

A única saída que Mauá tinha era, desde essa hora, concluir a estrada à sua custa (de 1.º de outubro de 1866 até 26 de julho de 1867) para se pagar com a própria renda. Nem isso lhe foi possível – quando percebeu, afinal, que ainda estava sendo ludibriado, no seu excesso de boa-fé, já tinha contra a estrada um crédito de 600 mil libras. A odisseia judicial perante os tribunais do Brasil, para a cobrança, levou mais de dez anos, em virtude de chicanas vergonhosas promovidas pela São Paulo Railway. A justiça brasileira, em lugar de admitir que dívidas dessa natureza se cobram no lugar do principal estabelecimento, como mais tarde se torna taxativo por lei, para evitar abusos semelhantes, aceita a hábil preliminar da *declinatoria fori*, embalada pelo grande prestígio do jurista João Crispiniano Soares, advogado ex-adverso, e remete ingenuamente, por amor a princípios abstratos, o dissídio para a sede da empresa, que era em Londres.

Mesmo depois de falido, já em 1884, alquebrado e velho, transporta-se Mauá, ainda confiante, para a capital inglesa, a pleitear o seu direito. O antigo caixeiro, reconhecido, não admitia talvez que houvesse ingleses diferentes de Carruthers, o seu nobre patrão de outrora. A dívida está prescrita pelo prazo curto das leis da Inglaterra, cinco anos foi a nova sentença. Nem sequer o mérito da questão foi discutido!

Essa mais atroz "denegação de justiça", na frase de Carvalho de Mendonça, é que faria Martinho Garcez (1915, p. 628) escrever as palavras candentes que ferem, como ferro em brasa, e estão no seu *Direto das cousas*. Situação tão clamorosa foi em vão escalpelada por mestres do direito, como Ramalho e Lafayette. É em face dessa espoliação que José Carlos Macedo Soares, numa hora de revolta, também, exclama: "A São Paulo Railway, em sua origem, só teve de inglesa o nome" (SOARES, 1924, p. 10).

E, depois de historiar toda a marcha penosa do homem honrado e útil, contra os interesses que lhe assaltaram a bolsa, conclui vingadoramente: "Iniciativa de brasileiro, construção em parte devida a brasileiros, brasileira deve tornar-se a São Paulo Railway" (SOARES, 1924, p. 12). Na apuração exata dos prejuízos, verificara-se afinal (1885) que Mauá havia perdido ao todo 416.762,96 libras ou 4.087:536$260 ao câmbio do dia, 16.000:000$000 réis ao câmbio de 1926 (FARIA, 1926, p. 205). Atualmente – mais de 25 mil contos.

A POLÍTICA DO PRATA

Recuemos agora, daí, para mais de trinta anos e retomemos o fio de Ariadne que nos conduz até os recessos dessa vida, por volta de 1850. Se nem tudo na vida são interesses mesquinhos de dinheiro, haverá, mesmo para um banqueiro, horas de entendimento aos deveres sociais. Soa no coração de Mauá, como um toque de convocação, a ordem que lhe dá o seu amigo Paulino de Souza, ministro dos Estrangeiros para nos mobilizarmos financeiramente, em socorro do Uruguai. Tem-se romantizado a cena de Mauá, subindo as escadas de André Lamas, para oferecer apoio e socorro contra os sitiados de Montevidéu (CASCUDO, 1938, p. 224). O diplomata suspeitoso só se tranquiliza quanto a esses propósitos depois de ouvir a Dom Pedro II. Retirado mesmo o aspecto de conspiração e de mistério, o certo é que por meio da "mão oculta" de Mauá através do "pacto secreto" de 6 de setembro de 1850 – no arquivo do Itamarati – começaram a ser feitos, pelo Império, os auxílios necessários à reação vizinha, que livraria afinal o Uruguai de Oribe e a Argentina de Rosas (BARROSO, 1938, p. 142).

Instalando logo a seguir no Prata a rede dos seus bancos sob o rótulo de Mauá & Cia., o seu chefe seguia na expedição pré-militar como batedor, um autêntico "voluntário da pátria".

Em quase trinta anos de lutas incessantes, ali se familiariza, cria raízes poderosas que se alimentam da seiva brasileira; toma iniciativas econômicas, auxilia financeiramente a homens e governos; por conta destes últimos, emite; e as "notas" da sua casa têm curso legal, equivalendo à moeda do país – trocando-se nos seus guichês não por papel, mas pelo equivalente em ouro!

Nas confusões das dissensões locais, a sua figura máscula é respeitada num dia, como um salvador, para no outro ser jurada de morte; a todos os embates da lisonja ou da ameaça, resiste serenamente.

Não resta dúvida de que, nesse longo período, a sua permanência na margem direita do Prata é como a da sentinela avançada e vigilante, olhando atentamente para os vizinhos do outro lado do estuário e que, servindo aos interesses do país, está logo, em primeiro plano, exposto ao fogo.

Objetar-se-á talvez, sem muita razão, que, havendo prestado inicialmente reais serviços à política do Império, a seguir Mauá passou ali a agir por conta própria, comprometendo-se demasiado como aliado dos "blancos", quando a nossa diplomacia e as nossas forças em defesa de interesses dos rio-grandenses já apoiavam ocultamente o revolucionário Flores.

Destaca-se, entretanto, que se os governos podem fazer evoluir a sua orientação, a seu bel-prazer, segundo as conveniências mutáveis da política ou das circunstâncias, com a simples transferência de um ministro ou com a chegada de novo emissário diplomático – os que permaneceram na praça, vinculados aos acontecimentos cotidianos, não podem ter talvez essa desejada liberdade de ação. Não se rompem assim tão facilmente alianças e compromissos, mesmo quando exclusivamente comerciais, sem afetar outros interesses que a eles estão presos. Não será isso a "defesa" de Mauá, mas apenas uma explicação.

É daí, talvez, a sua famosa atitude por ocasião da Missão Saraiva (1864), contrariando publicamente as instruções terminantes que haviam sido dadas pelo chefe do Gabinete e pelo Imperador ao plenipotenciário – gesto que lhe acarretaria o ódio de Zacharias, que não suportava essas interferências, e lhe agravaria as prevenções de Dom Pedro II, já vindas de longe (procurador dos Condes de Áquila[44], questão Christie etc.).

Conhece-se hoje, graças a Alberto de Faria, melhor o episódio: Saraiva conciliou, até mais não poder, a ideia de realizar os reais objetivos da sua interferência diplomática, seguindo nisso o conselho de Mauá, divulgado no *Jornal do Comércio*, à véspera da sua partida e adiando em parte as instruções do governo. O que se ignorava, porém, era a seguinte carta, que está no arquivo do Instituto Histórico:

Rio de Janeiro, 5 de junho de 1864.
Ilustríssimo Excelentíssimo Senhor Cons.º José Antônio Saraiva,
Excelentíssimo Senhor e meu prezado amigo.

Recebi a carta com que Vossa Excelência me honrou e, sentindo profundamente que Vossa Excelência não gozasse da melhor saúde durante a viagem, vejo ainda com a mais profunda mágoa que a negociação confiada a Vossa Excelência não segue bem como desejamos. Receei isso quando tive conhecimento das instruções que foram dadas a Vossa Excelência. A minha única esperança foi que Vossa Excelência, apreciando aí as grosseiras inexatidões e falsidades que atuaram para resolver a missão, faria francamente o que sua alta razão e bom juízo lhe ditasse. O caminho seguido não é o conveniente, há de trazer-nos complicações e, se medidas coercitivas forem adotadas, no fim encontrar-nos-emos diante de sucessos que não poderemos dominar. Afasto-me para a Europa no dia 8 do corrente, com vivo pesar e ao mesmo tempo com satisfação, porque teria talvez de manifestar-me contra a política do Governo do meu país, e como se trata de questões com o estrangeiro, prefiro a ruína dos meus interesses.

Com a mais distinta consideração,

de Vossa Excelência amigo affs.º e att.º crd.º

Barão de Mauá.

Vencida a batalha – na bela frase de Alberto de Faria –, mais tarde abandonou entretanto o Brasil, no campo, o seu companheiro de luta!

Mesmo despojada de imagens, a posição de Mauá é a seguinte: tinha a reclamar, no final das contas, contra o governo uruguaio, por dinheiro adiantado ou em emissões, mais de 3 milhões de pesos, que equivaliam na época a Rs. 6.000:000$000 e que nunca mais lhe seriam pagos!

A NAVEGAÇÃO DO AMAZONAS

Outro acontecimento importante para a vida do Brasil e para a biografia de Mauá, que teve ainda nele papel de relevo, é o da navegação do Amazonas.

O grande rio brasileiro não tinha, ainda em 1850, um tráfego regular de vapores, abandonando-se assim à indiferença as populações caboclas e indígenas, cujo solo na colônia portugueses e paulistas haviam assegurado, e em cujo aldeamento, para a civilização, a obra notável dos missionários os havia precedido – perdida depois pela ação nefasta de Pombal, na objurgatória eloquente de Eduardo Prado.

A convite do ministro Monte Alegre, dispôs-se Mauá em 1852 a "encarregar-se da missão civilizadora" que a navegação do Amazonas "levava nas suas entranhas", pois, apesar de posta antes em concorrência, desde 1850, quando se criara nova Província[45] com subvenção e privilégio exclusivo[46], não tinha logrado realizar-se. Na época, essas vantagens nada tinham de odiosas, pois apesar delas não havia candidato que aparecesse para explorar o serviço: e foi preciso que o chefe do gabinete e ministro do Império, "amigo pessoal" de Mauá, com este instasse (MAUÁ, 1878, p. 31) para que, animado de propósitos patrióticos, se dispusesse ele a levar avante o empreendimento.

O privilégio seria de trinta anos, sobre o Amazonas e seus afluentes, e subvenção anual de 160 contos na primeira linha, e igual à que desce o Peru, na segunda. Para levantamento do capital necessário ainda por falta de tomadores, Mauá subscreve muito mais de metade das ações: prova de que o negócio para os tímidos capitalistas brasileiros não se afigurava vantajoso.

Começam os serviços normalmente, logo acrescidos pelas necessidades do tráfego de novos vapores.

No entanto, nesse mesmo ano, já Paulino de Souza o advertia no ministério seguinte que a política do governo teria de sofrer modificação, aproximando-se a época em que seria preciso declarar o grande rio aberto ao comércio do mundo.

É o Ministério Paraná que inicia essas negociações em 1853, desistindo Mauá no ano seguinte "do privilégio exclusivo" em troca de outros benefícios[47]: aumento na subvenção escassa – visto aparelhar a frota às condições de poder fazer face à concorrência. Os novos favores vieram, entretanto, só em 1857, quando Olinda e Souza Franco, este último paraense, cumprem o prometido; orçam-se em 1861, em 720 contos por ano, para três linhas, para um capital de 2 mil contos!

Portanto, desde 1854 estava já o governo imperial politicamente de mãos livres para, em relação a Mauá, poder decretar a abertura do Amazonas.

A ação diplomática dos Estados Unidos e da Inglaterra conjugava-se aos interesses da Colômbia, do Equador, de Peru, da Bolívia e da Venezuela – que queriam caminho para o Atlântico.

Na opinião pública universal, a obra do tenente F. Maury[48], norte-americano, fazia impressão, apesar das nossas desconfianças pelas suas teorias expansionistas em detrimento dos interesses brasileiros. Dos seus argumentos se serve Tavares Bastos para a grande campanha que empreendia, desde o panfleto "Os males do presente", passando pelas "Cartas do Solitário" (1862) até o "Vale do Amazonas" (1866) – e que já conquistara Gonçalves Dias.

Por outro lado, os nossos interesses no Sul levar-nos-iam a defender a tese oposta: pleitearíamos ali a liberdade da navegação para os povos ribeirinhos, para o acesso pela embocadura do Rio da Prata, chegaríamos aos limites ocidentais da província de Mato Grosso, pelo Rio Paraguai; da província do Paraná, pelo rio do mesmo nome; e das províncias de Santa Catarina e Rio Grande, pelo Rio Uruguai. Atravessavam-se aí, em parte, zonas inteiramente argentinas e paraguaias, exatamente o que acontecia aos vizinhos do Norte ao passarem pelo grande rio, através das extensas regiões amazônicas e paraenses.

A abertura do Amazonas, entretanto, só veio a decretar-se conjuntamente com a do Tocantins, Tapajós, Madeira Negro e São Francisco em 1866, no ministério Zacharias (Decreto n.º 3.749, de 7 de dezembro), para ser realidade nove meses justos depois[49].

A discussão interna, portanto, em torno da concessão de Mauá, desde 1854 até a abertura do rio, não girava mais em face da "exclusividade dos favores", mas sim da "subvenção excessiva" que, dizem ainda hoje, equivalia a "monopólio de fato". (REBELLO, 1932, p. 22). Nessa segunda fase da campanha entra também Tavares Bastos, a nosso ver nesse ponto sem esteios seguros: se o capital da empresa era de 2 mil contos, nada faz crer que a subvenção de 720 contos anuais representasse para ela, por um critério só de hoje, demasiado simplista e vesgo, um benefício líquido e exato de 36% (textual!). Dessa subvenção tirar-se-ia por certo o necessário também para o custeio, uma vez que o capital era considerado insuficiente e que as rendas das explorações não dariam para cobrir as despesas. Reflita-se ainda que, na ausência dela, os fretes teriam forçosamente de aumentar, para corresponder a uma vantagem do capital e, portanto, era feita como é notório, não no sentido de proteger a empresa, mas de beneficiar indiretamente o público e o comércio.

O equívoco de Tavares Bastos estaria em comparar o percurso da Companhia do Amazonas, "que é a melhor empresa do mesmo gênero no Brasil", sendo o "seu serviço perfeitamente regular" e "superior ao da companhia costeira (Brasileira de paquetes)", capaz de honrar o Brasil (BASTOS, 1866, p. 130) com o da outra. Tendo aquela 720 contos de subvenção, por 66,792 milhas e 268 dias de navegação; e esta 768 contos por 109,152 e 540 dias, conclua o grande pensador político vitoriosamente que da primeira a subvenção equivalia a 10$700 por milha e 2:647$ por dia, e da segunda, a 7$000 por milha e 1:422$000 por dia de navegação (BASTOS, 1866, p. 138). O homem raro e agudo esqueceu-se, porém, de examinar outro fator: a primeira percorria apenas uma zona inteiramente recém-aberta ao tráfego no Amazonas e seus afluentes, em evidentes e inferiores condições econômicas, ao passo que a segunda fazia o trajeto da Corte ao Pará, ligando o Rio a oito capitais das províncias do Império, num proveitoso serviço de cabotagem – talvez então o mais remunerador do Brasil.

Mauá acentua em 1878 as vantagens incalculáveis, resultantes da navegação ao Amazonas, para as regiões nortistas, numa arrecadação que em 23 anos, desde 1855, passou a ser sete vezes maior para os cofres gerais. Essa frase é corrigida para melhor pelos algarismos: período 1852–1853, Amazonas, 6.281 contos; Pará, 899 contos. Período 1874–1875, Amazonas 98 contos; Pará, 3.645 contos. A receita provincial do Amazonas foi a seguinte: 1853, 29 contos; 1874–1875, 555 contos (FERREIRA, 1898, p. 23).

Para o seu árduo trabalho, de mais de 25 anos – transformada por ele mesmo a companhia na Amazon Steam Navigation, que funciona a partir de 1872 –, na hora da falência, o que se encontra nos seus cofres são ações da nova empresa, correspondentes ao capital antigo, "e os direitos transferidos a credores de pelo menos o dobro dos lucros que em qualquer hipótese [ele] podia ter obtido de semelhante concessão" (MAUÁ, 1878, p. 38).

Portanto, não colheu nenhum benefício, comenta o próprio Mauá. E das críticas que sofrera por ela, sublinha: "Tal é a justiça dos homens!".

O TELÉGRAFO SUBMARINO

Outra iniciativa da mais acentuada importância que o Brasil deve a Mauá é a do cabo submarino inglês, que ele conseguiu trazer ao país depois de muitos esforços sem nenhum lucro monetário, sem interesse mercantil algum – salvo apenas os do benefício que a sua implantação aqui traria ao seu amor-próprio de brasileiro. Havia um concessionário, desde 1858, que não resolvia a questão e, por conseguinte, impedia que outros a resolvessem.

Em 1872, Mauá ataca o problema de frente em Londres, depois de se haver entendido com Rio Branco: sonda a bolsa, consulta técnicos. Aparecem logo outros intermediários para comprar a concessão anterior. No ato do lançamento da nova empresa, o antigo concessionário protesta.

Mauá obtém de Rio Branco que anule a velha concessão, que não passava de uma especulação, e pede idêntico privilégio, que lhe foi sem demora conferido "para estabelecer e explorar um cabo telegráfico submarino entre o Império e Portugal e suas possessões" (Decreto n.º 5.058, de 16 de agosto de 1872).

Só com o seu prestígio dirigiu-se ao diretor do cabo submarino que se havia inaugurado para os Estados Unidos e propõe-lhe utilizar-se da concessão que tinha em mãos. Como não a podia doar, em vista de obstáculos de ordem legal que o impediam, mas fiel ao que prometera a Rio Branco e ao que F. Octaviano aqui assegurava, em sua defesa, vende-a simplesmente por uma libra! Sem ao menos reservar as vantagens mínimas de ter direito a telegramas gratuitos! E o privilégio é assim transferido, com grande estupefação dos ingleses.

Organizado o sindicato para a exploração, voltam os negociadores, ainda não convencidos do desprendimento, a lhe oferecer por maneira hábil nova compensação: uma simples comissão em forma de ações. Mauá ainda outra vez resiste, aceitando apenas um lugar na diretoria.

Minhas reminiscências de meninice guardam lembrança da carta de Mauá em resposta a alguém que o felicitava por essa bela ação e em que quase se desculpava, também numa bela frase: "Nem só de pão vive o homem!". Por onde ou em que mãos avaras anda hoje esse precioso papel?

Carlos Pontes, no seu lúcido e comedido ensaio sobre Tavares Bastos, não escondendo que cabe a Mauá a glória dessa realização, reivindica, para o grande alagoano os lauréis de precursor da ideia (BASTOS, 1966, p. 171). Trata-se de um discurso na Câmara em 15 de fevereiro de 1864, no qual termina por apresentar e justificar o projeto para o cabo submarino. Entretanto, já nesse mesmo discurso se comunicava que, "graças à valiosa intervenção do nome tão prestigioso do nosso nobre colega, o Senhor Barão de Mauá, o cabo telegráfico que se estabelecer na costa do Brasil será imediatamente prolongado até os portos do Rio da Prata" (BASTOS, 1966, p. 174).

Não esquecer ainda que o Brasil, nesse mesmo ano de 1864 (16 de maio), já assinara a convenção telegráfica com a França, a Itália e Portugal pela qual se comprometia a inaugurar o cabo submarino dentro de prazo certo[50].

Por outro lado, ainda, sem desmerecer a contribuição de Tavares Bastos – sempre adiantado e vidente –, conviria lembrar que há no arquivo do Instituto Histórico uma carta interessante na qual Mauá, no final, relata ao ministro Olinda:

> [...] prometi a Vossa Excelência algumas informações sobre o telégrafo elétrico, e com efeito o engenheiro Ginty me expôs o que há a respeito. Se a comunicação que se deseja entre Pernambuco e o Rio de Janeiro é submarina, a quantia exigida não é exorbitante.
>
> Se Vossa Excelência, porém, está resolvido a despender 220 contos para ter uma comunicação telegráfica entre este porto e Pernambuco, de preferência um projeto completo que ponha em comunicação a Corte com todas as capitais das províncias do Império, excetuando unicamente Goiás, Mato Grosso e Alto Amazonas, a realização deste vasto e grandioso projeto que comunica ação governativa a todos os pontos do Império instantaneamente exige apenas o mesquinho sacrifício de 560 contos anuais! Ou uma garantia de 7% sobre 8 mil contos!
>
> Entrar no desenvolvimento das vantagens da realização dessa magnífica ideia seria inútil, o que é evidente por qualquer lado que se a encare; não carece de demonstração. Estou pronto a assinar um contrato nesse sentido – a obra deve estar completa dentro de cinco anos. Em todo o caso encarrego o engenheiro Ginty de formular um plano que submeterei à consideração de Vossa Excelência.

A carta não tem data e, à primeira impressão, à vista da convenção assinada em 1864, estar-se-ia propenso a acreditar que as cogitações do governo de Olinda, nesse assunto, ocorreriam no seu quarto gabinete, que é de 12 de maio de 1865. Há, porém, um detalhe inicial que a recua para mais longe: Mauá também retifica nessa carta o número de trabalhadores que estão na segunda seção da estrada de ferro em Pernambuco – que, em vez de 106, "são sempre mais de 500, além de mais de 300 no distrito de Escada".

Ora essa estrada iniciada em 7 de setembro de 1855 inaugurou a sua primeira seção em 8 de fevereiro de 1858, a segunda em 3 de dezembro de 1860, a terceira em 13 de maio de 1862, o primeiro trecho da quarta em 7 de setembro e o segundo trecho da quarta em 30 de outubro de 1862 (PESSÔA, 1886, p. 98–99).

Portanto, a carta é contemporânea ao segundo gabinete, de Olinda, que vai de 4 de maio de 1857 até 12 de dezembro de 1858. A ser exata essa ilação: Mauá será precursor da ideia e seu realizador, e Tavares Bastos será o colaborador diligente que, para erguê-la, tomou a iniciativa do projeto na Câmara.

Nas festas oficiais com que no Rio se celebrou a inauguração do cabo submarino ligando a Corte às capitais do Norte (Bahia, Pernambuco e Pará), além do Imperador e apesar de mais de duzentos convidados, não estava presente Mauá: o fato se deu em 1º de janeiro de 1874, no Hotel dos Estrangeiros. Dias antes, na véspera do Natal, em Copacabana, às duas horas da tarde, o Imperador foi o primeiro que puxava o cabo que saía do mar. Só seis meses mais tarde é que se transmitiu o primeiro despacho direto com que ficou o Brasil ligado rapidamente aos centros civilizados: é de 22 de junho desse ano[51], cerimônia realizada na Biblioteca Nacional. Não se completara ainda a semana, e eis que entra pela casa de Mauá o próprio visconde do Rio Branco, que lhe vem trazer o decreto imperial de 26 de junho, de elevação do seu título para visconde, com grandeza, pelos serviços prestados à Pátria, com a aquisição do cabo submarino. O que o ilustre presidente do conselho nobremente esconde, talvez para não agravar ressentimentos de Mauá ao Imperante, é que a iniciativa dessa homenagem havia sido exclusivamente sua, conforme está hoje apurado na carta que pleiteou o título, endereçada ao Monarca[52].

TRABALHOS MENORES

Os traços rápidos de um ensaio crítico e de uma biografia vivida, para a evocação dos contemporâneos, não comporta digressões nem excessos de detalhes, descendo às pequenas obras, aos *divertissements* com que os gigantes descansam, ainda que carregando pedras.

Na enumeração desses serviços laterais de Mauá, basta apenas mencionar que, antecipando-se ao urbanismo dos técnicos, no Rio ele construiu o Canal do Mangue; tomou a empresa de bondes do Jardim Botânico de mãos inseguras e impulsionou para outras mãos felizes; perdeu dinheiro, com Cochrane, no caminho de ferro da Tijuca; associou-se à Companhia Fluminense de Transportes; foi sócio diligente e diretor da Luz Esteárica (1854–1864); pensou no abastecimento de água da capital do Império; auxiliou a Companhia de Curtumes e estimulou a dos Diques Flutuantes. Fora da capital do Império, teve interesse na empresa de exploração do ouro do Maranhão; seguindo Vergueiro, na solução do problema do braço escravo, antecipando-se aos estadistas, fundou colônias agrícolas, de trabalhadores livres: portugueses, chineses e *coolies*, nas terras concedidas no Amazonas e no Pará e nas suas fazendas da província do Rio de Janeiro, em Atalaia (Macaé) e Município Neutro (Sapopemba). Viu o problema do carvão de pedra nacional (Rio

Grande do Sul), que procurou solucionar[53]. Estudou a pecuária e deu-lhe amplo incremento nos seus campos gaúchos, uruguaios e argentinos através da Cia. Pastoril, cujas ações, passadas a outros donos mais felizes, constituem hoje, pela valorização, fortuna incalculável.

O BANQUEIRO

O homem que organizara estradas de ferro para penetração do Brasil, companhias de vapores e telégrafos, para sua maior ligação material e espiritual, para a obra colossal de solda dos elementos dinâmicos da sua atividade, carecia de uma rede econômica, capaz de suprir tantas iniciativas e empresas e, através desses laços financeiros, como excelentes estados-maiores, poder estabelecer a unidade de comando, a coesão das ordens e das diretivas.

Pensando sem dúvida em tudo isso é que Tristão de Athayde foi feliz na conhecida síntese:

> O precursor admirável, essa figura realmente única em nossa história – o Visconde de Mauá, desde a maioridade até a República, acompanhando a realeza imperial com a sua realeza econômica, na ascensão e na decadência, pressentiu e tentou resolver todos ou quase todos os grandes problemas econômicos brasileiros, os problemas essenciais do período moderno de nossa história, desde os interesses do Rio Grande, que representou na Câmara, até a navegação do Amazonas. Foi um quadro assombroso de unificação nacional na cabeça de um só homem, o Caxias da unidade econômica (CARDOSO, 1924, p. 250–251)[54].

Os bordados desse marechalato, entre tantos outros concorrentes, conferiam-lhe a sua organização bancária.

O primeiro passo que dá nesse sentido coincide com o seu ingresso na vida pública. Em 1850, os capitais que até aí "engordavam" com o tráfico de escravos (GARCEZ, 1915) tendiam a emagrecer por falta de alimento. Para aproveitar essa disponibilidade, Irineu lança-se à organização do banco, que levaria esses capitais para a indústria e outras iniciativas proveitosas, carecedoras de crédito, num país pobre de dinheiro.

É assim que emerge de novo, em sua segunda fase, o Banco do Brasil, pela vontade e espírito de iniciativa de Mauá, amparado por Monte Alegre[55] (Decreto n.º 801, de 2 de julho de 1851). Surgindo oposições dissimuladas, para evitar rivalidades, cortando o mal pela raiz, fez Mauá reformar os Estatutos para que os cargos da diretoria não fossem remunerados. Foi água na fervura, comenta. O discurso de incorporação do banco feito por Mauá, na Praça do Comércio, é de 2 de março de 1851. O capital era então 10.000:000$000, e o estabelecimento vai até 1853, tendo realizado transações no valor de 300 mil contos, quando, por iniciativa de Itaboraí, visando a criação de um só banco de emissão, dá-se a fusão do Banco do Brasil com o Banco do Comércio que já vinha desde 1838 – amparada pela Lei n.º 683, de 5 de julho de 1853[56].

Para o novo Banco do Brasil (terceira fase) entram o banco fundado por Mauá com 50 mil ações e o velho Banco do Comércio com 30 mil – sendo ainda lançadas na praça mais 70 mil ações, às quais, por lei do ministério Panamá, foi pedido um ágio aos tomadores, pela sua grande procura, de 10%. Aprovados os estatutos (Decreto n.º 1.223 de 31 de agosto de 1853), o Banco inicia as suas operações em 10 de abril de 1854.

Contrário a essa ideia de banco de emissão único, que redundava "na concentração absoluta do crédito num só banco", Mauá, para não criar dificuldades, colabora com os propósitos do governo: eleito diretor do banco, poucos meses depois dele se afasta, por incompatibilidades pessoais.

Nessa ocasião é que Mauá funda a casa bancária Mauá, Mac Gregor & C. – aparecendo então também o Banco Rural e Hipotecário.

Partidário da iniciativa privada, para fugir ao "controle governamental" Mauá organizara os estatutos do banco de forma *sui generis*, de maneira que essa intervenção ali não se pudesse realizar, como acontecia então com as sociedades anônimas, sujeitas ao "arbítrio governativo". Receoso, porém, das repercussões dessa novidade, nos conselhos do governo, resolveu consultar Paraná, então chefe do gabinete e ministro da Fazenda, pedindo-lhe que também ouvisse o ministro da Justiça, em face da legislação vigente. Sobretudo porque, pela lei, aquelas podiam ser dissolvidas administrativamente, sem consulta a acionistas, o que para um banco que precisava chamar capitais lhe parecia anomalia grave, restringindo-lhe a confiança do mercado.

É a essa consulta que, como autoridade e como amigo, Paraná uma semana depois responde, dizendo-lhe que achava a organização "fora de qualquer objeção assim legal como de qualquer outra espécie", e, para provar-lhe "sua plena aprovação", disse-lhe que "não podendo como ministro ser interessado na sociedade bancária, seu filho mais velho subscreveria com 50 contos, seu genro com 30, e o pai deste com 50, e que não hesitaria em recomendar a todos os seus amigos que subscrevessem ações", tal a confiança que a gestão de Mauá lhe inspirava (MAUÁ, 1878, p. 112).

O fato vem a ser deturpado, com propósitos depreciativos, para servir de pretexto a ataques a Mauá. Diz-se com flagrante inexatidão que este, "para assegurar o apoio do governo mete a parentela de Paraná no negócio", embora ainda aí se reconheça que "o filho do presidente do conselho subscreve cinco quinhões da sociedade; um genro, três; e o pai deste, outros cinco" (REBELLO, 1932, p. 75). Dessa meia-verdade, um recente historiador imperial, que não teve escrúpulo de se abeberar apenas em fonte tão turvada por ideologismos hostis, desfigurando-a mais ainda, acrescenta: "É para os parentes próximos do marquês do Paraná, presidente do Conselho, que ele se volta, interessando-os na sociedade recém-formada: ao filho de Paraná DA' (textual) cinco quinhões da sociedade, ao genro, três e ao pai deste, outros cinco" (LYRA, 1939, p. 29)[57].

E o pior é que desse fato – que não estava na alçada do governo, pois o banco justamente não dependeria dele (e da concessão da Santos a Jundiaí, outorgada por decreto do governo), e que nem Mauá escondeu, antes foi quem o divulgou em 1878 – tira-se logo a conclusão profundamente injusta e deprimente de não passar Mauá de um "*homme d'affaires*". Os "negocistas" – da pejorativa expressão francesa – não podiam ter as atitudes desassombradas de Mauá e por isso mesmo, por focinharem pela vida, encobertos, amealhando pecúnia, à custa de corrupções, não têm ingresso na história.

E Mauá, quer queiram ou não os seus detratores, por atos perenes de benemerência e desinteresse, está vinculado à história do Brasil Imperial.

O episódio na biografia de Mauá tem significação restrita; ele foi apenas deformado e engrandecido pelos que lhe atacam a reputação, o que força esta explicação mais desenvolvida. Tanto "mais fácil é acusar, que defender" – já dizia o clássico.

Retomemos o fio da narração: apoiado por Paraná, abre Mauá a lista das ações para o novo banco, com 600 contos, de sua responsabilidade ilimitada. Em dois dias ela se encerra com a assinatura de 182 sócios comanditários para um capital de 20 mil contos, metade desde logo realizado em ações ao portador. Tratava-se, pois, de uma sociedade em comandita por ações, que procurava assim fugir às normas coercitivas da tutela do Estado, às quais estavam subordinadas as sociedades anônimas.

E tanto não havia sequer pressão do chefe do gabinete para preparar qualquer situação favorável ao Banco Mauá que, ao fim desse mesmo ano de 1854, surge de inopino, ainda nesse ministério, o Decreto n.º 1.487, de 13 de dezembro – referendado pelo ministro da Justiça Nabuco de Araújo, que "interpretara" o assunto, tolhendo às sociedades bancárias organizarem-se pela forma de comandita por ações, e impedindo que a sua transferência se fizesse livremente, sem a prévia aprovação do governo. Diz Joaquim Nabuco que assim se praticara devido à desconfiança, mais adiante manifestada por Paraná, em virtude "do desenvolvimento que na praça ia tomando o jogo das ações" (NABUCO, 1897, p. 261). Alberto de Faria é propenso à hipótese de uma manobra do próprio governo, portanto com apoio ainda de Paraná, no sentido de amparar o Banco do Brasil, que receava a concorrência do novo banco (NABUCO, 1897, p. 234). Daí por certo, a "oposição decidida de alguém, que gozava da mais alta posição de influência nos conselhos do governo" – a que se refere Mauá, e onde não seria difícil descobrir o próprio Monarca. A sociedade de Mauá integralizou então seu capital e fez a necessária reforma, para adaptar-se às novas condições legais.

Mais adiante, em 1856, apresenta Carneiro de Campos novo projeto à Câmara para regular a questão das comanditas, determinando que essas sociedades, quando fossem bancárias, "só pudessem dividir o fundo-capital (em ações) depois de integralmente realizado". E Nabuco, aceitando-o em nome do governo, exigiria, quanto às comanditas bancárias: "primeiro, realização do capital; segundo, aprovação prévia; terceiro, transferência *nominativa*; quarto, responsabilidade solidária dos sócios ostensivos" (NABUCO, 1897, p. 262).

É dessa época o notável parecer de Mauá (5 de agosto de 1856), a pedido de Nabuco, que se encontra na grande obra do seu filho ilustre (NABUCO, 1897, p. 256-267), e que bem revela o conceito em que o ministro da Justiça, notável sabedor do direito, tinha o comerciante e industrial sem títulos[58].

Alguns anos depois (1867), a formidável organização bancária já tinha filiais em Londres, em Manchester e em Paris (Mauá Mac Gregor & Cia.), em Nova York (Mauá, Dixon & Cia.), no Rio Grande, em Pelotas, em Porto Alegre, em Santos, em São Paulo, em Campinas e no Pará (Banco Mauá); em Montevidéu, em Salto, em Paiçandu, em Mercedes, em Cerro Largo, no Uruguai; em Buenos Aires, em Rosário, na Argentina, e em Gualeguaychú. Era o "nacionalismo econômico", concepção de um brasileiro, crescendo e extravasando as fronteiras e indo a outros países, limítrofes ou distantes, honrando o nome do fundador, trazendo prestígio e confiança à terra da sua origem!

Que essa influência pessoal era evidente atestam-no os contemporâneos. O orgulhoso Paraná, em 1855, já sofre críticas acerbas de Silva Ferraz, na Câmara, por lhe ir dando ouvidos, na administração financeira, e não ser o verdadeiro ministro da Fazenda (RABELLO, 1932, p. 74). Souza Franco, mais adiante (1857-1858), com as novas teorias de pluralidade bancária que pretende pôr em aplicação, tem-lhe todo o apoio; é ele que o ajuda com os seus recursos particulares, a sustentar o câmbio de 25,5% sobre Londres; ficando em certo momento, por isso, fugindo-lhe o governo, sozinho; galhardamente a descoberto, num risco de 1.050.000 libras. São vistos muitas vezes, na própria Câmara, conferenciando – assinala outro escritor. Também Mauá depõe em 1878 ser este "o homem de ideias mais claras em matéria de finanças que conhecera no Brasil", depoimento que é consagração.

Para compensar essa afinidade, conta a seguir com a oposição decidida do ministro que o combate: Salles Torres Homem (Inhomerim) (1858-1859) e do que sucedeu a este, Silva Ferraz (1859-1861).

A inteligência briguenta de Silva Ferraz tem, porém, a sua hora, para dobrar a língua, emendando-se do que criticara em Paraná. As relações com Mauá eram com razão as mais cerimoniosas: o ministro da Fazenda, entretanto, num dia de apuros para o Tesouro, manda chamá-lo. Ferraz, amo finado e irritado, participa do *ultimatum* dos Rotschilds, nossos agentes financeiros em Londres, para que o Brasil lhes pagasse suas contas, pela volta do vapor, quando a situação da praça não era favorável. Em caso contrário, desejavam reter títulos do último empréstimo com enorme diferença do preço da emissão, como ainda consideravelmente abaixo de 5% a 6% da cotação em Londres. Era a faca aos peitos. Mauá reflete e promete dar solução, em breve. Dentro de uma hora volta: propõe entregar imediatamente saques no valor de $ 576.000 (importância do saldo da conta cobrada), contra os títulos brasileiros no valor de 600 e tantas mil libras, que estavam em poder dos Rotschilds, pelo mesmo preço da emissão (a cotação estava entre 3% e 4% abaixo!). No caso, devia-se, porém, dar preferência para essa proposta aos banqueiros em Londres. Claro está que estes preferiram as letras de Mauá & Cia.

Depois desse serviço patriótico, Mauá comenta: "obedeci ao impulso que me dominava; a posição do banqueiro enfraquecida pelo coração do brasileiro" (MAUÁ, 1878, p. 120).

É esse o "negocista" dos críticos sistemáticos ou de tendência e dos historiadores apressados...

MAUÁ EMISSIONISTA

Outro ponto que parecia ainda não suficientemente esclarecido seria o de atribuir erradamente ao prestígio do nome de Mauá a defesa exagerada das emissões, em consequência do apoio que dera ao ministro Souza Franco.

Alberto de Faria já demonstrou a sem-razão dessa lenda, com as palavras claras e explícitas dos conselhos de Mauá a Dom Thomaz Villalba, ministro da Fazenda do Uruguai (FARIA, 1926, p. 267–268).

A origem dela estaria no Visconde de Taunay (1908, p. 45), em suas *Reminiscências* (publicadas em 1908, mas escritas para jornal em 1895), onde, ao referir-se àquele período, assinala: "Ao lado de Souza Franco, batia-se com denodo o Barão de Mauá, apregoando as vantagens da pluralidade dos bancos e o direito lato de emissões".

Se a lembrança equívoca de Taunay já fizera Antônio Carlos aceitar a imputação como um fato, transcrevendo-a em seu livro *Bancos de emissão no Brasil* (1923, p. 97), estamos a crer, por informações seguras, que esse ilustre homem de Estado e financista já corrigiu sua apreciação anterior, mudando de parecer nesse ponto.

Mas se o erro histórico já está hoje brilhantemente reparado, não é justo que recaiam só sobre Taunay as recriminações pela apressada referência. Quem a veiculou primeiro, talvez influindo em Taunay, foi o Conselheiro Pereira da Silva, nas *Memórias do meu tempo* (1895), e que só tinha um motivo grave para ser desagradável à memória de Mauá[59].

A propósito dos debates parlamentares de 1858, diz ele que o ministro da Fazenda (Souza Franco) fora apoiado por Irineu Evangelista de Souza e Tito Franco e outros deputados, contrariando o requerimento de Teixeira Junior sobre incorporação de bancos (SILVA, 1895, p. 267). Continuando a narração, onde destaca o papel de Salles Torres Homem, Sergio de Macedo e Paulino de Souza Filho nos ataques ao ministro, mais adiante acrescenta: "advogou Irineu Evangelista de Souza as teorias do crédito ilimitado e condenou a existência de um único banco de circulação". Dois anos além dessa edição é que saiu a obra em tantos pontos admirável de Joaquim Nabuco, *Um estadista do Império*, cujo prefácio data de 1897. Em seu terceiro vol., p. 457, em nota de muitos louvores a Mauá, depois de historiar a desavença com o pai, faz-lhe apenas essa restrição: "como financeiro era, porém, um espírito sempre entrenublado pelas ficções do papel-moeda".

Não é, pois, de admirar que o Senhor Gustavo Barroso, que nesse ponto, como em alguns outros, não teria lido a defesa de Alberto de Faria, venha ainda a insistir na sua *História Secreta*, quando diz, ainda em 1938:

> Quem defendia o Carnaval financeiro? Naturalmente aquele a quem isso interessava e que era o sol que iluminava os grandes negócios e empreendimentos da Monarquia: Irineu Evangelista de Souza, Visconde de Mauá... Advogava a teoria do crédito ilimitado [textuais as palavras de P. da Silva]. O abuso deste trouxe o desastre que era de prever. Especulação. Jogatina. Fraude. Agiotagem. Lucros ostentosos. Essa espécie de encilhamento durou um ano. Em dezembro de 1858, o Imperador alarmou-se com a situação, e o Ministério caiu (BARROSO, 1938, p. 135).

O Senhor Gustavo Barroso, em vez de valer-se apenas das palavras de um inimigo, poderia refazer os seus conhecimentos de finanças, lendo as próprias palavras de Mauá que Alberto de Faria cita com tanto propósito, em seu livro (cap. XVI da edição de 1926)[60].

A FALÊNCIA

A um homem dessa têmpera, gerindo enormes negócios, tendo de cabeça as contas dos seus principais estabelecimentos, haveria de faltar um dia, na trama da finança, vinda de causas diversas, o necessário apoio. Já por duas vezes[61] as suas atividades no Prata ficaram comprometidas, forçando-o a encerrar temporariamente as portas do banco ali, pelos desatinos dos governos uruguaios ou pelos adiamentos sucessivos das promessas de pagamento à indenização que lhe era devida por emissões e adiantamentos feitos ao Estado.

Em 1875, faltando-lhe 3 mil contos para satisfazer compromissos imediatos[62], em transações que avultavam em mais de 100 mil contos, recorre a expediente lícito: propõe um adiantamento pelo Banco do Brasil (que já o ajudara em 1869), em troca de ações da Cia. Pastoril, que passariam ao governo e valiam o dobro. A transação é recusada! Esqueciam-se, nessa hora, todos os caminhos de ferro, os inúmeros melhoramentos públicos e o auxílio prestado em Londres e no Prata por várias vezes à política financeira do Império. Era o Banco do Brasil, o banco oficial, que lhe vinha dar esse golpe.

Daí a moratória, seguida três anos depois da falência. Ante a eventualidade dos acontecimentos inexoráveis, que castigam no homem benfazejo toda a sua vida de eficiência contínua, não tem outro pensamento, senão pagar os credores, guardando apenas, para os sete palmos de terra, o nome honrado, que tanto custara a adquirir, em mais de cinquenta anos de labor incessante.

É tal a sua diligência, apesar das formidáveis contrariedades, que o montante dos compromissos, que era em 1875 de 98.075:955$087, já em 1878 descia a 37.915:898$821.

Tinham, pois, sido inteiramente liquidados no período da moratória 50.160:056$266, porque 10 mil contos correspondiam à parte do capital que devia ser emitida e, portanto, já descontada, conforme atestam os balanços publicados em apenso à *Exposição aos credores*. Ao próprio Banco do Brasil, que lhe negara o auxílio salvador, ele havia de fazer entradas, no seu nome pessoal, que resgatariam débitos da Casa Mauá. O certo é que, de 1878 até 1884, data da sua reabilitação, o esforço diuturno é para servir aos credores, diminuir-lhes o prejuízo: "Só quero ser o caixeiro da liquidação".

É tamanha a confiança que tais sentimentos de honradez inspiram, em falta das nossas leis, que exigiam a presença de 2/3 dos credores para homologar qualquer concordata e não permitiam prorrogação da moratória – estando mais de três mil espalhados pelo Império e exterior, apesar de a maioria haver assinado a aceitação da sua proposta de pagamento. São nomeados liquidantes da grande massa homens da sua intimidade: o Barão de Irapuá, seu compadre e sogro de dois filhos seus; Manoel Antônio Pimenta Bueno, o devotado gerente da Cia. do Amazonas e o Conde de Figueiredo.

O certo é que, ao termo de incessantes esforços, vem ele pago aos credores o que talvez nunca, em falência alguma, aqui ou fora daqui, já indenizou devedor nenhum a ninguém, em situação de insolvabilidade: mais de 90%, sendo que mais de 65% no período da moratória (1875-1878) e os restantes 25% da data da falência até a reabilitação de comerciante matriculado[63], que foi em 30 de janeiro de 1884, passada pelo desembargador Miguel Calmon, o íntegro juiz, que então o abraça na sala das audiências.

No juízo dos contemporâneos, como F. Octaviano, estava então Mauá, naquela formosa carta que Alberto de Faria arvora como um estandarte, na primeira página de seu livro: "honradíssimo e infelicíssimo"!

Hoje, por certo, não lhe faltam olhares displicentes dos que se assentam em cátedras subversivas ou em faustosas sinecuras burocráticas e confortáveis sofás diplomáticos, para o virem alcunhar quase apenas, pejorativamente, como um vulgar "negocista"[64]. É o título que toda a verdadeira grandeza desperta nos espíritos pequeninos; evocação atávica do rancor com que os índios antigamente atiravam, impotentes, flechas ao sol...

PARALELOS

Nos tempos em que nossos pais iam à escola, estavam em moda os ingênuos estudos comparativos: "Quem seria maior, Cesar ou Alexandre?".

Não incidirei na prática que a ação de presença de Mauá *vis-à-vis* do Império forçaria, com a personalidade augusta do ocupante do trono, porque os seus rumos eram diversos. Paralelas que, como na geometria, não podiam nunca se encontrar... Falta-me ainda serenidade perfeita, por enquanto, no recalque das reminiscências guardadas em família, para tratar o tema, nesse ponto, com inteira e desejada isenção.

Conta-se todavia que, logo após a abdicação de Pedro I, quando se cogitou dar tutor ao Imperador-menino, já havia o senador Vergueiro defendido a indicação de José Bonifácio como a mais natural, para se respeitar a vontade do pai renunciante.

Mesmo assim, o patriarca por muito pequena maioria não teria sido derrotado, logo após, devido ao prestígio que então rodeava a Assembleia Geral, pelo próprio Vergueiro quando foi o assunto ali submetido à votação (sessão de 30 de junho de 1831)[65].

Se o fato transcendente se tivesse verificado, por certo Vergueiro teria destituído o tutor, com a nomeação do marquês de Itanhaém em 1833, que vai até 1840. Nem o diretor de estudos de Pedro II seria um frade honesto, sem dúvida, mas suspeitoso, nem teria apenas, ao começo, mestres de música, dança e desenho, e depois de línguas, letras clássicas e artes amenas...

O dinâmico empreendedor da colonização espontânea, homem experimentado e profundo conhecedor das reais necessidades do país, das quais muitas procurava resolver com o seu talento pragmático, teria influído desde logo em outros rumos para a formação do espírito de Pedro II, pelos modelos práticos convenientes aos interesses do Brasil: com bons mestres de química e ciências naturais, geologia, economia, administração e contabilidade; homens, enfim, adaptados às necessidades de uma nação jovem que então também precisava de estímulo e de pulso enérgico para crescer.

E não se teria de ficar, como agora o fazemos, a imaginar os destinos formidáveis do Brasil Imperial, elevando-se entre Barbacena e Vergueiro, para melhor compreender Mauá, Ottoni e Rebouças – a figura de um monarca autêntico, que tivesse iniciativas profícuas, conduzindo a marcha do nosso progresso em ritmo mais acelerado, para caminhos desconhecidos, emparelhando-nos com os Estados Unidos e não apenas o pacato "mestre-escola" cheio, sem dúvida, de honestos propósitos, mas com excessiva educação livresca, cochilando nos concursos públicos, amante das belas-letras e já velho, ainda aluno de árabe, sânscrito e outras preciosas inutilidades, enquanto a nação também adormecia longamente...

Outros, entretanto, já têm feito no terreno de meras simpatias pessoais comparações e aproximações: Alberto de Faria na sua associação de Pedro II, Caxias e Mauá como fundamento do Império, que se poderia converter imaginariamente num triângulo, cujas bases fossem Caxias e Mauá, e o vértice o Imperador. Vicente Licinio Cardoso, num esplêndido ensaio de 1925 (À Margem do Segundo Reinado)[66], inteiramente despojado de retórica, antes seco nos seus raciocínios penetrantes, assinala a preeminência de Mauá, cuja personalidade ímpar, ao seu ver, sobre-excede a do Monarca, no seu "isolamento", "sem os amparos merecidos" para o "vigor construtivo da sua celebração" (CARDOSO, 1924, p. 155–157), que "ficou à margem".

Caso o julgamento seja o de que, se é de casa, pode pecar pelas prevenções republicanas do sociólogo, o testemunho do estrangeiro é mais claro e explícito: J. F. Normano, norte-americano, professor de economia, o diz em livro que já se celebrizou, intitulado *Brazil: a study of economic types*, de 1935, e que acaba de ser traduzido em São Paulo. A história econômica do país, segundo este, deverá ser resumida, pelo ângulo da sua visão profissional, apenas em três homens: Cairu, Mauá e Murtinho – o primeiro como introdutor do "princípio da liberdade econômica"; o segundo como encarnação "do espírito de associação" que ele sempre estimulou; e o terceiro como "restaurador das finanças públicas".

E estende-se por páginas e páginas a demonstrar a irradiação de Mauá sobre o século XIX, "período da consolidação econômica do litoral" onde ele "brilha de uma forma única e grandiosa" (NORMANO, 1929, p. 120–139).

CONCLUSÃO

Na trepidação da intensa vida moderna, o poder das imagens é quase nulo. Para fixar, ainda quase esquematicamente, a vida de um grande homem, fugindo à poesia, quase fiz falar apenas a linguagem fria dos algarismos – para que eles dessem, graficamente, as medidas exatas da personagem simbólica. Talvez excesso de rigor lógico, pois aprendi também com o engenheiro Euclydes da Cunha que "nem tudo é golpeantemente decisivo nesta profissão de números e diagramas" (Prefácio dos *Poemas e Canções* de Vicente de Carvalho). E ainda que "é ilusório o rigorismo matemático imposto pelo critério vulgar às formas irredutíveis da verdade".

Para a maioria que se nutre apenas dos cálculos e das cifras, nessa tendência de deturpar o mundo moderno com os resultados materialistas da economia, analisando um grande homem de ação trepidante e intensa, quis apenas insinuar, com isso, usando dos seus métodos de combate, que esses mesmos algarismos têm também o seu sabor e a sua poesia.

Encerrando este balanço, creio que pude, ainda assim, demonstrar – apoiando-me em muito nas suas próprias palavras – como foram grandes as verbas que constituem o ativo de uma existência inteiramente devotada ao trabalho, que deu saldos enormes de serviços ao Brasil de ontem, centuplicados no Brasil de hoje, a que Mauá se antecipou, em forma peregrina.

Dar-me-ei por satisfeito da tarefa empreendida se esses saldos, só por si, já permitem generosas dissipações e encobrem, no calculista sem perícia, a conta dos erros de soma, pela multiplicação dos benefícios em que se deveriam aferir, na memória desatenta da geração atual, tão vultosos propósitos e iniciativas sem eiva de interesse, e empreendimentos sem recompensa – na ideia apenas do trabalho produtivo, como está na lição de energia sem prêmios dos versos de Virgílio, propositalmente inscritos no escudo de nobreza do Visconde de Mauá, nobreza feita apenas com o suor do rosto: *labor improbus omnia vincit*!

AUTOBIOGRAFIA DO VISCONDE DE MAUÁ

(EXPOSIÇÃO AOS CREDORES DE MAUÁ & C. E AO PÚBLICO)

Todos quantos biógrafos ou críticos de Mauá sobre ele escreveram, fosse para o louvar, fosse para o denegrir, vieram sempre buscar nesta admirável Exposição aos credores, *que é a verdadeira autobiografia da sua vida pública, as palavras adequadas e precisas, que apoiassem ou ilustrassem os seus comentários. Dessa atitude, por ser realmente a melhor fonte de informações, não fugiu o prefaciador, no estudo que antecede esta publicação.*

Quer o mesmo anotador seguir, daqui por diante, a processo inverso: palavras e escritos, fartas observações colhidas alhures, servem agora de melhor explicação a muita coisa que não está dita integralmente no texto de Mauá; sublinham marginalmente a sua narrativa, dão luz a pontos não de todo por ele inteiramente esclarecidos. É só esse o mérito singelo das modestas notas, acrescidas ao pé das páginas que a seguir se vão ler.

EXPOSIÇÃO

Na primavera da vida havia eu já adquirido, por meio de infatigável e honesto labor, uma fortuna que me assegurava a mais completa independência.

Um dos melhores tipos da humanidade, representado em um negociante inglês[1] que se distinguia pela inteira probidade da velha escola de moralidade positiva, depois de provas suficientes da minha parte em seu serviço, escolheu-me para sócio-gerente de sua casa, quando era eu ainda imberbe, pondo-me assim, tão cedo, na carreira comercial, em atitude de poder desenvolver os elementos que por ventura se aninhavam em meu espírito. Bastaram vinte anos de atividade sem repouso[2], além do preciso para recuperar a perda de forças que o lidar contínuo, acompanhado da necessária meditação, opera no organismo que suporta a pressão dessas lides, para assegurar-me uma renda superior a cinquenta contos anualmente, tirando o capital empregado nos títulos mais bem garantidos que nosso país possui, ao liquidarem-se as transações de um forte comércio de importação e exportação de cujo movimento me constitui o centro, além do quinhão proporcional que a outros sócios tocara em partilhas.

Tal era a minha posição na ocasião a que me refiro, e vão contados 32 anos[3]. Não me fora preciso até então nodoar meus dedos com tinta, escrevendo petição alguma a nenhum representante de autoridade administrativa do meu país.

Já se vê que, ao engolfar-me em outra esfera de atividade, possuía eu uma fortuna satisfatória – que me convidava a desfrutá-la.

Travou-se em meu espírito, nesse momento, uma luta vivaz entre O EGOÍSMO, que em maior ou menor dose habita o coração humano, e as ideias generosas que em grau elevado me arrastavam a outros destinos, sendo a ideia de vir a possuir uma GRANDE fortuna questão secundária em meu espírito, posso dizê-lo afoitamente, com a mão na consciência e os olhos em Deus.

Não preciso dizer-vos que errei, e errei grosseiramente, a vós, credores do Banco Mauá & C., que suportais comigo as consequências do erro que cometi optando por uma nova vida de atividade sem exemplo em nossa terra e muito rara em outros países, onde outros elementos auxiliam os esforços da iniciativa individual vigorosa para alcançar altos propósitos, em bem dos interesses gerais, que eu afianço ter sido o pensamento dominante que atuou em meu ânimo, rodando todas as outras considerações muito abaixo desse nível.

Tem-se o direito de ser acreditado na hora mais amarga da existência, quando se acham destruídas pela metralha assoladora do infortúnio todas as aspirações; quando a realidade interpõe sua autoridade, afastando da mente todas as ilusões; quando um espírito filosófico (no verdadeiro sentido da palavra), guiado por uma razão assaz clara para apreciar o que vale, e para o que serve a habitação terrestre, no inverno da vida, mede a sangue-frio o curto espaço que media o presente e um futuro tão próximo, que exclui apreciação do que ele pode dar.

Não é nesta hora solene, em que a vítima de um grande e não merecido infortúnio vem dar explicações àqueles que têm o direito de exigi-las, que eu me lembraria de fazer uma narrativa infiel dos fatos com que julgo do meu dever ocupar vossa atenção, quando a verdade aliás tem sido o escudo que me tem amparado em todas as vicissitudes de uma longa vida.

Na nova esfera de trabalho, a que a força do destino me arrastou, coube-me em partilha intervir na realização de muitos e importantes cometimentos. Não é por certo a fatuidade, que seria na verdade ridícula nas circunstâncias em que me vejo colocado, que me induz a recordar serviços prestados ao país e obriga-me a entrar na apreciação de alguns atos de que fui instrumento, deixando ainda em silêncio muitos que podiam aparecer com vantagem, desde que indiretamente atuavam na vida financeira e econômica do Brasil; limito-me aos que têm bastante notoriedade pública, provocando abertamente sobre eles qualquer contestação, a fim de responder cabalmente aos impugnadores, enquanto a fria lousa não cobre os restos fatigados que servem de invólucro à alma de um ente que teve durante toda a sua vida como ponto fixo de sua maior aspiração fazer algum bem – que arrojado agora da posição em que desempenhava essa missão, vê-se atirado ao banco dos acusados! Esta é a explicação das causas que possam ter influído no desastre, que eu considero grande, porque não sou o único que sofre, e os interesses de terceiros afetados tocam-me no fundo da alma.

Em tais circunstâncias, a explicação é ao mesmo tempo um direito e um dever, e sendo certo que nem todos esses cometimentos tiveram resultado favorável, tornar bem conhecidas as CAUSAS que atuaram é outro direito e outro dever, pois ambiciono ser julgado pela verdade verdadeira, e não pelas interpretações da maledicência.

Na idade avançada em que me acho[4], em presença do acontecimento que motiva esta exposição, realizado pelo modo por que foi resolvido, não posso ter outro objeto em vista senão salvar do naufrágio aquilo que para mim vale mais do que quanto ouro tem sido extraído das minas da Califórnia – um nome puro, pois persisto em acreditar que o infortúnio não é um crime.

Entre as empresas que criei e as que tiveram existência devida aos meus esforços e a auxílios que lhes prestei – bem como alguns serviços de vulto, quer pessoais, quer os que se basearam no meu crédito pessoal, e ulteriormente nos recursos da Casa Mauá durante o segundo período da minha vida financeira, que começou há 32 anos – nem todos foram acompanhados de resultado favorável, e o histórico daqueles de que vou ocupar-me o deixará provado.

Quanto o permite a recordação possível, em momento de tamanha atribulação, a marcha cronológica[5] dos fatos a que me refiro foi a seguinte:

Estabelecimento da Ponta da Areia.

Companhia de Rebocadores para a barra do Rio Grande.

Companhia de Iluminação a gás do Rio de Janeiro.

Serviços prestados à política do governo imperial no Rio da Prata, a pedido dos ministros.

Companhia Fluminense de Transportes.

Banco do Brasil (anterior ao atual).

Companhia da Estrada de Ferro de Petrópolis (vulgo Mauá).

Companhia Navegação a Vapor do Amazonas.

Serviços prestados à organização da estrada de Pernambuco em Londres.

Serviços prestados à realização da Estrada de Ferro da Bahia.

Companhia Diques Flutuantes.

Companhia de Curtumes.

Companhia Luz Esteárica.

Montes Áureos Brasilian Gold Mining Company.

Estrada de ferro de Santos a Jundiaí.

Serviços prestados à Companhia da estrada de ferro de Dom Pedro II.

Serviços prestados ao caminho de ferro da Tijuca.

Botanical Garden's, Rail Road Co.

Exploração da Estrada de ferro de Paraná a Mato Grosso.

Cabo Submarino.

Abastecimento de água à capital do Império.

Estrada de Ferro do Rio Verde.

Banco Mauá & C., suas ramificações dentro e fora do país.

Serviços prestados à agricultura.

Nem essa lista é completa, nem são aí contemplados serviços menos diretos prestados aos esforços de outros no sentido de levarem avante melhoramentos materiais do país, em que não apareci, que seria longo enumerar.

As verbas que vou analisar constituem, pois, uma parte de um grande ativo de fatos praticados durante 32 anos, decorridos depois que eu tive a fraqueza de deixar-me arrastar por ideias em que o bem público ou o progresso do país tinham o predomínio. A necessidade de entrar nessa apreciação agora, apesar de serem tão pouco favoráveis ao exercício das faculdades intelectuais os momentos de angústia que atravesso, é palpitante; a simples nomenclatura de fatos de tal ordem nada explica, pois trata-se de destacar desses fatos a influência que eles exerceram nas finanças da Casa Mauá, para bem ou para mal, a fim de que o seu conjunto estabeleça a contraprova que faça desaparecer as impressões injustas que a malevolência, com que sou perseguido há muitos anos, possa ter criado.

Não me proponho a fazer praça de serviços prestados, porém a restabelecer a verdade dos fatos, explicando-os devidamente e dando lugar a que meus inimigos gratuitos compreendam a enormidade de sua conduta ou, se ainda continuarem em seus iníquos propósitos, venham impugnar qualquer desses fatos.

Começarei as apreciações em que vou entrar pelo estabelecimento da Ponta da Areia.

ESTABELECIMENTO DA PONTA DA AREIA

Visitando pela primeira vez a Inglaterra em 1840, ainda no período da atividade comercial a que me referi, logo em caminho de Falmouth para Londres, tive de afastar-me da estrada mais curta, a convite de um companheiro de viagem (o falecido João Morgan[6]), para visitar um grande estabelecimento de fundição de ferro e maquinismos, em Bristol, que pertencia à firma de seu irmão. Era precisamente o que eu contemplava como uma das necessidades primárias para ver aparecer a indústria propriamente dita no meu país; por isso aceitei gostoso o convite. Era já então, como é hoje ainda, minha opinião que o Brasil precisava de alguma indústria dessas que podem medrar sem grandes auxílios para que o mecanismo de sua vida econômica possa funcionar com vantagem; e a indústria que manipula O FERRO, sendo a mãe das outras, parecia-me o alicerce dessa aspiração[7]. Causou-me forte impressão o que vi e observei, e logo aí gerou-se em meu espírito a ideia de fundar em meu país um estabelecimento idêntico; a construção naval fazia também parte do estabelecimento a que me refiro.

Quando tive o pensamento de mudar de rumo na direção de minhas ocupações, foi a primeira ideia que tratei de realizar, entendendo-me previamente com o então ministro do Império, o Conselheiro Joaquim Marcelino de Brito[8], sobre o encanamento das águas de Maracanã, que estava resolvido[9], serviço que me foi por Sua Excelência garantido.

Com essa base, comprei a miniatura do que então já se chamava Ponta da Areia[10]; dei-lhe logo grande desenvolvimento, a ponto de, já no fim do primeiro ano, representar o estabelecimento quatro vezes o capital empregado primitivamente, o que – desiquilibrando minhas finanças, porque a liquidação de antigos empregos era vagarosa – obrigou-me a pedir às câmaras o primeiro empréstimo de 300 contos para o estabelecimento, que me foi prontamente concedido[11], dividido o reembolso ao Estado em onze prestações anuais com os mesmos juros que o Estado pagava – o que foi religiosamente cumprido, achando-se a dívida e os seus juros pagos no fim do prazo. Pouco tempo antes, porém, tudo mudara em relação ao estabelecimento. A legislação sobre artefatos de ferro se foi modificando[12]. Navios a vapor e alguns de vela, dos que a Ponta da Areia conseguiria fornecer 72 nos primeiros onze anos de sua existência, tiveram ingresso do estrangeiro livres de direito! Da mesma forma entraram maquinismos a vapor e ainda outros, de sorte que a concorrência com os produtos similares do exterior tornou-se impossível, e o estabelecimento decaiu. No entanto havia eu, aproveitando-me de um momento em que o espírito de associação dera alguns passos para a frente, convertido o estabelecimento em uma companhia[13], ficando o capital invertido nessa época (1.250 contos) representado em ações – guardando eu, porém, dois quintos.

Dezoito meses mais tarde, pavoroso incêndio devorava a quase totalidade dos edifícios[14].

Nessa ocasião cometi um grande erro: em vez de contentar-me com o prejuízo (500 contos) além de um valor maior em moedas – pouco menos de metade dos lucros que havia auferido –, e deixando que os novos interessados sofressem a perda proporcional que lhes tocava, procurei dar nova vida ao estabelecimento industrial e até consegui do corpo legislativo novo empréstimo[15] com as mesmas condições anteriores, que teve de ser pago integralmente por mim em seus vencimentos, impossibilitado o estabelecimento de concorrer com a mínima parte.

Infelizmente o período de prosperidade percorrido até aquela época fazia pesar sobre mim o que em nossa terra se chama inveja; soprava rijo sobre todos os meus passos esse vento maligno, que até leva em sua derrota o hálito pestilento da calúnia. Restaurando-se as oficinas com dispêndio de mais do dobro da quantia obtida do Estado, achavam-se elas preparadas para produzir em grande escala os variados produtos que ali se manipulavam; porém falharam em sua totalidade as encomendas do governo, e o serviço particular era mínimo; foi, portanto, preciso fechar as portas das oficinas à míngua de trabalho.

A tenacidade que Deus plantou em minha alma era, porém, indomável; visitando a Europa mais tarde, e observando nessa classe de estabelecimentos o aumento de serviço que desempenhavam os braços mecânicos impelidos pela força do vapor, resolvi fazer nova tentativa para pôr em movimento o grande estabelecimento. Vão esforço! O trabalho não acudiu, e, concluída uma canhoneira que ali se fabrica por conta do Estado, é forçoso fechar as oficinas com prejuízo avultado, além daquele que já fora suportado. Os gritos da inveja e da maledicência ficam satisfeitos, o grande estabelecimento industrial morre[16]! A legislação aduaneira não lhe permite viver mantendo-se apenas pequenas fábricas de consertos que têm empregado capital insignificante. Em vez de lucro, essa ideia favorita de épocas felizes, que afaguei com tamanha perseverança, desfalcou minha fortuna em mais de mil contos, além do prejuízo que outros interessados suportaram[17].

COMPANHIA DE REBOCADORES A VAPOR PARA O RIO GRANDE

Visitando a minha província natal, alguns anos depois[18] de montado o estabelecimento da Ponta da Areia, tive de reconhecer que a barra, por onde se opera a totalidade do comércio lícito de importação e exportação, sem um possante rebocador continuaria a ser o sorvedouro de navios. Reuni, pois, os principais negociantes e os fiz ver que, embora com pouco benefício direto, não compreenderiam seus interesses se deixassem de auxiliar a ideia, e que eu tomaria as ações que não fossem subscritas. Os negociantes da cidade do Rio Grande concorreram com a maior parte do capital necessário, subscrevendo eu o resto, e em curtos meses ali apareceu um dos melhores vapores de sua classe, que tem entrado na barra da província, construído na Ponta da Areia sem benefício. Infelizmente não deixara lucro o serviço dos reboques, e cansaram-se os outros interessados, encarregando-me de vender o navio ao próprio governo, o que foi fácil, sendo como era um excelente vaso o vapor Rio Grande; assim terminou essa pequena empresa sem maior prejuízo para os interessados[19].

COMPANHIA ILUMINAÇÃO A GÁS DO RIO DE JANEIRO

Entre as companhias que criei, foi essa uma das que mais prosperou: daí a guerra do costume. Desgraçadamente entre nós entende-se que os empresários devem perder para que o negócio seja bom para o Estado, quando é justamente o contrário que melhor consulta os interesses do país. Basta dizer que o resultado favorável anima a criação de outras empresas. E nem faltou tal incentivo nesse caso: no fim de alguns anos, reconhecendo-se que era lucrativa a empresa, não faltaram proponentes para Bahia, Pernambuco, Maranhão, Pará, São Paulo, Rio Grande do Sul, e não sei se mais alguma outra província do Império[20]. No entanto, a lógica abstrata falhou como sucede quase sempre em questões de finanças. Se tal preço é bom para o Rio de Janeiro, por que não será para outras localidades? Esse preço e daí para cima foi, pois, a base de todos os outros contratos. Qual foi o resultado? Dividendos insignificantes para uns e nenhum para outros; em outras palavras, a depreciação ou a ruína dos capitais empregados! E no entanto esses cálculos foram apreciados por capitalistas e por engenheiros na Europa!

Vamos, porém, à empresa cuja posição financeira tive de criar. Contratado por mim em 11 de março de 1851, o primeiro perímetro da iluminação que abrangia o centro em que maior consumo devia esperar-se (31 milhas), pelo preço de 27 réis por hora, ou 9$000 por mil pés cúbicos, que me pareceu, depois de bastante estudo, preço remunerador, procurei associados[21]. Não encontrei um só! Foi só depois de 25 de março de 1854, em que a luz do gás mostrou o seu brilho em algumas ruas e praças da capital, que pude conseguir a organização da companhia, sendo apenas subscritas cerca de metade das ações; e ainda assim com condições onerosas para mim, tais como: preço fixo para todas as obras que o contrato impunha (que foi largamente excedido) e o juro de 6% aos capitais alheios até a conclusão delas. Finalmente, desenvolvendo-se o consumo, a empresa prosperou. Então eu julguei de conveniência para os interesses dos acionistas estender a iluminação a outros bairros da cidade, e novo contrato foi assinado[22].

Assegurada a prosperidade da companhia pela marcha do tempo, foi a empresa transferida para Londres, com vantagem dos capitais engajados, continuando na posse proporcional de ações os acionistas que preferiram, e abandonando eu todas as vantagens excepcionais que o contrato original me garantia; eis o histórico da empresa brasileira.

A empresa inglesa não foi menos feliz[23]; ela estende pelas ruas da capital duzentas milhas de encanamento geral, que fornece profusamente a bela luz a quem dela se quer utilizar – tem o privilégio do melhor e mais barato, pois ainda hoje é preferida a todos os outros agentes ou elementos conhecidos que fornecem luz e que livremente concorrem. Antes de concluir minhas observações sobre essa empresa, seja-me permitido trazer ao conhecimento do público um fato que a ela se prende e cuja importância ninguém poderá desconhecer.

Desde que o estabelecimento da Ponta da Areia ficou montado para produzir em grande escala, havia-me eu aproximado dos homens de governo do país em demanda de TRABALHO para o estabelecimento industrial, cônscio de que essa proteção era devida, mormente precisando o Estado dos serviços que eram solicitados, em concorrência com encomendas que da Europa tinham de ser enviadas, e já foi dito quanto o estabelecimento prosperou no período em que essa proteção lhe foi dada. As relações adquiridas então puseram-me em contato com quase todos os homens eminentes; de quase todos mereci atenções, e de alguns fui amigo sincero, merecendo-lhes igual afeto. Em 1851 compunha-se o ministério em sua totalidade de homens de Estado que me tinham no mais alto apreço[24]. Declarando eu, em conversa com um dos ministros, que fazia estudo havia meses sobre a questão da iluminação a gás da capital, fui informado de que uma proposta se debatia em conselho de ministros, e estavam mesmo a ponto de ser assinadas as respectivas condições, sendo uma delas, o preço de 31 réis por hora de iluminação.

Como se tratava de um serviço público, declarei-me desde logo concorrente e assegurei que minha intervenção importaria não pequena economia aos cofres públicos e à bolsa dos particulares, segundo os dados de que já estava de posse. Asseguraram-me que minha proposta pelas garantias de execução seria preferida e que só lhes restava a dificuldade de desembaraçarem-se do outro proponente, que felizmente está vivo[25]; alguém mais sabe do fato, além de que nos papéis velhos da secretaria da justiça talvez exista a outra proposta. Assim colocado em relação a essa empresa, era-me fácil obtê-la fazendo qualquer concessão. Concluídos, porém, meus estudos em poucos dias, apresentei minha proposta fixando o preço de 27 réis: mostrou-se o Senhor Conselheiro Eusebio de Queiroz altamente satisfeito, qualificando em termos honrosos para mim o meu procedimento. Em poucos dias fui chamado à secretaria da justiça em hora adiantada da tarde pelo Senhor Conselheiro Eusebio, achando-se presente um Senhor Doutor em medicina, que suponho fora consultado sobre as condições científicas do contrato[26]; aceitei-as todas, e o assunto ficou resolvido. O que, porém, escapa à compreensão do maior número é que esses 4 réis por hora de iluminação de gás, multiplicados pelos 25 anos de consumo do artigo, acumulando-lhe os competentes juros semestrais, como é de boa prática mercantil, eleva a cifra poupada ao Estado e aos consumidores, ou, em outras palavras, ao país, a mais de 12 mil contos! Vão essas observações em translado aos que vociferam contra a empresa e seu fundador, depois que se soube que era lucrativo esse emprego de capital, e cada um que diga em sua consciência se foi ou não um grande serviço que tive a fortuna de prestar ao país apresentando tão oportunamente proposta mais vantajosa[27].

SERVIÇOS PRESTADOS À POLÍTICA DO BRASIL NO RIO DA PRATA

Passaram-se anos desde que a revolução do Rio Grande ficou dominada não pelas armas, mas, sim, por um apelo ao patriotismo dos briosos rio-grandenses que se haviam empenhado nessa luta fratricida, por erradas apreciações e devido, porventura, à imprevidência dos que empunhavam o timão do Estado na época.

Depondo as armas, dizia o chefe militar da revolução em sua proclamação aos que o acompanhavam: "Um poder estranho ameaça a integridade do Império; em tais circunstâncias, somos todos brasileiros"[28]. Nobres palavras que denunciavam o móvel de que se fizera uso para conseguir aquele resultado. Desde então o poder absorvente de Rosas não nos deu trégua com sua política inquietadora, conseguindo, porém, o seu hábil ministro nesta Corte, o general Guido[29], adiar qualquer manifestação declaradamente hostil, enquanto melhor preparava o ditador seus elementos de ação, iludindo-nos a ponto de ser desaproveitada aquela ocasião oportuna de fazer baquear o elemento pessoal infenso que nos ameaçava.

O ministério, de que fazia parte o grande homem de Estado[30] Paulino José Soares de Souza, depois Visconde de Uruguai, cabeça política como não temos tido meia dúzia desde a separação da mãe pátria, compreendeu a gravidade da situação e tratou de quebrar a força dos elementos que se preparavam para hostilizar-nos. Desde o começo de 1850 acompanhei todas as evoluções da política do Brasil no Rio da Prata, pela confiança com que me honraram os senhores ministros.

Em meados desse ano declarou-me o Senhor Conselheiro Paulino que, uma vez que a atitude da legação argentina se tornava cada dia mais pronunciada, o Brasil não estava preparado para aceitar a luva, e cumpria ao governo reunir, sem fazer barulho, os elementos precisos para dar o golpe, a fim de não nos vermos empenhados em uma guerra duradoura, que seria funesta às finanças do Império. Sua Excelência me fez saber que, abandonado o governo da praça de Montevidéu pela França, embora fossem minguados os recursos que lhe eram ministrados, inevitável seria sua queda e completar-se-ia o domínio de Rosas na República, perdendo o Brasil a sua base de operações na guerra inevitável que se aproximava; que era preciso a todo o transe sustentar a praça com recursos financeiros, enquanto não estava o Brasil preparado para fazer a guerra, e que o governo confiava em mim para prestar os auxílios indispensáveis como suprimentos por mim feitos[31]. O tratado secreto com o representante do governo da praça nesta Corte estabeleceu a importância desses auxílios, que foram por mim fielmente entregues, sem que a menor partícula de benefício daí me proviesse[32]. Bem pelo contrário, reconhecem do que os recursos fornecidos não bastavam para conseguir o fim que se tinha em vista, e seguro de que o governo imperial não podia recuar, tendo eu nessa época sobra de recursos, tratei de auxiliar eficazmente a defesa da praça, com recursos que bastassem, não certamente com o juro arbitrado pelo governo imperial para seus empréstimos, porém com módico juro relativo, desde que era o mínimo corrente em Montevidéu sendo meu pensamento concorrer para o triunfo da política do Brasil no Rio da Prata.

Preparado o Brasil para fazer a guerra, moveu as suas forças de mar e terra, e em poucas semanas tinha baqueado o poder tirânico, que com mão de ferro dominara durante vinte anos ambas as margens do Prata e nos ameaçava ousadamente.

Ao terminar a guerra, achei-me comprometido com uma soma assaz forte ao débito do governo oriental, e o estado econômico da República, que tive de apreciar nessa ocasião, representando um verdadeiro cadáver, causou-me sério receio de a perder; tive em seguida de entranhar-me nas veias econômicas enfraquecidas dessa sociedade, criando-me os perigos que em 1868 produziram o primeiro choque violento na posição da Casa Mauá. Ao pecado original, de ter posto pé nesse país, fui sem dúvida arrastado por motivos nobres; as inspirações do patriotismo, quando são guiadas pelo entusiasmo, não conhecem limites aos sacrifícios; só pode compreender a força desse sentimento quem o possui entranhado em sua alma; são poucos os que o sentem deveras. Na época em que dei esses passos, as sobras do meu ativo punham-me a coberto de qualquer eventualidade.

COMPANHIA FLUMINENSE DE TRANSPORTES

Nada tive que ver originariamente com a organização dessa empresa, que aliás em seu começo parecia satisfazer uma das necessidades da viação urbana, que prometia vantajoso resultado ao capital empregado[33].

Fossem, porém, quais fossem as causas, em poucos anos reconheceu-se nela um desastre financeiro, e não podendo eu resistir a pedidos de influências da época, tive de vir em seu auxílio com capital igual ao que se havia despendido, encarregando-se de lhe dar vida um amigo em quem eu confiava.

Vão esforço: no fim de alguns anos tive de carregar com a máxima perda que o mau resultado evidente dessa tentativa acarretou.

Pouco foi o que se pôde salvar da liquidação resolvida pelos acionistas, e perdura um prédio que, por não ter tido oferta aceitável, ainda não foi vendido e hoje se acha arrendado a outra empresa.

BANCO DO BRASIL (ANTERIOR AO ATUAL)

A ação vigorosa e vontade decidida do ministério, que conseguira o triunfo do Brasil no Rio da Prata, desviando o perigo de que estávamos ameaçados, foi a mesma que algum tempo antes conseguira pôr termo ao contrabando de africanos[34].

Acompanhei com vivo interesse a solução desse grave problema: compreendi que o contrabando não podia reerguer-se, desde que a vontade nacional estava ao lado do ministério que decretava a supressão do tráfego.

Reunir os capitais, que se viam repentinamente deslocados do ilícito comércio, e fazê-los convergir a um centro donde pudessem ir alimentar as forças produtivas do país, foi o pensamento que me surgiu na mente ao ter a certeza de que aquele fato era irrevogável.

Apresentei-me, pois, em campo com a ideia de criar uma grande instituição de crédito[35]. Brusca e violenta oposição assaltou-me por todos os lados; compreendi que se tratava dos vencimentos dos cargos de diretores. Fiz um movimento ousado de frente, alterando os estatutos, tornando esse cargo não remunerado; foi água na fervura – os pretendentes que formigavam retiraram-se da arena, e consegui formar uma diretoria composta dos melhores nomes da praça, como é sabido, diretoria que com pequena alteração me acompanhou durante a vida curta do primitivo Banco do Brasil[36]. Realizou esse estabelecimento transações de cerca de 300 mil contos em dois anos e alguns meses, liquidando-se sem perda de um vintém para os seus acionistas, pela amálgama dos interesses nele concentrados na atual instituição de crédito do mesmo nome[37].

ESTRADA DE FERRO DE PETRÓPOLIS, VULGO MAUÁ

No estado de descrença em que se encontravam os ânimos, a respeito da introdução das vias férreas ainda em 1850, foi ousadia empreender a construção da sua primeira, embora pequena estrada: procurar obter uma garantia de juros geral ou provincial era simplesmente inútil nessa época; vencer, porém, as resistências, era a meu ver indispensável, e um pano de amostra do melhoramento me pareceu o meio mais adequado.

Já nessa época era eu proprietário do estabelecimento da Ponta da Areia, que absorvera forte proporção dos meus recursos, e concessionário da Empresa do Gás, recebida também com frieza e descrença (e que se executava à custa do meu capital e crédito até que parte da cidade ficou iluminada em 25 de março de 1854, pois só então encontrei associados); não tinha eu, pois, capital disponível para esse outro cometimento.

Depois de feitos os estudos de reconhecimento pelo engenheiro Guilherme Bragge[38], que executava por minha conta as obras de gás, e sendo o traçado da raiz da Serra à Mauá por mim escolhido, atendendo aos inconvenientes da direção à Vila da Estrela, que interesses locais apontavam como preferível, teve lugar o levantamento da planta pelo engenheiro Roberto Miligan, sob a responsabilidade e direção de Bragge. Em seguida obtive da presidência da província o privilégio exclusivo em uma zona lateral de cinco léguas ao longo da linha projetada, única concessão possível nessa época[39].

Resolvi desde logo arrostar os preconceitos: e tendo conseguido que me auxiliassem nomes que gozavam de estima pública, como os dos Senhores Militão Maximo de Souza (hoje Barão de Andaraí), Collaço de Magalhães (depois Visconde de Condeixa), Manoel Corrêa de Aguiar e João Ignacio Tavares[40] (a quem me ligavam laços da mais fraternal amizade desde a juventude até que sua alma, tipo de pureza e bondade, foi colher a recompensa de suas virtudes na mansão dos justos), foi oferecida ao público a subscrição do capital que se julgou necessário, e, elevando-se a dois terços dos 2 mil contos a subscrição, ficou o resto a meu cargo.

Pelos estatutos foi-me confiada a responsabilidade inteira da direção da companhia, e jamais em nosso país se levou empresa ao cabo com mais fervorosa dedicação.

Em pouco mais de vinte meses, depois que os trabalhos foram encetados[41], abria-se ao trânsito público a estrada de ferro de Petrópolis, vencidas todas as dificuldades que um primeiro trabalho desse gênero acarretava. Nessa ocasião coube-me a honra de dirigir a Sua Magnificência o Imperador estas palavras, em 30 de abril de 1854:

Senhor! A diretoria da companhia – Navegação a vapor e estrada de ferro de Petrópolis – vem render graças a Vossas Majestades pela honra que se dignaram conferir à estrada, vindo assistir à solenidade de sua inauguração. Vinte meses são apenas contados desde que Vossas Majestades honraram com suas augustas presenças o primeiro acampamento dos operários da companhia; coube-me então a distinta honra de depositar nas mãos de Vossa Majestade um humilde instrumento de trabalho[42], do qual Vossa Majestade não se desdenhou de fazer uso, como para mostrar aos seus súditos que o trabalho, essa fonte perene da prosperidade pública, era não só digno de sua alta proteção, porém mesmo de tão extraordinária honra!

Este exemplo, Senhor, não foi perdido, ele fez vibrar em nossos corações o entusiasmo, e o entusiasmo é esse sentimento um tanto indefinível, mas que, uma vez despertado em corações generosos, não há mais sacrifícios de que estes não sejam capazes, não há mais obstáculos que não saibam vencer.

Hoje dignam-se Vossas Majestades de vir ver correr a locomotiva veloz, cujo sibilo agudo ecoará na mata do Brasil prosperidade e civilização, e marcará sem dúvida uma nova era no país.

Seja-me permitido, Imperial Senhor, expressar nesta ocasião solene um dos mais ardentes anelos do meu coração: essa estrada de ferro, que se abre hoje ao trânsito público, é apenas o primeiro passo na realização de um pensamento grandioso. Essa estrada, Senhor, não deve parar, e se puder contar com a proteção de Vossa Majestade, seguramente não parará mais senão quando tiver assentado a mais espaçosa das suas estações na margem esquerda do Rio das Velhas! Ali se aglomerará, para ser transportada ao grande mercado da Corte, a enorme massa de produção com que vêm concorrer para a riqueza pública os terrenos banhados por essa imensa artéria fluvial, o Rio São Francisco e seus inúmeros tributários. É então, Senhor, que a majestosa baía, cujas águas beijam com respeito as praias da capital do Império, verá surgir no seu vasto e abrigado ancoradouro navios sem conta. É então, Senhor, que o Rio de Janeiro será um centro de comércio, indústria, riqueza, civilização e força, que nada tenha que invejar a ponto algum do mundo!

Uma proteção eficaz aos primeiros passos desse meio de locomoção admirável, que tem contribuído tão poderosamente para a prosperidade e grandeza de outros povos, fará com que seja uma realidade, e porventura em época não muito distante, essa visão que me preocupa.

Dignai-vos, Imperial Senhor, de acolher os ardentes votos que faz a diretoria da companhia, que leva a efeito no Brasil a primeira estrada de ferro, pela glória do reinado de Vossa Majestade, pela ventura da augusta Família Imperial e pela prosperidade de grande nação cujos destinos se acham confiados à alta sabedoria e paternal solicitude de Vossa Majestade.

O pensamento exarado de levantar essa empresa à mais espaçosa de suas estações, à margem do Rio das Velhas, em ponto conveniente a serem vencidas as dificuldades da sua junção com as águas do Rio São Francisco, carece hoje de explicação.

A grande estrada de ferro, que depois tomou o nome de Dom Pedro II, era ainda um mito, uma ideia em embrião[43].

O pensamento da estrada de ferro de Petrópolis levava, pois, em suas entranhas o seguimento da via férrea na direção que os estudos melhor justificassem, até alcançar aquele grande *desideratum*, e estudos completos que importaram em algumas dezenas de contos, até as imediações das Três Barras, no Rio Paraíba, foram efetivamente executados pelo engenheiro Web, depois de obtido do governo imperial privilégio exclusivo das cinco léguas laterais ao longo da linha[44], privilégio que abandonei sem indenização alguma, a pedido do Visconde do Paraná, quando foi contratada a primeira seção da estrada de ferro Dom Pedro II, e teve de organizar-se a companhia que a tinha de executar.

A estrada de ferro de Petrópolis, que punha a capital do Império (à qual faltam algumas condições de salubridade) em contato com o belo e restaurador clima de nossas montanhas, facilitando aos que necessitam reparar a sua quebrantada saúde uma mudança radical de condições atmosféricas em menos de quatro horas, viu-se sem apoio que lhe assegurasse renda líquida por alguns anos. Nem a residência da Família Imperial naquela amena região durante a estação calmosa lhe assegurou elementos de vida derivados do trânsito de passageiros, o qual ficou aquém de todos os cálculos razoáveis, o que aliás foi por mim previsto, pois sempre acreditei que só depois que a companhia União e Indústria executasse a estrada comum de rodagem, contratada por um cidadão prestante e ativo, que a morte nos roubou tão prematuramente[45], podia o movimento, em que eu depositava inteira confiança, vir alimentar a pequena via férrea; e esta teve de esperar demasiado longo tempo até que essa outra empresa pudesse vencer as suas maiores dificuldades[46].

Reconhecida a insuficiência temporária de renda líquida, tive de requerer ao corpo legislativo uma modesta garantia de juros por dez anos[47]. O chefe do ministério, que aliás me honrava com sua amizade, era contrário a essa pretensão e procurou dissuadir-me de a apresentar; retorqui-lhe com vivacidade que não desistia, pois nisso cumpria um dever para com os que me haviam acompanhado com seus capitais na realização do pensamento iniciado que encerrava o futuro da prosperidade do Brasil, e acrescentei que os legisladores tomassem a responsabilidade moral de rejeitar o pedido, pois o capital empregado na empresa se estava aniquilando pela falta de renda, o que, sem dúvida alguma, era maior perda para o país, que mais ganhava em amparar e dar vida a esse capital, mormente sendo o apoio pedido por curto prazo, que seria ainda encurtado, por desnecessário, muito antes de se findarem os dez anos.

A discussão de assunto na Câmara dos Senhores Deputados foi curta e feliz: contra a pretensão pronunciou-se um nobre deputado, cujo nome me escapa[48], e impugnou a concessão, a pretexto de que se não podia sobrecarregar o país com semelhante despesa. Levantei-me com algum calor e fiz sentir à Câmara a fraqueza da impugnação, perguntando se era lícito negar-se um pequeno auxílio à primeira estrada de ferro construída no Brasil, no mesmo momento em que se pagava a um artista (Tamberlick) 84 contos para ouvirem-se suas belas notas por quatro meses!

A apóstrofe não foi perdida, ninguém mais disse palavra, e a votação mostrou uma maioria a favor da garantia, votando por ela três dos ministros, os Senhores Conselheiros Nabuco, Paranhos e Pedreira.

Lembro-me de que nessa mesma tarde, visitando o Senhor Visconde de Paraná[49], disse-me ele, no tom de amigável repreensão que às vezes assumia com seus amigos:

— Então você teve a habilidade de dividir o Ministério com a sua pretensão?

— Não, Excelentíssimo — observei —, nem uma palavra disse eu a seus colegas a esse respeito.

E a ideia triunfal:

— E acredita que passará no Senado?

— Não sei, é claro que não, se Vossa Excelência se opuser. Eu, porém, cumpri o meu dever, e isso é sempre uma satisfação.

O certo é que na seguinte sessão do corpo legislativo, levantando-se um vulto eminente de nossa política no Senado[50] para combater a resolução, disse ele, entre outras coisas:

— Trata-se de uma empresa perdida; o Estado não é tutor dos particulares; quem empregou mal seus capitais que os perca.

No entanto, o Senado parece que teve escrúpulo de condenar por tal forma o nascente espírito de associação no Império; e não votou contra: arquivou a resolução da câmara temporária!

Felizmente, três anos mais tarde (ano e meio apenas depois que se abrira ao trânsito público a estrada de rodagem), podia eu declarar aos acionistas da estrada de Petrópolis, em relatório anual que lhes li, que a garantia de juros não era mais necessária! A renda líquida ostentava-se satisfatória. Ia em andamento, porém, nessa ocasião a construção da estrada de ferro Dom Pedro ii, e tive de aconselhar aos acionistas que destinassem o excesso da renda, além de um módico dividendo de 6% ao ano, para resgatar ações da companhia, à vista da ameaça que as condições da grande empresa deixavam antever de mais tarde absorver as cargas da província de Minas.

Os acionistas votaram a ideia por mim proposta, o que determinou ficar o capital da companhia reduzido à metade[51] antes que a ameaça se convertesse em realidade, conservando assim a empresa elementos de vida, visto que com menor renda podia realizar o seu modesto dividendo.

A companhia União e Indústria, porém, nesse momento decisivo, consultando exclusivamente os seus interesses, contratou com o governo imperial entregar à estrada de ferro de Dom Pedro ii todas as cargas que de Minas transportava. Parecia que um mau fado pesava sobre a Companhia Mauá, que, sem o menor auxílio dos cofres públicos, hasteara a bandeira do grande melhoramento, pois, enquanto a outra, de simples rodagem, era amparada com favores os mais excepcionais que jamais foram concedidos a empresa alguma no Brasil — empréstimo de 6 mil contos depois perdoado, encampação do seu contrato com dispêndio de mais 3 mil contos dos cofres públicos, e afinal um contrato com a estrada de ferro, de Dom Pedro ii, por dez anos, que lhe assegurava nova recomposição de seu capital —, a estrada de ferro de Petrópolis (talvez por tê-la o público crismado com o nome de Mauá) era entregue ao extermínio!

Minha opinião naquele transe doloroso na vida dessa companhia, achando-me fora do Brasil, foi que se levantassem os trilhos e se vendesse em hasta pública o material da empresa: foi-nos, porém, prometido algum apoio na então próxima reunião do corpo legislativo.

A promessa não foi cumprida, e a empresa foi vegetando até que se observou que o tráfego de estações intermediárias antes de chegar ao Paraíba ia aumentando, e afinal se descobriu que se tinham criado novos elementos de vida. Entregando eu a outras mãos a direção da empresa, conservou-se todavia o carinho tão natural nesse caso, e por ocasião de minha última visita à Europa, ouvindo falar do caminho do Rigi na Suíça, pedi ao Senhor Doutor Passos[52] de o ver e examinar, tendo em vista vencer a grande dificuldade da Serra, diminuindo, assim, as horas de viagem e portanto tornando mais fácil a comunicação entre a Corte e Petrópolis. De volta da Europa, convencido daquela possibilidade, pedi e obtive da assembleia provincial garantia de juros por 600 contos, julgados necessários antes de feitos os estudos: realizados estes, porém, pelo próprio Doutor Passos, reconheceu-se que o dispêndio de 1.200 contos era necessário para construir-se um caminho de ferro na Serra, nas condições de solidez e duração indispensáveis: dispunha-me a enfrentar mais essa contrariedade, e nova petição foi endereçada à assembleia provincial, quando surgiu uma concessão do governo imperial a um empresário para realizar outra estrada de ferro que, partindo da Corte, fizesse concorrência com a que do litoral aspirava subir a serra[53].

Essa concessão desorientou-me. O tráfego novamente criado, o que podia razoavelmente esperar-se em um prazo assaz longo, não podia dividir-se sem importar para isso a ruína de uma ou de ambas as empresas!

A concessão foi por mim encarada como desastrosa para a estrada de ferro de Petrópolis. Desanimei, e ninguém dirá que não era preciso ter muita fé para ir tão longe. A nova ideia foi abandonada.

Que a estrada tem atualmente condições de vida não é duvidoso, revelada, porém, a intenção de criar-lhe outra concorrência ruinosa, quem pode garantir-lhe o futuro?

Isso quanto à empresa em si: direi agora algumas palavras quanto às minhas relações financeiras com ela.

Conservando cerca de um terço das ações, porque desde o começo a dúvida se apoderou dos espíritos, tive de suportar o prejuízo da falta de renda de um grande capital, e perdendo a esperança quanto ao futuro, pela ameaça de absorção do tráfego a que me referi, aproveitei-me da resolução da companhia de amortizar parte do seu capital, e para esse fim dispus da quase totalidade das ações que possuía por cerca de metade do capital realizado.

Adicionando esse prejuízo ao que resultara da falta de renda durante os primeiros seis anos em que não foi possível fazer dividendo algum, a cifra total da perda que tive de suportar elevou-se a mais de 600 contos, que se multiplicam com os créditos que lhe correspondem a uma verba exorbitante; ninguém dirá que só nessa empresa eu não paguei bem caro a minha teima em ver aparecer no Brasil o grande melhoramento.

Os resultados que colhi da realização da primeira estrada de ferro do Brasil não foram lá muito para cobiçar[54].

NAVEGAÇÃO A VAPOR DO RIO AMAZONAS

Foi essa uma das grandes empresas que criei.

Na época em que ninguém acreditava em empresas, foi anunciado pelo governo achar-se autorizado a contratar essa navegação, mediante subvenção e privilégio exclusivo[55].

Ninguém se apresentou, não obstante as folhas diárias repetirem o anúncio durante alguns meses.

Amigo pessoal e dedicado de um dos ministros[56] desse período de descrença, fui instado para encarregar-me da missão civilizadora que esse fato levava em suas entranhas, e aceitei um contrato pelo qual modestos favores me foram concedidos, avultando, porém, entre eles o privilégio exclusivo da navegação do Amazonas e seus afluentes por trinta anos, ao passo que o serviço obrigatório que o contrato impunha era mínimo, e assim era preciso, desde que o capital que se empregava ia arrostar o desconhecido[57].

Oferecidas as ações da empresa ao público, não encontrei subscritores nem para metade do capital necessário. Foi sempre um dos defeitos radicais do meu modo de se contemplar com energia, e mesmo entusiasmo, os serviços de que me encarregava, sem dúvida no intuito de colher honesto proveito, porém como ninguém pode desconhecer, correndo risco de perder assim o capital já adquirido, quando me fiz empresário, como o bom nome que começava a aparecer. Na criação dessas empresas não esqueci jamais o interesse público que o objeto da concessão representava.

Nesse caso, como nos anteriores (primeira estrada de ferro e iluminação a gás), ficou a cargo de meus recursos financeiros e de crédito grande parte do capital necessário, único meio de levar avante o pensamento que se tinha em mente realizar[58].

Funcionou com vantagem essa empresa desde o seu começo; o modesto serviço foi, porém, julgado insuficiente, e os interesses da região amazônica exigiram imperiosamente maior desenvolvimento.

Prestei-me quanto era possível, e sucessivamente novos vapores fundeavam na capital do Pará por conta da companhia.

Em seguida o Senhor Visconde de Uruguai, que me honrava com sua amizade e confiança, como já tive ocasião de dizer, tratando de assunto internacional, fez-me sentir que a política do governo em relação ao Amazonas tinha de sofrer modificação: que se aproximava a época em que seria preciso declarar o grande rio aberto ao comércio do mundo para evitar complicações políticas que se consideravam possíveis e até prováveis, além de que forçoso era ao governo imperial harmonizar a sua política com as ideias do século, que condenavam a exclusão ao comércio do mundo do vasto território banhado pelo Amazonas e seus afluentes[59]. Estava em minhas mãos ser exigente: era isso, porém contrário ao meu modo de ser – nem o menor obstáculo criei à nova política do governo que me era anunciada; apenas fiz sentir a Sua Excelência que, sendo o aumento da navegação a vapor uma necessidade, contentar-me-ia com o aumento de subvenção que o maior serviço demandava. Travou-se luta no ano seguinte entre mim e o governo quanto à cifra do aumento de subvenção pelo aumento de serviço e abandono do privilégio, subsistente nessa época até 1882. Tive de ceder à exigência peremptória do finado Marquês de Paraná, que me honrava com sua amizade e exercia sobre mim grande influência. "A navegação do Amazonas é agora uma necessidade reconhecida e provada", me disse Sua Excelência, "o aumento que se lhe oferece parece ao governo bastante; se, porém, o primeiro ano do novo serviço provar que não chega, não haverá governo que lhe negue o necessário, mas não quero que se diga que, por sermos seus amigos, estamos prontos a dar-lhe quanto pede". À vista dessa promessa aceitei o segundo contrato[60].

Realizaram-se meus receios: no fim do primeiro ano levei à evidência que o aumento de serviço deixava a empresa sem benefício algum disponível aplicável a dividendo. A lógica e a moralidade administrativa mandavam que, sem demora, fosse consignada verba suficiente, para o que ofereci a exame os livros da companhia e todos os menores detalhes. Longe, porém, de ser atendido, lutei dois anos, suspensos os dividendos aos acionistas por não serem possíveis, até que, em 1857, Sua Excelência o Senhor Marquês de Olinda fez inteira justiça à companhia[61], devido talvez à presença no Ministério do homem de ideias mais claras em finanças que eu tenho conhecido no Brasil (já se compreende que me refiro a Souza Franco[62], que me fez sempre inteira justiça), e sendo ele de mais a mais paraense, compreendia melhor que outros a necessidade da navegação a vapor naquelas águas.

E, no entanto, ainda o ano passado, tendo de renovar-se o contrato que findava no dia 1.º de novembro, que poeira se não levantou em ambas as câmaras! E isso quando se tratava da continuação do mais importante, do mais útil e do mais produtivo serviço de navegação a vapor que existe no Império!

Ficou demonstrado que a subvenção é um adiantamento, ou verdadeiro custeio com que o Estado concorre para arrecadar uma renda, assim no que toca aos cofres gerais como aos provinciais, SETE VEZES maior do que a que para eles entrava há apenas 23 anos! Esse meio aperfeiçoado de locomoção conseguiu encurtar as distâncias e pôr em rápida e regular comunicação os centros de produtos naturais com a capital.

Desconheceu-se que o invento sublime, o vapor, cuja aplicação prática honra o século em que vivemos, desempenhando metade, senão dois terços do trabalho das sociedades que o põem ao serviço de sua civilização e progresso, não pode ser utilizado como força motriz, nem em terra, nem realizando a locomoção sobre a água, sem considerável dispêndio, que inevitavelmente tem de ser custeado pelos interesses que ele desenvolve à sombra de sua potência criadora, porém que no intervalo é necessário esperar esse desenvolvimento.

Não se quis atender a que o emprego de tão poderoso instrumento de atividade humana, somente à custa dos interesses que cria, tem suas exceções que patenteiam a necessidade por tempo mais ou menos longo de auxílios – aliás, no presente caso, tirados da própria renda criada pelos elementos que são arrancados a florestas virgens.

Não basta que existam germes de riqueza derramados ou concentrados em localidades favorecidas pela natureza, para que estes possam ser postos em contribuição desde logo, e pagar o custeio de seu maior e longo desenvolvimento que reclama a aplicação do vapor. Mesmo entre as velhas sociedades, onde o produto do trabalho acumulado de muitos séculos representa riqueza pública, em grande escala se tem reconhecido a necessidade de animar a navegação a vapor mediante avultados auxílios pecuniários, que temporariamente pesam sobre o ser coletivo, até que, criadas riquezas suficientes, apareçam elementos de tráfego ou interesses capazes de suportar os encargos que serviço tão dispendioso determina, restituindo então com usura os adiantamentos que lhes foram feitos.

A aplicação desses princípios entre nós determinou os fortes compromissos nacionais decretados pelos poderes públicos no intuito de promover grandes melhoramentos pelo emprego da força motriz a vapor, assim por terra, como a destinada a facilitar e baratear o trânsito fluvial e mesmo o interoceânico.

A necessidade de converter em riqueza os grandes elementos naturais disseminados sobre a extensão de um território tão vasto como o que compreende o Brasil, onde a população é comparativamente escassa, deu lugar a várias concessões amparadas pela garantia do Estado ou por subvenções a companhias nacionais e estrangeiras, que se encarregaram de dar execução a empresas destinadas a conseguir tão importante fim.

A concessão que me foi feita em relação à empresa teve por objeto o aproveitamento de riquezas já criadas pela natureza sob a forma de produtos naturais e que jaziam perdidas no território banhado pelo vasto oceano fluvial que corta em todas as direções a região privilegiada, na extrema setentrional do Império. Era uma tentativa que a experiência devia confirmar e regular para o futuro. Dessa empresa nasceram outras, que vieram incorporar-se a ela por força dos seus interesses recíprocos, e todo esse serviço acha-se hoje executado pela *Amazon Steam Navigation Company*, que eu criei em Londres[63] e, talvez por ainda aparecer meu nome como principal interessado, tem essa empresa suportado a guerra que lhe foi movida. Cessa hoje essa causa, trata-se agora só dos credores da Casa Mauá, e Deus queira que seja mais bem compreendido o interesse brasileiro de primeira ordem que essa empresa representa, e se não recuse dar àquele mundo de riquezas naturais o impulso que ele está reclamando.

Cumpre não desconhecer que o emprego de capital exige imperiosamente três condições essenciais, para convidá-lo a introduzir-se no mecanismo de que ele é a força motriz indispensável tratando-se da criação da riqueza.

A primeira é a renda, que deve ser proporcionada aos riscos que podem razoavelmente prever-se.

A segunda condição de qualquer emprego de capital é a sua conservação em valores que o representem, dada a hipótese de uma liquidação do negócio ou dos interesses industriais em que se achar ele envolvido.

A terceira condição, finalmente, é o lucro a que qualquer aplicação das economias de cada indivíduo a fins industriais tem direito, pelos quais, visando ele a maiores interesses, vê o seu capital exposto a maiores riscos. O *del credere*, que corresponde a tais empregos, é uma aspiração justa e fundada que os acompanha; sendo certo que eventualidades previstas e não previstas podem sobrevir, e sobrevêm muitas vezes, na gestão mais honesta e mais bem calculada de interesses que se prendem à vida econômica do país. Esse lucro adicional é, pois, tão legítimo como qualquer outro, e dele colhe o país uma quota dos benefícios, mais ou menos importante, na parte da renda pública derivada do imposto.

Da sã aplicação desses princípios nasce, na prática, a necessidade de destacar certa porcentagem dos lucros eventuais a empregos que envolvem algum risco. Tal porcentagem, em prazo determinado, deve representar o capital por meio de uma acumulação pausada; e está claro que, se o prazo da concessão for curto, o quociente de acumulação tem de ser maior, para assegurar a representação desejada no fim do prazo; ao passo que a acumulação de longo fôlego não só anima o projetado emprego, mas, com menor quota de amortização anual, realiza aquele importante fim.

A companhia atual, na qual se acham representados também os interesses criados por sua antecessora, precisa de uma certa e determinada renda em proporção do capital já empregado, e do que for ainda preciso empregar em desempenho dos encargos que lhe são impostos.

Ora, tratando-se de um serviço em que a experiência de longos anos apresenta dados práticos e positivos, desaparece o terreno das conjecturas, das esperanças fundadas em quimeras ou em cálculos sujeitos a eventualidades que se interpõem, não poucas vezes, para patentear quanto são eles falíveis.

A missão da empresa está definida nos recursos limitados que lhe ministra a mesquinha concessão que lhe foi feita, que ainda depende de aprovação do corpo legislativo, isto é, transportar com celeridade de umas para outras localidades os produtos naturais no vale do Amazonas, e as mercadorias necessárias ao seu consumo.

Só por meios indiretos poderá a empresa ir além desses serviços, o que aliás está em seu interesse, desde que tem propriedades territoriais de grande extensão nessa região que lhe convêm aproveitar, e entrou para esse fim em consideráveis dispêndios, como é público e notório.

Neste inventário imperfeito de alguns serviços prestados ao meu país a que as circunstâncias em que me vejo colocado me obrigam, considero um dos maiores a realização da navegação a vapor no vale do Amazonas no tempo em que ninguém acreditava nela.

Quando os poderes públicos decretaram primitivamente as concessões, tratava-se de uma experiência que podia falhar; os resultados podiam não corresponder às previsões.

Os fatos vieram dar razão à política previdente e atilada que semeou para colher, pois a colheita apareceu, e o vale do Amazonas que, embora represente a mais vasta circunscrição do território pátrio, contém uma população insignificante, não obstante já restitui aos cofres públicos em grossa torrente, e com enorme lucro, os adiantamentos que para tão importante necessidade foram sabiamente decretados, sem falar no bem-estar social e no grandioso incremento da riqueza pública e particular que esse fato determinou.

Falar de economias quando se trata de empregar capital a grande juro é um dislate econômico que não merece as honras de uma discussão séria.

Ninguém pode contestar que os valores criados pelo capital que forma a base da existência da *Amazon Steam Navigation Company* o foram em virtude dos contratos com o governo imperial que terminaram em 1.º de novembro passado.

Esses valores em sua máxima parte não têm outra aplicação; destruí-los, como pretendem alguns dos nossos sábios, negando-lhe a renda suficiente[64], seria a maior das injustiças e, comprometendo-se com isso interesses avultados que ao país pertencem, seria além disso um erro econômico dos mais grosseiros.

Os grandes interesses que se presumia ter eu auferido da organização dessa empresa influíram mais que muito no ânimo de alguns para guerreá-la; pois bem, está decretada a minha morte civil, escolhendo-se o modo mais DURO para ser ela realizada! A contabilidade da casa está à vista de todos, examinai-a e vos convencereis que se acha representado em ações da empresa ou transferidos meus direitos a credores de pelo menos o dobro dos lucros que em qualquer hipótese eu podia ter obtido de semelhante concessão.

Nenhum BENEFÍCIO colhi, pois, do grande capital e insano trabalho que durante um quarto de século dediquei à ideia; tal é a justiça dos homens[65]!

ESTRADA DE FERRO DO RECIFE A SÃO FRANCISCO

Feitas as concessões primitivas aos Senhores de Morney[66] sem que o meu auxílio fosse direta ou indiretamente reclamado, escrevi eu, não obstante, a meu sócio e íntimo amigo, o Senhor De Castro[67], indivíduo que me era inteiramente dedicado: "Trata-se de levar avante a primeira companhia inglesa para vir construir estrada de ferro no Brasil, – não deixe pedra sobre pedra para que o resultado nada deixe a desejar, pois disso dependerá que muitas outras naveguem nas mesmas águas, e você conhece minhas ideias a respeito".

Com efeito, devido à minha posição social no Brasil, que já então se reconhecia de algum mérito na Inglaterra, foi o meu sócio procurado para fazer parte da mesa de diretores, o que na Inglaterra precede à organização das companhias anônimas.

Em seguida, tratando-se de incorporar a companhia e por esse meio recolher o capital necessário à realização da empresa, surgiu toda a sorte de dificuldades, o que deu lugar a repetidos adiamentos em ser a companhia lançada no mercado, como se diz na Inglaterra.

Vencidas, porém, essas dificuldades, uma por uma, foi afinal aproveitado um ensejo favorável, e a companhia ficou organizada com feliz êxito.

Para isso se conseguir, porém, foi necessário que meu sócio, que recebia constantemente de mim as positivas seguranças de que a garantia do Brasil era o que havia de mais sólido no mundo financeiro, e iludindo-se ele quanto à possibilidade de levantar dinheiro sob garantia de títulos que eram por mim tão alto colocados, subscreveu um número extraordinário de ações, incompatível com o estado de nossas finanças na ocasião; acusando-o eu de se ter excedido, encontrou ele defesa nas próprias palavras com que eu o havia impelido a dar todo o apoio imaginável à criação da primeira empresa de estradas de ferro para o Brasil; e assegurou-me que o fato de ter ele subscrito tão grande número de ações sendo, como foi, sabido logo no *Stock Exchange*, causara a melhor impressão, influindo decisivamente na subscrição do necessário capital, não só entre os *investors bona fide*, porém mesmo pelos *jobers*, e que eu só o devia censurar se o resultado não correspondesse ao esforço; calei-me e tive de aguentar a pressão que o fato fazia pesar sobre minhas finanças, pois desde logo se reconheceu ser impossível levantar dinheiro sobre essas ações.

Infelizmente a companhia caiu nas mãos de maus empreiteiros, a pior desgraça que pode acontecer a empresas semelhantes.

Os cálculos dos engenheiros foram também baseados mais no que estava escrito nos livros que tratam de construções de estradas de ferro, e em algum galope que deram no terreno sobre o qual tiveram de levantar plantas da via férrea a construir, do que na apreciação bem averiguada das dificuldades a vencer. Foi, pois, contratada a construção da estrada sob a base desses dados imperfeitos ou talvez infiéis, reconhecendo-se em curto prazo que tinham os contratadores de perder. Como isso era duro, trataram logo de mistificar a execução do serviço, e vendo que ainda assim o prejuízo seria grande, abandonaram a empreitada, e ainda por cima foram demandar a companhia em Londres; o caso é que o pleito terminou, no fim de alguns anos, por uma composição!

No entanto, desde o começo dessa desinteligência o crédito da companhia ficara prostrado na praça de Londres, pois logo dominou a convicção no público inglês de que o capital garantido era insuficiente, e iam de rota batida caindo as ações a ter pouco valor no mercado[68].

No entanto, tratando-se da garantia do Brasil assim calçada aos pés no grande mercado monetário europeu, alguns espíritos refletidos compreenderam que isso nos fechava a porta para levantar capitais na Europa para o mesmo fim, e muito sensatamente foi votada no Brasil a lei que permitiu ou facultou a troca dos nossos títulos que levavam em Londres essa garantia de 7% por apólices da dívida pública interna de 6% de renda.

Foi um bom pensamento que alcançava um grande fim de utilidade pública, suspendendo a depreciação de títulos que representavam o crédito em Londres, e em última análise em vez de pagar 7% em ouro ficava o Brasil pagando 6% em seu papel-moeda inconvertível. Ainda hoje não atino com que fundamento foi essa lei revogada.

Fui o primeiro a aproveitar-me da faculdade legal, e o tesouro público nacional[69] teve de entregar-me mil contos em meu nome e no do meu velho amigo Giles Loder (*7 copthal court*) além de uma forte soma de conta de terceiros, o que me ajudou a resistir à pressão financeira que resultou desse emprego exagerado de capital, devido à minha ansiedade de ver progredir a ideia por mim amparada nesse caso de fazer aparecer o capital europeu na construção de estradas de ferro do Brasil.

A execução dessa lei salvou-me de um prejuízo avultadíssimo!

Tratou-se em seguida de garantir empréstimos às estradas de ferro em construção, na razão de uma terça parte do capital empregado; conseguindo-se que a lei fosse votada sem maior dificuldade.

Passando a lei, aproveitou-se dela a estrada de que trato, e contratou o empréstimo de 400 mil libras com essa garantia[70].

Os infortúnios da empresa, os sacrifícios que havia feito e os roubos talvez de que fora vítima, elevando o desfalque entre a soma do capital garantido e a cifra efetivamente despendida a 601 mil libras, tratou-se de fazer novo esforço perante o governo imperial para obter acréscimo de garantia. Desde logo declarei a meu sócio que, como foi dito, era membro da diretoria em Londres, que até lá não os podia acompanhar.

Levamos mais de ano a discutir esse ponto, querendo meu sócio convencer-me, obtendo, porém, apenas da minha parte neutralidade. Como agente da companhia no Brasil, limitei-me a apresentar algum papel que me era enviado, sem dar passo perante meus amigos, e tanto que, sendo eu o agente autorizado da companhia com todo o prestígio que então me rodeava, teve a diretoria de mandar ao Brasil mais de uma vez agentes especiais para tratar da questão.

Quando aqui chegou um deles, o Senhor Bramah, era ministro da Agricultura o ilustre cidadão que hoje está na presidência do conselho; ele que diga se em alguma ocasião lhe toquei em semelhante assunto[71].

No entanto algumas semanas depois de aqui chegar esse agente especial da companhia, apresentava-se ele no meu escritório com a carta de Sua Excelência que lhe prometia em nome do governo imperial o acréscimo de garantia sob as condições estipuladas nessa carta.

Desde esse momento pronunciei-me abertamente a favor do cumprimento da promessa: era a palavra do governo do meu país dada ao estrangeiro; cioso como sempre fui do crédito do Brasil, não tinha mais que hesitar. Levou ainda alguns anos antes que essa garantia adicional se tornasse efetiva pela definitiva aprovação do corpo legislativo[72]. Fiz tudo quanto estava ao meu alcance a favor, desde que a promessa foi dada, e aconselhei mesmo a diretoria, nos últimos tempos, que me permitisse nomear um hábil advogado para coadjuvar-me, no que ela consentiu.

Vencida a campanha, foi questão entre mim e a diretoria quanto a cifra que me deviam arbitrar pelo trabalho que tive. Para mim nada quero, lhes disse (estão vivos todos os diretores da companhia em Londres, menos um, e este trabalho será lá lido): quanto, porém, aos serviços do vosso advogado sem o mínimo exagero valem 10 MIL libras[73]. Depois de alguma hesitação, foi essa quantia entregue aos meus agentes, e passou intacta a quem havia desempenhado aquele encargo.

Quantas pessoas no Brasil sabem hoje de todos esses fatos em que tive de intervir relativamente a estradas de ferro do Recife a São Francisco? Talvez uma dúzia, e no entanto ninguém dirá que é uma verba tão pequena dos serviços que tive a fortuna de poder prestar ao meu país que deva passar sem reparo.

ESTRADA DE FERRO DA BAHIA

A respeito dessa empresa[74], podia na verdade passar despercebida, como passou, minha intervenção, porque foi ela prestada mais ao amigo que se pôs à frente do pensamento do que à ideia.

O fato é que, modesto, porém porventura necessário auxílio pecuniário, foi por mim prestado, e essa dezena de milhares de libras esterlinas só puderam ser-me devolvidas depois que a companhia ficou organizada em Londres[75].

Só por se tratar de uma estrada de ferro menciono esse fato.

COMPANHIA DIQUES FLUTUANTES

A marcha lenta com que progredia a construção do dique seco, que na ilha das Cobras se construía por conta do governo, serviço que durava há quarenta anos, e na época a que me refiro não se achava contratada sua terminação, deixava subsistir uma necessidade de primeira ordem para o comércio e navegação que afluem ao porto desta capital. Desde longa data preocupava-me o espírito a satisfação desse *desideratum* e considerava eu até culpável a negligência do governo, lamentando a falta de iniciativa individual que deixava ao desamparo ideia tão útil[76].

Há cerca de dezoito anos, declarou-me o Senhor Dodgson, diretor da Ponta da Areia, ter inventado um sistema de diques flutuantes, cujo princípio me agradou, pois consistia em receber o recipiente água na proporção da deslocação dela, que um navio de maior ou menor dimensão demandava, em vez de ser forçado a encher-se completamente quando tivesse de receber algum navio, como sucedia com o maquinismo conhecido[77].

Seguindo Dodgson para a Inglaterra, nessa ocasião insisti com ele que pusesse sua invenção em discussão entre as pessoas competentes, e disse que, obtidas opiniões favoráveis, eu não duvidaria criar companhia para levar avante sua ideia.

Ao regressar disse-me ele ter consultado as melhores autoridades, e que tinham dado plena aprovação ao seu invento.

Não hesitei em criar a empresa e construiu-se um dique, na ideia de serem outros brevemente necessários. Despendidos cerca de 200:000$000 nesse empenho, reconheceu-se que falhava a ideia na prática. Se se tratasse de executar um pensamento conhecido e aprovado a respeito de diques flutuantes, tudo estaria acabado. Cada um que sofresse parte do prejuízo que lhe tocara, sendo a minha a maior. Sendo, porém, a invenção nova, de um empregado do estabelecimento, que trabalhava sob minha responsabilidade, não permitiu minha consciência que outros ficassem prejudicados; recolhi as ações e devolvi integralmente o capital que havia sido subscrito, tendo assim fim essa tentativa de realizar um grande e necessário melhoramento[78].

COMPANHIA DE CURTUMES

Foi por outrem criada essa empresa[79], que parecia ter condições de prosperidade, desde que podia ser mantida com grande benefício dos interessados só com a matéria-prima que resultava da matança do gado necessário ao consumo da capital do Império. Concorri desde o começo com a sexta parte do capital que se julgou necessário. Infelizmente, as vistas de quem a dirigia não se limitaram a fazer prosperar empresa tão útil.

Houve uma aspiração pouco sensata de monopolizar o comércio das carnes verdes, e sob perspectiva lisonjeira, em cálculos e demonstrações, me fizeram acreditar que os capitais empregados e a empresa iam ter renda mais que suficiente para que a companhia desfrutasse uma vida de grande prosperidade[80].

Assim não aconteceu, bem pelo contrário, foi esse um dos maiores desastres financeiros em que se achou envolvida a Casa Mauá, sendo o prejuízo total que teve de suportar como credora muito superior ao capital integral da empresa. Ainda hoje sou de opinião que essa empresa podia e devia prosperar. Não havia, porém, elementos de sucesso que pudessem resistir à má direção dada aos grandes recursos que a empresa teve à sua disposição[81].

COMPANHIA LUZ ESTEÁRICA

Outra empresa que levava em suas entranhas condições de prosperidade não duvidosa e que foi por outros iniciada[82].

Com matéria-prima do país, consumo certo e assegurado por proteção aduaneira suficiente quanto à concorrência de produtos similares importados do estrangeiro, parecia na verdade destinada a remunerar amplamente o capital que fora empregado.

De empresa particular passou a ser uma companhia pública sob meus auspícios, com capital mais que suficiente, cabendo-me maior quinhão na subscrição das ações.

Infelizmente não pôde resistir à ação de administradores pouco escrupulosos, e tive de absorvê-la em estado de decadência.

Grandes sacrifícios criaram-lhe novamente vida própria, e nesse estado, surgindo embaraços momentâneos à Casa Mauá no exterior, foi essa uma das empresas que passou às mãos de terceiros, como realização de capital que consultava interesses financeiros da casa. Os maiores sacrifícios a que essa empresa deu lugar não tiveram origem na indústria propriamente dita, porém nas irregularidades administrativas que perturbaram sua marcha[83].

MONTES ÁUREOS BRAZILIAN GOLD MINING COMPANY

A Companhia Mineração Maranhense[84] aqui criada tropeçou com dificuldade para alcançar uma posição próspera, sendo que pessoas em quem eu depositava confiança me afiançaram que a falta de capital em escala suficiente e porventura de direção científica apropriada impediam que os produtos de jazidas de ouro riquíssimas influíssem no progresso da província do Maranhão, e pediram-me para obter o auxílio de capital europeu transferindo a empresa para Londres[85]: prestei-me de bom grado. Engenheiros lá escolhidos examinaram essas jazidas, e as mais brilhantes esperanças foram atiradas em perspectiva à praça de Londres, sendo o nome de meu sócio o principal esteio da subscrição.

Não falhou, ficando, porém, meu sócio com grande número de ações como prova de sua boa-fé em convidar para essa empresa capitais alheios; salvaram-se os capitais primitivos, que foram a meu ver devolvidos com usura. Os criadores da nova empresa foram, porém, prejudicados: pois o emprego de recursos científicos e monetários na exploração em escala suficiente apenas trouxe a convicção de que fôramos vítimas de uma grande mistificação; as jazidas se achavam esgotadas! E terminou a empresa por um desastre financeiro completo.

ESTRADAS DE FERRO DE SANTOS A JUNDIAÍ

Tem tido discussão larga e completa nas folhas diárias desta capital a empresa de que vou ocupar-me.

As repetições são sempre fastidiosas; tratarei, pois, de resumir, quando for possível, assunto de tamanha gravidade que influiu tão decisiva e desastradamente nas finanças da Casa Mauá, a ponto de poder eu afirmar, pondo a mão na consciência e os olhos em Deus, que, a não ser este cometimento, estaria longe de qualquer probabilidade a dolorosa posição financeira em que me vejo colocado. Na época em que meu entusiasmo pela introdução em nossa pátria, em grande escala, do meio aperfeiçoado de locomoção com que as estradas de ferro vieram auxiliar a vida econômica das nações, concorrendo de um modo assombroso para o progresso e a civilização dos povos cultos, achava-me eu quase diariamente em contato com dois brasileiros dos mais distintos, um que nos foi roubado há dezoito anos – o finado Marquês de Mont'Alegre, cujos serviços à pátria e cujo nobre caráter fizeram com que o Brasil inteiro reconhecesse no seu passamento uma perda nacional[86] –, e o outro, o Marquês de São Vicente, cuja perda o Brasil inteiro teve de prantear em recente data, pois homens como esses honram a nação que lhes deu o berço[87].

Esses dois vultos brasileiros me honraram com sua amizade e mesmo intimidade, até o momento em que a dura parca veio cortar o fio a seus dias, infelizmente quando se achavam eles ainda em estado de prestar muitos e bons serviços ao país.

Foi objeto frequente de nossas conversas durante o ano de 1855 a construção de uma estrada de ferro que, partindo de Santos, galgasse a serra do Cubatão, e pela linha mais reta se dirigisse aos distritos mais produtivos da província de São Paulo, onde a cultura do café começava a desenvolver-se em condições tão favoráveis, que prometia à província um futuro dos mais esperançosos.

A magnitude da empresa criou alguma hesitação no espírito, e durante algum tempo resisti às solicitações dos meus amigos, cedendo afinal sob a promessa de unirem eles seus nomes prestigiosos na política do país ao meu humilde nome, impondo-me eles nessa ocasião, como condição, o não partilharem de qualquer benefício pecuniário que daí lhes pudesse provir.

Armado com a concessão dessa estrada[88], fiz-me representar por meu sócio, o Senhor De Castro, em Londres, para os passos indispensáveis ali, a fim de obtermos o capital necessário, não me permitindo a direção ativa dos importantes negócios a meu cargo ir pessoalmente.

Foram inúmeras as dificuldades com que ele teve de lutar, não obstante a coadjuvação do ministro do Brasil, em Londres, a cujas mãos, por intermédio dos meus amigos chegaram recomendações eficazes, para que Sua Excelência amparasse a realização de tão útil empresa, dando todas as explicações que lhe fossem exigidas quanto à efetividade da garantia do Brasil.

Já antes da concessão da garantia (pela certeza que me davam os meus amigos de a obter), o engenheiro Roberto Milligan, com a turma de trabalhadores à qual nada faltava, abria várias picadas na direção que julgou mais conveniente, a fim de vencer a grande dificuldade da serra do Cubatão. Em seguida, o engenheiro D'ordan com pessoal suficiente fazia outros estudos, e finalmente obtido o contrato, Castro entendeu-se, em Londres, com o engenheiro nomeado Senhor Brunlees, e este escolheu o Senhor Fox para proceder a estudos completos – tudo à minha custa, pois durante mais de três anos, que duraram as explorações e estudos, jamais lhes faltou tudo quanto pediram, despendendo eu cerca de 25 mil libras esterlinas até a conclusão dos estudos, servindo de base ao contrato ulteriormente assinado em Londres os trabalhos do Senhor Fox, com as modificações que o Senhor Brunlees julgou conveniente adotar.

Não foi, portanto, consumido inutilmente o tempo decorrido antes que fosse possível levantar o capital em Londres, surgindo-nos no intervalo toda a classe de dificuldades; sendo, porém, vencidas com prontidão as que dependiam de novas concessões e esclarecimentos do governo imperial, é que foram logo enviadas ao sindicato, que tinha de constituir a mesa de diretores da companhia em projeto. No fim de bem perto de quatro anos depois da data da concessão, achava-se a empresa em condições de ser lançada no mercado, e, dando-se ensejo favorável, ia o fato realizar-se[89]. Nesse momento surgiu uma dificuldade imprevista: os agentes financeiros do Brasil, os Senhores N. M. Rothschild & Sons, que haviam anteriormente consentido que sua firma aparecesse no *prospectus* para dar prestígio à combinação criada, exigiram então em pagamento daquela concessão receber 20 mil libras dos primeiros fundos recolhidos do público, e efetivamente, tendo Castro consultado o Senhor Penedo[90], e assegurando-lhe este ser o meio de garantir a subscrição, aquele teve de ceder a mais essa exigência, realizando-se em seguida a subscrição das ações, para o que foi ainda necessário que Mauá & C. subscrevessem cinco mil ações, a firma de Manchester 4,3 mil, e dois íntimos amigos cada um mil ações, sendo, portanto, a companhia levada ao *Stock Exchange* sobre meus ombros, e cabendo o benefício pecuniário imediato aos Senhores Rothschild & Sons.

E, no entanto, um indivíduo bem conhecido, que aqui representou a companhia por muito tempo, é o Senhor Heath[91], que presidiu e preside a empresa. Conhecedores desses fatos como ninguém tiveram mais de uma vez o cinismo de referirem-se, em seus escritos, às 45 mil libras que meu agente recebeu em Londres ao organizar-se a companhia, sabendo eles tão bem como eu que, além das despesas que fiz durante quatro anos para apresentar em Londres a empresa estudada

– que me custaram 25 mil libras as 20 mil entregues aos Senhores Rothschild & Sons –, devoraram o resto desse pretendido benefício de que não entrou em meus cofres nem uma libra!

Organizada a companhia, seguiram-se os fatos de que o público tem conhecimento. Durante mais de dois anos tudo marchou admiravelmente bem; as obras foram executadas com tanta vantagem para os empreiteiros que, segundo afirmou o Senhor Heath em assembleia geral dos acionistas em Londres, os empreiteiros se apossaram de 80 mil libras de lucros durante a primeira fase da execução do contrato, empregando esses lucros em uma fazenda (Estate), esquecendo-se, porém, de dizer o que já sabia quando fez uso desse argumento, que mais tarde hipotecaram essa mesma propriedade para levantar os fundos necessários à execução do seu contrato, que em última análise os arruinou, tendo ainda mais tarde de declararem-se falidos!

Examinarei, porém, a origem dos pretendidos lucros. Se eles se deram, segundo afirmou o Senhor Heath, é claro que os preços da obra pagos por unidades de serviço feito (*schedule prices*) deviam ser magníficos; como, pois, deixou a execução do contrato tão enorme prejuízo? Se os *schedule prices* deram lucro tão avultado durante os primeiros dois anos, é evidente que esses mesmos preços durante o seguimento da construção deviam continuar a dar lucro. Nem serve a coartada do Senhor Heath, de que sendo as obras difíceis apareceu o desfalque, porque é evidente que essas obras difíceis foram estimadas por preços proporcionais, ou houve grosseira mistificação contra quem tinha de contratar. O razoável, o natural, é que todas as obras a executar-se tinham seu preço proporcional nas tabelas que regulavam o pagamento. Logo, o Senhor Fox deu, até certo tempo, certificados de obra feita honestos, e daí resultaram lucros aos empreiteiros, que chamaram a atenção da diretoria em Londres. De lá vieram as tais ordens de que me falou o Senhor Fox em novembro de 1863, dizendo-me ser obrigado, então, a dar os certificados não em referência à obra feita, porém tendo em vista o "*general state of the account*", e observando-lhe eu que essa maneira do contrato de executar cláusula tão importante dera em resultado o déficit que a conta dos empreiteiros já representava. O Senhor Fox tranquilizou-me com a afirmativa de que EXTRAS (serviços feitos além dos estipulados no contrato) eram devidos pela companhia, o que o Senhor Brunlees me confirmou em sua carta de 24 de fevereiro de 1861. Como os engenheiros eram, pelo contrato, os que tinham de dar os certificados de obra feita, a opinião de ambos tranquilizou-me, e os adiantamentos continuaram, firme eu no propósito de abrir a estrada ao tráfego no menor tempo possível, tendo falhado a compensação pecuniária – pois ninguém dirá que os juros correntes na província de São Paulo eram tal compensação nem que a filial do Banco Mauá mantinha a conta-corrente aberta para auxiliar a construção da estrada.

Na ocasião a que me refiro disse-me o Senhor Fox, para mais tranquilizar-me, que se ocupava de uma apreciação minuciosa do estado financeiro da empresa, comparando e estimando cuidadosamente assim o que estava feito, como o que restava a fazer, para chegar à conclusão da grande obra de que estava encarregado.

Efetivamente, com data de 29 de fevereiro de 1864, mandava-me o Senhor Fox uma cópia de sua rigorosa apreciação pela qual patenteava que, esgotado o último real que tinham os empreiteiros a receber, haveria um déficit de 154.862 libras, sem falar no déficit já verificado, que se achava representado no alcance para com a Casa Mauá em 130 mil libras. De posse dessa informação, de que o seu engenheiro residente me mandou cópia, de sua letra e punho, o que fez a diretoria em Londres? Em vez de encarar a questão de uma maneira franca, leal e direta, como cumpria a homens honrados, trataram de realizar o famoso contrato suplementar de 8 de abril de 1864, pelo qual como isca deram 30 mil libras pagas desde logo, e a promessa de outras 30 mil pagas no fim da obra. Por esse meio se apossaram de capital alheio já empregado na construção (cerca de 130 mil libras) além da maior despesa estimada, sendo ainda estipulado nesse contrato leonino que os empreiteiros vendiam por tão ínfimo preço todo o direito que tinham ao pagamento de extras (serviços feitos além do contrato) e obrigavam-se a fazer todas as obras e alterações nas plantas em que se baseava o contrato original, que fossem exigidas pelos engenheiros da companhia!

Conseguindo esse contrato suplementar, qualifiquei-o de fraudulento, como o próprio Senhor Aubertin o declarou em suas publicações, por ter sido feito com ciência e consciência de que um terceiro era lesado, e exigindo de mais a mais novas obrigações que só podiam ser satisfeitas à custa do capital e do terceiro lesado, visto que sabiam positivamente que seus empreiteiros não podiam responder pelo que assinavam, ao passo que o terceiro lesado não tinha escolha: pois, comprometido como se achava, forçoso lhe era concluir a estrada à sua custa, como o fez, para ir buscar na sua renda (com que cortava seguro) a indenização que por todas as leis lhe era devida. Esse direito tinha o seu fundamento na lei natural, que não consente que alguém se ocupe com o capital alheio sem indenização; um contrato feito nas condições expostas não passava de uma fraude patente e provada, que jamais podia servir para romper os fundamentos sólidos que amparavam tão bom direito.

Assim, pois, a resistência da companhia de não pagar o que devia tinha por base uma fraude, preparada de antemão, pois a ordem, confessada pelo Senhor Fox, de entregar certificados falsos das obras que se executavam, pondo à margem a condição essencialíssima do contrato de pagar os serviços feitos segundo a tabela anexa ao contrato, não tinha outro alcance senão o de apoderar-se de alheio capital que ela sabia era adiantado por terceiro.

Consumaram a fraude pelo contrato suplementar, e, julgando-se a diretoria segura do espólio, depois de praticado esse escandaloso ato de má-fé, ei-la que quis fechar a abóbada que encerrava o edifício fraudulento (na frase do ilustrado Doutor Lafayette, hoje ministro da Justiça[92], que, como jurisconsulto, examinou a questão), escrevendo-me a carta de 6 de maio de 1864, pela qual repudiava toda a responsabilidade em referência aos adiantamentos realizados, de capital efetivamente empregado na construção de sua estrada!

Ainda mais: a imprudência e o cinismo do Senhor Heath foram a ponto de declarar em uma circular aos acionistas, publicada em Londres com a sua assinatura, que todos os adiantamentos que constituem a reclamação foram feitos depois de recebida por mim aquela carta! – o que, escrito na Inglaterra, com o desplante que a asserção envolvia, tinha na verdade o alcance de esmagar a reclamação perante a opinião pública, se fosse verdade, ao passo que o Senhor Heath, homem versado em contabilidade, não tinha mais do que ler essa mesma conta-corrente, onde encontraria debitados as letras aceitas e não pagas pelos empreiteiros que representavam os adiantamentos até 31 de março de 1864, com expressa declaração do fato, nas próprias letras!

E o que diremos de não ter pagado a diretoria um vintém por conta dos dispêndios realizados na construção da estrada sob a responsabilidade de seu próprio engenheiro residente, desde o 1.º de outubro de 1866 em que os empreiteiros se retiraram, até 26 de julho de 1867, tendo sido por mim cumpridas religiosamente até essa data todas as condições do contrato de construção?

E o que diremos ainda de não ter pago a companhia até aquela data – 26 de julho de 1867 – o excesso do dispêndio com as estações – fixado em 60 mil libras no contrato original, apesar de ter em suas mãos certificados de seus engenheiros que representavam mais de 29 mil libras desembolsadas pela filial de Santos e aumentado assim o saldo a favor da empreitada, para poder considerar realizadas por conta dela todas as obras de reconstrução e adicionais que se fizeram durante o prazo da conservação, na qual os empreiteiros eram apenas obrigados a dispender duzentas libras por milha?

E o que diremos da inaudita asserção do Senhor Heath em relatório apresentado aos acionistas da companhia, no qual teve a ousadia de afirmar que, abandonadas as obras pelos empreiteiros, a companhia teve de concluí-las à sua custa – quando nem um vintém havia ela desembolsado desde o 1.º de outubro de 1866 até 26 de julho de 1867, sendo tudo feito à minha custa, e mesmo depois que, cansado de suportar tantas maquinações, me vi forçado a não continuar dispêndios a que nem o próprio leonino e lesivo contrato obrigava. Fazendo a companhia uso dos dinheiros em seu poder, que não quis entregar a seu dono, achou-se com recursos alheios para fazer e desfazer o que lhe pareceu, executando obras adicionais a que não tinha nem uma sombra de direito, e, depois de decorridos alguns anos, feita uma liquidação a seu modo, em que a outra parte nem foi ouvida, foram os empreiteiros convidados a receber um saldo de 9.703 libras! Pois se a companhia concluiu as obras à sua custa, como teve o Senhor Heath o desplante de asseverar em plena assembleia geral dos seus acionistas que tinha saldo a entregar aos empreiteiros? Uma liquidação de contas feita por semelhante modo era na verdade a coisa mais cômoda do mundo!

Por isso a companhia chicanou dez anos para impedir a discussão dos fatos no Brasil, onde o ferro em brasa da verdade esmagava — ao passo que os contratos leoninos, amparados por contratos fraudulentos na Inglaterra, pelos quais amarravam os empreiteiros, davam-lhe esperança de excluir-me da discussão por não ter tido parte neles, conforme o rigor do direito inglês!

Ainda tomando o contrato primitivo no rigor de suas disposições leoninas, eram os empreiteiros obrigados a executar obras segundo as plantas que lhe eram fornecidas pelos engenheiros da companhia, obras as quais, depois de aceitas pelo engenheiro residente, tinham os empreiteiros obrigação de conservar durante um ano. Pois bem, ousará a companhia dizer que muitas dessas obras, destruídas pela intervenção de verdadeira força maior representada nas chuvas torrenciais que se deram, dois, três e quatro anos depois de aceitas e pagas pela companhia, não foram reconstruídas com o dinheiro retido individualmente por meio dos certificados falsos a que me referi? E tendo essa boa gente ciência e consciência de que o dinheiro por tal forma retido não pertencia aos seus empreiteiros?

E é uma reclamação dessas, que envolve fatos e incidentes que se provam até a evidência, que aquela diretoria de uma respeitável companhia organizada em Londres entende que venceu no Brasil, porque os tribunais declinaram da competência de julgá-los? A pretensão é irrisória.

Tenho mais confiança nos tribunais ingleses, e desde que me for possível apresentar a reclamação lá, ela tem hoje de ser apreciada sob dois aspectos muito distintos; a primeira precação refere-se aos fatos relativos à construção da estrada de ferro, que tem de produzir a indenização que a justiça desses tribunais arbitrar; a segunda tem por base outra apreciação de mais elevada esfera, que também hei de confiar à justiça dos tribunais ingleses[93] — provando até a evidência que o desastre financeiro de que fui vítima teve origem nos atos fraudulentos praticados pela diretoria para fugir ao pagamento, socorrendo-se a esses meios torpes a fim de adiá-lo, e resultando desse adiamento o desastre: não só a equidade, porém a justiça da mais fácil demonstração estabelece direito perfeito a outra indenização cuja cifra é incalculável.

Os argumentos de irresistível procedência e os documentos valentes que põem essa reclamação na alta esfera em que a justiça roda mais bem demonstrada acham-se reunidos aos autos em que houve a sentença contrária, de ruidosa notoriedade pública. Essa sentença, porém, não tocou no direito, deixou-o em pé, e tem contra si o ser proferida contra outra sentença passada em julgado no mesmo tribunal em que a mesma ideia foi por outra forma apreciada; sendo por ela declarados competentes os tribunais brasileiros, como exigia o direito à justiça, e até a dignidade nacional; e nem podia haver duas verdades diametralmente opostas, tratando-se de um e mesmíssimo ponto. Um grande consolo me resta no meio de tão grande infortúnio, pois qualquer que seja a reparação que se possa obter dos tribunais ingleses, virá tarde: o mal que me tocou em partilha é irremediável.

Ao passo que o bem que resultou da minha intervenção foi transcendente.

A companhia inglesa estava em condições de ruína absoluta, pois com seu capital esgotado, sem crédito, achando-se suas ações na praça com enorme desconto, não obstante à garantia do Brasil, declarando o seu presidente publicamente que os banqueiros recusavam qualquer adiantamento, e sendo forçada a emitir uma pequena soma de debêntures para acudir a maiores urgências, só pôde conseguir metade da quantia, e isso devido à minha eficaz coadjuvação, achando-me na ocasião em Londres.

Eram tão críticas as circunstâncias da companhia que o seu presidente se viu obrigado a declarar ao ministro do Brasil: "se me não fazeis já um empréstimo de 100 mil libras esterlinas, vou daqui ao *Stock Exchange* declarar falida a companhia" (documento oficial junto aos autos). Foi em tais condições que as obras continuaram no Brasil até a conclusão da estrada, pois estava definitivamente aceita pelo governo antes de 26 de julho de 1867, quando eu suspendi os adiantamentos, não tendo a companhia pagado um vintém desde o 1.º de outubro de 1866[94]! Isso quanto à companhia.

Quanto à província de São Paulo: se meus adiantamentos não se tivessem dado (desde 1863 a 1864, sob a base de um direito perfeito dos empreiteiros) e depois de realizadas as combinações fraudulentas por parte da diretoria, devido à necessidade de salvar o enorme capital já empregado na estrada, a falência dos empreiteiros nessa ocasião teria operado a ruína da companhia ou, se pudesse ser salva por quaisquer combinações de crédito, não se achando esgotado todo o seu capital em 1864, teria de dispender pelo menos mais um milhão de libras esterlinas, e os empreiteiros baseados nas declarações positivas e categóricas dos engenheiros da companhia, que eram lei para o caso, quanto a extras teriam exigido e obtido indenização tal dos tribunais ingleses que completariam a ruína da empresa, dando, assim, lugar a que a estrada só pudesse ficar pronta meia dúzia de anos mais tarde – deixando a província de São Paulo de poupar pelo menos 15 mil contos durante essa meia dúzia de anos. Isso já eu disse em meu relatório aos comanditários da Casa Mauá em 4 de maio de 1870. E, finalmente, o governo imperial, obrigado a continuar o pagamento da garantia de juros durante essa meia dúzia de anos, despenderia mais 840 mil libras esterlinas antes que a estrada prestasse serviço! É sem dúvida um consolo ter a minha intervenção amparado tão grandes interesses. Foi ela, porém, a causa primordial da minha ruína; tal é a justiça dos homens!

Ainda um gemido, e tratando desse grande assunto será o último.

No momento em que a construção da estrada se operava com todos os elementos à disposição dos empreiteiros, derramados nos trabalhos da primeira e segunda seção mais de CINCO MIL trabalhadores, eram tão grandes as dúvidas no ânimo das influências da província de São Paulo quanto à conclusão da estrada, que os poderes provinciais decretaram, nessa ocasião, a fatura de uma estrada de rodagem.

A influência da maior demanda sobre o preço do trabalho, foi desde logo de 600 a 800 réis diários por braço (invoco o testemunho de toda a província de São Paulo): e essa diferença no custo da estrada de ferro foi pelo menos de 2 mil contos, que ulteriormente, devido aos fatos supervenientes, vieram pesar sobre minhas finanças.

Não imaginava eu semelhante possibilidade, quando, redigindo uma representação ao governo imperial em nome de Roberto Sharpe & Filhos, que se queixavam dos sacrifícios que lhes impunha a maior demanda no preço do trabalho para semelhante fim, dizia: estradas de rodagem têm sido arruinadas pela competência de estradas de ferro. Não há exemplo, porém, de uma estrada de ferro ser vencida por uma estrada de rodagem; a tentativa, pois, é insensata, a não terem em vista as influências, que a decretaram, suprir a falta de meio circulante que sente a província, derramando em pura perda na circulação a soma que se vai gastar.

E assim sucedeu: mal estava acabada essa estrada, quando se ouviu na capital da província o sibilo agudo da locomotiva! E ninguém mais se lembrou da estrada de rodagem.

No entanto, quem foi a VÍTIMA daquela insensata deliberação? A consciência de cada um o dirá.

ESTRADA DE FERRO DOM PEDRO II

O público não tem a mínima ideia de que me coubesse em partilha prestar algum serviço a essa empresa, porque, acostumado eu a jamais fazer valer os meus serviços, guardei silêncio.

Hoje, porém, que nenhuma aspiração me pode ser atribuída, devo trazer à publicidade todos quantos, encerrando interesse público, foram por mim ocultados ou sepultados no esquecimento.

Recebida aqui a notícia de ter sido contratada a construção da primeira seção da estrada de ferro Dom Pedro II pelo ministro do Brasil em Londres[95], o chefe do ministério nessa época, o então Visconde de Paraná, ficou contrariadíssimo por ter aquele funcionário se afastado completamente de suas instruções, que eram obter o capital necessário para a construção da estrada, e não contratá-la por conta do governo[96].

Na manhã seguinte ao dia em que essa notícia foi recebida, visitei a Sua Excelência (o que eu fazia com a maior frequência nessa época) e achei-o irritadíssimo; falava ele em demitir o ministro e mesmo repudiar o contrato! Nos termos que me eram peculiares tratei de acalmar a irritação, fazendo sentir a Sua Excelência os grandes inconvenientes de um tal procedimento.

Tudo quanto dizia respeito a estradas de ferro era para mim nessa ocasião assunto sobre o qual o mínimo descrédito me assustava, vendo eu nessa ideia o futuro da prosperidade do Brasil.

Deixei o ministro convencido e resolvido quanto ao plano a seguir, que era criar-se uma companhia encarregada da construção, incumbindo-me Sua Excelência de formular e redigir os estatutos, que com algumas alterações foram os publicados[97].

Organizada a companhia, foi o Banco Mauá & C. escolhido pela diretoria para depositário dos fundos a recolher-se dos acionistas, sem dúvida porque o grande banco de circulação, pouco tempo antes criado, não oferecia pelos seus estatutos as mesmas vantagens e facilidades no movimento de fundos depositados em conta-corrente, que ofertava ao público a instituição de crédito de que eu era chefe[98].

Chegando nessa ocasião, pouco antes ou pouco depois, o empreiteiro que contratara em Londres a primeira seção, o qual me trouxe uma carta de introdução, abriu ele também sua conta-corrente no Banco Mauá & C., reconhecendo a vantagem de o fazer pela liquidação dos cheques entre uma e outra conta.

Desde o segundo ou terceiro pagamento que tinha a companhia de efetuar em virtude do contrato assinado em Londres, surgiram dificuldades muitos graves entre a diretoria e o empreiteiro (felizmente está ainda viva a maior parte dos diretores, e o livro das atas das sessões da diretoria deve registrar os fatos). As coisas chegaram a ponto de dizer-me Price, com todas as opiniões de uma resolução (tomada): "Rompo o contrato, faço o meu protesto e sigo para Londres para expor ao público como no Brasil se entendem os contratos e reclamar indenização". Examinei as condições do contrato assinado em Londres e reconheci que Price tinha razão, pois as exigências da diretoria não se achavam autorizadas pelas estipulações respectivas, embora em princípio fossem razoáveis; e infelizmente, firmada nessa convicção, havia ido demasiado longe em suas declarações, achando-se estabelecido um dilema de ferro – ou a diretoria se demitia, desautorizada pelo governo imperial, com o desprestígio que daí resultava, ou seguiam-se inevitavelmente as consequências da resolução de Price, que me pareceu inabalável. Era um golpe mais ou menos fundo no crédito do Brasil em Londres e uma punhalada que feria bastante a menina dos meus olhos (a construção de estradas de ferro no Brasil com auxílio dos capitais europeus, quando para o futuro fossem procurados). Compreendi que era um caso sério e, estando em meus hábitos resolver com decisão, não hesitei. Dirigi-me ao Senhor Conselheiro Ottoni e declarei-lhe que assumia a responsabilidade que a diretoria julgava necessária. Aceitou Sua Excelência prontamente a minha oferta.

Tive, porém, grande dificuldade com Price, que se recusava obstinadamente a prestar uma garantia que seu contrato não lhe impunha: convenci-o, afinal, fazendo-o ver que qualquer das duas soluções anteriores criava uma situação desagradável e evitável; que minha intervenção era completamente desinteressada; que, assumindo essa responsabilidade, tinha unicamente por fim evitar complicações. Price compreendeu que um motivo nobre me impelia e cedeu, sendo em seguida lavrada e assinada por mim uma escritura de responsabilidade avultadíssima nas notas do tabelião Fialho[99] de que não me resultava nem podia resultar-me benefício algum, pois eu era levado unicamente pela ideia generosa de prestar algum serviço ao meu país, e tão desinteressadamente que, recebendo no fim da construção da primeira seção da estrada um ofício em nome da diretoria, firmado pelo Senhor Conselheiro Ottoni, agradecendo-me os relevantes serviços que eu havia prestado (sendo este o único de que me recordo), guardei silêncio e quase segredo do fato e dessa manifestação, de sorte que ainda hoje haverá quando muito uma dúzia de pessoas que disso tenham conhecimento. Quantos indivíduos no Brasil ou fora dele teriam esse procedimento?

CAMINHO DE FERRO DA TIJUCA

Foi esta uma empresa que em seu começo teve apenas a minha simpatia, como era natural de suceder, desde que se tratava de melhorar o trânsito entre a cidade e um dos seus arrabaldes mais salubres[100].

O Doutor Cochrane, ao organizar-se a companhia que tomou a seu cargo a construção da estrada de ferro de Dom Pedro II, recebera do governo 30 mil libras, compensação que lhe era inquestionavelmente devida pela tenaz perseverança com que lutara durante longos anos pela realização dessa via férrea, incorrendo em dispêndios de maior ou menor vulto nesse empenho, embora o prazo do contrato se achasse vencido. Para os governos honestos a equidade é sempre justiça, e as 30 mil libras foram entregues ao lidador incansável.

Abriu ele sua conta-corrente no Banco Mauá com essa quantia, e logo após começaram seus esforços para levar avante o cometimento. Confesso que não tive fé no resultado financeiro da empresa.

Declarei, pois, ao Doutor Cochrane que não contasse comigo para nada; que apenas subscreveria algumas, porém poucas ações, para que se não dissesse que deixava de aparecer meu nome em uma empresa útil (era ainda a época da dedicação sem limites aos melhoramentos materiais do país). Mais tarde, o Doutor Cochrane fez uma distribuição de ações e, para animar os acionistas que procurava obter, anexou uns prazos de terras que subiam até os pontos mais inacessíveis das escarpadas montanhas da Tijuca, a cada lote de 22 ações[101].

Declarei ao Doutor Cochrane que me não ofuscava a perspectiva de ser proprietário de tais prazos, e tenazmente resisti às suas instâncias de subscrever número de ações correspondentes a muitos prazos, consentindo afinal em ficar com 44 ações por condescendência, na importância de 8:800$, que desde logo julguei perdidos. Prosseguiu a empresa o seu caminho, e o desastre financeiro se foi patenteando. Nessas circunstâncias, fizeram-se esforços desesperados para conseguir de mim fortes adiantamentos que as condições da companhia tornaram necessários: não anuí a coisa alguma[102].

Em seguida, tive de fazer uma das muitas viagens que as proporções gigantescas assumidas pelas transações monetárias da casa de Montevidéu aconselhavam, e em meu regresso encontrei realizado um grande empréstimo à companhia do caminho de ferro da Tijuca sob a responsabilidade individual das firmas dos seus diretores, que nessa ocasião se consideravam boas, sendo a de um deles muito boa. Nada tive que objetar a uma transação que parecia ter ótima garantia, e mesmo não podia mais interpor o meu voto.

Seguiu, porém, seu caminho o desastre financeiro, e não amortizada, antes consideravelmente aumentada a dívida ao Banco Mauá, além de outras responsabilidades para com terceiros, em assembleias gerais dos acionistas da companhia foi resolvido entregar a empresa ao banco em pagamento do seu débito. Apresentando-me o Senhor Ginty, engenheiro da fábrica do gás, em quem eu confiava, cálculos e demonstrações favoráveis à substituição do serviço de locomoção que a companhia desempenhava pelo vapor, minha confiança nesse engenheiro, e a ideia favorável que me inspirava o emprego da força motriz representada nessa potência, me fizeram aceitar o alvitre proposto[103].

Tratei desde logo de liquidar a responsabilidade subsidiária que se achava representada nas firmas dos três diretores em letras a favor do banco[104]. Um dos diretores, porém, se achava já então legal e materialmente impossibilitado de honrar sua firma[105]. Um outro diretor, que se acreditava ter alguma fortuna, declarou-me terminantemente que não a sacrificava para pagar uma dívida que não era sua, e sim da companhia[106], que se eu insistisse talvez não encontrasse de que lançar mão; e o terceiro responsável, despachante renomado e que passava por sócio de uma casa de importação inglesa de primeira ordem e era considerado homem de grande fortuna[107], declarou-me, em termos de fazer fé, que só entrava com uma terça parte do débito por que era responsável, a única que tinha na mente ao endossar as letras, visto que aos outros dois endossantes competia igual quota de responsabilidade. Não houve argumentos que o convencessem de que sua responsabilidade era solidária, e durante as discussões havidas fiquei convencido de que se tinha acautelado, para que a execução o encontrasse sem bens a dar à penhora que correspondessem nem mesmo à cifra que oferecia entregar para não perder tudo. Aceitei o que ele quis dar, e o novo serviço de locomoção a vapor se achou onerado com um grande débito desde o começo. Sendo grandes os dispêndios para montar esse mesmo serviço, em breve se conheceu que, em vez de salvar coisa alguma, um prejuízo de mais 300 contos tinha de ser adicionado à quantia original.

Da Inglaterra, onde me achava de 1864 a 1866, manifestei minha repugnância em continuar um serviço que não deixava renda líquida, e ao regressar, dizendo-me que era preciso um forte remonte de trilhos, desanimei e mandei levantar os velhos que existiam, liquidando-se em seguida a empresa com um prejuízo ao Banco Mauá de mais de 700 contos[108]. Outros capitais são agora favorecidos com renda suficiente, nesse mesmo serviço. Não é isso novo na história financeira do mundo!

BOTANICAL GARDENS RAIL ROAD COMPANY

Ligavam-me laços de amizade com o finado Conselheiro Candido Baptista de Oliveira, que foi quem teve o pensamento original desta empresa[109]. Obtida por Sua Excelência a concessão, foram constantes os seus esforços para conseguir que sua ideia desse fruto. Esmagado com o peso de imensos afazeres, não me foi possível anuir a seus desejos, de levantar os meios de realizar o pensamento, e falhando todos os seus esforços para obtê-los por outros canais, declarou-me Sua Excelência que suas finanças se achavam desequilibradas, que precisava urgentemente, para solver compromissos, de uma soma em dinheiro, e que esperava que a minha amizade lhe fornecesse isso em troca do privilégio do caminho de ferro de Botafogo. Não podendo resistir ao pedido, realizei os desejos do meu amigo, e lavrou-se a escritura[110].

Fiz então grande esforço para levantar o capital necessário por meio de ações, e cheguei a redigir e submeter à aprovação do governo os estatutos de uma companhia[111] (estatutos que ulteriormente aceitou a Botanical Gardens tal qual haviam sido por mim confeccionados); fui malsucedido. O descalabro conhecido da companhia da Tijuca pesava com mão de ferro sobre esta ideia análoga: ninguém queria ações! E aquele mesmo fato, produzindo desânimo em meu espírito, não me animou, como em tantas outras ocasiões, a levá-la avante com os meus recursos, o que foi na verdade um grande desacerto, como os fatos vieram demonstrar.

Durante a minha última viagem à Europa, nos fins de 1871, os que se achavam encarregados da gestão de meus negócios fizeram cessão dos direitos[112] que me pertenciam ao representante de capitalistas americanos, que conseguiu organizar uma das mais lucrativas empresas que se conhecem nesta capital, devolvendo-me escassamente o capital que eu havia desembolsado e seus créditos[113].

Feita a concessão desta estrada ao finado Doutor Antonio Pereira Rebouças pelos poderes provinciais da província do Paraná[114], fui instado para associar-me ao concessionário, que se achava sem meios de prosseguir nos estudos, afiançando-me ele que meu nome o habilitaria a conseguir da legislatura da província metade do preço estimado que os estudos mais completos teriam de importar; foi mesmo invocado um nome, altamente colocado, que prometia sua proteção à realização dessa estrada[115]. A importância desse melhoramento para a província do Paraná pareceu-me evidente. Havia eu feito algum estudo dessa rica porção do território pátrio; havia devorado com atenção escritos antigos e modernos sobre as condições topográficas da província; sua marcha econômica e financeira não me era nada desconhecida. Por ter relações de sangue ligando-me mesmo a muitos de seus filhos[116] e apreciando o nobre caráter de seus habitantes, não tive por que hesitar, achando-me nessa ocasião em condições de prosperidade manifestas. Prestei ao Doutor Rebouças tudo quanto de mim foi exigido, e os trabalhos de engenharia mais perfeitos foram por ele e seus ajudantes executados, além de ter ele também obtido por sua parte auxílio pecuniário da província para esse fim. Prontos esses trabalhos, me foram a Londres enviados, em 1872; eu os submeti ao exame e apreciação do engenheiro de grande reputação, o Senhor Brunlees[117], além do exame e apreciação do Senhor Doutor Passos, com quem travei relações de amizade durante minha viagem para a Europa em 1871[118]. O Senhor Brunlees me declarou nada deixarem a desejar esses trabalhos gráficos: elogiou-me o esmero e cuidado com que haviam sido feitos os cálculos, divergindo, porém, quanto ao custo total da obra, que elevou a mais 2.500 contos do que o Doutor Rebouças. O Senhor Doutor Passos, com conhecimentos práticos de nossos terrenos, depois de ter feito o seu estudo, também foi de opinião que 1.500 a 2.000 contos mais teriam de ser despendidos além do capital garantido pela província.

De volta ao Brasil, aguardava ensejo favorável para promover a realização de tão útil empresa, quando a morte do Doutor Rebouças[119], na ocasião em que seus serviços podiam ser tão úteis, tendo ele ligado desde o começo seu nome a essa empresa, faltando-me com seus estudos e prática da província, privou-me do auxílio que essas condições envolviam.

Nessa ocasião surgiram as antigas rivalidades entre os habitantes de Antonina e os de Paranaguá a criar dificuldades, querendo os últimos que a estrada partisse do seu porto, e aproveitando-se da influência do governo[120], obtiveram de elementos pessoais concessões no sentido de suas ideias: assim outra empresa em condições de êxito se apresentava no caso de levar avante a estrada por outra direção que não aquela que fora com sacrifício meu estudada.

Alheio a essas intrigas locais — pois, como brasileiro, jamais me associei a ideias de bairrismo, encarando sempre de mais alto os melhoramentos materiais do país —, não hesitei em declarar ao outro empresário que de bom grado lhe cederia os direitos que ainda me restassem, se ele tinha elementos de sucesso seguros, sendo-me indiferente que a província conseguisse o melhoramento por meu intermédio ou de qualquer outro, e até creio que assinei não sei o que relativamente a essa cessão de direitos. Isso porque, ao GRANDE pensamento que me arrastava com entusiasmo — a estrada de ferro do Paraná ao Mato Grosso, com seu complemento ulterior em direção ao centro da Bolívia, de que me ocuparei em outro capítulo —, era indiferente que a estação terminal no litoral fosse em qualquer ponto, contanto que se reconhecesse ser o mais apropriado ao tráfego que uma linha interoceânica devia atrair ao porto de exportação.

O certo é que, da estrada de ferro de Antonina a Curitiba, devido a essas ocorrências, resta-me apenas o dispêndio que tive de suportar na importância de 52:257$450, que não quis mandar levar a lucros e perdas até mais ver!

ESTRADA DE FERRO PARANÁ A MATO GROSSO

Em 10 de julho de 1875 escrevia eu sobre essa empresa o que se segue[121]: "O contrato de 22 de setembro de 1871 (ulteriormente modificado pelo de 17 de julho de 1872), elaborado no intuito de se realizarem os estudos de uma via férrea, que da cidade de Curitiba, capital da província do Paraná, se dirigisse a Miranda, na província de Mato Grosso, foi surpreender-me em Londres, em dezembro de 1871, vendo meu nome incluído entre outros requerentes, os Senhores William Lloyd, Antonio Pereira Rebouça, Capitão Palm e Doutor Thomas Cochrane, que aceitaram essa concessão.

"Apesar de eu ter consentido, antes da minha partida para a Europa nesse ano, em associar-me a essa ideia, que encarei, logo que me foi sugerida, como um pensamento vasto e fecundo, sendo o primeiro passo para a realização da via férrea, que tem de atravessar a América do Sul em época mais ou menos distante, todavia não esperei que semelhante concessão nos fosse feita, pois me são por demais conhecidos os embaraços que os espíritos rotineiros e de ideias mesquinhas opõem à ação do governo no tocante à realização de qualquer dos muitos melhoramentos materiais de que carece o abençoado torrão que constitui o majestoso Império do Brasil, para converter em riqueza os germes de prosperidade, e recursos inexauríveis derramados sobre a vasta extensão de seu imenso território.

"Aqueles a quem faltam a energia e força de vontade necessárias para levar ao cabo cometimentos de alcance elevado, impugnam com mordaz severidade todo o esforço dos poucos que entre nós ousam arrostar as dificuldades e os perigos da iniciativa de qualquer ideia útil, que pela sua magnitude não pode caber: dentro da medida estreita a que a mediocridade quer sempre sujeitar o que não está em suas forças apreciar. Para esses afigura-se uma utopia a ideia de uma estrada de ferro que, partindo do ponto mais conveniente do litoral da grande baía de Paranaguá, vença mais uma vez a formidável barreira que a Serra do Mar interpôs para dificultar o estabelecimento de um sistema de viação aperfeiçoado, que ponha o nosso magnífico interior em condições de concorrer com um contingente imensamente grande para o aumento da riqueza nacional e natural desenvolvimento das forças vivas do país.

"Pensem como quiserem os pessimistas, guiadas essas forças pela inteligência superior que felizmente ocupa o trono, sempre fiel ao desempenho de sua elevada missão, e auxiliadas em sua marcha pelo regime governativo que o país adotou, seja qual for a opinião política que alternadamente esteja de sentinela ao sagrado depósito das instituições e responda perante a sociedade brasileira pelo exercício do poder público, de modo a satisfazer as justas exigências e legítimas aspirações da mesma sociedade, hão de afinal essas forças triunfar de todos os obstáculos, e permitir que o carro do progresso siga desimpedido, e conduza o grande império americano aos altos destinos que suas gigantescas proporções lhe asseguram entre as nações cultas.

"Aprouve à Augusta Princesa Imperial Regente do Império, na ausência de Sua Magnificência o Imperador, assinar o decreto primitivo dessa concessão, modificadas depois as condições respectivas em virtude de reclamação minha, parecendo-me que não tinham sido bem apreciadas as dificuldades da execução de tão magno trabalho pelos outros senhores que haviam aceitado as condições primitivas. Ainda assim, reclamei essas modificações, com receio de que se quisesse atribuir o meu procedimento à má vontade ou falta de coragem em aceitar um compromisso sério que importava, no meu pensar, abrir a porta à realização de um grande pensamento.

"Calculado por mim em mais de mil contos de réis o dispêndio necessário para serem executados trabalhos de tamanha importância, em presença das dificuldades naturais que íamos arrostar, tive de sondar o terreno quanto ao auxílio pecuniário que era possível reunir na praça de Londres, depois de ser desenganado pelo fato que não entrava nas vistas de meus companheiros de concessão concorrer com sua quota para levar avante a ideia, e sendo intransferível a concessão.

"As propostas que obtive entre os que dispõem em Londres de pessoal técnico para semelhantes trabalhos, com o fim de se apropriarem de concessões ulteriores, foram de tal natureza que aceitá-las era incorrer em descrédito financeiro, e ainda em cima cativar o futuro da empresa às exigências desarrazoadas da especulação. Fiquei, pois, no dilema de abandonar a concessão ou fazer pesar exclusivamente sobre os meus recursos financeiros a despesa avultada que exigiam os estudos de obra tão colossal.

"Atuavam em meu espírito, por um lado, as decepções que tenho tido com outras empresas por mim levadas ao cabo mediante sacrifícios sem conta e com tenacidade nunca desmentida, nas quais arrostei dispêndios avultadíssimos, de preferência ao ver abortar obras da maior transcendência a que se ligava o meu humilde nome; por outro lado, convencido que a estrada de ferro de que se trata respondia a altas conveniências em que os interesses econômicos, financeiros e políticos do país eram bem consultados, senão desde logo, em época não muito distante, resolvi, mais uma vez, arrostar sozinho as dificuldades monetárias que a execução do trabalho reclamava.

"Todos os elementos, quer de pessoal, quer do material que convinha reunir na Europa foram lá cuidadosamente atendidos ao Capitão Palm, ao qual pede a justiça que eu declare pertencer a iniciativa dessa ideia e que devia pessoalmente dirigir os trabalhos científicos. Nada faltou, agregando-se-lhe aqui tudo quanto podia assegurar a execução de tão grande cometimento.

"No mês de julho de 1872, partiu a expedição dividida em quatro turmas para os seus respectivos destinos, contando desde o começo dos trabalhos com um pessoal de 16 engenheiros e 76 auxiliares.

"Cumpre aqui render homenagem à memória do distinto engenheiro sueco, o Capitão Palm, ao qual, como fica dito, havia eu encarregado de organizar e dirigir os elementos e recursos de toda a classe destinados a dar execução aos estudos que se iam empreender, e que efetivamente dirigiu durante os primeiros tempos, conseguindo vencer dificuldades que por momentos pareciam insuperáveis, até que seu prematuro passamento nos privou de seus valiosos serviços e dedicação (que podiam ser igualados, mas não excedidos) ao cumprimento de tão árdua tarefa.

"O conhecimento íntimo que eu havia adquirido do merecimento pessoal desse representante da ciência e do trabalho, nas inúmeras discussões que com ele tive em Londres relativamente ao magno assunto que era objeto dessas conferências, fizeram-me conceber as maiores esperanças na aquisição de seus serviços em referência às vias férreas do nosso país.

"Além disso, Sua Alteza Real o Príncipe Oscar (hoje Rei da Suécia), em carta que me fez a honra de dirigir, datada de 9 de abril de 1872, em Estocolmo, me havia recomendado esse cavalheiro nos termos mais explícitos e eficazes sob qualquer ponto de vista em que uma recomendação pode ser considerada, não só relativamente ao profissional como em respeito ao caráter do homem, e com efeito, como era de esperar, o recomendado correspondeu dignamente aos dizeres de tão alto protetor. Encontrei nele uma alta inteligência, honradez a toda prova, aptidão inexcedível e uma dessas vontades que só conhecem dificuldades para as vencer, sendo que por tal forma me impressionaram os dotes do Capitão Palm que, quando a morte tão intempestivamente lhe cortou o fio da existência[122], assaltou-me o receio de que a árdua tarefa a seu cargo havia sofrido um revés que podia trazer consigo a desorganização de todo o serviço em andamento; felizmente, porém, o estado maior por ele escolhido era tão completo que o mecanismo continuou a funcionar, até que o distinto engenheiro, Senhor Lloyd, um dos concessionários, veio da Inglaterra substituir o finado e correspondeu dignamente à sua reputação científica adquirida e firmada na execução de obras idênticas, mesmo na América do Sul, garantindo-nos o complemento dos estudos do modo satisfatório por que foi concluído.

"Com efeito, os trabalhos gráficos e documentos relativos à perfeita e acabada execução dos estudos da estrada de ferro de Curitiba a Mato Grosso, que só pôde ser realizada com tão numeroso e escolhido pessoal em dois anos e oito meses de insano e infatigável labor, já foram entregues à repartição das obras públicas. Submetidos como se acham à apreciação e ao exame esclarecido do pessoal científico de que dispõe essa repartição, espero e confio que merecerão em breve a devida justiça.

"Restava o complemento da obrigação que o contrato impunha, isto é, a entrega do relatório, que esclarece e dá vida ao volumoso e importante serviço que esses documentos representam.

"O minucioso relatório do Senhor Lloyd é um trabalho que ao meu ver nada deixa a desejar; o ponto de vista prático, a parte econômica e as conveniências da empresa são tratados com proficiência tal que excluiriam quaisquer apreciações da minha parte, se eu não fosse obrigado, pela posição em que me vi colocado, relativamente a esta ideia, a fazer também algumas sucintas reflexões que me parecem ter cabimento, embora não me acompanhe a esperança de derramar maior luz sobre o importante assunto de que se ocupou em seu relatório o engenheiro em chefe e seus hábeis auxiliares na execução dos trabalhos de que foram respectivamente encarregados.

"Ninguém desconhece que o Império do Brasil patenteia, aos olhos de todo o homem pensador que contempla no mapa-múndi a extensão de seu território e respectiva posição topográfica, a necessidade indeclinável de vias de comunicação aperfeiçoadas para que os tesouros que ele esconde em seus sertões venham auxiliar o desenvolvimento dos grandes recursos que encerra essa zona privilegiada, contribuindo assim para que a nacionalidade espalhada sobre essa superfície alcance, porventura em um futuro não muito distante, a posição que lhe compete no congresso das nações, isto é, o primeiro lugar.

"A estrada de ferro que, partindo do ponto mais conveniente do litoral, siga em direção a Mato Grosso, não é simplesmente um caminho estratégico como alguns têm dito – na intenção não direi de amesquinhar, porque seria mal cabida semelhante qualificação, tratando-se de um meio poderoso de melhor garantir a segurança e a integridade do território pátrio, porém no propósito de diminuir a importância da ideia. É imperfeito o conhecimento que temos da imensa região que essa estrada de ferro tem de atravessar; o que se sabe, porém, chega e sobra para que o pensamento seja elevado à altura de uma aspiração nacional.

"Com efeito, será pouca coisa fazer penetrar um caminho de ferro nos mais afastados confins do nosso território, conquistar ao deserto dezenas de milhares de léguas quadradas, levar-lhes a população, os meios de trabalhar, habilitar, enfim, os habitantes de tão remotas paragens a produzir e a consumir, concorrendo dessa forma com o seu contingente para a prosperidade e grandeza da pátria?

"Será pouca coisa arrancar, por assim dizer, as ricas produções que encerram as entranhas dessa região afastada e conduzi-las por um rápido trajeto de cinquenta horas a um ponto de mar, convertendo em riqueza o que não tem valor algum apreciável?

"Será pouca coisa converter a vasta baía de Paranaguá em novo empório de comércio, de indústria e de atividade nacional, que rivalize com a capital do Império?

"Será ainda pouca coisa essa facilidade que a nova via de comunicação porá à nossa disposição para prover com segurança e a precisa celeridade os meios de ação que for preciso empregar em defesa dos interesses, da honra e da dignidade nacional, quando tal necessidade se der?

"Com a sexta parte do que foi consumido improdutivamente com a última guerra do Paraguai se teria construído a estrada de ferro em questão e teriam sido poupadas somas enormes e milhares de vidas preciosas nessa guerra a que o país foi arrastado.

"Os interesses financeiros, econômicos e políticos do Império aconselham, pois, que se abra essa via de comunicação no menor espaço de tempo que for possível. Na verdade, aí temos um dilema: ou abandonar essa interessante porção do território brasileiro, que atualmente é um pesado ônus que oprime as suas finanças, ou fazê-la entrar nas condições de vida e progresso de nossa sociedade, convertendo-a em instrumento poderoso da grandeza nacional: parece que a escolha não é duvidosa! Deve constar na repartição competente que há cento e cinquenta anos o governo português nomeou não uma, porém duas comissões sucessivas de profissionais para estudar a via de comunicação mais fácil a fim de pôr a província de Mato Grosso em contato com o litoral.

"Se em tal época essa conveniência já se fazia sentir, não pode entrar em dúvida que hoje ela não é mais uma mera conveniência, porém uma necessidade indeclinável imposta ao patriotismo dos poderes do Estado; o único estudo, portanto, a fazer é indagar qual o meio menos oneroso de a satisfazer ou o que melhor responda aos fins que se tem em vista conseguir.

"Sem vias de comunicação a imigração fora dos limites do litoral é impossível, e quando por esforços e dispêndios inconvenientes se consegue levar alguns elementos de vida dessa espécie a regiões medianamente afastadas, é para vê-las definhar com perda do capital dispendido, acarretando outra perda ainda maior; o desalento que daí provém. A potente cooperação do trabalho e do capital para a criação da riqueza só pode ser obtida sob a condição indeclinável de encontrar remuneração correspondente, e isto não se consegue sem que o produto do trabalho depare com mercados onde a ação dos princípios econômicos atue com eficácia, pois se é uma verdade que a oferta e a demanda determinam o preço, não é menos verdade que a concorrência em mercados ao alcance das combinações do comércio e mesmo da especulação inteligente, que estuda as necessidades que a grande família humana sente das produções naturais agrícolas ou fabris das diversas regiões do globo, só pode dar-se em localidades acessíveis a essas combinações. Abrir caminho à produção que o nosso interior pode enviar ao litoral onde essa concorrência é possível, é um dos primeiros deveres que têm a desempenhar aqueles a quem cabe a responsabilidade das deliberações nos conselhos nacionais.

"Reconhecida a necessidade de levar avante a ideia de uma via de comunicação aperfeiçoada na direção indicada restaria apreciar se uma estrada ordinária de rodagem não satisfaria melhor as exigências da atualidade, deixando que o futuro se encarregasse de melhor satisfazer aos fins que se tem em vista, sendo muita gente de opinião que aos caminhos de ferro deve preceder a construção das estradas de rodagem propriamente ditas.

"Tenho opinião formada em contrário, adquirida por um estudo não interrompido dos fatos que atuam sobre essa importante questão, tanto quanto me têm permitido as variadas e múltiplas ocupações que me têm cabido em partilha durante uma existência assaz longa. Nem é estranho que o assunto me tenha merecido especial atenção, desde que se note que eu já pugnava com tenacidade pela introdução desse meio de viação aperfeiçoada quando a ideia era recebida com incredulidade, e até como inspiração visionária, por inteligências privilegiadas, que ocupavam posições de grande influência na governação do Estado. Desse estudo resultou a mais profunda convicção em meu espírito de que em qualquer parte onde for julgado conveniente abrir uma estrada, para servir interesses criados ou por criar, a via férrea será sempre preferível e mais econômica, havendo só diferença no modo de a construir. Se esses interesses se acham criados e existem dados positivos para contar-se com grande desenvolvimento de tráfego, não haverá por que hesitar em dar execução a uma estrada de ferro de primeira classe e de máxima duração, incorrendo-se mesmo em dispêndio adicional nas obras de arte e nos elementos acessórios para o bom desempenho do serviço, se bem que jamais aconselharei entre nós essas despesas fabulosas em estações monumentais de que a velha Europa nos fornece exemplos. Ao passo que se tratando de abrir caminhos, que respondem principalmente à satisfação de necessidades futuras, será sempre bem pensado dirigir as construções de modo a acompanhar as exigências do tráfego que se procura desenvolver. Sustento, porém, que a via férrea em todas as hipóteses, será sempre o meio de comunicação mais fácil e mais barato. A estrada de rodagem comum, mais perfeita e mais bem servida não poderá jamais competir com o transporte pela via férrea mais imperfeita.

"Mesmo nos países sul-americanos não faltam exemplos de ter a via férrea conseguido impossibilitar a concorrência do sistema de rodagem ordinária, pois o preço de transporte ficou reduzido a um terço a menos do que se achava estabelecido para percorrer igual distância, e não há como fechar os olhos à evidência, de que esse fato importa a criação de capital, na razão direta da soma economizada. O Chile, o México, o Peru e a República Argentina nos fornecem dados preciosos, que demonstram achar-se o agricultor que produz hoje a cem léguas de distância do porto do litoral que lhe está mais próximo, nas mesmas condições em que se encontrava o produtor que antes tinha de percorrer menos de vinte léguas: isto é, a produção remunerativa era apenas possível na distância máxima de vinte léguas, ao passo que hoje dilata-se a área dessa mesma produção a uma extensão cinco vezes maior. O que isso importa para a criação da riqueza é ocioso demonstrar.

"Entre nós o limitado número de quilômetros de vias férreas que possuímos torna já sensível o aproveitamento de terrenos em mais longínquas paragens, ao passo que as estradas de rodagem comuns não têm conseguido os resultados, que se esperavam do seu estabelecimento. O bom caminho de rodagem, que existe entre Antonina e Curitiba, não concorre com o menor contingente para a exportação dos belos pinheirais da província do Paraná, essa valiosa madeira que ainda pagamos a peso de ouro ao estrangeiro, e entretanto acredito que dez anos depois de concluída a via férrea até o Paraná, só daí nos virá com que satisfazer ao dispêndio dessa parte da estrada de ferro projetada.

"Caminhos de ferro construídos com a máxima economia, como se tem feito nos Estados Unidos, que aconselho para a via férrea que faz objeto destas apreciações, são preferíveis a todos os respeitos às estradas de rodagem comuns que, embora custem alguma coisa menos, demandam conservação mais dispendiosa e por forma alguma se prestam a satisfazer as necessidades a que atende uma via férrea econômica.

"Se por um lado é lamentável que tão pequena extensão de vias férreas se tenha até agora construído no Brasil, por outro não deixa de ser uma vantagem digna de ponderação o proveito que é hoje possível tirar do nosso atraso a semelhante respeito.

"Está demonstrado pela experiência limitada da viação férrea em atividade entre nós que o tráfego de cargas constitui a máxima parte da renda que daí provém. Esse fato por si só nos ensina o que convém realizar de agora em diante.

"Reduzindo a despesa de semelhantes construções ao mínimo compatível com os serviços que nossas vias férreas são chamadas a desempenhar por enquanto, conseguir-se-á o seu fim principal, que é baratear os transportes, e por essa forma economizar capital ao produtor e aumentar a arca de produção remunerativa. Nada de estações de luxo, nada de excessiva velocidade, o que aumenta sem proporção o consumo do material rodante em serviço, bem como a deterioração da própria via férrea; nada de estado maior desproporcionado às exigências do serviço; finalmente, severa economia quer na construção, quer nos serviços ulteriores da viação, sem faltar jamais com o necessário: eis o que eu chamo tirar partido da experiência e conhecimento dos fatos de que hoje estamos de posse. Guiados por esse farol (a experiência adquirida), prossigamos com vigor no estudo das vias férreas reclamadas pelas condições topográficas do imenso território que a Providência nos concedeu por pátria.

"São passados 21 anos[123] depois que a primeira locomotiva, correndo velozmente de Mauá à raiz da serra de Petrópolis, rompeu com o passado em matéria de viação e apontou-nos o caminho do progresso. Nessa ocasião, tive a honra de dirigir algumas palavras a Sua Magnificência o Imperador, nas quais fiz sobressair, como ponto objetivo daquela ou de uma outra via férrea, que no momento não passava de uma aspiração, mas que todavia já encontrava eco na opinião nascente, que a locomotiva fosse desalterar-se no Rio São Francisco, condição de vida e progresso que a imaginação se deleitava em contemplar. Confesso que me tarda ver realizada aquela aspiração que o entusiasmo me sugeria. Já então começava uma guerra surda contra os modestos esforços que eu empregava para auxiliar a marcha de progresso real do meu país nos seus primeiros passos vacilantes.

"Em 1846, qualificado na imprensa pelo finado Doutor França Leite[124], de partidário exagerado, sem outra base mais do que a distinção e apreço com que me honravam os Honórios Monte-Alegres, Paulinos de Souza, Rodrigues Torres e Eusébios, contestei logo em artigo firmado com a minha assinatura: 'Que não éramos homem de partido'; que, se esses senhores nos honravam com sua amizade, outros da opinião 'política contrária nos tinham em igual conceito, que havíamos feito voto de dedicar toda a nossa vida aos melhoramentos materiais do nosso país, fossem quais fossem os desgostos que daí nos proviessem (palavras textuais)'."

Acredito ter cumprido aquele voto, quanto permitia a minha débil inteligência, e se mais não fiz foi isso devido aos obstáculos que encontrei.

Isso escrevia eu naquela data (10 de julho de 1875) em que a minha alma, se bem que abismada na mais funda dor, abrigava todavia alguma esperança de que ao menos me poupassem de tragar a última gota do cálice da amargura.

A execução desse grande trabalho – que foi por mim relatado ao governo imperial e ao público, com as apreciações que despertava em meu espírito ideia tão grandiosa, ainda em momentos de tão dura provação – foi paga, segundo o rigor do contrato, deixando subsistente um prejuízo efetivo de 87:237$000 além dos juros, não obstante as razões de alta equidade, que amparavam a modesta exigência que fiz de ser pago na razão de 825$ por quilômetro, ou a mínima cifra por que tivessem sido realizados semelhantes estudos por conta do governo (sendo certo que a outros haviam sido pagos estudos na razão de 1:000$ por quilômetro) e por trabalhos cujas dificuldades de execução não admitiam comparação de nenhuma espécie, com os fatos que atuavam para serem levados a efeito os estudos de que fui encarregado. A nada se quis atender! Julguei tão revoltante a injustiça relativa, que não quis mandar passar a lucros e perdas o prejuízo suportado, na esperança de encontrar algum governo futuro que apreciasse melhor uma reclamação que tinha um fundo de justiça tão bem demonstrado, desde que a pretendida aderência à execução do contrato em que assentava o modo de pagamento resolvido significava a mais repugnante desigualdade, ao passo que a simples equidade, patente e provada, é da parte dos governos justiça que a ninguém se pode negar.

Eis a explicação de se achar ainda representada na contabilidade da Casa Mauá aquela verba, que em circunstâncias ordinárias teria sido levada a débito da conta de lucros e perdas, como foram muitas outras que representaram meus esforços em realizar melhoramentos materiais do país – ao passo que a malevolência perversa assoalhava com o maior desembaraço que eu era o homem que havia custado mais caro ao Brasil, e ousava-se mesmo afirmar ser o mais ALTAMENTE PROTEGIDO, sendo certo que os fatos deixaram provado que contra ninguém no Brasil se cometeram atos em que o negro ferrete da injustiça esteja mais indelevelmente marcado.

CABO SUBMARINO

Foi esta uma ideia que me preocupou por longo tempo, causando-me verdadeira febre, o achar-se o Brasil segregado do mundo civilizado e alheio ao gozo do invento mais sublime que registra o século XIX, devido a uma dessas concessões a especuladores de má lei que ambicionam fazer fortuna de um golpe com a realização de uma ideia conhecida, e portanto fora do caso em que o direito de propriedade garante ao inventor os benefícios que resultam de suas lucubrações.

Ao concessionário original Ballestrini foi feita a concessão há mais de vinte anos[125] – porém reformado mais de uma vez o prazo, e novos favores adicionados, de sorte que elementos de sucesso não faltavam para atrair os capitais europeus a esse cometimento.

Por ocasião de minha última viagem à Europa levei o propósito firme de não regressar à minha pátria sem deixar assegurada a realização de uma ideia que me parecia transcendente para a vida política, econômica e financeira do Brasil, e isso mesmo eu o disse em conversa à Sua Excelência o Senhor Visconde do Rio Branco.

Ao chegar a Lisboa encontrei um telegrama anunciando-me que se achava constituída uma mesa de diretores que se propunha fazer aquisição do privilégio Ballestrini, e realizar o pensamento que era uma de minhas mais vivas aspirações. Ao chegar a Londres fui logo convidado para assistir a uma reunião de tal mesa de diretores, e fui informado que haviam chegado a um acordo para a compra do privilégio do cabo submarino, possuído então por um capitalista de Paris a quem o fabrico do chocolate elevara a alta posição financeira naquela praça. Se bem que a mesa de diretores se compusesse de indivíduos para mim inteiramente desconhecidos, os nomes de alguns figuravam em empresas telegráficas – e sobretudo o nome do Barão de Nioac[126] no *prospectus* causou-me agradável impressão; de bom grado anuí ao convite de associar meu nome ao *prospectus*, assinando por assim dizer de cruz, as resoluções da diretoria, visto que apenas tinha eu um único pensamento: a vinda do cabo submarino ao Brasil no menor prazo que fosse possível.

Pronta a empresa para ser lançada no mercado, veio a luz nas folhas de Londres, um protesto de Ballestrini, e a declaração em seguida da legação do Brasil não foi julgada satisfatória. A subscrição falhou!

Afastados os capitais, havia que aceitar o malogro, aguardando do governo imperial as explicações que pusessem a empresa Ballestrini fora de combate.

Pareceu-me mais acertado pedir ao governo imperial que mandasse a mim o privilégio, e desde logo comuniquei ao Senhor Visconde do Rio Branco que não era uma especulação para ganhar dinheiro que eu tinha na mente, porém só e exclusivamente a vinda do cabo submarino ao Brasil.

No entanto, os passos subsequentes da empresa em fracasso convenceram-me de que estava em má companhia; por meio de contratos fantasmagóricos trataram de dar por constituída uma empresa sem capital, o que aliás não é estranho na praça de Londres.

Resolvemo-nos então, eu, o Senhor Nioac e o Senhor Chaytor, presidente do Alliance-Bank e de várias instituições de crédito de nome, renunciar os nossos cargos de diretores. Realizado o fato, reconheci que estava na verdade rodeado de maus elementos pessoais, pois tentaram até por meio de um pleito assenhorear-se de qualquer concessão que eu pudesse obter no Brasil a respeito do cabo submarino!

Firme no meu propósito de dotar o meu país com o grande melhoramento, reconheci que o fracasso da empresa que me tivera momentaneamente a seu lado criava uma nova dificuldade, que tive de superar, pondo-me logo em contato com as primeiras influências da praça de Londres em matéria de cabos submarinos, o que consegui sem dificuldade e desde logo assegurei a esses senhores que meu único objeto era conseguir pôr o Brasil em contato instantâneo com o mundo europeu; que não pretendia nem aceitava remuneração alguma pela transferência do privilégio, se ele me fosse mandado do Brasil[127].

Efetivamente, recebendo o decreto da concessão, entreguei-o nessas condições a influências de primeira ordem que tinham de dirigir a realização da empresa[128].

Dados os passos preliminares necessários por essas influências, considerou-se segura a subscrição, e, reunidos os que compunham o sindicato, fui convidado a tomar parte nos benefícios que resultavam de achar-se assegurada a subscrição, e que não havendo dúvida a esse respeito, minha quota de responsabilidade era nominal que uma coisa era vender o privilégio, e outra bem diversa partilhar dos benefícios devidos a um sindicato que tomava a responsabilidade de assegurar o capital necessário à realização da empresa; que o lucro nesse caso tinha bem diversa origem. Não me deixei fascinar; vi nisso um meio indireto de desvirtuar o pensamento que me dominava, e recusei absolutamente, consentindo apenas em fazer parte da mesa de diretores, se julgassem que meu nome podia ser de alguma utilidade, e a empresa ficou organizada com completo sucesso levando eu os meus escrúpulos ao ponto de não exigir o reembolso nem mesmo dos emolumentos de secretaria que a concessão do privilégio acarretava[129]!

ABASTECIMENTO DE ÁGUA À CAPITAL DO IMPÉRIO

Vão contados mais de catorze anos[130] que, mormente durante qualquer diminuição de chuvas torrenciais, se faz sentir falta de água nos mananciais que suprem a cidade com esse elemento indispensável à vida e à higiene dos seus habitantes.

Reconheceu-se desde há muito insuficiente o maior suprimento resultante do encanamento das águas do Maracanã, executado pela repartição das obras públicas quinze anos antes[131], e para o qual a Ponta da Areia forneceu os tubos de ferro, que consta acharem-se hoje tão perfeitos como quando foram assentados, dependendo apenas de uma operação simples e fácil, de moderna invenção, para fazer desaparecer a crosta produzida pela aderência às paredes dos tubos, dos sais ou outras impurezas que as águas, mesmo da melhor qualidade, carregam em suspensão, e vão ficando depositadas nos tubos, diminuindo, no correr dos anos, o espaço ou diâmetro útil deles.

Durante o período a que me referi acima, eram longas e frequentes minhas conversas com os homens de ciência, que as necessidades das empresas, que havia criado, me obrigavam a fazer vir da Europa, à custa de não pequenos sacrifícios. O Senhor Ginty, engenheiro do gás, foi um dos que me sugeriram algumas ideias úteis, como se deve supor, em seu interesse profissional[132].

Realizando-se nesse intervalo a empresa de esgotos, encaramos nela um pensamento útil, digno de fazer parte de um sistema de medidas sanitárias calculado a remover o mal-estar que, desde 1850, interrompera os créditos de salubridade de que anteriormente gozava a capital do império, não obstante as condições climatéricas que exerciam sua influência perturbadora na estação calmosa.

Discutido o ponto entre nós, logo depois de começarem os trabalhos da companhia de esgotos, fizemos subir, pela repartição competente, à presença do governo uma proposta demonstrando a necessidade de maior suprimento de água para que aquele grande melhoramento se não convertesse em uma grande calamidade.

Aos argumentos científicos do Senhor Ginty acrescentei as reflexões que o meu interesse constante pelo bem público me sugeriu. O Senhor Ginty continuou a ocupar-se desse assunto fazendo dele o maior estudo até que a morte o surpreendeu.

Alguns anos mais tarde, agitando-se de novo a questão do abastecimento de águas[133], o Senhor Gotto mostrou desejo de unir-se a mim para conseguirmos a realização de tão necessário *desideratum*, dizendo-me ter já adiantado estudos importantes sobre a matéria; e, fortalecida sua pretensão pela recomendação de um velho amigo meu da Inglaterra, prosseguiram os estudos à minha custa, pois tudo quanto exigia de mim o Senhor Gotto lhe foi fornecido, associando eu mesmo, mais tarde, dois íntimos amigos para não correr só com os dispêndios; porém estes tiveram o bom senso de retirar-se em curto prazo, não querendo continuar a dispender dinheiro sem base assegurada.

Completos esses estudos e apresentada a proposta, foi-nos exigido confiar os volumosos trabalhos gráficos correspondentes à repartição das obras públicas – e consultado pelo Senhor Gotto, sem hesitação autorizei a entrega de tudo quanto se havia feito, pois o contrário era desconfiar da honestidade do governo imperial. A condição única, e creio que até verbal, foi que seríamos indenizados, se a repartição executasse por si mesmo as obras.

Correram os tempos e tornando-se cada dia mais urgente maior suprimento de águas, deliberou-se tomar em consideração as propostas.

Foi nesse momento que, ausente em Montevidéu, recebi ali uma carta do Senhor Gotto em que me apresentava o Senhor Gabrielle, para que dentro de quinze dias eu declarasse se o considerava ligado à proposta que fizemos ou, caso contrário, ele se desligaria desse compromisso. Estranhando a intimação, não hesitei em mandar dizer que aceitava a disjuntiva. Nem Gotto nem ninguém me havia prevenido do poder mágico de que vinha armado o feliz proponente[134]. O caso é que ele teve a felicidade de César: chegou, viu e venceu, pois em quinze dias obteve o contrato[135] que eu e pessoas competentes por mim empregadas por longos anos em vão solicitamos, não recebendo nem um vintém de indenização pelas despesas realizadas! Eis aí uma das provas da alta proteção que (no dizer de muitos) me foi dispensada durante 52 anos de vida industrial!

ESTRADA DE FERRO DO RIO VERDE

Pouco tenho a dizer sobre esta empresa.

Quando se tratou de obter a concessão, o Excelentíssimo Senhor Doutor José Vieira Couto de Magalhães[136], cidadão prestante de quem faço o mais alto conceito, convidou-me para associar-me a ele, não só concorrendo com igual quota da despesa que os estudos preliminares acarretavam, porém fornecendo-lhe todas as informações que estivessem ao meu alcance para servirem de base à realização do contrato com o governo imperial.

A direção de uma estrada de ferro, pelo sul da província de Minas, era para mim um preconceito; o *Jornal do Comércio* de um quarto de século atrás[137], registra mais de uma correspondência por mim firmada nesse sentido. Era consequência de minhas ideias quanto ao sistema de viação que convinha ao desenvolvimento dos recursos naturais do Brasil.

Fanático, como sempre fui, pela introdução do grande invento das vias férreas, que tão poderosamente concorrem para a criação da riqueza, abrindo caminho fácil e barato à produção, não me fez jamais esse fanatismo fechar os olhos à conveniência, de máxima importância para a riqueza pública do meu país, de aproveitarmos, sempre que fosse possível, a viação por água, caminhos feitos por Deus, que depois de removidos alguns embaraços que impedem a livre navegação, não têm a conservação dispendiosa que quaisquer outros sistemas de encurtar as distâncias acarretam.

Foi por isso que, tratando de construir a primeira estrada de ferro do Brasil, cuidei de aproveitar as catorze milhas de livre navegação que a bela baía do Rio de Janeiro oferece, poupando o considerável aumento de capital que a via férrea, circulando a baía, teria de acarretar, além do dispêndio com a conservação e deterioração que o aumento de terreno a percorrer determinava; sendo para mim a dificuldade da serra vencível, quando se achassem criados interesses suficientes, ou desde que os poderes do Estado quisessem amparar a empresa que não fora auxiliada com o mínimo favor.

Foi por isso ainda que, anunciando ao público a abertura da primeira seção dessa estrada[138], apresentava eu a aspiração de que ela assentasse a mais esperançosa de suas estações na margem do Rio das Velhas, no ponto em que as dificuldades da navegação desse rio se achassem vencidas, até que suas águas se despenhassem desimpedidas no Rio São Francisco, poupando-se todo o capital e consequentes dispêndios que resultariam da prolongação da estrada a construir-se além do limite em que a livre comunicação até o grande rio ficasse assegurada.

Foi dominado por essas ideias que, observando eu de longa data, no mapa, a vasta extensão de correntezas de água, volumosas, que o sul de Minas oferece à contemplação de quem examina suas condições topográficas e julgando possível o seu aproveitamento, pronunciei-me tão cedo a favor da diretriz da via férrea para esse lado, e desde que estudos profissionais confirmassem ou criassem em meu espírito verdadeiros elementos de convicção, não hesitaria em pronunciar-me abertamente, com tanto que em caso algum ficasse prejudicada a minha maior aspiração relativamente aos grandes elementos que o alto rio de São Francisco promete à criação da riqueza em nosso país, desde que se achar aquele rio em contato por uma via fácil, rápida e econômica, com a capital do Império.

A proposta do Senhor Doutor Couto de Magalhães veio em época em que já cruéis desenganos pesavam sobre o meu espírito, e eu a teria repelido, se a convicção de poder ser útil a uma empresa que, segundo minhas ideias, levava em suas entranhas um desenvolvimento futuro de maior alcance não me fizesse desviar do propósito em que estava[139].

Anuí, pois, e prestei à Sua Excelência todo o auxílio que de mim exigiu.

O 17 de maio de 1875 cravou um punhal fundo no meu coração. Então declarei a Sua Excelência que a empresa se achava fortalecida com a garantia obtida do governo imperial, que minha cooperação fora do país para levantar o capital, de grande importância antes, se achava anulada depois do desastre; e que minha consciência não me permitia partilhar de benefícios que não se achassem representados em serviços adequados, e portanto eu me retirava da posição que havia aceitado.

Sua Excelência mostrou-se pesaroso, e autorizou-me a declarar que em qualquer tempo, e ainda nas circunstâncias em que me via colocado, ele teria preferido que eu continuasse interessado. Sendo porém, inabalável o meu propósito, reembolsou-me da minha parte do dispêndio e seus juros e assim terminou a minha intervenção quanto à ideia de ser levada a efeito a estrada de ferro do Rio Verde que, entroncada na de Dom Pedro, é sem dúvida a satisfação de interesses legítimos de uma zona privilegiada, que por isso promete recompensar o capital a empregar-se.

Faço ardentes votos pela efetiva realização de tão útil ideia que não me parece difícil, hoje, que superabunda o capital nos grandes centros monetários da Europa, e que estudos completos e acabados asseguram que a soma garantida não será excedida. O Senhor Doutor Couto de Magalhães dirá se, mesmo nas condições abatidas que a sorte me deparou, não o acompanhei desinteressadamente nos esforços que emprega na Europa para conseguir a realização da bela empresa de que é concessionário[140].

SERVIÇOS PRESTADOS À AGRICULTURA

No correr da minha vida financeira foi necessário adjudicar em pagamento ao Banco Mauá, e a mim individualmente antes dessa organização bancária, mais de uma fazenda de cultura, e, uma vez de posse dessas propriedades, o espírito empreendedor com que Deus me dotou não me permitiu olhar impassível para os elementos de vida econômica, financeira e social que a lavoura encerra, o que, aliás, eu sempre encarei como a fonte de toda a riqueza pública do Brasil. No meio de minhas múltiplas ocupações, jamais se afastou da minha mente a sorte da lavoura. Infelizmente, a grandiosa e complicada máquina, a cujos movimentos tive de atender, não me permitiu dar atenção preferente a esse magno assunto de interesse nacional.

Todavia, as muitas e variadas exigências que a solução do problema envolvia me pareceram sempre rodar sobre três ou, quando muito, quatro condições essenciais, apreciando-se o estado de civilização adiantada em que nos achamos, com estradas ou vias de comunicação aperfeiçoadas em primeiro lugar. O maior incentivo para quem trabalha é a certeza de um ou mais mercados onde o excesso da produção de cada indivíduo encontre saída remunerativa ao esforço que emprega para produzir.

A segunda condição é o trabalho ou os braços necessários à produção em maior escala, que cria a riqueza, a qual uma vez acumulada, constitui a terceira condição essencial ao desenvolvimento dos recursos naturais do país, isto é, o capital que, vindo em auxílio das forças produtivas, faz aparecer elementos de maior atividade tendentes a aumentar a acumulação desejada. A quarta necessidade, finalmente, é a instrução agrícola, o que já supõe um estado de civilização bastante adiantada, pois é evidente, que antes disso as necessidades da vida social por si só têm criado a vida econômica, como condição indispensável da sua organização.

Todas as outras exigências da nossa agricultura, que são muitas, se acham incluídas nessas quatro proposições fundamentais.

Como satisfazer ao complexo dessas necessidades? Pergunta em última análise, em uma circular aos agricultores de certa zona do território pátrio, o presidente do conselho de ministros da recente combinação ministerial, que surgiu das fileiras da opinião política liberal.

Nada mais justo, razoável e conveniente à marcha governativa do país, do que a intervenção intercalada na governação do Estado das opiniões políticas que tenham elementos de reconhecida força na organização social adotada. O que, porém, o país tem direito a esperar é que as sumidades intelectuais que simbolizam o pensamento político, que aspira ao poder, tenham ideias assentadas sobre os pontos cardeais em referência às necessidades públicas que legitimem essa aspiração, pois a presença do estadista se reconhece nas medidas em que ele empenha seus esforços para alcançar o bem-estar social, que é a missão de todo bom governo conseguir.

Se as quatro ideias fundamentais, a que me referi, constituem o alicerce das necessidades atuais da lavoura (pois quinze outras entranham-se nessas), resta saber o que está feito, e o que resta fazer.

Não há dúvida que quanto às vias de comunicação, o Estado tem feito algum esforço para satisfazer esse grande *desideratum*, porém nenhum espírito patriótico e refletido, mesmo dotado de limitada compreensão, pode desconhecer que nesse terreno houve deplorável incúria. Um estudo sério e profundo da questão jamais foi feito, no sentido de satisfazer às necessidades gerais e provinciais, mais urgentes ou mais necessárias. Votaram-se a torto e a direito concessões das quais muitas representam favoritismo mais do que a satisfação de interesses legítimos das respectivas localidades.

O assunto exige maior e mais metódico estudo do que tem sido dedicado a fim de evitarem-se para o futuro os desacertos que têm comprometido não pequena soma de capital do país, sendo aliás certo de que esta é uma das necessidades da agricultura que cabe exclusivamente a alçada do poder público atender e satisfazer.

Também é da exclusiva competência do mesmo poder atender às exigências do ensino agrícola, que pode influir grandemente na quantidade e qualidade dos produtos do solo, e o dispêndio razoável que esse ensino reclama seria em qualquer tempo despesa produtiva.

Tratarei agora dos dois grandes elementos, trabalho e capital, necessidade clamorosa da agricultura do Brasil nas condições em que ela se acha.

Quanto ao trabalho, ressoam ainda aos meus ouvidos (porque sou velho) as palavras de um grande homem de estado que o Brasil possuiu: o finado Bernardo Pereira de Vasconcellos, pronunciadas em pleno Senado, vão contados cerca de quarenta anos[141]: "A civilização nos vem da África!".

Essas palavras levantaram sussurro na época em que foram proferidas: no entanto, o grande político e profundo pensador soltara uma proposição figurada que exprimia a verdade, pois ele apenas queria dizer que a única fonte ou mercado de trabalho, que o Brasil tinha até então conhecido, era o braço africano, que desses braços, rasgando o seio da terra, vinha a produção que, convertida em riqueza, determinava o progresso e a civilização de nossa pátria.

Não sou suspeito; então[142] agora e sempre, ambiciono ver desaparecer o elemento escravo da organização social do meu país.

A questão, porém, não era essa, nem então, nem mais tarde, quando os poderes competentes vibraram o golpe mais fundo e certeiro no regime em que assentava o trabalho do país, decretando o ventre livre, que acaba com a escravidão em prazo curtíssimo, pois lembremo-nos que a vida das nações não se conta por anos: mais dez a quinze anos de inércia, e a grande lavoura, já em decadência, se arruína à míngua de braços, e o mecanismo político, econômico, financeiro e mesmo social do Brasil sofre o mais violento abalo! Disso nem é permitido duvidar-se. E, no entanto, discutem-se até banalidades mesmo sobre esse grave assunto! E os partidos políticos gastam reciprocamente as suas forças em pleitear a maior influência que a cada um deles deve caber em partilha na governação do Estado, em tais circunstâncias!

O que se fez desde que ficou resolvido dar golpe mortal nos elementos de trabalho que possuímos? Contratos de importação de colonos europeus, mais ou menos onerosos, que pesam com mão de ferro sobre as finanças do país, sem preencher o fim, pois acredito que houve a intenção honesta de que esses braços seriam úteis à grande lavoura. Erro de apreciação deplorável, pois os fatos vão confirmando o que era fácil de prever; nenhum desses braços vai buscar trabalho nos grandes estabelecimentos agrícolas do país! Vêm na intenção de serem eles mesmos produtores para si: louvável empenho, e que consulta talvez as maiores conveniências futuras do Brasil criando outros elementos da riqueza. A questão, porém, é já de atualidade; pois houve descuido ou negligência em preparar de bem longe a satisfação de uma grande necessidade social, ou erraram os estadistas nos esforços empregados.

As recriminações são agora inúteis, não respondem a nenhum fim de utilidade pública; cumpre lançar uma ponte que nos permita atravessar do trabalho escravo para o trabalho livre sem fazer estremecer até os seus fundamentos os elementos de produção que existem, até que os outros, que se criam possam dar fruto.

O meio único que parece existir para o fim que se tem em vista é a importação de braços assalariados por contratos de locação de serviços, procedendo-se desde já à decretação de medidas eficazes que regulem os direitos de ambas as partes. Ide buscar esses serviços a qualquer país da Europa, se for possível obtê-los a preços que a nossa lavoura pode pagar sem arruinar-se, se isso não for possível, ide-os buscar onde puderem ser encontrados; trata-se de uma medida temporária, porém de vida ou de morte. E o Estado, que foi negligente, é quem tem obrigação de prover no começo a essa necessidade indeclinável; mais tarde o interesse particular o fará.

Vou agora tratar do capital a juro módico, condição indispensável e urgentíssima para salvar a grande lavoura da dívida que a oprime, e poder obter os melhoramentos que a ponham em atitude de vencer a crise que atravessa.

Desde longa data são conhecidas minhas ideias sobre esse assunto transcendental, pois há cerca de vinte anos[143] registram os anais da Câmara dos Deputados minhas palavras a esse respeito em um dos poucos discursos em que minha fraca voz se fez ouvir nesse recinto, pois sabia bem que seria trabalhar em pura perda de tempo combater as ideias que dominavam, e faltavam-me, além disso, algumas habilitações e a força oratória que arrasta[144], ainda dizendo às vezes banalidades e muitos despropósitos sobre as matérias sujeitas ao debate, porém que, sendo pronunciadas por doutos, passam como moeda da boa lei, e em lei foram convertidos muitos disparates: por exemplo, a lei de 22 de agosto de 1860, que eu acreditei não podia durar dez anos sem que todos os que votaram por ela se envergonhassem de o ter feito, e todavia essa lei ainda faz parte de nossa legislação financeira[145]!

Clama-se que no Brasil tudo se espera do governo e que a iniciativa individual não existe! E como não há de ser assim se tudo quanto se refere à ação do capital, desde que este se aglomera para qualquer fim de utilidade pública ou particular, em que a liberdade das convenções, devia ser o princípio regulador, esbarra-se logo de frente com péssimas leis preventivas e quando estas não bastam, a intervenção indébita do governo aparece na qualidade de tutor? E o que diremos do crédito essa alavanca magna da civilização, que tem a missão de desempenhar 95% das transações em que assenta a vida econômica das sociedades modernas? O crédito ou está entregue ao regime do privilégio, ou não existe fora dos limites da força individual em que sua ação é necessariamente fraca, em um país novo, que não tem tido tempo de converter em capital realizado senão uma parte mínima de seus recursos naturais: não pode ele dar um passo entre nós sem encontrar-se com essas leis preventivas que sufocam a liberdade de ação.

O fato de tudo esperar-se do governo, que tanta reprovação encontra, é, pois, consequência necessária do regime legal a que entregaram o país os que o têm governado.

Veremos se as reformas prometidas trazem à governação do Estado menos sabedoria e mais bom senso.

A ação do crédito e do próprio capital achando-se sitiada no Brasil pela legislação financeira que oprime daí nasce o clamor pela intervenção do governo quando as necessidades batem à porta, e como no caso presente, com tal força que ameaça fazê-la saltar, isto é, operar a ruína dos melhores e mais legítimos interesses da sociedade brasileira!

Crédito territorial, juros baratos, é o clamor uníssono do mais legítimo interesse do país, a produção. E todos se espantam que apenas tenham sido votadas para semelhante fim leis inexequíveis! Farei sempre exceção da lei de 24 de setembro de 1864[146], a qual, com modificações que dessem ainda mais vigor à ação executiva do credor, nos teria dado o crédito territorial, se o país tivesse confiança na execução das leis, o que decididamente não tem. E é em tais circunstâncias que vamos convidar pela lei de 6 de novembro de 1875[147] os capitais estrangeiros a virem empregar-se na lavoura do Brasil mediante garantia do Estado de 5% anual pagáveis em ouro, sendo o nosso meio circulante de papel inconvertível! E essa lei que com tanta sabedoria e erudição foi discutida em nosso parlamento aí entulha o arquivo em que estão bem guardadas nossas leis inexequíveis! E direi ousadamente, neste caso, em bem do país!

Quereis pôr em contribuição as forças produtivas do Brasil, pagando em ouro ao estrangeiro (e somente ao estrangeiro, tal é a disposição da lei) a melhor parte do produto do seu trabalho nos anos felizes.

E refletistes no espantoso desequilíbrio que a garantia nacional acarretaria nos anos em que a Divina Providência deixasse de auxiliar-nos com o calor e a umidade, em exata proporção com as necessidades da produção?

Então não quereis a coadjuvação dos capitais europeus? Me responderam os ouristas. Quero, e quantos mais vierem melhor, conquanto que, avaliando cada um, na Europa, as condições de nossa sociedade, venha concorrer com os capitais do país na esfera de atividade que melhor convier aos seus interesses, pois todas elas auxiliam direta ou indiretamente a criação da riqueza. O que não quero é a importação efêmera de algum capital europeu que não permanecerá no país, e se aqui ficar, será para criar-nos os maiores embaraços financeiros, dadas circunstâncias desfavoráveis com que se deve sempre contar, rendendo nós graças à Divina Providência se elas puderem ser evitadas.

Então cruzemos os braços diante dos males de que estamos ameaçados, nos dirão os homens da escola metálica que vêm no ouro que circula como meio circulante, o único representante do capital. Não querem ver que a luz, que a ciência tem conseguido derramar sobre esse assunto que reconhece no ouro apenas motor de transações, sem excluir outros instrumentos de permuta que preenchem o mesmo fim entre nós relativamente a todas as transações, dentro do país, com grande proveito e vantagens compensadoras dos males que se apontam bem entendido, nos limites do uso e jamais do abuso.

Aí vem a panaceia do papel-moeda, gritarão sem mais querer ouvir-me os homens da escola metálica!

Não é esse o meu pensamento, pois do papel-moeda não quero ver na circulação senão a quantidade necessária para servir de motor às transações de todo o Brasil, sendo aliás certo que meus raciocínios têm sempre por base o Império, e não a capital dele, como acontece à maior parte dos homens que tem governado o Brasil, sem excluir muitos provincianos[148] que aqui tem vindo abrir escritórios de sabedoria, os quais, desde logo, esquecem-se do que são as suas províncias para contemplarem o Brasil no Rio de Janeiro! Nesse erro de apreciação eu não acompanho a ninguém, e daí talvez a divergência entre mim e alguns homens ilustrados no modo de encarar as questões que interessem a vida econômica do país.

A necessidade urgentíssima que a nossa lavoura sente de capital, já para pagar seu débito a juro oneroso, e já para suprir-se de novos e mais aperfeiçoados instrumentos de produção, bem como de braços, cumpre seja atendida, com auxílio do Estado, visto que este, como fica dito e ninguém pode em boa-fé negar, apertou em círculo de ferro a iniciativa individual.

Não temos capitais, dizem alguns; eu acredito que os temos, senão o país já estaria fundido. Admito, porém, que os não temos (só para o fim de argumentar). O país tem inteiro crédito no interior, e posição vantajosa desse elemento no exterior; sei perfeitamente que crédito não é capital; porém, quem ousará sustentar que ele não cria capital? Temos, pois, excelente base para auxiliar a lavoura, não com papel-moeda, porém fazendo aparecer o uso da letra hipotecária dentro do país, e ninguém dirá que esse instrumento é papel-moeda, pois representará capital na razão de metade do seu valor, segundo dispõe a lei de 24 de setembro de 1864. E o credor (parte mais forte) tem sempre os meios de sustentar as avaliações dentro dos limites do valor real dos objetos. Há dificuldades na organização dessas instituições de crédito? É possível; as dificuldades, porém, fizeram-se para serem vencidas. Pois um governo onipotente, como é o governo do Brasil, recua diante de filigranas, para alcançar um grande fim de utilidade pública? Seria escarnecer do bom senso do país acreditar nessa coarctada: basta querer, e nesse caso o querer é poder[149], sem a mínima dúvida, e nem é preciso rasgar a lei ou saltar por cima das suas disposições, como tantas vezes se tem feito neste abençoado torrão que nos viu nascer. E para começar desde já as operações em escala bastante grande, aí tem o governo ao seu lado o Banco do Brasil, essa poderosa instituição de crédito à qual, desde 1.º de setembro de 1864 até o último dia deste século, a nação assegurou créditos, só pelo uso do crédito nacional, de quantia não inferior a 200 mil contos, sobre a base de um juro módico de 6% ao ano, acumulados de seis em seis meses, como é de boa prática mercantil. E não se tratará de arrebatar nem a mínima partícula desses benefícios ao banco, bem pelo contrário, de aumentá-los! Quereis saber como? É a operação mais simples do mundo.

O crédito mais bem estabelecido e firmado no Brasil é o de que gozam as apólices da dívida pública do Estado, que têm a renda de 6% ao ano. Eleve o banco o crédito de seus títulos hipotecários ao mesmo que paga a nação, cobrando 1% de comissão anual aos lavradores, e uma amortização anual que poderá variar segundo convenção com os que solicitarem os empréstimos, porém, que o banco deve facilitar até 1% acumulativo anualmente, sobre a base do capital emprestado originariamente, o que extingue a dívida em trinta e tantos anos. Com essas condições, lealmente executadas, o banco empresta à lavoura dentro de um ano pelo menos 100 mil contos do seu crédito, e no fim de alguns anos terá em circulação os 380.000:000$, ou (segundo a interpretação que quiser dar aos seus estatutos) 250.000:000$ de letras hipotecárias; e o lavrador não terá precisão de sacrificar o crédito do banco vendendo os seus títulos a desconto, pois os dará em pagamento ao par, 0,5% mais, ou 0,5% menos. O banco aumentará os seus rendimentos de um a 3 mil contos por ano, sem outro risco além do inerente à natureza das coisas. O país sentirá então o benefício real e positivo da existência da grande instituição de crédito. A amortização dos títulos não pode ser exigida senão na razão das que forem sendo realizadas pelos devedores, portanto a operação por esse lado é isenta de qualquer risco para o Banco do Brasil. O que mais pode exigir uma administração prudente, honesta e inteligente? O governo conseguirá isso do Banco do Brasil amanhã, se o tentar. A boa razão assegura o resultado da negociação que só por falta de compreensão pode falhar. E aí teremos a letra hipotecária acreditada, e o país utilizando-se em larga escala do instrumento hoje desacreditado, porque não quiseram ou não souberam fazer uso dele.

E nem há necessidade de o banco obrigar-se permanentemente ao pagamento de juro tão elevado, basta para isso que o título consigne em sua redução o direito do banco de o resgatar por séries ao par, quando lhe convier; e, portanto, dando-se redução na taxa dos juros com caráter de permanência, o banco anuncia a redução que lhe convier aos títulos de números tais a tais que não vierem ser cobrados até a data prefixada nos anúncios. O que deveria ficar bem estabelecido, no acordo entre o governo e o banco, é que o estabelecimento não frua maior benefício do que 1% ao ano, dos empréstimos por esta forma feitos à lavoura, visto que não empresta o capital dos seus acionistas, porém o seu CRÉDITO, que é também do país.

Em seguida, é fácil de prever, se irão fundando outros bancos nas províncias ou circunscrições de províncias para que todas participem dos benefícios do novo instrumento, que as aliviará dos juros onerosos sobre suas transações, que hoje a usura confisca à produção, e o país entrará em nova fase econômica, aumentando enormemente a sua produção.

Duvidais da eficácia do crédito como instrumento de produção? Pois realizai o acordo com o Banco do Brasil amanhã e experimentai! É o gemido de um morto (assassinado) quem vos exorta a fazer o bem do país! Demasiado o sabeis, a voz do sepulcro não tem aspirações.

A reunião e discussões do Congresso Agrícola no momento em que me ocupo de escrever o resumo histórico de minha amargurada vida financeira, levou-me demasiado longe nesta parte, pois eu tratava apenas de fazer conhecida a minha intervenção em auxílio da lavoura; fazendo esforço inexcedível no que toca a vias de comunicação; protestando na Câmara dos Deputados há mais de vinte anos contra a tendência para a elevação da taxa dos juros com as seguintes palavras: "Acreditai, senhores, que a taxa elevada dos descontos é uma víbora faminta que devora as raízes da produção". Dois estabelecimentos agrícolas que me pertenciam foram dotados com toda a classe de instrumentos aperfeiçoados, inclusive os arados a vapor que trabalham na fazenda da Atalaia, em Macaé[150], sendo os primeiros importados no Brasil.

Reconhecendo o atraso em que se achava a indústria açucareira, mandei vir da ilha Maurício um dos homens que conhece a fabricação de açúcar científica e praticamente quanto se pode desejar, o Senhor Patureau, que atualmente monta o engenho central de Porto Feliz, na província de São Paulo, e finalmente, observando a inércia do governo naquilo que mais interessava ao país (suprimento de braços para a grande lavoura), até me lembrei de fazer uma experiência do trabalho *coolie*, que não falhou como se diz, pois metade dos braços importados em número de 174 são muito bons, ou todos os que foram contratados segundo minhas ordens entre gente do campo, sendo péssimos unicamente os vadios de má lei, contratados na cidade de São Luiz, em contravenção às minhas instruções. Oxalá que para o Brasil viessem uns cem mil por ano, durante dez anos, desses *coolies*, pois a crise do trabalho se acharia dominada, embora tivéssemos de pagar as passagens de retorno aos que não fossem bons, pois jamais me passou pela mente colonizar o Brasil com essa raça, porém, sim, desviar com esses braços uma crise que me preocupa há muitos anos, e com mais força depois de votada a lei de 28 de setembro de 1872.

A agricultura não foi jamais para mim objeto de atenção direta; todavia, os fatos que foram narrados justificam, a meu ver, a exposição que deles faço, no intuito de tornar patentes os meus esforços nessa parte, que interessa em grande escala à vida econômica do Brasil, apesar de não ser esse o ramo de atividade a que me dediquei.

BANCO MAUÁ & C.

Rompendo a ordem cronológica dos fatos em que tive de intervir e que interessaram à vida econômica e financeira do meu país, deixei para minhas últimas apreciações os que dizem respeito à instituição de crédito de que vou ocupar-me.

Já em 1875, quando me foi negado um modesto auxílio que era reclamado pelas condições excepcionais em que se viu colocado o Banco Mauá & C., em país estranho, pela terceira vez depois de ter conseguido fazer recuar ali os elementos dissolventes que guerreavam o banco, tive a intenção de fazer esta exposição, de que fui desviado por amigos que viam na manifestação um ato de despeito, quando aliás, então como hoje, entendo ser ela o cumprimento de um dever.

A questão de oportunidade foi, porém, devidamente pesada em meu espírito, e, refletindo na vastidão dos interesses de terceiros, que ainda se concentravam no estabelecimento, e adoçada a fórmula do martírio a que me condenavam com o nome de uma moratória, entendi que devia entregar-me em corpo e alma ao cumprimento dos deveres que a situação me impunha, e procurei cumpri-los da melhor maneira que as circunstâncias permitiam. Mais tarde me ocuparei da demonstração que corresponde a essa última fase da vida financeira do estabelecimento, pois não devo preterir a origem e desenvolvimento, marcha cronológica dos fatos em que vou tocar, que só assim podem ser bem explicados.

I

A ideia da concentração absoluta do crédito em um só banco, que apareceu em 1852, sempre me repugnou, e só por condescendência entrei nas vistas do ministério que fez passar a lei de 23 de julho, que levava em suas entranhas esse pensamento como depois se manifestou, sendo certo que minha posição no anterior Banco do Brasil, por mim criado, que tinha ainda dezessete anos de vida a percorrer, dava-me elementos para resistir com vantagem a semelhante ideia[151].

Reconhecendo, porém, pelas conversas que tive com o ministro da Fazenda da época[152], até que ponto ele ficaria contrariado, assumida por mim essa posição, desisti, abrigando a esperança de concorrer para que a grande instituição de crédito que se ia criar inoculasse na vida econômica e financeira do país uma nova era de desenvolvimento e progresso.

Tomei, pois, parte ativa na organização do atual Banco do Brasil[153], sendo eleito para um dos seus diretores. No entanto, manejos eleitorais haviam dado ingresso na diretoria a alguns nomes próprios que me eram hostis, realizando-se a exclusão de outros que se achariam a meu lado nas votações. Em tais circunstâncias, recusei o cargo, apesar das vivas instâncias do ministro da Fazenda, para que entrasse no respectivo exercício.

Afastada assim a minha intervenção na marcha administrativa do Banco, aguardei o seu desenvolvimento, observando atentamente os movimentos do vasto mecanismo de crédito, que o amálgama dos interesses concentrados nos dois bancos que funcionavam anteriormente representava – fortalecidos ainda pelos privilégios e concessões, que foram outorgados ao novo Banco do Brasil.

No fim de algum tempo convenci-me de que esse banco não preenchia a elevada missão a que fora destinado por sua organização, deixando de realizar os serviços que a nação tinha direito de esperar da organização de tão poderosa instituição de crédito, que só pela magnitude do capital com que devia funcionar, indicava progresso econômico de subida importância.

II

Conforme minhas ideias sobre o monopólio, este, uma vez constituído, encarrega-se *ipso facto* de satisfazer às necessidades que a livre concorrência (cujo princípio salutar é pelo monopólio esmagado) pode trazer em bem dos interesses gerais. Ao Banco do Brasil haviam os poderes do Estado conferido um monopólio de fato autorizando a incorporação de um enorme capital (trata-se de uma sociedade anônima, exceção do direito comum que no Brasil se acha sob a tutela do Governo), e um monopólio de direito pelas condições e favores com que foi amparada a instituição.

Durante o período de expectativa a que me referi, confiava eu que a administração do grande banco se ocuparia de assentar, em larga base, o mecanismo de crédito que lhe fora entregue.

A criação de uma caixa filial em todas e cada uma das capitais das vinte províncias do Império, além de mais algumas em localidades onde regular desenvolvimento econômico se fosse manifestando, pareceu-me que ficaria desde logo assentada, para ir-se realizando, gradualmente, porém sem demora, e com tenaz perseverança. E facultando o governo a organização dessas filiais, pelo modo que a diretoria julgasse mais conveniente, desaparecia a maior dificuldade; pois, quanto ao pessoal, a diretoria escolhia seus mandatários, e quanto ao capital, nada impedia que uma base mínima, proporcional às exigências locais, ficasse estabelecida, para ir sendo aumentada, à medida que as transações se fossem desenvolvendo. Era o ensino e o tirocínio do uso do crédito, em um país tão vasto que mal o conhecia naquela época, exceto na capital; e aí mesmo, entorpecidos os seus movimentos, sendo certo que os seus passos vacilantes em algumas e poucas capitais de províncias não representavam ideia alguma financeira.

O Banco do Brasil tinha, pois, a missão de tornar conhecido o uso do mais poderoso instrumento da civilização moderna, no tocante à criação da riqueza em toda a extensão do território pátrio, entranhando-o na vida econômica das localidades onde a presença de elementos suficientes, criados ou por criar, permitissem ser ele empregado com vantagem.

O mecanismo do crédito uma vez introduzido, apoiado no poderoso influxo do centro de que emanava, que encerrava em si mesmo a confiança, levaria a vida ao capital inerte (por assim dizer em dormência), que superabunda em todos os cantos do Brasil, convertendo assim em instrumentos de produção recursos dispersos e inutilizados para a criação da riqueza individual e consequentemente nacional. Tal era a perspectiva que se me figurava como consequência da organização do grande Banco do Brasil, o que só podia justificar o monopólio prática e legalmente criado.

III

Não foi isso o que se deu: minha intimidade com o primeiro presidente do Banco, o Conselheiro Lisboa Serra[154], que, cheio de merecimento, foi roubado à pátria na primavera da vida, deu-me conhecimento do que se passava no seio dessa diretoria. Encarava-se o Banco do Brasil como uma grande caixa de descontos local, que devia realizar essas operações pela taxa mais alta que fosse possível obter, sendo o princípio regulador a maior ou menor confiança dos diretores nas firmas oferecidas. A criação de caixas filiais encontrava resistência tenaz, e qualquer operação de finanças nem era compreendida. E nem era isso lá muito para admirar, pois, se mesmo na alta administração do país, tendo nós tido muitos ministros da Fazenda, os que se possam chamar ministros de finanças foram poucos, como esperar a compreensão de tais assuntos nos eleitos do escrutínio que leva à mesa dos diretores das instituições de crédito do Brasil os chamados escolhidos dos acionistas?

Em presença dos fatos de que tive conhecimento, quase desanimei!

Era ainda, porém, essa a época das maiores aspirações de minha alma, pois, satisfeito com a organização social do país, convencido de que o jogo regular do mecanismo das instituições políticas adotadas assegurava-lhe o bem-estar, não sonhava eu então senão com ideias que entendiam com a prosperidade de minha pátria – o que por certo não exclui o pensamento tratando-se do emprego de capital, da compensação honesta que as condições do emprego legitimam.

Foi em tais condições de ânimo que eu fiz algum estudo da situação dos elementos de crédito de que o país dispunha, e, convencido de sua insuficiência, assaltou-me o desejo de pôr ao serviço do nosso progresso um novo instrumento que, afastando-se da tutela do governo, pudesse ter o necessário desenvolvimento independente de qualquer intervenção governativa. Em outras palavras, a iniciativa individual pondo em movimento suas combinações, aceitando a responsabilidade de seus atos perante o direito escrito, mais ou menos restritivo, que obedecia às ideias que têm predominado em uma legislação que se afasta dos princípios em que assentam os direitos naturais do homem, que não deixam à lei o direito de proibir senão o que pode prejudicar a sociedade, ou tocar nos direitos de terceiros, legislação que, desenvolvida ulteriormente em leis preventivas, tem estendido sua ação proibitiva a atos do livre-arbítrio, dentro de sua mais legítima esfera de ação, tratando-se de um país que pretende ser governado por princípios que garantem a liberdade do cidadão.

Amparando-me nas disposições legais que regulam o princípio da comandita dos capitais para qualquer fim honesto, assumindo a responsabilidade ilimitada perante a lei, julguei afastado o arbítrio governativo na combinação que adotei. Eis aí a origem do Banco Mauá na primeira fase de sua organização.

IV

Formuladas por mim as condições de existência da sociedade bancária, e obtida a coadjuvação de amigos importantes, não me julguei dispensado de consultar sobre elas os meus amigos que compunham o ministério que governava em 1854. Entreguei à Sua Excelência o Senhor Visconde de Paraná, chefe do gabinete e ministro da Fazenda[155], os estatutos, e pedi-lhe que, por si, e consultando o seu colega da justiça[156], me dissesse se, em face da legislação vigente, encontrava algum obstáculo ao pensamento formulado, não lhe ocultando a aspiração que essa forma envolvia de funcionar a nova sociedade fora do arbítrio governativo a que estavam sujeitas as sociedades anônimas, existindo até no código a disposição exorbitante de poderem ser dissolvidas administrativamente sem a intervenção dos votos dos acionistas, o que, tratando-se do emprego de capitais, parecia-me uma anomalia, no que Sua Excelência concordou e ficou de dar-me sua opinião como ministro e como amigo sobre os estatutos da sociedade que eu submetia ao seu bom juízo e critério.

Uma semana depois, disse-me Sua Excelência que achava a minha combinação isenta de qualquer objeção assim legal como de outra espécie; e para provar-me sua plena aprovação, disse-me que, não podendo como ministro ser interessado na sociedade bancária, seu filho mais velho subscreveria com cinquenta contos; seu genro, com trinta; e o pai deste, com cinquenta, e que não hesitaria em recomendar a todos os seus amigos que subscrevessem ações; tal era a confiança que minha gestão lhe inspirava.

Satisfeito com aprovação tão qualificada e positiva, dei imediatamente andamento ao projeto, abrindo a lista dos subscritores com seiscentos contos além da minha responsabilidade ilimitada. Em dois dias ficou preenchido o capital social e fechada a lista da subscrição com 182 sócios comandatários[157].

V

Não se fez esperar uma posição financeira satisfatória a essa instituição de crédito; o ingresso do capital subscrito se operou rapidamente devido à demanda que apareceu para o seu emprego; os depósitos foram afluindo, e já em 30 de dezembro de 1854 devia ter lugar a última entrada do capital subscrito, e receberem nesse ato os sócios comanditários as ações correspondentes.

Foi então que inopinadamente apareceu o decreto de 13 de dezembro de 1854[158] sem outra prevenção, além de ligeiras conversas durante semanas anteriores, pelas quais tive conhecimento da oposição decidida de alguém que gozava da mais alta posição de influência nos conselhos do governo, quanto à divisão do capital das sociedades em comandita por ações, mormente em referência a instituições de crédito, que, no seu entender, careciam da tutela do Governo, negando eu aliás sempre essa necessidade, que encarava como uma sentença de morte contra a iniciativa individual. Compreendi, todavia, que alguma disposição legal viria em breve embaraçar a organização de tais sociedades. Não me passou, porém, pela mente que aquela que eu havia organizado, tendo os seus estatutos registrados no Tribunal do Comércio, pudesse encontrar o menor obstáculo ao seu andamento, exceto pela intervenção legal do poder judiciário nos casos previstos na lei comercial. Enganei-me, pois apareceu aquele decreto proibindo o que a lei não proibia, e além disso dando o governo ao decreto-lei efeito retroativo! Espantoso arbítrio, que feria todos os princípios aceitos como dogma inatacável no regime governativo das sociedades civilizadas!

Em tais circunstâncias cumpria-me optar por um dos dois caminhos, vendo assim menosprezados direitos tão preciosos: ou liquidar com a menor demora possível todos os negócios em que me achava envolvido e ir gozar em país estrangeiro do crédito vantajoso que essa liquidação me assegurava (impedindo-me de seguir esse caminho os interesses de terceiros que já então se grupavam em torno do meu nome); ou então, realizada essa liquidação, entregar-me durante meia dúzia de anos à meditação e aos estudos dos problemas sociais e, fortalecido por esses estudos, reaparecer preparado para pleitear perante a razão pública a necessidade de assegurar, no regime governativo do país, os direitos inalienáveis do homem, direitos que não podem ser impunemente desconhecidos. E grave erro tem sido cometido pelos partidos políticos a quem é entregue a governação do Estado, decretando e mantendo essas leis preventivas, e portanto contrárias à liberdade e aos verdadeiros princípios em que assenta o trabalho das sociedades no intuito de desenvolver a iniciativa individual, que tão poderosamente concorre para a criação da riqueza, que é a pedra angular em que se assenta a civilização moderna.

VI

Autorizados pelos acionistas na sessão da assembleia geral, que teve lugar em 23 de dezembro de 1854, na qual lhes fiz presente o decreto que atentava contra direitos individuais firmados na proteção da lei, tive de reorganizar a sociedade, em obediência a esse ato governativo, retirando-se os sócios que se não conformaram, que poucos foram.

Ficou, porém, desvirtuado em sua base, o mecanismo da instituição: a divisão do capital social em ações transferíveis à vontade dos portadores, depois de recolhido o capital subscrito, o que, com a influência que todos me reconheciam nessa época, facultava-me elevar o capital social a uma grande soma, em harmonia com minhas vistas criadoras, pois era minha intenção fazer aquilo que o Banco do Brasil recusava realizar.

Em poucos anos, uma filial do Banco Mauá se acharia estabelecida em cada uma das capitais das vinte províncias do Império, além de muitas outras em localidades de alguma importância do Brasil, e, secundado esse mecanismo de crédito com filiais em Londres e em Paris, ficariam criados no Banco Mauá & C. elementos com base para alimentarem operações de crédito e finanças, que interessariam em grande escala ao progresso econômico do nosso país.

Ficou falseada a base de minhas combinações pela intervenção indébita do poder executivo da época, que me privou de criar um alicerce suficiente para apoiar o vasto mecanismo de crédito que eu tinha na mente, o qual, assentado em um capital realizado de 20 mil contos (como me seria facílimo ter conseguido), se constituiria o centro de todo o movimento monetário e financeiro da América Meridional em ligação íntima com os principais centros monetários da Europa. Realizado esse pensamento, as empresas brasileiras, amparadas pelo crédito do governo imperial, não teriam por certo de arrastar-se abatidas aos pés da usura desapiedada de maus elementos financeiros da praça de Londres: 5% de garantia, e não 7%, seriam base suficiente para eu e meus agentes termos conseguido a coadjuvação do capital europeu para as nossas empresas de viação, e quaisquer outras, de bem demonstrada utilidade para os capitais a empregar, encontrariam apoio fácil e eficaz, desde que a Casa Mauá representasse na Europa um interesse brasileiro de primeira ordem. Quantas centenas de milhares de contos seriam poupadas à riqueza pública do Brasil só com a diferença dos juros garantidos às empresas efetivamente realizadas no prazo dos respectivos contratos, eu convido a quem entender de cifras a fazer o cálculo.

Aos que acolherem com o sorriso da incredulidade essa manifestação de serviços que eu ambicionava prestar ao meu país, e que seriam uma realidade, se o confisco de direitos adquiridos não viesse perturbar todos os meus cálculos, eu convido a acompanhar-me no histórico assaz resumido das transações do estabelecimento, embora falseado em sua base, em que vou entrar; e acredito que ninguém, em boa-fé, ousará negar que, se com elementos escassos eu consegui elevar a Casa Mauá à altura de um verdadeiro monumento nacional, muitíssimo mais teria conseguido se o poder público, que tem o dever de proteger e amparar os interesses legítimos, me não viesse desnortear, desde o começo, com o atentado governativo a que me tenho referido.

Realizada a reorganização do estabelecimento, como fica dito, em obediência ao decreto, prosseguiu ele sua marcha regular, sem o menor tropeço, durante três anos, e as transações se foram aumentando gradualmente – dando à Casa Mauá a lei em operações de câmbio nesta praça, apesar de sacar sempre sobre a sua filial de Londres, aproveitando os créditos que eu havia conseguido abrir na Europa para cobrir sem risco boa parte dos saques efetuados.

A crise americana de 1857 fez aparecer a primeira nuvem negra no horizonte da casa, sendo-nos recambiada uma forte soma de cambiais, tomadas para cobrir saques efetuados.

O preço do café nos mercados de consumo sofreu violento abalo devido a essa crise, o que determinou oscilações, das quais a casa se aproveitou para ressarcir, sem maior demora, os prejuízos suportados.

Essa crise patenteou logo no seu começo o débil esteio em que os homens da escola metálica se apoiavam para firmar o seu sonho dourado, de realizar a conversão metálica do nosso papel-moeda, o que eu considerei sempre impraticável (exceto durante raras intermitências), enquanto outros elementos, com base sólida na produção, não viessem em auxílio de semelhante ideia.

O desequilíbrio que o primeiro sopro da crise manifestou deixou provado que a ideia era prematura.

O ouro, que fazia momentaneamente as funções de meio circulante, em concorrência com o papel-moeda, converteu-se repentinamente em mercadoria, que teve de ser desde logo exportada para suprir o déficit que a queda no valor dos produtos acarretava.

Prestes a seguir o mesmo caminho estavam 12 a 14 mil contos de moeda de prata, que serviam para trocos miúdos e funcionavam também como meio circulante, para as transações mínimas de compra e venda dos objetos mais necessários à vida nos mercados. Foi esse assunto motivo de preocupação para o ministro da Fazenda da época, que acreditava que esse fato seria perturbação à essa classe de operações, ao verem-se assim repentinamente privadas de tão forte soma de instrumento de permutas em que se apoiavam.

Fui convidado pelo Senhor Souza Franco[159] para discutirmos as complicações que podiam dar-se nesse terreno, em presença da posição enfraquecida do câmbio sobre Londres; e desde logo concordamos que, quanto ao Banco do Brasil, tendo ele a opção, por seus estatutos, de pagar suas notas em ouro ou em papel-moeda do tesouro, e tendo em seus cofres quantia sofrível deste, podia salvar a sua reserva metálica.

Concordamos também logo que nada havia que providenciar quanto ao ouro em circulação, que já se exportava em grande escala, pois exigiria isso sacrifícios de maior vulto.

Quanto à prata do antigo toque e cunho, que circulava, pareceu ao ministro e a mim também caso muito grave vê-la repentinamente desmonetizar-se, sendo também exportada como mercadoria para preencher o déficit mercantil. Achava-se o câmbio sobre Londres a 25,5, e uma queda de mais meio penny determinava a exportação dessa prata, ficando uma série de transações urgentíssimas privada repentinamente de tão forte soma, instrumento de permutas que lhe era próprio, pois o meio circulante de papel-moeda miúdo era escasso, vendia-se mesmo com prêmio para as províncias.

Tendo presente as tabelas do valor, nos mercados de consumo, e das existências dos nossos principais produtos, tivemos de apreciar a possibilidade de fazer frente à emergência, sem que o Tesouro suportasse maiores encargos; e chegamos à convicção de que o câmbio de 25,5 podia sustentar-se, o que desviava o mal que receávamos. E daí nasceu a autorização à Casa Mauá para oferecer à praça cambiais sobre sua filial de Londres com a responsabilidade ou garantia do Tesouro, não podendo o governo efetuar saques sobre seus agentes financeiros. Essa operação, que foi tão mal apreciada e até caluniada pelos elementos em oposição nessa ocasião, foi assunto de madura reflexão e estudo entre dois homens que entendiam da matéria e compreendiam o alcance da medida.

E nem deixou essa operação de ser realizada com bastante risco de perda para a Casa Mauá, pois tanto o ministro como eu nos enganamos na apreciação da cifra de cambiais que seria preciso passar para conservar o câmbio ao tipo que conseguia o resultado desejado.

Autorizou-me Sua Excelência a sacar desde logo por 400 mil libras por um aviso, que me foi entregue, e para o seguinte paquete vendo que o câmbio se conservava frouxo, alarmou-se, e com dificuldade obtive outro aviso por mais 350 mil libras sendo em ambos os paquetes consideravelmente excedidas as operações, a risco da casa. Em seguida, não foi mais possível conseguir do ministro que aumentasse a cifra da responsabilidade do Tesouro, e, vendo eu que o malogro era certo, e que nos punha a ambos a descoberto perante os que censuram tudo sem conhecimento de causa, tomei a resolução de continuar as operações ao câmbio prefixado, durante os três meses em que o podia fazer, antes que fosse necessário cobrir os primeiros saques com remessas correspondentes, e o total destes elevou-se a 1,8 milhão libras esterlinas!... Se a operação falhasse, o ministro seria provavelmente apeado com ignomínia, e o seu sucessor, quando muito, indenizaria a Casa Mauá do prejuízo nas 750 mil libras – ficando toda a responsabilidade de perda em mais de um milhão de saques a cargo da casa!

Felizmente realizaram-se os dois pequenos empréstimos, em Londres, para as companhias que deles necessitavam, únicos efetuados para o Brasil a 4,5%, o que se conseguiu quando a operação das cambiais ameaçava risco de perda considerável.

O efeito moral da realização daqueles empréstimos fez aparecer reação imediata, e liquidou-se a operação total dentro de cinco a seis meses, depois que fora empreendida, com um modesto benefício de cerca de 1%, podendo facilmente ter deixado 4% a 5% de prejuízo, senão mais, falhando os empréstimos referidos. E, no entanto,

Souza Franco e eu fomos ambos maltratados por termos prestado um bom serviço ao país, do que ainda hoje, no fim de vinte anos, estou intimamente convencido.

Desse modo arriscadas foram muitas das operações que a Casa Mauá teve de realizar com o Tesouro durante os longos anos em que me prestei a coadjuvar o governo em todos e quaisquer serviços que de mim foram exigidos. E, antes de passar adiante, farei menção de um que considero de algum valor, realizado poucos anos depois da época a que me refiro.

VII

Em tempo algum fui dos íntimos do Senhor Conselheiro Ferraz, nem antes nem depois do seu primeiro ministério[160].

Nossas relações eram de simples cortesia; sendo eu todavia informado, por intermédio do meu chorado e íntimo amigo, o Conde de Porto Alegre[161], das ausências com que Sua Excelência me honrava, isso nos aproximou.

Em um dia, em que entrou o paquete da Europa, recebi um recado de Sua Excelência para ir falar-lhe, o que logo fiz, e achei o honrado ministro da Fazenda amofinado e irritado mesmo. Disse-me Sua Excelência:

– Acabo de receber cartas dos nossos agentes financeiros em Londres, que me põem em embaraço sério, além da indignação que o fato inspira; pois exigem-me na volta do vapor o saldo da sua conta, que neste momento é importante, o que é impossível realizar-se sem produzir violento abalo no câmbio – que estava na ocasião excessivamente frouxo – ou, do contrário, impõem ao governo a entrega do saldo dos títulos do último empréstimo, que se não pôde emitir em sua totalidade, com uma enorme diferença não só do preço da emissão, porém ainda consideravelmente abaixo da cotação em Londres, 5% a 6%, em pagamento desse saldo.

Como brasileiro, fiquei também indignado com o procedimento dos agentes financeiros do Brasil, e declarei ao Senhor Conselheiro Ferraz que dentro de uma hora teria Sua Excelência no Tesouro uma proposta, que, desviando o golpe, o habilitaria a satisfazer a exigência sem sacrifício do Tesouro e sem que os poderosos banqueiros pudessem nem ao menos fazer a menor reflexão, quanto mais articular uma queixa contra o Governo Imperial. E cumpri minha palavra. A proposta foi enviada – e ela obedecia ao impulso que me dominava: isto é, a posição do banqueiro enfraquecida pelo coração do brasileiro.

Oferecia eu ao governo receber as 600 e tantas mil libras esterlinas de títulos em depósito em poder dos agentes, pelo mesmíssimo preço da emissão anteriormente realizada (estando a cotação 3% a 4% abaixo), oferecendo em pagamento 576 mil libras de cambiais da casa (saldo do débito do governo em Londres), sendo a única condição que, em vez de serem todas as letras a noventa dias, como de estilo, se subdividissem em mais alguns prazos curtos, para dar tempo aos agentes da casa a aguardar alguma reação no mercado, que desviasse o prejuízo que a operação indicava, se não houvesse alteração na posição conhecida de nossos títulos na praça de Londres. E acrescentei que, para tirar aos agentes financeiros qualquer motivo de queixa, o Tesouro em sua correspondência lhes oferecesse a opção de ficarem com as letras, ou os títulos nas mesmas condições por mim oferecidas, ficando anulada a operação com a Casa Mauá, se eles aceitassem como seus os fundos públicos aludidos. Como o mercado se conservava ainda desfavorável, preferiram os agentes receber em pagamento do que o tesouro lhes devia as letras sobre Mauá & C., de Londres, entregando os fundos públicos. A operação no momento, como fica dito, ameaçava prejuízo, mas enfim eu tive a satisfação de desviar uma imposição ao governo do meu país, correndo todos os riscos de perda que podiam dar-se, e eram receados por quem tinha os melhores meios de julgar! Por outro lado, a operação indicava confiança da parte do governo brasileiro, na Casa Mauá, por 1,2 milhão de libras.

Quantos brasileiros se encontram no passado que, em idênticas circunstâncias, obrassem do mesmo modo, e quantos haverá no futuro que aceitem semelhante responsabilidade?

Os que dispõem do arquivo e contabilidade do tesouro são por mim convidados a verificar a exatidão desses fatos, pois não é provável que encontrem quem os imite na vida de nenhum banqueiro, mormente em presença da recordação histórica da dolorosa circunstância que motiva esta exposição.

VIII

Se a operação das cambiais durante o ministério Souza Franco deixou um mínimo benefício em proporção do risco a correr, ela foi todavia de grande valor moral para a Casa Mauá, que então contava apenas quatro anos de existência[162]: seu crédito ficou desde então altamente colocado na praça de Londres, o que me permitiu conservar ali em circulação uma grande soma de aceites, utilizando capital, ao mínimo juro europeu, que era deste lado empregado com vantagem notável; e, manobrando também as filiais, que por essa ocasião foram sendo criadas no Rio da Prata, e em seguida em Rio Grande, Pelotas, Porto Alegre, Santos, São Paulo e Campinas, e mais tarde no Pará, ficou montado um maquinismo de crédito que realizou operações desse gênero e financeiras em escala muito grande, sendo das mais esperançosas a perspectiva do futuro que o aumento das operações anunciava.

No entanto, é preciso confessar, essa situação apresentou-se com demasiada rapidez; sendo esse fato para mim motivo de viva inquietação e de preocupação constante, manter o equilíbrio, sendo a base insuficiente para a magnitude das operações, devido isso à circunstância já por mim mencionada, pois, do contrário, o aumento de CAPITAL teria seguido simultaneamente o desenvolvimento das transações, pondo a sociedade bancária em atitude de resistir a todas as eventualidades de perdas com o capital próprio.

O estabelecimento das filiais do Rio da Prata tão cedo na vida da instituição de crédito carece de explicações.

A pedido do governo imperial, tive de auxiliar com recursos financeiros o governo da praça de Montevidéu, que, apertado pelas aguerridas hostes de Rosas, ameaçava sucumbir a cada hora.

Como já foi dito, além do dinheiro que o governo imperial fornecia por meu intermédio, e de que me não proveio como é sabido nem um real de benefício, sendo indispensáveis maiores auxílios, e tendo eu profunda convicção de que a sabedoria, previsão e tino com que era dirigida a política internacional do Brasil pelo Visconde do Uruguai[163] daria em resultado o triunfo completo dessa política no Rio da Prata, evitando-se os perigos de uma guerra prolongada, não hesitei em auxiliar o pensamento do governo do meu país com todos os recursos de que dispunha, que eram de alguma monta.

Ao terminar a guerra achei-me com uma forte soma comprometida; fazer reconhecer essa dívida pelos poderes legais que iam ser constituídos e cuidar dos meios de ser embolsado foram assunto, para mim, de graves preocupações.

Visitando Montevidéu antes e logo depois de organizado o governo constitucional, e atravessando a campanha, fiquei contristado. Na capital era completa a desorganização em todos os ramos da administração. Quanto a recursos financeiros, o governo, dominado por um grupo de exploradores de má-fé; quanto à arrecadação das escassas rendas, prevalecendo a rapina. No comércio, mesmo nas minguadas proporções em que um consumo limitadíssimo colocava esse elemento de vida, reinava a desordem em seus movimentos; agricultura nenhuma: os ricos campos de criação, pelados, atravessavam-se dezenas de léguas sem encontrar-se uma só vez; finalmente, o país era um verdadeiro cadáver político, econômico e financeiro; os dez anos de guerra civil haviam tudo assolado. Ao meu ver, só a ocupação brasileira e os novos auxílios do Brasil durante alguns anos salvaram essa nacionalidade de uma DISSOLUÇÃO COMPLETA. O Brasil estendeu mão protetora à República, em vez de deixá-la cair em dissolução; entretanto essa política foi, até muito recente data, mal compreendida, atribuindo-se ao governo imperial ideias de absorção, que aconselhariam visivelmente outra política.

Conhecedor da verdadeira intenção do governo do meu país, nessa época julguei dever também auxiliar as suas ideias de reerguer a nacionalidade oriental do abatimento em que jazia, pois a desordem nessa região afetava interesses brasileiros; consegui prestar serviços reais e positivos da mais subida importância à reorganização desse país nessa conjuntura.

A criação do Banco Mauá na República foi o primeiro passo, o ponto de partida para pôr em execução as minhas ideias, a fim de conseguir o bem-estar daquela sociedade[164].

E nem se fez muito esperar uma mudança radical: enorme dívida pública consolidada de mais de 100 milhões de pesos pesava com mãos de ferro sobre todas as fontes produtivas do país, deixando a propriedade com valor mínimo, pois desse elemento vital tinham de sair os recursos para pagar os juros e a amortização dessa dívida. Fazer desaparecer esse cancro foi o meu primeiro cuidado, e daqui parti munido de um contrato, firmado entre mim e a legação oriental nesta Corte, pelo qual essa dívida ficava reduzida a 5 milhões, o que só foi possível pelo estado de prostração absoluta em que o país ainda se encontrava, sendo em qualquer caso difícil conseguir dos portadores dos títulos tão grande abatimento, realizando-se assim a operação, não por uma imposição aos credores, mas com anuência destes! E no entanto uma operação dessas, que representava um serviço à República que não pode ser igualado por nenhum outro que neste século lhe poderá ser prestado, encontrou forte oposição e custou-me trabalho INSANO obter a aprovação do corpo legislativo! Mais tarde se descobriu que a presença na circulação de mais de quarenta milhões de títulos falsos era a verdadeira causa de tão inaudita resistência, fazendo os falsificadores enorme pressão para que o contrato, que ia descobrir a fraude, não fosse aprovado. O certo é que eu e meus amigos fomos prejudicados em mais de meio milhão de pesos de lucro adicional, que o contrato e a lei que o aprovou nos asseguravam, pois resultou verificarem-se falsos cerca de um terço dos títulos de que havíamos feito aquisição, como base para realizar a operação.

Desde essa época a prosperidade do Banco Mauá na República marchou a galope; dentro de meia dúzia de anos o país e a instituição de crédito que o havia amparado se achavam ambos em uma situação invejável – a propriedade havia quintuplicado de valor, e o banco tinha depósitos por quantia superior a 10 milhões de pesos; suas notas de emissão eram recebidas com preferência ao ouro, pois até da campanha vinham os gaúchos com seu ouro trocar pelas notas do Banco Mauá. A República estava em estado de, em poucos anos, não ter em circulação um só título de dívida, tão rápida era a amortização destes com o excesso de renda! Tal foi o resultado de uma série de medidas adotadas em um período de pouquíssimos anos, em que o bom senso dominou no governo daquela nacionalidade: antes de findar o ano de 1868, o Brasil seria o único credor do Estado Oriental, se a revolução capitaneada pelo general Flores[165] em 1863 não viesse acender de novo o facho incendiário da guerra civil.

Esse deplorável acontecimento viu tudo transtornar. Os resultados de esforços de doze anos em que me tinha cabido representar um papel importante se acharam comprometidos. As palavras com que o chefe do movimento inaugurava a sua cruzada causaram-me indignação, apesar de não ser oriental, pois a proclamação lamentava que os ânimos se achassem enervados pela longa paz! Meia dúzia de anos havia apenas decorrido desde o sucesso de Quinteros; e os convidava a empunhar a lança, como meio de melhorar as condições do país!

Foi esse trecho que me obrigou a fazer ecoar na sala do governo minhas palavras escritas, condenando severamente o desatino e oferecendo ao governo legal os recursos financeiros de que ele se declarava carecedor para debelar a rebelião, o que fiz em nome da instituição de crédito que se achava encarnada nas veias econômicas do país, pois eram principalmente do país os grandes recursos nela concentrados.

As folhas do Rio da Prata durante quinze meses registrariam meus esforços, para trazer os ânimos à concórdia, ora dirigindo-me ao chefe do movimento, ora ao governo, instando para que cessasse a guerra civil; pois fiquei convencido que, embora Flores tivesse, como sempre teve, muito pouca gente, sobravam-lhe os cavalos alheios de que se apoderara; e que ao governo, dispondo de cinco ou seis vezes a força que a revolução pôde em tempo algum reunir, faltava capacidade para a dirigir, e a guerra, que tudo destruía, prometia longa duração. Voltei ao Brasil desalentado.

IX

A crise ministerial, que teve lugar pouco tempo depois, deu em resultado a missão Saraiva, registrando o *Jornal do Comércio* da véspera da saída de Sua Excelência as palavras e conselhos que ofereci com minha assinatura[166].

Se a mudança de política adotada pelo governo imperial nessa ocasião, realizada no sentido em que foi resolvida, foi acertada, a história se encarregará de qualificar.

E acrescentarei que o triunfo da revolução Flores contra o governo legal da República do Uruguai, o que era impossível que se desse sem o auxílio das armas do Império, foi também a origem das dificuldades com que mais tarde tive de lutar; embora o general Flores compreendesse, desde logo, que hostilizar o Banco Mauá era hostilizar o país.

O seu desgoverno em matéria de finanças e administração preparou os elementos destruidores que mais tarde fizeram explosão.

O assassinato do general Flores[167] no momento de constituir-se novamente o governo constitucional, e a colocação de elementos dissolventes na governação do país, fizeram tudo mudar a respeito do Banco Mauá & C. Uma perseguição persistente e tenaz ficou desde logo assentada, e os seus resultados não se fizeram muito esperar. Enquanto o governo marchou com a lei, embora em nome de princípios, impraticáveis temporariamente, devido ao novo desequilíbrio que cinco anos de guerra haviam determinado, pude resistir eficazmente. O banco vencido entrou em liquidação, e essa favorável aos meus interesses na ocasião ia progredindo.

A pressão, porém, foi demasiado violenta sobre os interesses legítimos do país que se concentravam no banco: o ministério chamado principista caiu, subindo ao poder novo ministério, composto de homens prudentes, a quem não faltava inteligência, e dizendo-se que o Doutor Dom Manoel Herrera y Obes era o chefe desse ministério, o fato indicava que ideias sensatas haviam reassumido a governação do Estado.

Obtida pelo novo ministério a necessária autorização do corpo legislativo, foram-me desde logo oferecidas ideias conciliadoras que, depois de curta discussão, aceitei; e baixou o decreto de 16 de julho de 1868 verdadeiro contrato bilateral que, impondo aos bancos obrigações e deveres, conferia-lhes DIREITOS que garantiam a possibilidade de serem cumpridas as condições impostas e aceitas, que aliás eram bastante onerosas.

Tudo prosseguiu regularmente em referência ao Banco Mauá, que cumpria religiosamente as condições que aceitei.

No entanto o mesmo não se dava com outros bancos, que não puderam cumprir as obrigações estipuladas.

Tão potentes eram os elementos de que dispunha o Banco Mauá para satisfazer as obrigações que contraíra, que, sendo permitido ao banco, pelo decreto, retirar dos depósitos de valores, que garantiam a emissão, quantia proporcional ao resgate das notas efetuadas, dei eu, não obstante, ordem à gerência do banco que não retirasse parte alguma desses valores, para evitar discussão no caso de precisar o estabelecimento de alguma emissão, durante os vinte meses em que o contrato tinha de ser executado.

Falindo outros bancos, que não puderam sustentar-se, determinou o fato nova explosão de má vontade da parte do governo da época contra o Banco Mauá, que encontrou eco no presidente da República, o qual, como já foi dito, era hostil ao banco; foi o ministério mudado e chamados aos conselhos do governo elementos pessoais incompetentes, tornando-se desde logo patente nova guerra ao Banco Mauá.

Tranquilo, na certeza de poder cumprir as obrigações pactuadas, aguardei a manifestação das ideias que se anunciavam como partindo do novo ministro da Fazenda: a criação de um Banco Nacional pela concentração dos interesses amalgamados nos diversos bancos.

Não opus a menor resistência a essas ideias declarando apenas que aceitaria discussão. Não era isso, porém, o que se queria, e sim a imposição de concepções irrealizáveis, geralmente repelidas mesmo pelos inimigos do banco!

Reconhecendo o novo ministro a posição inexpugnável que tinha o Banco Mauá, cumpridas religiosamente, de parte a parte, as condições estipuladas, de que se havia de lembrar? Comunicou secretamente aos outros bancos, que ainda resistiam à sua intenção, a fim de que, prestando eles a garantia que a lei exigia, fizessem uso da emissão que pudessem, e tanto que ao Banco Nacional ainda na véspera, com data de 20 de janeiro, se concedia fazer uso dessa faculdade.

Tomadas essas precauções a favor dos outros bancos, fez o governo baixar no dia imediato (21 de janeiro de 1869) o seu famoso decreto, confiscando o direito que tinham os bancos, pelo decreto de 16 de julho[168], de fazer uso da soma de emissão que pudessem garantir com valores, à satisfação da junta de crédito público. O ministro a tinha lembrança peregrina de apresentar como única razão do atentado que praticava, rasgando por sua única vontade um contrato bilateral, "que os bancos tinham tido tempo de fazer uso daquela faculdade, e por isso o governo a revogava", isso em referência a um contrato que impunha obrigações que tinham ainda de ser cumpridas, durante os catorze meses que faltavam.

Não houve esforço que eu não empregasse para fazer revogar ou ao menos modificar o atentado governativo, pois afinal já me contentava que me permitisse o governo fazer uso da menor parte da emissão a que já tinha o banco direito desistindo fazer uso dela quanto ao resto, até a terminação do contrato!

O digno ministro do Brasil, o Senhor Gondim[169], foi à casa do governo fazer sentir a ilegalidade do decreto de 21 de janeiro, que para o Banco Mauá era, além disso, uma verdadeira iniquidade. A nada se moveram! Feitos os devidos protestos, aguardei as consequências, bem seguro de que não haveria governo no Brasil que me não amparasse contra tão inaudita prepotência.

Em seguida, os depositantes, que eram ainda em grande número, alarmaram-se, como eu receara e era natural, vendo confiscada ao banco a melhor garantia contra eventualidades afiançada pelo contrato bilateral já referido.

Uma corrida dos depositantes que durou vinte dias ficou estabelecida, e, esgotados os recursos disponíveis, teve o Banco Mauá, de Montevidéu, de fechar a porta pela segunda vez, em 11 de fevereiro de 1869.

Felizmente, ainda foi possível resistir no exterior a esse segundo choque, tal era a magnitude dos recursos de que o estabelecimento dispunha!

O banco local e suas filiais na República entraram novamente em liquidação, realizando-se as operações correspondentes no próprio estabelecimento, e pelos seus empregados, embora sob a inspeção da junta de crédito público, respeitada sempre minha posição individual.

X

No ano seguinte[170] foi resolvido pelo corpo legislativo da República que se liquidasse a intervenção do governo, saldando-se em referência aos bancos em liquidação a conta das notas de emissão, pelas quais a nação era responsável em virtude do decreto de 16 de julho de 1868, entregando a junta dos bancos o resto do ativo, ficando eles sujeitos à deliberação dos credores, isto é, às disposições do código do comércio da República.

Sendo-me hostis os elementos de governo, e a maioria das câmaras nessa ocasião, compreendi o alcance da medida contemplada e tratei de contrariar da maneira que me era possível o pensamento que evidentemente visava a entregar o estabelecimento aos tribunais; isto é, fazer uma fogueira dos imensos valores do Banco Mauá, em prejuízo dos credores no exterior (no Brasil e na Europa). Liquidada a conta com o governo, tomando este a seu cargo a emissão pela forma que a lei impunha, ficavam ainda credores por cerca de 5 milhões de pesos, com um ativo de pouco mais de 9 milhões, para fazer face a esse passivo.

A liquidação, pela forma desejada, pelos elementos a que me refiro, daria em resultado aniquilar todos os 9 milhões para pagar os cinco, se ainda algum déficit não tivesse de aparecer!

Desviar semelhante golpe foi a ideia dominante no meu espírito nessa ocasião, e lembrei-me de uma circular aos credores, expondo-lhes os perigos que eu receava e apontando o único meio prático que preencheria o fim, que era aceitarem os credores títulos de renda de minha responsabilidade individual, exonerando completamente o Banco Mauá & C.

Assim, enquanto o governo e as câmaras discutiam a sua lei, era lida por mais de 1.500 credores, na República, a minha circular, que foi prontamente devolvida com sua anuência, não havendo uma só voz, entre tantos credores, que se levantasse para impugnar a proposta ou macular-me.

Dessa fase de minha vida financeira conservarei, durante todo o resto de minha amargurada existência, a mais grata recordação.

Votada a lei de 4 de maio de 1870, e executada pelo modo por que se vai ver, achou-se o Banco Mauá & C., de Montevidéu, sem credores e reabriu as suas transações ali sem encontrar o menor tropeço, com admiração de todos quantos no mundo financeiro o julgavam fundido; e as obrigações contraídas para realizar esse grande fato foram fielmente cumpridas nos prazos por mim oferecidos.

No entanto, a lei de 4 de maio havia sido executada para com o Banco Mauá com a mais flagrante violação de suas disposições!

Não podia ser mais claro, preciso e terminante o que dispunha o seu art. 1.º: os bancos teriam de entregar à Junta de Crédito Público valores correspondentes à emissão, de cada um deles, em circulação: em primeiro lugar, em fundos públicos, pelo preço da última amortização, ou segundo os tipos por que haviam sido os empréstimos realizados, tendo os bancos a opção de aceitarem qualquer das bases, como lhes foi declarado pela Junta de Crédito Público.

E só na falta desses títulos, tinham de entregar outros valores, à escolha e satisfação da Junta.

O Banco Mauá tinha, em fundos públicos, quantia superior à totalidade das suas notas em circulação, e o preço da última amortização, quanto aos fundos internos, estava provado pelos anúncios publicados nas folhas de Montevidéu pela própria Junta, que ordenou aos empregados do banco que pagassem nessa conformidade aos portadores dos títulos em circulação; quanto aos fundos externos, o preço da última amortização realizada antes que se pensasse na lei de 4 de maio se achava também provado perante o governo, do modo irrecusável por que sempre o foi.

Não havia pois que discutir; e o Banco Mauá, ressalvados os seus direitos pelos protestos, entregues à legação do Brasil, contra o decreto de 21 de janeiro do ano anterior[171] que acarretou a necessidade de fechar o estabelecimento suas portas[172], apresentou em 48 horas sua conta de liquidação da emissão, desligando do seu acervo, em poder da Junta, os fundos públicos que preenchiam a totalidade, nas condições precisas que a lei impunha, declarando apenas que se julgava com perfeito direito aos juros que esses fundos públicos tinham de vencer até 16 de março do ano seguinte[173], data da conversão metálica das notas, segundo fora estipulado no decreto-lei de 16 de julho de 1868, não tendo havido por parte do banco outra impontualidade senão a que resultou dos atentados praticados pelo governo.

Não obstante, o ministro da Fazenda da época fez baixar, nessa ocasião, um aviso à junta, declarando que esse modo de liquidação, em referência ao Banco Mauá, nem era discutível! (Uma liquidação feita nas condições claras, precisas e terminantes que a lei impunha!).

E a junta fez a liquidação da emissão, em obediência à ordem do governo, ficando o banco prejudicado em 13% no valor dos títulos que entregara, e sem atenção alguma aos juros a que o estabelecimento tinha indisputável direito; todavia depois de ratificados os protestos anteriores perante a legação do Brasil aceitei a liquidação que o governo impôs, pois tinha eu pressa de receber os 9 milhões do ativo do banco, que sobravam, para fazer face ao passivo, o qual, como fica exposto, eu havia tomado sobre mim para salvar a instituição de crédito das eventualidades de que estava ameaçada.

Cumpre ainda observar, para tornar saliente uma desigualdade repugnante, o ter se realizado a liquidação do Banco Montevideano não só em obediência às cláusulas da lei, porém com notável favor! Ao passo que o Banco Mauá só pedia para si a execução pura e simples da lei da República!

E no entanto essa reclamação não foi atendida nem amparada, nem mesmo depois de estudados os fatos pelo conselho de Estado no Brasil[174], durante um ano inteiro, e de ter havido resolução de consulta, pela qual foi declarada reconhecida e provada a denegação de justiça da parte do Governo Oriental, e de ter sido em seguida apresentada a reclamação pela legação imperial. Daí resultaram apenas novas delongas de alguns anos por falta de instruções positivas à mesma legação, o que teria resolvido a questão, várias vezes sem o menor comprometimento das boas relações entre os dois países.

E quando tudo isso se passava, corria de boca em boca que eu era o homem mais favorecido do Brasil.

Antes de concluir esta parte da minha exposição, não irei vos omitir que o próprio ministro dos negócios estrangeiros da República, quando encarregado pelo chefe do Estado (hostil ao banco) de examinar os fundamentos da reclamação Mauá, apresentou um parecer no qual, com argumentos da mais irresistível procedência, levou até a última evidência o bom direito em que ela assentava no terreno dos fatos, da jurisprudência e do direito público internacional, que a amparavam; não tendo sido essa demonstração em tempo algum impugnada, quanto mais combatida, e dela teve cópia oficial a legação imperial do Brasil. Essa reclamação, pois, então e sempre, podia ter tido uma solução satisfatória, no dia em que o governo imperial mostrasse decidida vontade de obter a justiça que me era devida.

XI

Durante esse período de luta, que esses sucessos de Montevidéu determinavam, e mesmo desde alguns anos, antes, não corriam no Brasil em bom terreno as operações da casa.

A legislação financeira de 1860[175], tocando o extremo dos obstáculos com que uma nação civilizada podia impugnar e guerrear o uso do crédito, pôs em alarma os espíritos, aliás quando alguns desastres de pouca monta já tinham disposto os ânimos para o corretivo natural dos abusos que alguns excessos denunciavam.

O uso do crédito no terreno dos bilhetes de banco ao portador foi o pretexto de que lançou mão o governo da época; aliás, só as sociedades anônimas sujeitas no Brasil à rigorosa tutela do poder executivo podiam utilizar-se desse recursos quando devidamente autorizadas por seus estatutos; e a ninguém se esconde que o privilégio exclusivo de que gozavam as notas do Banco do Brasil, de serem as únicas recebíveis como moeda, impossibilitavam o uso desse instrumento por outras instituições de crédito, salvo em escala tão diminuta que os interesses gerais jamais podiam ser afetados.

No entanto, guerrear o uso desse instrumento foi o ponto de partida da legislação da época!

A aglomeração de capitais para qualquer fim de utilidade pública ficou de fato proibida pelas disposições legais.

Foi só possível a organização de algumas empresas depois que as necessidades econômicas reclamaram imperiosamente a intervenção da força coletiva dos capitais que, apesar de todos os entraves de uma legislação que atrofia a iniciativa individual, criaram-se algumas associações; isso depois de bem firmada a convicção nos espíritos de que a lei não podia ser executada tal qual fora votada.

A liberdade das convenções na sua mais legítima esfera de ação ficou suprimida, e transações de mútuo acordo entre as partes, que em nada afetavam os interesses gerais, ficaram impossibilitadas.

Ninguém pode calcular as consequências dessa legislação na marcha das transações; dessa época em diante, no Brasil, o espírito de associação, que começava a dar alguns passos, tolhido o uso do crédito, retraiu-se, e os capitais realizados entregaram-se em sua máxima parte ao tesouro público, sendo empregados em apólices ou em bilhetes do tesouro, e só os de movimento diário sendo entregues aos bancos. O que isso significa em referência à criação da riqueza nacional, qualquer cabeça financeira que conheça a ação dos verdadeiros princípios econômicos, que o diga.

Nada escapou à ação maléfica da legislação da época, e aos erros governativos no terreno preventivo.

A lei vigente, que regulava a taxa do selo, isentava expressamente do imposto as obrigações menores de 100 mil réis. A disposição da lei era imperativa, não deixava arbítrio possível! Pois bem, o poder executivo da época, regulamentando essa lei, não só compreendeu na cobrança do imposto os títulos que a lei isentava, como até elevou sobre esses títulos ao décuplo a taxa proporcional, que era a base da lei, isto é, legislou em matéria de imposto, da competência exclusiva do poder legislativo, e ainda mais da iniciativa privativa da Câmara dos Deputados! E com luxo de arbítrio fê-lo do modo mais inconveniente! Tudo isso, porque o governo sonhava com emissões que podiam cair das nuvens e vir concorrer na circulação com as notas do Tesouro Público Nacional, e do Banco do Brasil! E tudo isto passou desapercebido! Os representantes da nação nada acharam que objetar, não obstante a constituição política da nossa pátria consignar a respeito da divisão dos poderes públicos os mais sãos princípios de que pode ufanar-se a melhor organização social!

Aos desacertos governativos seguiu-se em curto prazo a calamidade de algumas más colheitas sucessivas, o que acarretou desequilíbrio (sendo a produção o verdadeiro regulador das finanças do Brasil); e a crise da lavoura, impropriamente chamada crise bancária, estalou em 10 de setembro de 1864.

XII

Os bancos existentes foram as vítimas dessa situação calamitosa criada por essas causas naturais e pelas medidas financeiras que as precederam; tendo a má distribuição do imposto sua parte importante no desastre, pois já então eram as contribuições votadas sem estudo dos elementos que os podem suportar[176]. E além disso, certo de que nenhum banqueiro se locupletou com esses infortúnios (é preciso dizê-lo em honra do país, sendo antes sabido que todos foram cruelmente vitimados); os que ainda sobrevivem trabalham para viver, e os filhos dos que morreram fazem outro tanto.

Os prejuízos resultantes da crise de que me ocupo foram enormes, como é sabido. O Banco do Brasil, se fosse obrigado a liquidar-se (e bastava para isso que o Estado não viesse em seu auxílio facultando-lhe um uso exagerado da emissão de suas notas inconvertíveis), teria de perder, sem a mínima hipótese de dúvida, todo o enorme capital dos seus acionistas; e são conhecidos os minguados dividendos que puderam dar aos seus credores as instituições de crédito que sucumbiram, bem como as enormes perdas das que puderam sustentar-se.

Os bancos e casas bancárias que puderam sustentar-se o fizeram à custa de extraordinários sacrifícios, intervindo de mais a mais o pânico, que não deixa pedra sobre pedra em tais circunstâncias.

A casa bancária que levava meu nome à sua frente, que navegava nas mesmas águas, com os mesmos ventos, e teve de enfrentar os mesmos contratempos, não podia escapar de entrar na partilha dos desastres que se deram; já antes, e em seguida às últimas ocorrências, ela foi vítima das desgraças da época; enorme soma de títulos prejudicados, endossados pela casa, foi paga ao Banco do Brasil ou substituída por outros títulos, ainda aumentados com os que foram levados a esse banco depois que o governo o habilitou, com o curso forçado de suas notas, a amparar as casas que estavam no caso de suportar os prejuízos com o capital próprio, e uma grande dívida ficou assim contraída; representando, porém, esses endossos, em sua maior parte, os prejuízos que a casa sofreu, prejuízos que aliás outras firmas fizeram pesar sobre o Banco do Brasil, ou antes sobre o Estado, que, dando curso forçado às notas do banco, e por um prazo estupendamente longo, lhe deu meios para tudo suportar e ressarcir quaisquer perdas que viessem a recair sobre sua carteira.

No entanto, pelo que me diz respeito, oxalá não tivesse a casa bancária sido auxiliada pelo Banco do Brasil nessa ocasião! Sem dúvida que ela teria sucumbido com as outras, porém não me resta dúvida, pelo conhecimento que tenho das cifras, de que, quando muito, absorvido pelos prejuízos o capital da sociedade bancária, teria eu de concorrer com uma parte de minha fortuna particular, ainda querendo desviar dessa responsabilidade os outros solidários, como ulteriormente fiz na liquidação final da firma Mauá, Mac Gregor & C.

Achava-me eu na Europa nessa ocasião, e meus agentes e associados entenderam dever fazer frente à crise, o que eu muito aprovei, pois eram grandes os elementos de sucesso que me rodeavam. E não obstante, foi para mim, individualmente, a maior calamidade que podia suceder-me, financeiramente falando, a solução da crise de 1864 em referência à casa bancária.

A suspensão, nessa ocasião, evitaria em primeiro lugar e sobretudo, a ignomínia que hoje me fazem suportar, pois é impossível que na mesma ocasião em que o governo resolvera que fosse levada a efeito a liquidação de todos os outros bancos e casas bancárias, de modo especial, se fizesse uma exceção da instituição de crédito que levava o meu nome. Isso não podia ser praticado. E a dor pungente que hoje me dilacera a alma seria menos aguda, bem seguro de que, em menor prazo do que puderam fazer as outras vítimas da crise, eu teria conseguido uma liquidação que, prejudicando-me e a meus sócios, deixaria livres de qualquer perda os credores da casa.

E que elementos para conquistar durante o resto da vida a mais elevada posição financeira não me sobravam! Bastava-me arvorar, depois da liquidação, o pendão do egoísmo, o que era lógico, depois de um tal sucesso, para que em poucos anos tudo estivesse restaurado, e minha posição mais alto colocada do que em época alguma anterior!

É verdade que no terreno das ideias generosas, no qual (infelizmente para mim) me achei sempre colocado, outros interesses foram grandemente beneficiados com ter-se a casa sustentado naquela época.

Sobretudo a nação brasileira e a província de São Paulo pouparam somas enormes, pois a garantia do governo imperial teria de tornar-se efetiva por alguns anos mais sobre o capital da estrada de ferro de Santos a Jundiaí: e a província de São Paulo teria de esperar mais esse prazo, para gozar dos benefícios da estrada, pagando sua produção 1$600 por arroba de Jundiaí a Santos e vice-versa, em vez de $440; e já foi demonstrado quantos milhares de contos esse fato poupou à província.

De que a empresa da estrada de ferro seria uma ruína financeira sem os auxílios da Casa Mauá, nem é permitido duvidar; e esses auxílios não podiam ter sido prestados se a crise de 1864 me tivesse arrastado.

A posição crítica da companhia não podia ser mais claramente demonstrada do que o foi logo no ano seguinte[177], quando os adiantamentos da Casa Mauá se operavam deste lado em maior escala, pelo seu presidente (*Chairman*), o qual entrando na legação do Brasil em Londres, dizia ao nosso ministro: "emprestai-me 100 mil libras, senão vou daqui ao *Stock Exchange* declarar falida a companhia da estrada de ferro de Santos a Jundiaí". Felizmente para o crédito do Brasil, achava-se à testa da legação nessa ocasião um diplomata desses que não hesitam em tomar sobre si uma responsabilidade, quando a gravidade do caso o exige (o Senhor Aguiar de Andrada)[178], e o Senhor Heath saiu da legação com o cheque na algibeira.

À posição da companhia manifestara-se ainda no enorme desconto que suportavam as suas ações na praça de Londres, na impossibilidade de emitir debêntures, e, segundo as palavras do Senhor Heath, em reunião dos acionistas, que eu ouvi, recusando-se os banqueiros a adiantar mais quantia alguma!

Duvidar, pois, que essa empresa representa em tal conjuntura uma ruína financeira não é possível. Se a casa tivesse suspendido em 1861 seu prejuízo por essa verba não teria excedido de 1.600 a 1.700 contos, em vez de 6.630:000$ hoje comprometidos, os quais, depois dos sucessos que o Brasil agora presencia, se acham arriscados; quando aliás, sendo o direito tão perfeito, não me assaltava o receio de perder parte alguma desse capital, nem mesmo depois da última sentença do Supremo Tribunal de Justiça, que confiscou aos tribunais do Império o direito inalienável de julgar fatos ocorridos no Brasil; pois esse estupendo julgado não ousou tocar no direito que tinha a Casa Mauá, de reaver o capital *bona fide* empregado na construção da estrada de ferro – afastou apenas a sede da apreciação dos fatos.

Na posição em que hoje me encontro, porém, vencido e abatido em 1875 pela falta de auxílio que todos os interesses que se grupavam em torno do meu nome aconselhavam, e desmoralizado agora com um procedimento judicial, que nenhum interesse legítimo e honesto consulta, como empreender com vantagens, na Inglaterra, a grande campanha que é necessário arrostar?

XIII

Compreendendo a necessidade de reforçar o capital ativo da casa durante minha estada na Europa em 1864 a 1866, havia eu conseguido uma combinação de amálgama com o London & Brazilian Bank[179], tendo em vista os sucessos de que fui testemunha em Londres, notavelmente quanto aos ataques a que estavam sujeitas as sociedades anônimas, naquela praça, pelas combinações de agiotagem no Stock Exchange, que eram de tal força que elementos financeiros de grandes proporções caíam aos seus golpes: tendo consultado alguns amigos logo após meu regresso, resolvi denunciar a combinação como inconveniente a ambas as partes, o que sendo aceito pela diretoria do banco já referido, ficou sem efeito a organização, bastante adiantada do London, Brazilian & Mauá Bank, que fora por mim promovida, como meio de realizar pausadamente os valores concentrados no Banco Mauá & C., aproveitando-se os grandes elementos de sucesso que se achavam aglomerados, suscetíveis de criar capital em grande escala, e que permitiam à nova instituição de crédito esperar essa realização, fruindo lucros vantajosos no intervalo.

Regressando da Europa nessa ocasião, coincidiu a minha chegada com a terminação do prazo legal da primeira sociedade bancária; e então tive de reconhecer que seu capital se achava grandemente deteriorado, em consequência dos descalabros que suportara, pelos sucessos já referidos. E com a maior franqueza expus o estado da sociedade aos sócios comanditários.

Por outro lado, os negócios sob minha responsabilidade ilimitada, cujas operações se realizavam com vantagem notável, em outras províncias do Império e no exterior, sem ingerência alguma da casa bancária, punham à minha disposição elementos pra arrostar o futuro com inteira confiança, e neles se baseava a combinação frustrada.

Meu capital individual elevava-se em 31 de dezembro de 1866 a 8,455:152$000.

Nessa ocasião, dominado por excessivos escrúpulos de consciência, por não terem sido todas as operações da casa bancária realizadas no rigor das estipulações do contrato social (ficando aliás a meu cargo a maior proporção dos prejuízos), fiz aos sócios comanditários uma proposta excepcional. Essa proposta foi, como é sabido, de aglomerar os meus valores bem representados dentro e fora do Brasil, e constituir uma nova sociedade, de cujos benefícios eu desistia, até ficar recomposto o capital perdido da antiga sociedade[180].

Não fui compreendido, como soem acontecer a ideias que se afastam da apreciação comum. E até no momento se levantou violenta explosão de má vontade, que (infelizmente para mim) se acalmou com a apresentação do relatório da comissão de exame, então nomeada[181].

O parecer dessa comissão reconheceu a boa-fé com que foram conduzidas as operações que findavam, embora não fosse isenta a gestão social das facilidades de que outras instituições de crédito foram vítimas no período decorrido, terminando por aceitar a proposta, pela qual os antigos sócios tinham tudo a ganhar e nada a perder, visto que, como o fato provou, os prejuízos da liquidação final das operações que findavam absorveram o resto do capital social; sendo ainda preciso tornar efetiva a minha responsabilidade solidária, pelo ingresso de cerca de 400:000$000 para saldar todo o passivo da sociedade Mauá, Mac Gregor & C., depois de absorvidos todos os valores reais que restavam pela máxima apreciação em que podiam ser computados, como foi minuciosamente explicado aos interessados em 14 de fevereiro de 1870.

XIV

Infelizmente para mim, ideias generosas e excessivamente liberais, atuando sempre em meu ânimo, havia eu declarado desde a primeira apreciação, que a parte do capital considerada readquirida, podia ser retirada em qualquer tempo, existindo na sociedade valores meus que completavam o capital social; e logo em seguida à primeira apreciação, já alguns poucos sócios se apressaram a retirar o terço estimado (que os fatos provaram não existir) e declarada ulteriormente a recomposição de metade do capital perdido, foram afluindo as retiradas, que saíam em bom dinheiro, embora ficassem representadas em verbas da contabilidade os lucros que correspondiam; o fato é que, atualmente existem apenas 1,888:000$ do capital nominal dos antigos sócios, não retirado até 15 de maio de 1875, em que a casa suspendeu seus pagamentos; prova cabal de ter sido a faculdade largamente usada apesar de que essas retiradas do capital readquirido, não deixavam desfalcado o capital da nova sociedade, achando-se representados os 10 mil contos, ainda na data da suspensão, com pequena diferença, e tanto que eu me preparava para, no fim desse mesmo ano, entregar os novos títulos comanditários aos sócios restantes, cumprindo assim o meu propósito de trabalhar até isso conseguir.

XV

Não deixou de ser próspera a marcha da nova sociedade, não obstante haver lutado com toda a sorte de contrariedades[182]; pois, constituída em 1.º de janeiro de 1867, logo em 31 de maio do ano seguinte sofreu o violento abalo da primeira suspensão de pagamentos em Montevidéu, a que o estabelecimento em geral resistiu com brilho, sem pedir apoio a ninguém, nem na casa central e nem nas províncias, sustentando-se mesmo as outras casas do Rio da Prata, com espanto do mundo financeiro; sendo só depois da segunda suspensão de pagamentos, em 11 de fevereiro de 1869, devida aos atentados praticados pelo governo oriental, já referidos, que mais sério choque sofreu a instituição de crédito; e nessa ocasião algum auxílio a casa obteve do Banco do Brasil, com garantias maiores de toda a exceção, e por quantia comparativamente insignificante, sendo o efeito moral nessa ocasião tremendo; e ainda assim pode a Casa Mauá suportar essa prova de fogo[183]!

Como foi demonstrado ao governo imperial em 12 de outubro de 1873, fazendo eu nessa ocasião novo esforço para obter o seu apoio, indispensável para conseguir a reparação daqueles atentados, a posição da casa em 31 de dezembro de 1867 era altamente vantajosa, pois das entranhas do balanço dessa data (Tabela n.º 1) tira-se a limpo o seguinte: que os depósitos da casa central e de todas as suas filiais eram de 47,703:676$526, a saber: em contas-correntes, 36,173:940$296 e em letras por dinheiro a prêmio... 14,529:736$230, achando-se reduzidos esses depósitos depois daqueles atentados, segundo o balanço de 31 de dezembro de 1869 (Tabela n.º 2), a 21,373:705$234, a saber: em contas-corrente, 14,860:168$762; em letras por dinheiro a prêmio, 6,513:536$472, perdendo assim o estabelecimento no seu todo de depósitos na importância de 26,329:971$292, devido ao violento abalo que o crédito da casa suportou nessa ocasião, ao passo que os auxílios que pôde ela conseguir do Banco do Brasil, em sua totalidade, para ajudá-la a fazer frente à tamanha contrariedade elevavam-se apenas a cerca de 1.700 contos de que esse banco foi devidamente embolsado, capital e juros; arrancando eu dos recursos do estabelecimento o suficiente para fazer face a tão grande retirada de depósitos! Os que ficaram, porém, representavam confiança absoluta, pois é claro que quem tinha medo de perder seu dinheiro retirou-o nessa ocasião, em que uma corrida geral se deu sobre todas as filiais; dirigidas, porém, por mim e meus auxiliares de trabalho com tanto acerto as forças da instituição de crédito, ela pôde a tudo resistir.

E a prova mais irrefragável de que a confiança em que ainda se apoiava o Banco Mauá & C. era de uma fortaleza inabalável, deu-se no fato estrondoso e inaudito de ser escolhido esse momento de luta, sem exemplo e sem igual, para ser apresentado à assembleia dos acionistas do Banco do Brasil o parecer de uma comissão de exame de contas, no qual foi a administração do banco acremente censurada por ter feito adiantamentos a casa (com sólidas garantias), sendo ela devedora ao banco de grossa soma a descoberto, que esses adiantamentos, em tal conjuntura, tinham em vista salvar[184]!

Ninguém que conheça o que significa uma instituição de crédito pode desconhecer que essa censura pública devia produzir o efeito de uma sentença de morte contra a casa e no entanto ela resistiu a mais essa prova de fogo, que motivou a retirada dos diretores do Banco do Brasil, sobre quem recaiu a injusta censura, sentindo-se os cavalheiros, que dela faziam parte, ofendidos em seus brios[185].

XVI

A casa, que representava em 31 de dezembro de 1867 um verdadeiro monumento de crédito, com um ativo de 105.186:879$206, era ainda, depois dos dois choques, um estabelecimento bancário de primeira ordem na América do Sul, que não podia ser por semelhante forma hostilizado sem que o bom senso e a própria decência fossem postos à margem.

O próprio Banco do Brasil, estabelecido quase ao mesmo tempo, com seus 33,000:000$ de capital realizado, e o grande apoio que lhe foi dado pelos poderes do Estado, tendo-se elevado sua emissão inconvertível a 82,000:000$, quando se achou diante de dificuldades, só em muito recente data, depois de destruídos os elementos de crédito, que não tiveram apoio do governo, pôde obter ingresso de depósitos iguais aos que teve o Banco Mauá e suas filiais em seus dias de prosperidade!

Isto, não obstante as enormes contrariedades que suportou, pois os prejuízos levados a débito da conta de lucros e perdas, desde 1.º de janeiro de 1867 até 18 de junho próximo passado, foram avultados, sem fazer menção dos prejuízos resultantes dos sucessos em Montevidéu, dos quais ficava representada na contabilidade somente a parte que constituía um direito perfeito, sendo aliás meu costume fazer desaparecer dela, no fim de cada semestre, todas as verbas que se tornavam prejudicadas, e, apesar disso, no dia da suspensão aqui (17 de maio de 1875[186] o capital social não estava desfalcado senão em quantia insignificante, segundo a demonstração feita por peritos insuspeitos (os vogais do próprio Banco do Brasil e do Tesouro Público Nacional). E o ativo geral da casa elevava-se ainda a 88,075:955$087, depois de deduzidos os 10.000:000$ de capital não realizado, que figuravam na contabilidade, como é de estilo, e o seu passivo geral a cerca de 78,000:000$ (Tabela n.º 3).

XVII

A atitude do governo Varella[187] na República do Uruguai foi no seu começo abertamente hostil ao Banco Mauá, devido talvez à sua aspiração de reorganizar as finanças do país sob a base de uma emissão de papel nacional, o que encontrava invencível resistência da parte de todos os elementos sãos daquela sociedade, que viam nisso um abismo insondável, em vez da salvação dos magnos interesses em questão; e força é confessar que um país açoitado pela frequência das guerras intestinas, e onde a estabilidade governativa e a força das instituições são problemas a resolver, não podia aceitar o regime do papel-moeda como motor das transações, sem criarem-se os maiores perigos, derivados da impossibilidade de sustentar o valor desse papel, mesmo dentro de certos limites que, uma vez ultrapassados, impossibilitam o uso de semelhante instrumento, que, nesse caso, não pode mais satisfazer aos fins a que é destinado.

Essa hostilidade e a nova revolução, que pôs em campo forças consideráveis para derrubar o governo já reconhecido pelas câmaras, criaram difícil situação à casa, não devida a movimento nos depósitos, pois também os que ali restavam eram de confiança, porém dos portadores das notas, que eram então convertíveis por ouro; e no fim de onze dias de corrida deu-se a última suspensão, depois de esgotados os recursos metálicos que existiam e os que foi possível reunir, indo esses esforços muito longe, por contar eu daqui com recursos que me falharam, sendo obrigado o Banco Mauá, de Montevidéu, a solicitar moratória, pois restava ainda na circulação uma forte soma de notas que a lei amparava como crédito privilegiado. Deram-me os depositantes na República, ainda em número de 1.034, nova e decisiva prova de confiança absoluta, exonerando o banco e aceitando em pagamento títulos de minha única responsabilidade; de sorte que a emissão pôde ser pontualmente recolhida em sua totalidade no prazo de ano, que a lei facultava, apesar do abalo violento que o país suportava nessa ocasião; sendo impossível, em tais circunstâncias, obter a casa recurso algum do exterior, e devendo a falência produzir resultados calamitosos aos interesses gerais dela, se não fosse o golpe desviado pelo apoio que os credores me prestaram.

XVIII

No último período do seu governo, a situação Varella chamou a seus conselhos o Doutor Lamas, que me conhecia desde longos anos em que juntos trabalhamos para a defesa da praça de Montevidéu, sendo essa a política do Brasil, que teve o meu franco, leal e decidido apoio.

Compreendeu esse ministro a necessidade de resolver sem mais demora a grande dificuldade internacional que a questão Mauá envolvia, como se achava, em fundamentos inatacáveis, assim no que diz respeito ao direito público internacional, como na mais alta expressão do justo e do honesto, e seguro que em dia mais ou menos próximo o governo imperial não deixaria de assumir a posição que lhe competia para obter justiça, desde que as arbitrariedades foram praticadas diretamente pelo governo da República, em contravenção às suas próprias leis.

Além disso, a nova revolução que se dera tornava o governo carecedor de recursos que ninguém lhe fornecia, e o Banco Mauá só o podia fazer mediante a inconversibilidade de suas notas: nessa base foi colocado o convênio de 26 de outubro de 1874, que deu plena satisfação aos interesses ofendidos pelos benefícios que teriam de resultar do uso dessa emissão, durante o período de sete anos (estimados), que bastavam para que as contribuições decretadas produzissem o ouro necessário, pagando o governo sua dívida ao banco, o que o habilitaria a abrir a conversão das notas no dia imediato.

As estipulações do convênio não podiam ser mais garantidoras, pois ninguém podia tocar no ouro que se recolhia em depósito, até que se achasse acumulada a soma necessária – sendo o banco por esse acordo indenizado em cerca de 22 mil contos – o que, mesmo tomando em consideração os onze anos que decorriam, desde que os atentados foram praticados, até a sua definitiva reparação, oferecia compensação adequada, ficando o país dotado de um meio circulante garantidíssimo; pois, além da dívida do governo, em que se acharia representada, em sua totalidade, a acumulação gradual do ouro, tornava infalível a conversão das notas. Esse acordo foi realizado mediante anuência e aprovação da legação imperial do Brasil.

Nova revolução, dando, porém, em resultado a queda do governo Varella, e sendo o convênio impopular (por não ser compreendido o seu mérito e alcance), empenhou-se o coronel La-Torre, que substituiu aquele governo, armado com toda a soma de poder público, em rescindi-lo, no que consenti, com ciência e anuência da legação imperial. A rescisão não podia ser mais vantajosa à República; pois, tomando o governo a si o pagamento das notas do banco, ficou obrigado a uma compensação mínima, visto que com menos de metade da quantia em que importariam os juros que teria de pagar pela nova dívida, se libertou dela; ficando, porém, em pé a grande reclamação já reconhecida e paga pelas concessões anteriores, que ficaram sem efeito e consequentemente dependendo de acordo ulterior outro modo de ser, satisfeita a indenização pactuada pelo convênio.

XIX

Concluídos esses arranjos, voltei ao Brasil, no propósito de dominar aqui também as contrariedades que as ocorrências em Montevidéu, já referidas, trouxeram, como era natural, à posição da casa. Encontrei-me, além disso, em frente da crise monetária, que desde janeiro[188] se manifestava, tendo origem na deficiência do meio circulante (visto que nenhuma outra causa, nem antes nem depois de passado o período de sua maior intensidade, foi denunciada). Essa crise se foi manifestando gradualmente e agravando-se, até que, em princípio de maio, seus efeitos ameaçavam um descalabro financeiro, geral em sua ação, o que induziu o poder executivo a propor ao corpo legislativo a lei chamada de auxílio aos bancos[189]. E tão grave era a situação, que muitos dias antes de ser ela votada, o ministro da Fazenda prestou quantiosos auxílios ao Banco do Brasil e a outras instituições de crédito, que tinham em sua carteira bilhetes do tesouro ou apólices da dívida pública, base adotada pelo governo da época para prestar esses auxílios às instituições de crédito que deles necessitavam, e foram salvos os bancos que possuem quantidade suficiente desses títulos.

XX

Não há como negar que um governo que obedece ao jogo regular do mecanismo de instituições não pode obrar com inteira liberdade de ação nas ocasiões difíceis em que o bem do Estado exige sua intervenção para salvar altos interesses que a presença de uma crise ameaçava comprometer. E só isto explica que, além dos bancos que foram sustentados e amparados, deixassem de o ser os que não tinham em sua carteira os títulos privilegiados que serviram para a salvação de outros; pois, achando-se em estado de solvência, como depois se verificou, podiam e deviam ser amparados. Não faltavam ao Banco Nacional[190] documentos que representavam auxílios a três estradas de ferro importantes, Macaé e Campos, São Paulo e Rio de Janeiro e Leopoldina, bem como a três caminhos de ferro urbano – Vila Isabel, Cidade de São Paulo e Cidade de Porto Alegre, além de outros que significavam apoio à navegação a vapor, e mais alguns que denunciavam serviços ao progresso do país.

Enquanto ao Banco Alemão[191], o pagamento realizado de 45% do seu passivo em debêntures da estrada de ferro de Sorocaba patenteou a verdadeira causa do seu desastre, pois o seu crédito contra a Casa Mauá podia mesmo resolver-se em uma ligação da mais alta importância para ambas as instituições de crédito, se essa casa fosse amparada, como tinha direito de o ser, em presença dos incontestáveis serviços que havia prestado ao país, alguns dos quais ficam ligeiramente notados[192].

XXI

Em referência ao Banco Mauá, as causas imediatas, que trouxeram a necessidade da suspensão de pagamentos em maio de 1875, tiveram bastante notoriedade pública, tendo na verdade origem nos sucessos do Estado Oriental, já minuciosamente narrados: pois a crise monetária veio apenas provar mais uma vez a confiança dos depositantes do resto das quantias alheias de que a casa se achava de posse: nem aqueles sucessos e nem a crise deram lugar a qualquer sensível manifestação de desconfiança, nem aqui e nem nas províncias, e já eu o disse que o mesmo se dava em Montevidéu, quanto ao resto dos depósitos, que ali só representavam uma quinta parte das somas confiadas ao estabelecimento em épocas anteriores.

O auxílio de 3 mil contos, solicitados do Banco do Brasil, sob a garantia de 6.000:000$ em ações da Companhia Pastoril, nessa ocasião, era exclusivamente destinado a Londres, para pagar o saldo dos saques da casa e suas filiais, que circulavam naquela praça, entre os quais 70,000 £ a favor do governo argentino. Uma vez pagas essas cambiais, deixariam o crédito da firma, mais que nunca, altamente colocado na Europa; pois com razão se diria que uma casa, que fazia frente aos seus avultados compromissos, depois dos extraordinários sucessos em Montevidéu e da crise monetária no Brasil, estava acima de todas as eventualidades.

O rigor dos estatutos do Banco do Brasil não permitiu o auxílio solicitado[193], e tive de pedir a moratória, que ficou assegurada pelo parecer dos peritos, quanto à solvência da casa (vogais do Banco do Brasil e do Tesouro Público Nacional).

Desde então, não obstante, dei por finda a minha carreira financeira, pois não podiam ocultar-me as consequências do desastre.

XXII

Tive de aceitar essa concessão na forma em que ela foi proposta e votada, só e exclusivamente porque ela consultava os interesses dos credores, pois a enormidade dos créditos garantidos que não constituíam dívidas exigíveis, porém em sua maior parte elementos de lucro para a casa, visto como representavam empregos que davam lucro superior aos juros, desde que a falência os tornasse exigíveis e realizados pelo modo obrigatório que semelhante estado determinava, a consequência inevitável seria um aumento considerável nos créditos quirografários, devido aos prejuízos inesperados e desnecessários que resultariam da venda forçada desses valores afetados ao pagamento de créditos, que constituíam contas de movimento nas transações da casa.

Com efeito, as liquidações realizadas segundo o balanço geral de 31 de maio último, mostram as avultadas somas pagas, aumentadas ainda até 18 de junho pela venda de títulos caucionados, de sorte que nos três anos da moratória as somas efetivamente eliminadas da contabilidade elevaram-se a mais de 50,000:000$000 (Tabela n.º 4).

Uma liquidação tão adiantada, que sem tropeços pode levar-se a esse ponto, no interesse, sobretudo, dos credores quirografários, deixava provada só por si a grande conveniência de não ser interrompida a sua marcha; e daí os esforços por mim empregados para que, ouvida a opinião dos credores, ficassem assentados, sem intervenção judiciária, o modo e a forma de ultimar-se a liquidação, providência reclamada do poder executivo, por se tratar de um caso de que não cogitou a defeituosa lei comercial existente[194].

Com efeito, o dilema tem duas pontas agudas – ou o poder executivo cometeu atentados em épocas anteriores, violando as leis, e nesse caso os ministros deviam ser responsabilizados; ou o poder competente reconheceu que, sendo a lei omissa, competia e devia o poder executivo providenciar em casos tais, enquanto legislação apropriada não fosse decretada. Tal era a situação dos bancos em liquidação ao terminar o prazo de suas chamadas moratórias, manifestamente insuficiente para uma liquidação; e tanto, que nenhum banco do mundo se liquidou jamais em semelhante prazo. Endereçaram, pois, os bancos a sua súplica ao poder executivo, pedindo, em última análise, que os únicos interessados (credores) determinassem o modo e forma de continuarem as liquidações, ou aquilo mesmo que a legislação tem o DEVER de estatuir; pois é direito natural que a lei não pode contrariar, sem se tornar indigna de um povo civilizado. O governo, porém, declarou-se incompetente, e entregou os bancos ao processo da falência que a lei omissa estabelece, para a execução da qual, quanto mais inteligente e honesto for o juiz, tanto mais necessidade terá de saltar por cima de suas disposições[195]!

XXIII

Tal é a posição em que me encontro e que motiva esta exposição.

O fato era para mim inesperado até a véspera do dia em que a resolução foi tomada; pois, do contrário, me teria posto em campo, e não creio que deixasse de obter dos credores do Banco Mauá & C., no Brasil, não a prova absoluta de confiança que me deram duas vezes os credores da filial de Montevidéu (pois tanto lhes não pedia), porém coisa muito menor, pois limitava-se minha pretensão a que eles mesmos, só por si consultando o que melhor conviesse aos seus interesses, resolvessem como entendessem, evitando-se um processo inútil para o fim que a lei tem em vista, e prejudicial a todos os interesses legítimos: e a mim apenas poupando-me o vexame, pois quanto a salvar a mínima parte de quaisquer valores meus; desde que fossem necessários ao pagamento de obrigações da firma; que levava a minha responsabilidade solidária, ninguém ousará macular-me a esse ponto; e a contabilidade da casa; depois da suspensão, oferece prova das mais concludentes que essa ideia jamais me atravessou a mente, pois sendo certo que se moviam em conta-corrente de juros recíprocos algumas transações forçadas em meu nome individual, e sendo eu devedor nessa conta-corrente em 15 de maio de 1875, por 137:542$742, o balanço que serviu de base à abertura da falência me mostra credor de 1,009:628$354, além dos 8,112:000$000 meus, representados no capital social, determinada essa mudança pela realização dos meus valores particulares, que não estavam, nem jamais estiveram, na contabilidade da casa, e que existiam principalmente em Londres em títulos de renda, valores em que a jurisdição dos tribunais do Império não podia tocar, e portanto seu voluntário ingresso na contabilidade pela venda desses títulos, a que mandei imediatamente proceder, prova exuberantemente que eu não abrigava a ideia de salvar parte alguma de meus haveres e que só no interesse dos credores da casa, procurava conseguir uma liquidação em que deixasse de aparecer a intervenção judiciária.

XXIV

Resta-me resumir as causas de tão deplorável sucesso, que eu não posso deixar de acreditar, foi recebido com mágoa em todo o Brasil, e mesmo em mais de uma localidade do exterior, pois seria ingratidão da minha parte desconhecer que grande é o número dos que me fazem justiça, dentro e fora do país.

A causa primordial, embora remota, do desastre foi sem dúvida a intervenção indébita do poder executivo na organização da sociedade bancária, fazendo baixar um decreto, a que deu efeito retroativo, que anulou o registro da sociedade, obrigando-a a constituir-se de um modo diverso do que fora por mim contemplado, impedindo-me o fato de prover aos meios de sua maior segurança e garantia no futuro[196].

A segunda causa, atribuo-a a leis financeiras, que hoje encontram geral reprovação, que excluem a iniciativa individual, deixando entregue, não só a ação do crédito, porém mesmo a do capital, desde que este se aglomera, a uma rigorosa tutela governativa.

A terceira causa (lamento profundamente ter de enumerá-la) assenta em algumas decisões injustas dos tribunais do meu país, sem dúvida por equivocadas apreciações. A primeira dessas decisões, que me espantou, foi na questão da falência da Astley Wilson & C. As transações da casa bancária com essa firma foram todas baseadas na garantia de letras e contas assinadas com endosso perfeito, depositadas em conta-corrente, contra as quais os devedores passam cheques pelas somas que suas transações exigiam. Falindo os devedores, cobrou a casa os títulos de que estava de posse até à importância dos seus adiantamentos, e entregou o saldo aos administradores da massa. Acreditará alguém que uma sentença passada em julgado, dada pelo Tribunal do Comércio da capital do Império, veio confiscar da casa parte desses adiantamentos? Pois o fato deu-se! Ainda mais, a injustiça era de tal ordem, que os últimos recursos foram tentados. O Supremo Tribunal de Justiça, por unanimidade de votos, fulminou essa sentença por injustiça notória, e nulidade manifesta, e submetida a novo julgamento na Bahia, em conformidade da jurisprudência do Brasil, a decisão foi ali empatada, pois a parte contrária esgotou o último esforço para vencer, sem poder eu jamais atinar com a causa de semelhante capricho; o fato é que o único voto de desempate, do presidente do tribunal da Bahia, anulou o voto unânime do Supremo Tribunal de Justiça, e o Banco Mauá perdeu a causa! Será sensato esse regime judiciário?

Não tenho eu o direito de dizer, com a sentença do mais alto tribunal judiciário do Império na mão, que essa sentença desapossou a Casa Mauá de um capital que legitimamente lhe pertencia[197]?

XXV

Outra decisão ainda mais estrondosa é a que vou mencionar. Por conselho e instâncias do advogado da casa, fez ela um empréstimo avultado, sob hipoteca de bens de raiz suficientes, empréstimo que fornecia os meios, a quem recebia o dinheiro, de acabar com muitas demandas, e tranquilizava-o na posse das sobras de uma grande herança que essas demandas absorviam[198].

Decorridos alguns anos, tornou-se patente que o devedor não queria consentir na venda amigável dos prédios pelos melhores preços que fosse possível obter-se (ideia capital que predominou quando o empréstimo foi feito).

Foi preciso acionar a hipoteca, e o advogado da casa, considerado então o primeiro jurisconsulto do Império[199], propôs a ação, vencendo uma série interminável de chicanas, e afinal foram a maior parte dos bens levados à praça, arrematados, e embolsada a casa de dois terços do que lhe era devido (no fim de cerca de oito anos), e propunha-se a continuar a execução no resto dos bens, que montavam ainda a muitos centos de contos de réis.

No entanto, o devedor teve quem lhe aconselhasse mais um recurso de chicana[200]: propôs, em nome de sua mulher, ação de nulidade, por incompetência de juízo! Salta aos olhos que a Casa Mauá não podia intervir na marcha de um processo entregue a um jurisconsulto de tamanho vulto e nomeado na profissão.

No entanto, o devedor, não se tendo declarado comerciante, havia tido a cautela de registrar sua mulher como negociante matriculada.

O advogado a que me refiro propôs a ação pelo juízo que lhe pareceu o competente, sendo o devedor e sua mulher citados para todos os efeitos da causa.

Obtida a sentença e feita a execução já referida na maior parte dos bens, apareceu a tal ação de nulidade que foi acolhida!...

O advogado da casa tratou logo de propor a ação pelo outro juízo; não sei ainda qual é o competente (os jurisconsultos que o digam), e foi desta vez tão rápido o andamento, que sentenças para mais de 3,000:000$000 se achavam obtidas, e tratava-se de fazer execução nos direitos, quanto aos bens arrematados e prosseguir a execução nos outros bens.

Inopinadamente apresenta-se no escritório do Banco Mauá um mandado de penhora, obtido por recurso de agravo interposto perante o presidente do Tribunal do Comércio pelo advogado do devedor, por 2.400:000$[201]! Achava-se eu em Montevidéu, lutando com energia inexcedível contra o governo e os elementos que me eram hostis, durante a primeira crise, quando este sucesso se deu, e fui chamado à toda a pressa, apesar das circunstâncias graves que a filial ali atravessava – o que aumentava enormemente as dificuldades com que aqui lutavam os encarregados da gerência da casa.

Chegando aqui sem demora, tive de ficar aturdido com a situação em que esse mandado de penhora colocava a casa: ao princípio, pareceu-me coisa simples, pois, se temos sentenças contra esse pretendido credor por muito maior quantia, nada mais fácil do que fazer frente à inaudita trica judiciária, entregando à penhora essas mesmas sentenças, que constituem nosso direito já reconhecido pelos tribunais.

Consultados, porém, não só advogados do foro, porém outros jurisconsultos da mais elevada esfera, foram todos unânimes que não havia outro recurso, senão segurar o juízo, e que a parte tinha o direito de escolher o mais bem parado da carteira do Banco, sendo isso impossível de realizar-se na ocasião.

Nesta conjuntura aparece-me o advogado da parte[202], e declara-me que seu constituinte contentava-se que a casa bancária renunciasse, por uma escritura pública, os direitos e ações que lhe restavam, de continuar a execução e cobrar o saldo da importância a que as sentenças nos davam direito!

Compreendi tudo!

O MANDADO era um bacamarte de que estava de posse o advogado do devedor contra o seu credor, para obrigá-lo a uma composição! Se o viajor encontra na estrada um salteador e este lhe exige a bolsa, de arma apontada, entregara sem hesitação; que outra coisa podia fazer a casa bancária em idênticas circunstâncias?

O prejuízo da casa, devido aos dez anos de chicana e a composição forçada que a cobrança de um crédito hipotecário lhe acarretou, foi avultadíssimo; de capital e juros elevou-se a mais de 2 mil contos[203]!

XXVI

Tratarei agora de um outro julgado de ruidosa notoriedade pública. É sabido que a companhia da estrada de Santos a Jundiaí impugnou o pagamento das quantias por minha ordem adiantadas para a construção dessa estrada, escudando-se em uma série de atos preparados com reconhecida e provada má-fé. Demandei-a perante os tribunais do país. Desde o começo todo o empenho dos que representavam essa empresa foi desviar o julgamento dos tribunais do Império, tendo ajeitado na Inglaterra, por meio de contratos fraudulentos com seus empreiteiros[204], a minha incompetência para demandá-la em Londres! O ferro em brasa dos fatos a matava, em qualquer parte onde a discussão destes pudesse ter lugar. Levou dez anos essa companhia a impugnar o direito de ser acionada no Brasil, usando de todos os recursos que a chicana forense permite[205]. O art. 26 do contrato, que lhe foi transferido, era claríssimo: ela devia responder perante o Governo e autoridades do Brasil pelos atos que lhe fossem relativos, praticados no Brasil. E quando não existisse semelhante estipulação, tratava-se de um direito inalienável, que assenta em direito público reconhecido e aceito por todas as nações civilizadas – a jurisdição territorial, – de que nem mesmo uma lei podia despojar os tribunais do Império, sob pena de abdicar por essa lei o país e os foros de nação independente! Duas vezes, depois de intermináveis chicanas, foi essa questão levada ao Supremo Tribunal de Justiça, nesse mesmo terreno. Da primeira vez, a sentença de agosto de 1869 – fulminou a pretensão inglesa nos termos os mais explícitos; jamais sentença alguma do Supremo Tribunal de Justiça se fundou em jurisprudência mais sã e de mais irresistível procedência, e a decisão foi tomada por unanimidade de votos[206].

Fundando-me nesse julgado, foi nova demanda intentada contra a companhia, que, seguindo seu curso depois da sentença a meu favor na primeira instância (única que entrou no mérito da questão), continuou a companhia a resistir ao julgamento no terreno dos fatos; pois bem sabia que estes a levavam de vencida em todos os terrenos, deixando-a sem fundamento algum razoável em que se apoiar. A exceção, e sempre a exceção, de não poderem ser julgados no Brasil fatos ocorridos no Brasil foi a sua defesa. E o certo é que o tribunal de segunda instância em São Paulo aceitou a monstruosa doutrina[207]! Levada a questão no mesmíssimo terreno em que já fora julgada pelo Supremo Tribunal de Justiça, não me deu o fato o menor cuidado, pois parecia-me evidente que o tribunal não podia mais tomar conhecimento da EXCEÇÃO, já sentenciada: sendo as decisões do Supremo tribunal de justiça IRREVOGÁVEIS, não podia eu conceber a possibilidade de uma solução contrária, e até presumia que o Supremo Tribunal se não contentaria com declarar nula a sentença da relação de São Paulo, – que julgava contra a sua decisão, em oposição manifesta à legislação do país; acreditei que mandaria, além disso, responsabilizar essa relação, que desacatava a sua autoridade, sendo o bom direito da Casa Mauá levado à última evidência pelo ilustrado advogado, que fez profundo estudo da questão, o Doutor Laffayette Rodrigues Pereira, hoje ministro da Justiça.

Com assombro do Brasil, o Supremo Tribunal de Justiça aceitou a inqualificável doutrina da relação de São Paulo, o que importava declarar incompetentes os tribunais do Império, em contradição manifestada com o seu primeiro julgado sobre o mesmíssimo ponto em 1869, sentença que firmara um direito e o princípio em que ele assentava.

Temos, pois, duas decisões sobre a mesmíssima questão, uma em data anterior, por unanimidade de votos; outra em 1877, por simples maioria de votos[208] – uma diz não, outra diz sim; a verdade não pode existir em ambos os julgados: qual dos dois é válido? É a questão que submeterei brevemente à consideração do corpo legislativo, que simboliza a mais alta expressão da delegação da soberania nacional.

Uma questão que envolve um princípio fundamental de direito público, que afeta a soberania e independência do Brasil, não pode ser resolvida por julgados que se contradizem manifestamente, e não parece razoável que uma sentença por maioria de votos revogue outra sentença do mesmo tribunal, por unanimidade, quando, sendo o assunto o mesmo, a decisão anterior é, pela lei, irrevogável! Jamais assunto de igual importância terá sido levado à consideração dos elementos pessoais que representam o poder legiferante da nação.

O primeiro dever dos poderes públicos, que constituem a organização social de qualquer país, é garantir a distribuição da mais reta e imparcial justiça. Sem isso a propriedade e os direitos individuais dos habitantes, que acreditam viver à sombra de instituições, não estão garantidos, e a existência da própria organização social adotada corre perigo iminente[209].

XXVII

A quarta causa concorrente do desastre teve ainda origem na minha desgraçada intervenção para dotar a província de São Paulo com a estrada de ferro de Santos a Jundiaí, devida à descrença com que a província acolheu a introdução desse grande melhoramento, manifestada na pretensão pouco sensata de fazer construir uma estrada de simples rodagem paralela a essa estrada de ferro. À primeira vista parece inexplicável como semelhante fato pode influir nos destinos da Casa Mauá; nada, porém, mais simples, nem de mais fácil demonstração. Os empreiteiros da estrada de ferro, acolhendo as minhas instigações, tinham, nessa ocasião, um pessoal enorme empregado em tal construção. A obra em concorrência, por conta da província, elevou desde logo o preço do trabalho, ou o aluguel dos braços, na razão de 600 a 800 réis por dia para cada trabalhador, o que aumentou o custo da estrada de ferro nos quatro anos que ainda decorreram, até ela ficar pronta ou suficientemente adiantada, em mais de 2 mil contos; e como, em consequência dos fatos já largamente explicados, ficou a cargo das finanças da Casa Mauá o excesso na construção dessa via férrea, é claro a todas as luzes, que, acumulados os juros de seis em seis meses sobre o capital por essa forma despendido, devido àquela intervenção dos poderes públicos da província, eleva-se a soma total a uma cifra que sobrava para impedir o desastre.

XXVIII

A quinta causa do infortúnio (embora a primeira para produzir as consequências imediatas do sucesso que se deu em maio de 1875[210]) foram as ocorrências na República do Uruguai, já minuciosamente descritas nesta exposição, avultando entre elas, e acima de todas, a intervenção das armas do Brasil no fim de 1864 a favor da revolução que estalara naquele país, no começo de 1863, pois da vitória da revolução, que só era possível mediante essa intervenção[211], nasceram ulteriormente todas as calamidades que vieram perturbar a marcha das instituições de crédito, que giravam sob meu nome e responsabilidade, cuja posição eu havia conseguido elevar a uma altura que ombreava com as primeiras do mundo financeiro.

E em seguida, a falta de proteção eficaz por parte do governo imperial, mesmo depois de averiguar ter havido reconhecida e provada denegação de justiça nos atos praticados pelo governo oriental, deu lugar a que a indenização reclamada deixasse de ser atendida, em oportunidade[212]; sendo certo que em qualquer tempo obtida, durante os primeiros cinco anos depois que os atentados foram praticados, teria o fato posto a Casa Mauá a coberto de todas as eventualidades.

A sexta causa do desastre teve sem dúvida origem nas transações que trouxeram uma censura pública em sessão da assembleia geral dos acionistas do Banco do Brasil à sua administração[213].

Que a Casa Mauá, dentro e fora do país, usava de crédito em larga escala nessa ocasião, a enormidade de suas transações prova-o concludentemente.

Semelhante golpe contra o crédito da casa, desfechado em um momento crítico, não seria bastante para derribar a qualquer outra instituição de crédito?

Dessa severidade nasceram as exigências que encerram a escritura da hipoteca de 23 de janeiro de 1870, imposta pela nova diretoria em referência ao débito original da Casa Mauá engrossando com os juros acumulados na razão de 9% ao ano, desde 10 de setembro de 1864, que sucessivos pagamentos por conta, desde aquela data, não puderam amortizar senão em parte[214].

Os termos dessa escritura envolviam descrédito para a Casa Mauá, e, cumpre-me confessar, não deviam ter sido aceitos, sendo mil vezes preferível a suspensão nessa ocasião. Subsistente, porém, a reclamação oriental; colocada no melhor pé e amparada a reclamação contra a companhia da Estrada de Ferro de São Paulo pela então recente decisão do Supremo Tribunal de Justiça, de agosto de 1869, parecia insensato deixar de aceitar essa imposição, que dava tempo para recolher esses dois créditos, o que punha a casa a coberto de todas as contrariedades — esta é a minha defesa em ter aceitado semelhantes condições.

A diminuição de juros, nessa ocasião obtida, não era uma compensação adequada, pois o excesso de juros pagos pela Casa Mauá até aquela data, em suas transações com o Banco do Brasil, representava algarismo não inferior a 5 mil contos.

A tabela n.º 5 mostra as transações havidas com o Banco do Brasil somente desde 10 de setembro de 1864 em diante, sem falar nas letras redescontadas, que foram sempre regularmente pagas.

Deixar de mencionar o excesso de juros pagos como uma das causas do desfalque nos cabedais da Casa Mauá no seu todo, não era possível; sendo, aliás, certo que, depois que esse banco ficou organizado, a taxa de juros elevou-se 2% acima do que pagavam durante os quinze anos anteriores os interesses que, em bem do país, usam de crédito para alargar a esfera de suas operações, que são suscetíveis de maior desenvolvimento, se encontram dinheiro a juro módico, restringindo necessariamente, se esse elemento lhes falta, ou tem de pagar pelo seu uso aluguel demasiado caro.

As opiniões dividem-se a este respeito, havendo quem sustente o contrário, isto é, que o capital deve conseguir a mais alta remuneração, o que eu sempre entendi só pode dar-se em detrimento dos outros elementos que concorrem para a criação da riqueza. Não é uma censura que faço aos que pensam e obram em sentido contrário. Na hora, porém, em que sou forçado a explicar as causas de um grande infortúnio, não podia deixar de apontar esta como uma das que influíram.

XXIX

Chego à conclusão:

Em 15 de maio de 1875, os três bancos[215] que suspenderam se achavam no caso de ser auxiliados, pois os pareceres dos peritos nomeados para examinar as respectivas contabilidades reconheceram o estado de solvência. E se se trata de serviços ao país, descontar bilhetes do tesouro, ou empregar dinheiro em apólices, não valem mais do que os de outra ordem, que foram prestados pelos bancos cuja sorte foi abandonada.

Quanto à Casa Mauá, o auxílio pedido a teria salvado – os 3 mil contos, como já observei, eram necessários, não para satisfazer a exigências dos depositantes, que em parte alguma se davam, porém para completar o pagamento de todos os saques próximos a vencer-se em Londres, onde circulavam poucos meses antes cerca de 1,2 milhão de libras – capital vantajosamente utilizado deste lado.

Esse movimento era uso do crédito legítimo empregado para produzir bons lucros.

Vencida essa crise, o mecanismo financeiro que concentrava tão formidáveis elementos de sucesso se acharia mais que nunca restaurado, e portanto em estado de produzir.

Não podendo obter apoio, veio a moratória, que aceitei, só e exclusivamente no interesse dos credores da Casa Mauá, pois a um homem prático como sou, não se podia esconder que a liquidação de 88 mil contos de créditos e valores, achando-se uma grande soma representada em imobilizações em vários países, não podia deixar de absorver muito maior sobra do que a representada no capital social, que o excesso entre o ativo e o passivo patenteava.

Desde que se tratava de uma liquidação, maior prazo para esse fim era o que a lógica dos fatos indeclinavelmente exigia, e a vontade dos credores a respeito era a única coisa que podia razoavelmente ser consultada. A falência significava apenas torcer o punhal, que me haviam cravado no coração em 17 de maio de 1875, para que a dor fosse mais funda. Foi isso o que se preferiu! O procedimento é até enigmático, desde que nem uma só vez, em época alguma anterior, fora a lei (reconhecida inexequível) por semelhante forma aplicada para instituições de crédito, nem mesmo de caráter exclusivamente particular. Destruída a fortuna, abatido o nome, que mais queriam agora? Meu único crime foi trabalhar muito, tendo sempre por norte fazer algum bem.

Muito de propósito deixei passar sem reparo nesta exposição os serviços prestados pelo Banco Mauá & C. à República Argentina, posto que de algum vulto; sendo certo que durante dezoito anos exerceu essa instituição de crédito influência pronunciada na marcha financeira desse país, concentrando e realizando operações de grande vulto, sem que infelizmente o mínimo benefício resultasse à instituição de crédito quer do emprego do capital próprio, quer do alheio, que lhe foi confiado em grande escala – sendo os prejuízos aí suportados em excesso dos lucros havidos[216].

Fazer baquear uma instituição de crédito que se achava em estado de solvência e que fazia sentir os benefícios de sua ação vivificadora por toda a parte onde as circunstâncias a chamaram, não parece a solução justa destinada a um lidar contínuo, animado sempre dos mais altos propósitos.

XXX

Quanto a vós, credores do Banco Mauá & C., acreditai que a dor pungente que me dilacera a alma, nasce de ter sido causa involuntária do prejuízo que a liquidação pode acarretar-vos: minorar esse prejuízo é o único pensamento que me preocupa, e modera a violência de meu sofrimento moral a possibilidade de vos poder ser útil.

No longo período da minha vida ativa, tive ocasião de fazer suportar o transe doloroso que me fazem atravessar as centenas de indivíduos e a inumeráveis firmas comerciais, dentro e fora do Brasil; no entanto, nem uma única falência foi aberta a requerimento de qualquer das firmas que levaram meu nome à sua frente.

Não têm conta os atos de benevolência e proteção dispensados a indivíduos e a interesses legítimos durante o longo período, quer praticados pessoalmente ou por ordem minha; ao passo que, salvas as simpatias individuais, que ainda me rodeiam, pelas quais sou grato aos meus amigos, os sucessos de verdadeira força maior que ficaram narrados, que interpuseram sua influência para abater-me, fizeram-me tragar a última gota do cálice da amargura.

Não é um desabafo, é um gemido que esta exposição encerra, e o gemer é privilégio de quem sofre; pretender negar que sofro, e muito, seria faltar à verdade.

Só me resta fazer votos para que no meio século, que se segue, encontre o meu país quem se ocupe dos melhoramentos materiais da nossa terra com a mesma fervorosa dedicação e desinteresse (digam o que quiserem os maldizentes) que acompanhou os meus atos durante um período não menos longo, serviços que tiveram em recompensa um procedimento desnecessário, pois esse fato da intervenção do poder judiciário só pode dar-se porque a legislação insuficiente que possuímos a respeito dos interesses monetários, desconhece o verdadeiro princípio em que assentam esses interesses: a liberdade das convenções.

E oxalá que nas reformas que se apregoam como necessárias ao bem-estar social de nossa pátria, não esqueçam os que se acharem à frente da governação do Estado, que o trabalho e interesses econômicos do país são mais que muitos dignos da proteção e amparo a que têm direito.

Pela parte que me toca, fui vencido, mas não convencido.

TABELAS

TABELA N.º 1

Resumo dos balanços das Casas Mauá & C., em 31 de dezembro de 1867, compreendendo a casa matriz e todas as suas filiais.

ATIVO		PASSIVO	
Quinhões a emitir	10.000:000$000	Capital	20.000:000$000
Liquidação de Mauá, Mac Gregor & C	6.394:089$238	Fundo de reserva	1.847:249$991
Fundos públicos e ações	17.634:090$978	Lucros e perdas	1.250:174$725
Imóveis	12.731:247$380	Emissão nas Rep oriental e Argentina	10.579:212$511
Contas-correntes	26.424:554$414	Contas-correntes	36.173:940$296
Letras a receber	9.158:298$623	Letras por dinheiro e prêmio	11.529:736$230
Casas filiais	15.988:216$394	Letras a pagar	10.518:666$480
Diversos valores	3.646:475$889	Casas filiais	20.248:973$272
Caixa	13.209:306$290	Diversos valores	3.011:925$701
	115.186:879$206		**115.186:879$206**

TABELA N.º 2

Resumo dos balanços das Casas Mauá & C., em 31 de dezembro de 1869, compreendendo a casa matriz e todas as suas filiais.

ATIVO		PASSIVO	
Quinhões a emitir	10.000:000$000	Capital	20.000:000$000
Fundo comanditado	6.000:000$000	Fundo de reserva	1.109:343$870
Fundos públicos e ações de companhia	9.934:359$065	Lucros e perdas	3.110:467$846
Propriedades territoriais	10.005:273$120	Emissão na República Argentina	276:080$200
Contas-correntes	17.249:181$193	Contas-correntes	14.860:168$762
Letras a receber	7.261:760$669	Letras por dinheiro e prêmio	6.513:536$472
Casas filiais	14.773:924$151	Letras a pagar	16.216:971$864
Diversos valores	2.844:403$162	Casas filiais	16.279:450$039
Caixa	2.860:515$976	Diversos valores	2.563:398$283
	80.929:417$336		**80.929:417$336**

TABELA N.º 3

Resumo dos balanços das Casas Mauá & C., em maio de 1875, data de suspensão de pagamentos.

ATIVO		PASSIVO	
Quinhões a emitir	10.000:000$000	Capital	20.000:000$000
Fundos públicos e ações	16.072:416$060	Lucros e perdas	2.489:154$301
Imóveis	5.262:139$504	Fundo de amortização	69:456$659
Contas-correntes	26.413:586$929	Emissão	5.174:000$000
Letras a receber	2.270:033$086	Contas-correntes	35.619:124$206
Letras descontadas	3.680:647$674	Letras a pagar	7.956:868$352
Títulos em liquidação	2.573:744$627	Letras por dinheiro e prêmio	4.245:759$019
Casas filiais	21.196:228$842	Casas filiais	21.763:596$460
Escritório e mobília	94:120$980	Descontos	757:996$090
Despesas gerais	204:635$862		
Juros	298:497$323		
Reclamação contra governo oriental	3.792:168$000		
Caixa	4.143:442$171		
Lucros e perdas	1.624:294$029		
	98.075:955$087		**98.075:955$087**

TABELA N.º 4

Resumo dos balanços das Casas Mauá & C., na data da suspensão de pagamentos e na da falência.

ATIVO			PASSIVO		
	DATA DA SUSPENSÃO	DATA DA FALÊNCIA		DATA DA SUSPENSÃO	DATA DA FALÊNCIA
Quinhões a emitir	10.000:000$000		Capital	20.000:000$000	10.000:000$000
Fundos públicos e ações	16.072:416$060	8.885:082$866	Fundo de amortização	69:456$659	
Imóveis	5.262:138$504	2.159:632$935	Lucros suspensos	2.489:154$301	63:414$137
Contas-correntes	26.416:586$929	10.945:432$181	Emissão	5.174:000$000	
Letras a receber	2.720:033$086	373:472$712	Contas correntes	35.618:124$206	20.992:140$545
Letras descontadas	3.680:647$674	178:980$335	Letras a pagar	7.956:868$352	857:339$940
Títulos em liquidação	2.573:744$627	1.218:391$853	Letra por dinheiro e prêmio	4.245:759$019	2.354:645$284
Casas filiais	21.196:228$842	2.448:689$973	Recâmbios	550:874$480	
Escritório e mobília	94:120$980	17:886$216	Casas filiais	21.763:596$460 7	3.094:143$52
Despesas gerais	204:635$862	72:584$695	Descontos	757:996$090	3:340$908
Juros	298:497$323	92:449$445			
Reclamação contra governo oriental	3.792:168$000				
Caixa	4.143:442$171	16:468$062			
Lucros e perdas	1.624:294$029	974:115$547			
Liquidação de Mauá & C. (Montevidéu)		10.562:712$001			
	98.075:955$087	**37.915:898$821**		**98.075:955$087**	**37.915:898$821**

RESUMO

Na data da suspensão . . . . 98.075:955$087

Na data da falência . . . . 37.915:898$821

Diferença para menos . . . . **60.160:056$266**

Dessa quantia, 10.000:000$000 representam a importância de quinhões a emitir eliminada em 31 de dezembro próximo passado, sendo portanto de 50.160:056$266 a soma dos valores liquidados desde a data da suspensão.

TABELA N.º 5

Nota de quantias pagas ao Banco do Brasil pelo Visconde de Mauá e Mauá & C., em 10 de setembro de 1864 a 18 de junho de 1878.

OPERAÇÕES	CAPITAL	JUROS	TOTAL
Letras a pagar 10 de setembro de 1864 a 6 de dezembro de 1866 ....8.400:000$000		1.570:024$917	1.570:024$917
Ditas a pagar 6 de dezembro de 1866 a 5 de dezembro de 1868 ....9.000:000$000 p.c.	1.000:000$000	1.879:983$130	2.879:983$130
Hipoteca 23 de fevereiro de 1870 ....8.652:601$816 p.c.	3.087:450$906	1.936:099$614	5.023:550$520
Caução de letra de Santos ....1.000:000$000 p.c.	684:599$460	174:973$820	859:573$250
Dita de 10.000 ações da Amazon Steam Navigation Company ....1.635:000$000	1.635:000$000	1.092:029$314	2.727:029$314
Dita de 800 ações da mesma companhia ....120.000$000	120:000$000	34:382$110	154:382$110
Dita de 102 apólices da dívida do Pará..77.000$000	77:000$000	21:555$800	98:555$800
Dita de letras do tesouro ....1.000:000$000	1.000:000$000	196:118$690	1.196:118$690
Dita de letras ....460:000$000	460:000$000	4:664$720	464:664$720
Dita de cambiais £ 50.000.0.0 Stg ....445.000$000	445:000$000	23:084$520	468:084$520
Dita de cambiais £ 78.601.15.0 Stg e 21.000 soberanos.....................916:336$100	916:336$100	37:084$510	953:420$610
Dita de 121.000 soberanos ....1.075:690$000	1.075:690$000	11:981$450	1.087:671$450
Dita de 328.000 soberanos ....4.151:421$886	4.151:421$886	192:495$880	4.343:917$766
Hipoteca de 8 de maio de 1869 ....720.000$000	720:000$000	166:231$063	886:231$063
Dita de 24 de julho de 1869 ....400:000$000	400:000$000	56:673$258	456:673$258
Dita de 23 de setembro de 1869 ....600:000$000	600:000$000	164:791$470	764:791$470
	16.372:498$322	7.562:174$266	23.934:672$588

NOTA

Débito atual ao Banco do Brasil:

Saldo da hipoteca de 23 de fevereiro de 1870 ....5.565:150$910

Saldo da caução de letra de Santos ....315:400$570

5.880:551$480

O MEIO CIRCULANTE
DO BRASIL PELO VISCONDE DE MAUÁ

I

O Brasil, tomando lugar no congresso das nações, ao separar-se da mãe pátria, achou-se em presença de necessidades financeiras de caráter indeclinável e urgente.

Assim devia acontecer: partindo-se os laços que nos uniam à metrópole, criou-se a autonomia nacional, e por isso mesmo surgiram na nova sociedade necessidades até então desconhecidas, mas que exigiam pronta satisfação.

Se por um lado tivemos a boa sorte de ver colocado à frente da grande ideia da nossa emancipação política o herdeiro da coroa de Portugal, o que nos livrou de pesadíssimos sacrifícios para conseguirmos a nossa organização social, por outro lado tivemos desde logo de atender às exigências peremptórias de uma luta externa em defesa da integridade do território, que a separação da mãe pátria nos entregara como patrimônio nacional.

Improvisar recursos para fazer face a tamanhas necessidades não era fácil tarefa em uma situação nascente, em que o capital ativo era privilégio de poucos, e nem os elementos que criam a riqueza eram ainda estudados entre nós. Não era isto para estranhar, pois se o estudo da economia política começara, já havia algum tempo, em certas nações adiantadas em cultura intelectual, as condições da ciência estavam ainda longe de ser admitidas, e por muitos anos sofreram impugnação. Ainda hoje é matéria duvidosa se todos os princípios apregoados por essa ciência resistem à ação e pressão dos fatos econômicos sempre e em toda a parte.

Como, pois, esperar que a nacionalidade de que fazemos parte se achasse, ao sair de um regime e educação colonial por demais defeituosa, em condições de poder tirar recursos das fontes mais legítimas, isto é, pudesse obter os meios de satisfazer as necessidades públicas da riqueza produtiva sem onerar em demasia os elementos que lhe dão vida, sem dificultar o gradual e necessário desenvolvimento dos recursos naturais do país?

Se é certo que em toda parte os que compreendem as ideias de progresso rivalizam em esforços para os converter em riqueza, não menos certo é que o tempo é elemento essencial para conseguir-se tal resultado. E nem há estudo mais difícil do que a apreciação dos fatos que se ligam a esta aspiração.

A economia política, que pretende explicar esses fenômenos, abrange em sua amplidão toda a esfera da atividade humana; é forçoso, entretanto, reconhecer que, conforme o ponto de vista sob o qual são estudados os fatos econômicos, encontram-se problemas de solução difícil, ainda mesmo para os espíritos mais refletidos, que procuram chegar a conclusões seguras. É, com efeito, sabido que, antes que uma teoria consiga firmar-se na sólida base da ciência, tem de pôr à prova as suas conclusões, que devem ser invariáveis em todos os países e em qualquer ocasião; de outro modo perde a teoria aquela base, vendo-se substituída pelos ditames da força das circunstâncias, mesmo eventuais, que aconselham a adoção de certas medidas na vida financeira e econômica dos países em que o desvio de pretendidos axiomas econômicos torna-se de proveitosa aplicação prática.

E, na verdade, cumpre estar prevenido contra certas ideias apregoadas com dogmática severidade por parte de doutrinários inflexíveis, as quais nem sempre são aplicáveis a países onde as causas que determinam certos fenômenos são diversas, e portanto o regime aconselhado como salvador de altos interesses para uns daria em resultado ficarem estes seriamente comprometidos em outros, se o bom senso nacional não repelisse o presente grego, que os chamados mestres da ciência lhe querem impor.

Se, porém, nem sempre tiveram o cunho do maior acerto as medidas legislativas e administrativas adotadas para criar recursos desde a época primitiva ou na aurora da vida política do país em que não era possível esperar grande cópia de conhecimentos científicos nem práticos na gestão dos negócios públicos, cumpre não esquecer que, em tais circunstâncias, nenhum povo deixou de pagar o tributo da inexperiência, e não seria razoável pretender que percorrêssemos caminho diverso do que fora trilhado por outras sociedades, algumas das quais, oriundas de regime governativo e social, melhor constituído, e que assentava em elementos de existência nacional menos heterogêneos.

E, não obstante, já então o imposto foi, como ainda é hoje, encarado pelo bom senso do país como a principal fonte de onde tirar meios para satisfazer as principais necessidades.

Não era, porém, possível lançar mão, desde logo, desse recurso na escala dos variados tributos com que mais tarde a irreflexão de nossos estadistas procurou aumentar os ingressos ao tesouro nacional, sem preocupar-se das condições que devem acompanhar semelhantes encargos, a fim de não se darem os males que provêm da má distribuição do imposto.

II

Do empréstimo, ao dar os primeiros passos a autonomia nacional, era impossível lançar mão, pois não só o capital ativo se achava possuído por muito poucos, mas também ninguém ignora que na infância das sociedades, o crédito público é coisa desconhecida.

Felizmente, para o nascente Império, ao transladar-se temporariamente para o Rio de Janeiro, a sede da monarquia portuguesa, em 1808, havia o Príncipe Regente criado por decreto régio o primeiro Banco do Brasil.

É esta uma das razões, senão a principal, porque fomos buscar em época tão remota o ponto de partida de nossas apreciações financeiras, ligado como se acha esse passado ao presente por uma cadeia de fatos de que a história do nosso país fornece os pormenores.

O estudo da economia política é difícil pelas variantes que abrange, e pelas circunstâncias essencialmente diversas até onde pretende estender essa ciência a influência de seus princípios, querendo seus apóstolos dominar fatos que ainda não podem explicar. Isto provoca resistências que, sem condenar a ciência, desautorizam alguns dos seus dogmas, como outros com igual pretensão já o foram, e denuncia a necessidade de maior estudo quanto à origem de certos fatos em controvérsia, ou talvez a necessidade de expulsar do seu vasto arsenal científico mais de uma pretensão insustentável.

É principalmente nas discussões prolongadas que ainda hoje se dão, e prometem mais largo desenvolvimento quanto a seu ramo mais difícil, à ciência monetária, que divergem as opiniões, assim das massas (a quem mais interessa a solução), como dos apóstolos autorizados das doutrinas econômicas.

Existindo lá o Banco do Brasil na época em que necessidades imprevistas e imperiosas, criadas pela luta externa a que nos referimos, exigiam atenção preferente, foi o papel desse banco o instrumento que o governo do primeiro reinado encontrou para manobrar, e satisfazer as maiores urgências do Estado, sendo insuficientes o produto dos impostos de que era possível lançar mão, e na ausência de qualquer outro recurso imediato para fazer frente às dificuldades da época.

A duração da guerra contra a Confederação Argentina a que o país foi arrastado, determinou a necessidade de copiosas emissões do papel desse banco, que forçosamente se tornou desde então papel inconvertível.

Eis aí a origem do nosso atual meio circulante: único motor das transações monetárias do Brasil há mais de meio século! Como prescindir da origem na apreciação dos grandes fatos econômicos e financeiros que a ela se ligam?

III

Se a moeda e os bilhetes de banco convertíveis à vontade dos portadores constituem o motor por excelência das transações monetárias de qualquer país, porquanto esse tipo comparativo do valor não constitui unicamente ordens à vista sobre o capital que lhe dá circulação, mas tem a vantagem de ser aceito para o mesmo fim pelo valor convencional que seu cunho lhe empresta, em toda parte, aonde o comércio tem estendido a sua ação civilizadora; o que, na verdade, nada deixa a desejar, não se segue que essas condições superlativas de um ótimo meio circulante, dos países que possuem amplos recursos para mantê-las, não possam ser substituídas, com vantagem, com grande vantagem mesmo, pelo papel não convertível temporariamente de bancos de inteiro crédito, de grande capital, que, forçados pelas circunstâncias especiais de qualquer país, se vejam compelidos a conservar em sua carteira, em vez de ouro, títulos particulares de bom crédito e do Estado, representando suas notas em circulação.

Em última análise, como é visto e sabido, os metais preciosos escolhidos de preferência para servirem de motor às transações, são apenas mercadoria sobre a qual, devido a essa aplicação especial, a lei econômica da oferta e da demanda atua com maior intensidade, em circunstâncias dadas. Produz-se então demanda excepcional, que determina violento abalo às transações, depreciação geral de todos os valores, e consequentemente perdas enormes, e não só no próprio país que sofre imediatamente os efeitos da crise, porém ainda (se se trata de um grande centro comercial) fazendo suportar as mesmas ou maiores contorções, a outros países com quem se ache relacionado. Quem há aí tão pouco lido na história financeira do mundo que não aponte com o dedo até as datas em que os terríveis efeitos dessas crises se fizeram sentir no mundo comercial? E no entanto, os exagerados apóstolos da escola metálica fecham os olhos a essa imensa nomenclatura de desastres, que deram em resultado perdas reais, do mais estupendo alcance, e também a transferência injusta de muitas fortunas de umas para outras mãos, sempre em vantagem das grandes fortunas que nessas ocasiões, como regra, absorvem as médias e mínimas, envolvidas nos maiores esforços da atividade industrial.

Vamos agora tratar do papel inconvertível, como motor das transações, e pedimos a mais séria atenção dos que nos honram com a sua leitura. A tarefa é árdua, os preconceitos que vamos combater têm raízes tão fundas, que parece ousadia querer abalá-las; trata-se, porém, de assunto vital para o nosso país ainda mal compreendido por falta de estudo das coisas de nossa terra, mesmo da parte dos que dedicam maior atenção ao que se passa em outros países.

Em tais circunstâncias, levantar a discussão é um serviço à nossa pátria, e essa convicção nos dá força para arrostar mesmo a derrota...

O que têm dito e escrito os mestres da ciência econômica não nos constrange e nem nos assustam as doutrinas por eles apregoadas, elevadas a categoria de axiomas, tratando-se da moeda.

Sabemos perfeitamente que os metais preciosos respondem melhor às exigências que determinaram o invento de um agente ou instrumento de permutas em substituição dos que empregavam os antigos, para conseguir a troca das sobras do que produziam, tanto no terreno das individualidades, no começo da vida econômica da humanidade, como mais tarde, nas relações entre as diferentes nacionalidades, desde que o excesso de produção de alguns artigos em umas tornou necessária a troca pelos de diversa espécie que outros países conseguiram também produzir, em excesso de seus respectivos consumos. Criou-se assim o comércio internacional, que trouxe outras necessidades, e entre elas o de um valor tipo com o qual se pudessem comparar todos os outros valores.

Em vão se tem procurado consegui-lo, falhando ou esbarrando-se as pretensões, dos mais abalizados economistas, na impossibilidade de determinar a importância da participação dos agentes naturais, na formação do valor em questão, sendo certo que, em alguns casos, haverá maior soma de esforços pessoais para produzir o agente buscado; ao passo que em outros predominará maior auxílio de agentes naturais. A teoria da moeda é, pois, viciosa, economicamente falando, e não responde à questão que pretende resolver.

O verdadeiro tipo do valor, assim da moeda como de quaisquer outros objetos, é a oferta e a demanda, tipo por sua natureza variável, porém nem por isso menos bem fundido, pois tem o cunho da ciência. É verdadeiro em todos os tempos, e em qualquer ocasião, desde que se achar armado no regime financeiro de qualquer país o grande princípio da liberdade das transações; princípio salutar, que tem de ser adotado em todos os países em que prevalecer o regime da liberdade, seja qual for a forma de governo, ou o mecanismo político pelo qual se procure garantir, do modo mais eficaz, os direitos individuais, base fundamental de toda a boa organização social.

No estudo de que nos ocupamos, que nos leva a defender o meio circulante que possuímos, não poremos à margem os princípios econômicos, pois reconhecemos que isso seria navegar sem bússola. Temos em vista, porém, aplicá-los às circunstâncias especiais do nosso país sendo para nós evidente que algumas de suas teorias ou não suportam a pressão dos fatos que nos são relativos, ou têm estes de ser explicados de forma a introduzir mais um anel na cadeia científica, cuja força é impossível desconhecer.

IV

A deficiência manifestada dos metais preciosos na proporção necessária para acompanhar as operações do *Exchange*, ou troca de valores, na vasta escala que a civilização fez aparecer, trouxe a criação de novos agentes ou expedientes destinados a servir de instrumentos suplementares para conseguir fim tão útil.

Um desses instrumentos foi o papel de banco, sem dúvida a melhor combinação que podia ocorrer ao espírito humano, para pôr ao serviço da transmissão de valores um agente poderoso, que reúne imensas vantagens, sendo a principal a elasticidade local que o novo motor prometia, *desideratum* até então não satisfeito.

O estabelecimento de bancos (se bem não intencionalmente em sua origem) aspirava a concentrar os documentos que representavam as operações locais, facilitando assim até certo ponto a apreciação do *quantum* do meio circulante necessário, e sobretudo visava a preencher uma grande lacuna, ministrando ao crédito uma fórmula nova, que lhe deu imensa pujança no movimento das transações, pois não tardaram os bilhetes de banco a estender a sua influência, fazendo em breve as funções da moeda, e constituindo-se depois o mais poderoso instrumento da transmissão dos valores.

Daí a intervenção do poder público para regular a sua circulação.

Infelizmente nem sempre têm sido pautados pelos ditames dos princípios mais sãos os atos do poder nas suas pretensões de regulamentar fatos que não pode dominar, ainda entre os povos cujo regime governativo melhor respeita os direitos do homem, como são compreendidos na época em que vivemos.

O erro nasce quase sempre de entender-se que as leis geram o direito, quando, na verdade, as mais das vezes apenas têm a missão de o consagrar e garantir.

Referimo-nos sempre a um regime de liberdade, em que há o direito de fazer tudo aquilo que a lei não proíbe, não tendo a lei o direito de proibir senão o que pode prejudicar a terceiros.

Ao uso dos bilhetes de banco seguiu-se o abuso: coibir este, por meio de leis restritivas e garantidoras, era a missão dos estadistas.

Desatinaram os homens de Estado entre nós, e foram ao ponto de proibir o uso! O erro não podia ir mais longe: seria preferível qualquer dos dois sistemas em que as opiniões se dividem, pois não é possível desconhecer que existem dúvidas, mesmo entre povos os quais longa experiência e muito estudo têm conseguido acumular a maior soma de conhecimentos que a civilização atual registra, sobre a organização de bancos, e o sistema monetário, em que assenta o vasto mecanismo da circulação dos valores. A discussão denuncia plena divergência quanto à capacidade das instituições atualmente existentes para assegurar a boa marcha das transações, deixando entrever luta pertinaz, entre o privilégio e a concorrência; patenteiam essas contradições, a fraqueza da razão humana que parece não ter conseguido ainda descobrir a verdade, sobre matéria tão debatida, pois, o que a uns parece verdadeiro para outros constitui erro! Só nos resta aguardar, que em um futuro mais ou menos próximo, a verdade triunfe.

Serviria isto de desculpa aos desacertos cometidos pelos homens de Estado do nosso país, sobre esta matéria, se o erro não tivesse sido levado demasiado longe!

Nossa legislação sobre bancos e meio circulante representa um tecido de contradições, de ideias indigestas, de apreciações em que a origem e a própria natureza dos fatos é desconhecida, que só serve para contristar o ânimo daqueles que contemplam nessa legislação o quadro de uma situação de descrença, a pior de todas as condições sociais, em que o povo deixa passar sem reparo, mesmo tratando-se de matéria que afeta os seus mais vitais interesses, qualquer erro grave. A lei de 22 de agosto de 1860 não merece outra qualificação.

V

Das precedentes reflexões não se tire a ilação de que, sectários como somos da ideia liberal, aplicada a todos os rumos da atividade humana, aspiramos a ver estabelecido entre nós o livre-arbítrio, em matéria de tamanha transcendência, mormente nas circunstâncias preexistentes, que cumpre ser atendidas ao decretarem-se as medidas reclamadas por uma situação tão excepcional.

Se condenamos abertamente as leis preventivas que nos oprimem, porque estas, sufocando a liberdade, criam embaraços à ação do trabalho, reconhecemos a necessidade de leis restritivas que firmem, em garantia sólida, o motor geral das transações do nosso país, ao menos enquanto a ciência não tiver derramado maior luz sobre o grave assunto que discutimos.

Se a lei é impotente para fazer representar na moeda um verdadeiro tipo invariável do valor, segue-se que essa exigência não pode aspirar a impor-se como necessária aos fins coletivos das sociedades.

A criação da riqueza dispensa uma fórmula que a verdadeira lei natural científica não reconhece.

Os países que aspiram a ocupar lugar conspícuo no grêmio das nações civilizadas não podem, porém, dispensar instrumentos de permuta, adequados às exigências de sua vida econômica, financeira e administrativa: determinar, porém, o *quantum* e a qualidade dos instrumentos que devem satisfazer a essas necessidades é simplesmente impossível, pois não há estudo que o possa conseguir, sendo tão variadas e complicadas as causas que atuam para dar força ao princípio da desigualdade, elemento fecundo de todo o progresso, pois dele nasce a emulação, que obra com imensa força sobre as artérias que funcionam para pôr em movimento todos os elementos de atividade humana.

A potente coadjuvação desse valioso elemento na criação e distribuição da riqueza, que se chama comércio, mal pode exercer a sua ação vivificadora encontrando-se baldo do motor que imprime movimento às transações. O meio circulante é, pois, condição vital para o movimento que opera a troca, ou compra a venda do excedente da produção de cada um, em relação ao seu consumo, que representa essa imensa riqueza, sempre no mercado sujeita à lei da oferta e da demanda, que lhe determina o valor: sem essa transmissão a criação da riqueza não pode ter lugar.

Se o meio circulante de qualquer país se compõe de metais preciosos, a consequência fatal da lei da oferta e demanda, desde que for amparada pela liberdade das transações, determinará o ingresso ou a exportação deles, em proveito ou dano das transações a realizar-se.

Se a circulação for mista, isto é, de metais preciosos e papel de banco conversível à vontade dos portadores, resultará uma modificação sensível à ação dessa lei nos casos ordinários, pois a exportação de metais é suprida pelo ingresso na circulação de maior soma de notas, enquanto a exportação não assumir proporções que determinem a escassez do metal a ponto de perturbar o troco à vista nos votos emitidos, pois nesse ponto começam os efeitos das crises, de pavorosas consequências, se o pânico intervém para abalar a confiança.

A história financeira das principais nações do globo registra um catálogo imenso de desastres, devidos a situações semelhantes, fazendo aparecer em muitos casos a intervenção do poder público para salvar os interesses gerais comprometidos, decretando-se mesmo o curso forçado temporário das notas bancárias, o que, na maioria dos casos, tem bastado para dominar as crises. A consequência necessária de uma tal medida é a depreciação das notas, que sendo nesses casos ordens à vista sobre o capital local, não podem concorrer no mesmo pé com as espécies metálicas, que são ordens à vista sobre o capital de todo o mundo civilizado. Tratando-se de estabelecimentos bancários de inteiro e reconhecido crédito, essa é a verdadeira causa da depreciação, e não as que têm sido apontadas por quase todos os economistas. Entenda-se que excluímos desta argumentação a esfera do abuso, contra o qual deve aparecer a ação de leis repressivas, e em certos casos a ação das leis penais.

O regime monetário, por tal forma constituído, tem sido até agora considerado como a melhor expressão da inteligência humana sobre essa matéria. Salta aos olhos, porém, o quanto é defeituoso o maquinismo, que vai buscar em um movimento não compreendido em suas molas, a salvação dos interesses que ele era destinado a garantir! A desculpa de que ele não fora construído para resistir à pressão das crises, não serve, pois, nesse caso, cai por terra a base científica, por não ser verdadeira, e cumpre à inteligência humana, descobrir motor mais perfeito.

VI

Da apropriação dos metais e das notas de banco como instrumentos de permuta, passamos naturalmente ao regime da circulação do verdadeiro papel-moeda, emitido pela maior parte das nações civilizadas da Europa e da América, em ocasiões difíceis, sem excluir a grande República que ostenta tamanho poder e riqueza ao norte do continente americano, dando a lei a essas notas até caráter de curso legal e mesmo curso forçado.

Contra o uso deste grande recurso se tem levantado grita descompassada, e não só por parte de vozes autorizadas, que inculcam defender os interesses gerais que presumem atacados, mas até pelas massas trabalhadoras, a quem não ofendem as flutuações no valor nominal que essas condições monetárias determinam, pois é sabido que o preço do trabalho, e os valores em circulação, acompanham a alta e a baixa do papel fiduciário, em relação aos tipos metálicos, e portanto em última análise, não tem a força que inculca ter a escola metálica, quando atroa os ares com a denúncia pertinaz dos males que resultam da perturbação nas transações, flutuação nos preços, incerteza nos créditos de cada um, e maior pressão dos encargos que apregoam ser a consequência de um meio circulante geral composto de papel-moeda inconvertível.

Nós sustentamos deliberadamente que a grande lei econômica, da oferta e demanda – tudo nivela em relação ao valor venal dos objetos, bem como, em relação aos serviços remuneráveis, e essa lei atua com a mesma força, quer a circulação se componha de espécies metálicas, quer seja mista, quer exclusivamente representada por um papel-moeda inconvertível.

Há sem dúvida interesses que suportam temporariamente os inconvenientes dessas flutuações; a indenização, porém, dos prejuízos, é no correr do tempo, segura. E em todo o caso ninguém ousará dizer que, em uma situação exclusivamente metálica, não suportam os valores em permuta a mesma perturbação quando circunstâncias desfavoráveis impõem à parte mais fraca a lei do mais forte.

É claro que, abordando francamente essa grande questão, no terreno em que a colocamos, temos na mente um papel-moeda emitido sob sua responsabilidade por nações respeitáveis, que tenham uma fazenda pública apoiada em elementos econômicos e financeiros, capazes de responder pelo valor legal que tenha sido dado ao papel no ato de sua emissão.

Os inimigos inveterados de todo papel inconvertível, porém, só descobrem males em ser esse instrumento utilizado como motor das transações.

No entanto, a história financeira de quase todas as grandes nações mostra-nos o papel-moeda intervindo para salvar das maiores crises essas nacionalidades!

Concede-se que é um grande recurso, nas ocasiões difíceis; não pode, porém, ser empregado exercendo as mesmas funções, como auxiliar do trabalho, que cria a riqueza, promovendo a circulação dos valores que ele acumula! Isto é, pode o mais, não pode o menos! A lógica, base fundamental de toda argumentação sólida, ficaria sepultada, se fosse sustentável a pretensão dos exagerados defensores de escola metálica.

Não haverá algum grande equívoco no modo de apreciar esta questão, da parte daqueles que sustentam ideias, que, por mais que se diga, não tem base científica, e às quais a prática ou a experiência dá um desmentido formal?

Acreditamos que sim, e que o erro nasce da falsa ideia, aliás apregoada por alguns economistas de nota, que a moeda e ainda os papéis de crédito representam as transações em cuja liquidação intervém, quando são meramente a força motriz que atua para a sua realização.

Quanto à generalidade, no que respeita à intervenção do papel-moeda... como meio circulante entre as nações grandes e pequenas, que dele se têm utilizado para esse fim, passamos às ocorrências que a experiência própria nos fornece, que tropel de considerações, cada qual mais importante, não se apresenta ao espírito observador que deseja aprofundar as questões, e interrogar os fatos a fim de formar sobre eles juízo seguro, não se contentando com as conclusões *a priori* estabelecidas por espíritos prevenidos?

Foi determinada pelas circunstâncias imperiosas a que nos referimos em nossos primeiro e segundo artigos, a existência de um meio circulante de papel inconvertível, desde o berço de nossa organização social, como único motor das transações entre nós; cumpre não perder de vista essa posição singular do agente geral da transmissão de valores que a força das circunstâncias nos impôs.

É sabido que o papel-moeda, em todos os outros países onde foi admitido, é apenas um concorrente para transmissão dos valores. É reconhecido como bom motor para certa ordem de transações, repelido, porém, de um modo absoluto para outras que só podem realizar-se pela intervenção dos metais preciosos.

Acreditamos que a singularidade de nossas condições monetárias não tem merecido a devida atenção aos nossos estadistas, e portanto não admira que escape ao estudo e apreciação de alguns economistas da maior pujança intelectual, que na velha Europa sujeitam estas questões ao critério de sua alta razão.

Com efeito, um país novo, porém de uma extensão territorial que se reconhece ser igual à de toda a Europa, país que ao separar-se da mãe pátria, contendo uma população que não excedia três milhões de almas, diz logo ao ouro e à prata:

"Desconheço o vosso poder; para mim nada representais; posso viver perfeitamente sem a vossa intervenção", e no fim de 56 anos, quadruplicada a sua população e tendo convertido em riqueza uma parte insignificante de seus recursos naturais, elevou todavia a sua posição financeira ao mais alto grau de crédito, e conserva a sua independência monetária, sem quebra de suas relações econômicas desprezando aqueles régulos das transações do resto do mundo, não será um fenômeno digno de ser estudado, envolvendo, como envolve, a solução de um problema de economia social?

VII

O papel inconvertível de que se serve o nosso país há mais de meio século, realizando exclusivamente com ele as transações que suas necessidades, o desenvolvimento de seus recursos naturais e o seu progresso industrial e comercial têm reclamado, desde a compra das verduras nos mercados até as mais altas operações financeiras, não pode deixar de ser reconhecido e apreciado como um instrumento de permutas benéfico, pois tem ele, só fazendo sacríficos talvez desproporcionados às nossas forças, teríamos dominado as dificuldades que a natureza das coisas impõe à inexperiência, tratando-se de fundar e organizar uma sociedade nova, e ainda tendo-se presente as contrariedades de caráter especial que interpuseram sua influência.

A esse papel se prende toda a vida econômica e financeira do Brasil.

Tem sido ele o regulador da circulação de todos os valores que representam a riqueza em nossa terra.

E no entanto, esse instrumento de permuta que tantas e tão ponderosas vantagens tem produzido entre nós, em proporção das quais as desvantagens são mínimas, tem sido o alvo de ataques, injúrias e até *calúnias*, que lhe não foram poupadas, mesmo por homens eminentes da nossa terra.

Sem dúvida, eles assim pensam, porque se limitaram a ler o que a respeito escreveram alguns nomes autorizados, sem querer estudar os fatos que nos são relativos, e que aliás contêm lições dignas de apreço, assim na origem, como em seu desenvolvimento prático.

E, não obstante, somos dos que não admitem, sem limitação, a força da observação, tantas vezes repetida, que a experiência é a melhor mestra, pois sustentamos que não o é senão quando a causa verdadeira dos fatos de que se quer tirar lição se acha bem determinada.

Demonstrada ao clarão dos fatos a utilidade de nosso papel-moeda, folheando, dia após dia o livro prático de nossa vida econômica e financeira, durante mais de meio século, aspiramos a bater em brecha os defensores da introdução do regime metálico entre nós, seja qual for o terreno em que lhes aprouver colocar a discussão, ao menos enquanto o desenvolvimento, em grande escala, dos recursos naturais do país e sua conversão em riqueza não permitem que outros elementos entrem no mecanismo de nosso meio circulante.

Admitindo que um regime de circulação metálica responde melhor às exigências do comércio internacional, facilitando como facilita o pagamento sem grande diferença dos saldos que a permuta de valores determina entre países diversos, perguntaremos aos que nos querem facilitar com essa vantagem se não se pode comprar o ouro demasiado caro? Para conseguir essa posição que dificuldades não seria preciso vencer! Que enormidade de sacrifícios a suportar!

Dois são os caminhos que a razão e a ciência indicam para alcançar semelhante fim: aumento de produção em escala bastante grande para assegurar o ingresso de metais, em representação dos saldos a favor do país durante a pletora produtiva; ou fazer uso do crédito no exterior para conseguir uma grande importação de metais.

A primeira hipótese luta com dificuldades invencíveis. O trabalho que vai manifestando; mais um passo adiante sem providências sérias, e a mais urgente necessidade que hoje deve atuar no ânimo dos que representam o poder público na governação do Estado. O desequilíbrio já se vai manifestando; mais um passo adiante sem providências sérias, e o desequilíbrio perturba todos os movimentos do nosso mecanismo social!

Se a primeira hipótese é por enquanto impossível, a segunda hipótese nem é discutível; importar metais para vê-los seguir viagem, talvez pelos mesmos vapores por que forem importados, seria o cúmulo dos disparates: o absurdo não se discute, rejeita-se.

Nem para esse fim, nem para outro qualquer, reconhecemos a conveniência de empréstimos externos, enquanto as circunstâncias econômicas do país não determinarem a certeza da conservação entre nós durante um longo prazo do capital por essa forma obtido. O ingresso de capital estrangeiro que se conseguir pelo uso do crédito nacional, nas atuais circunstâncias, importa, quando muito, oferecer ao comércio de importação um prêmio elevado, e este dele se aproveita com avidez, mostrando perfeitamente que é temporário o gozo de tão assinalado benefício.

Importa igualmente um convite aos capitais europeus empregados a crédito no país, e cuja cifra total não é insignificante para emigrarem, aproveitando-se da alta temporária do câmbio! Em seguida o país tem de pagar, desde logo, os juros, e gradualmente uma cifra por conta do capital, aumentando com cada uma dessas operações o desequilíbrio; isto é, essa operação dá em resultado pura perda para o nosso Brasil!

E nem ao menos há a compensação de pagarmos um juro módico, sendo um perfeito logro o que as aparências inculcam! Pois do tipo porque se consegue realizar a operação há que deduzir pelo menos 10% para cobrir as diferenças do câmbio nas remessas, e como nenhum capital é devolvido ao estrangeiro, sem exportar no fim do prazo, pelo menos o triplo da quantia importada, calcule-se os sacrifícios que as forças produtivas do país impõem nessas operações!

Se, pois, não temos sobras que nos permitam converter 200, 300 ou 400 contos de capital do país, em instrumento de permuta, desviando essa mesma soma de empregos produtivos, e é insensato ir pedir ao estrangeiro capital para esse fim, e prejudicial ainda para qualquer aplicação, enquanto não mudarem nossas condições econômicas, o que nos resta fazer? Quebrar o remo? Não, certamente.

Aos que têm a responsabilidade de dirigir as forças vivas do país na governação do Estado, cumpre estudar os meios de vencer as dificuldades promovendo com os nossos próprios recursos a criação da riqueza.

Temos motor suficiente para mover e desenvolver as transações, que operam esse grande *desideratum*? É a questão que examinaremos em último lugar, no seguinte artigo.

VIII

Temos procurado tornar claras a posição e as condições do principal motor das transações no Brasil, aventurando mesmo algumas proposições, sobre as quais aguardamos contestação dos exagerados defensores da escola metálica, achando-nos preparados para sustentar essas proposições desde que a discussão assente em terreno prático, que tenha sua base nas leis naturais, sendo certo que a ação destas, embora silenciosa, não pode ser proficuamente suplantada pelas leis humanas.

Temo-nos declarado abertamente contra as leis preventivas; que se tem inoculado em nossa legislação financeira, e contra as quais é tempo de reagir, porque elas constituem um ataque à liberdade, base fundamental do direito, que é violado sempre que a lei preventiva ou o arbítrio governativo o desconhece.

Temos nos esforçado por provar que o instrumento de permutas que possuímos é bom, e que a casualidade tem mesmo descoberto nele condições especiais, determinadas pela circunstância de ser ele o único que o Brasil conhece desde a aurora da vida nacional.

A história desse meio circulante nos faz saber que, não obstante ser ele papel inconvertível, tem tido, não poucas vezes, valor muito superior ao ouro, fato único também na história financeira das nações.

O que representa esse papel em última análise? O crédito do Brasil representado nesses multíplices e multiplicados elementos, que criarão a riqueza que existe e farão aparecer a grandiosa riqueza futura de que a mais ousada compreensão não pode fixar o algarismo.

Um papel de crédito, firmado por qualquer nome respeitável, em boas condições na sociedade, tem o valor que nele se acha exarado.

O papel de crédito firmado pela nação brasileira não é inferior a nenhum.

Não tem época fixa de pagamento, sem dúvida, nem disso necessita desde que é meio circulante, motor das transações no Brasil, em outras palavras: ordens à vista, sobre todo e qualquer objeto que constitua capital do país, inclusive os soberanos ou libras esterlinas inglesas que aqui passeiam, que reconhecem nessas ordens o direito de adquiri-las!

Portanto, cai por terra a pretensão arrojada de seus inimigos, de que esse papel nada representa.

O que falta a esse papel é a elasticidade, que ele possa expandir-se ou contrair-se, em obediência à lei econômica da oferta e da demanda. Questão de *savoir faire*, questão de lei, ou questão de sabedoria dos homens chamados à governação do Estado!

Como, porém, conhecer a quantidade indispensável desse precioso meio circulante que possuímos para mover as transações de todo o Brasil?

É sem dúvida a questão mais difícil a resolver de todas quantas subleva, a apreciação desse magno assunto de interesse nacional.

Excluindo-nos da concorrência, na transmissão dos valores, as espécies metálicas, subiu de ponto a dificuldade de apreciar questão tão complexa por sua natureza.

O estado do câmbio entre o Brasil e o estrangeiro não é elemento que influa no valor do nosso papel, em relação aos tipos metálicos.

O câmbio é efeito e não causa; indica, quando muito, o valor relativo do que se importa, e exporta; não pode ser regulador.

A oferta e a demanda de capital flutuante em busca de colocação, a juros, poderiam servir de termômetro se não se tratasse de um país tão vasto cujas condições econômicas são tão variadas.

Se não há outro meio, cumpre-nos lançar mão de dados comparativos: não são dados seguros, sem dúvida; derramam porém alguma luz: cumpre aproveitá-la. Na França, por exemplo, país de um mecanismo financeiro centralizado, cada habitante dispõe segundo a mínima apreciação de 27 francos (110$ de nossa moeda) de meio circulante para servir de motor às suas transações: no Brasil, país dos mais vastos, cada habitante dispõe no máximo de 18$ para o mesmo fim! Parece pouco mesmo guardando a devida proporção entre os elementos que criam a riqueza em ambos os países.

Apalpe-se, pois, entre nós, o terreno, e resolva-se a questão de um modo prático.

IX

Trata-se de utilizar em maior escala o único instrumento de permutas que possuímos; de estimular a produção, e um dos elementos essenciais para o conseguir é a facilidade da transmissão dos valores.

Qual o meio prático? Nas condições da existência especiais do nosso papel-moeda, não é possível arrancar da ciência dados positivos: experimente-se, pois! A ciência não é senão a aglomeração de fatos bem averiguados que conseguem pela descoberta da verdade firmar o princípio que a simboliza na espécie controvertida.

Já o dissemos, e o repetiremos até a saciedade, o nosso país é o único que dispensou completamente as espécies metálicas da missão principal que o mundo econômico lhe assinalou. Estamos, pois, na exceção: como ir buscar na regra os meios de melhorar o instrumento de que nos servimos? Felizmente, a experiência até agora foi feliz, digam o que quiserem os malsinadores do nosso papel-moeda, não só foi recurso utilizado em ocasiões difíceis, porém poupou-nos a necessidade de converter em instrumento de permutas tanto café, açúcar, algodão e outros produtos agrícolas além dos produtos naturais que exportamos, até a importância total do meio circulante que possuímos, e essa conversão não podia operar-se nas circunstâncias que nosso país atravessou, sem restringir enormemente essa mesma produção. E podia o país suportar semelhante pressão? Afirmamos deliberadamente que não, sem arruinar-se, ou suportar as consequências de um grande cataclismo.

Sem dúvida, que no prosseguimento da experiência cumpre marchar com pausa, meditação e estudo prático. Desse estudo resultará que podemos elevar no decurso de alguns anos até o duplo o uso do instrumento de permutas que possuímos, utilizando-o de um modo prudente e refletido, isto é, sem tocar a meta do abuso, pois é o uso que preconizamos e jamais o abuso.

Fazer desaparecer a concorrência nociva, altamente nociva, do tesouro público, na demanda do capital flutuante, seria nosso primeiro cuidado, pagando os bilhetes do tesouro que vencem juros, pelas notas que não suportam esse encargo.

Será isso matar de uma cajadada não dois coelhos, como se diz vulgarmente, porém três coelhos!

Aumenta-se a massa do meio circulante, cuja insuficiência é manifestada e que se prova de um modo decisivo pela simples leitura dos balanços de todos os bancos, que se publicam mensalmente, pois esses documentos não deixam hipótese alguma de dúvida no ânimo de quem possuir a mais leve tintura de ideias financeiras, quanto à insuficiência das reservas, as quais, para os fins de utilidade pública a que são destinadas, só aí podem ser encontradas.

A oferta e a demanda do capital flutuante, desembaraçada dessa concorrência, entra em condições normais: a taxa dos juros diminui, e daí estimula empregos produtivos que entendem com o progresso do país.

E por último, porém, não de pouca importância, suprime-se uma verba de despesa, contemplada no orçamento, que não baixa, na prática, de 2 mil contos anualmente.

Em seguida, iríamos fazendo frente aos pagamentos em excesso da renda pública, com esse mesmo instrumento até alcançar o limite, em que o abuso se denuncia; tocando ele providências em sentido contrário.

Finalmente, elasticidade do único motor das transações que possuímos, a fim de provar sua eficácia perante a lei da oferta e da demanda é o que advogamos.

Aguardamos, de pena aparada, o rude encontro das ideias restritivas.

Faremos ressaltar a desproporção com que ele afeta os diversos elementos que determinam a criação da riqueza e a necessidade de maior estudo, para que da sua distribuição não resultem os males que perturbam a vida econômica do nosso país.

X

No histórico das condições especiais que analisamos, do nosso papel-moeda inconvertível, muito de propósito deixamos para remate das precações que tão grave assunto demandava, as flutuações no valor comparativo desse instrumento de permutas, em relação às espécies metálicas, tendo em vista o padrão monetário fixado por lei, de 4$000 por oitava de ouro de 22 quilates, prestando-se o assunto a mui largo desenvolvimento.

Trata-se, porém, de publicações que a imprensa diária acolhe, e cumpre não abusar da cortesia com que são admitidas, alongando-as em demasia.

Interessam ao público, sobretudo, os resultados; os antecedentes que os determinam, são sem dúvida dignos de meditação pausada, e de estudo, em seus menores detalhes, porém mais da parte daqueles que têm a missão de dirigir os destinos da sociedade, e estes têm nos documentos oficiais franco acesso aos fatos que poderíamos designadamente apontar para fazer sobressair as consequências em cada caso individual.

É impossível, porém, deixar de apontar alguns, que, varridos hoje da memória dos poucos que os presenciaram e ainda existem, mal podem ser compreendidos na época em que vivemos, porém que servem para corroborar a opinião que avançamos em um dos nossos artigos anteriores, de que as necessidades de um meio circulante qualquer são tão imperiosas, que, no Brasil, há apenas meio século, chegamos a imitar as extravagâncias das ideias primitivas a semelhante respeito.

Um cobre vil que não representava metade do valor que seu cunho lhe imprimia, chegou a ser procurado em várias províncias do Império com 50% a 90% de prêmio para servir de meio circulante!

Foi esse o período do *chan chan* na Bahia – época de barbarismo ao sistema monetário do Império, que felizmente durou pouco, pois até o fim de 1838 se achavam recolhidas, e realizada a troca, não só das notas do extinto banco, que as ideias desatinadas da época obrigaram a liquidar-se, porém essas cédulas que representavam esses títulos de oprobriosa recordação financeira, pelo papel-moeda que tinha de servir de motor geral das transações, na importância total de 33,888:122$000.

As exigências de maior quantidade do instrumento de permutas foram, porém, tão clamorosas que, logo no ano seguinte, a lei n.º 91 de 23 de outubro de 1839 decretou um aumento de circulação na importância de 6,075:000$000 – e boa recordação guardamos das palavras com que foi acolhido esse ato legislativo pelo acreditado preço corrente dessa época, que transmitia ao exterior, mensalmente, as ocorrências financeiras da praça, redigido por Stockmeyer Gracie Hobkirk & C.:

"Na Europa mal se poderá compreender que um aumento de notas inconvertível determinasse um melhoramento sensível nas condições monetárias deste país."

Obedeciam esses senhores visivelmente à opinião que então e sempre condenou o papel-moeda.

No entanto, não impediu essa opinião que as urgências da praça se manifestassem, e já em 13 de novembro de 1841 nova emissão de notas foi autorizada, na importância de 4,704:529$000, e em 7 de junho de 1843, mais 1,150:000$000, elevando a circulação delas a 45,717:851$000, sem afetar o valor desse papel, que continuou a ser exclusivamente regulado pelo valor dos produtos exportáveis, sem nenhuma referência à moeda metálica, cujo valor era completamente dominado por esse papel não sendo raros os casos em que o câmbio elevou-se acima do par!

Chegamos, porém, ao período em que o papel-moeda, que constitui o único motor das transações do Brasil, ostentou seu maior poder, e salvou o Império de um imenso cataclisma!

Referimo-nos à guerra contra o ditador paraguaio, cuja origem não discutiremos, admitindo-a unicamente como uma necessidade indeclinável, desde o dia em que o déspota que representava naquela infeliz nacionalidade toda a soma de poder público, praticou um ato de selvageria que nos obrigou a lançar mão do último recurso, dando em resultado ficar reduzido a um cadáver político, uma autonomia que estava no interesse da boa política do Império amparar e fortalecer.

A imprevidência que nos arrastou a essa necessidade não compreendeu o alcance da guerra em que ia empenhar-nos.

Não mereceram a menor atenção as palavras de um cidadão conhecedor das questões do Rio da Prata, onde tem interesses do maior vulto, o qual em artigo por ele firmado neste mesmo *Jornal do Comércio*, por ocasião de resolver-se a missão Saraiva e mais tarde, por todos os meios reservados ao seu alcance, fazia sentir que se tratava de uma gravíssima eventualidade.

Empenhados na guerra, reconheceu-se então, e só então, que era indispensável pôr em movimento todos os recursos do Império, pois condições locais e especiais do inimigo lhe davam elementos de resistência que faziam frente a todo o poder militar que o patriotismo dos brasileiros punha ao serviço da pátria; pois, o sermos vencidos era ideia que nenhum coração brasileiro podia suportar.

E no entanto, sem os recursos que nos deu esse tão vituperado papel-moeda, como alcançar o triunfo em que estavam empenhados os brios nacionais?

Durante os cinco anos de atividade guerreira, foi preciso aumentar o meio circulante de papel inconvertível de 45,817:651$000 que existia com mais 124,214:316$000, sendo 112,993:886$000, em virtude de atos legais que o facultaram: 10,220:430$000 durante o ministério Zacarias a título de antecipação ou substituição de notas dilaceradas, que nunca se realizou.

Não podia ser maior a inconsequência de alguns dos estadistas que nos conselhos da nação acarretaram o grande desastre de ver consumirem-se 611,000:000$000 de capital do país, nessa guerra estéril.

Examinemos ainda os resultados práticos dessa grande emissão de papel-moeda, que, no entender dos inimigos irreconciliáveis desse instrumento de permutas, devia fundir o valor do meio circulante que possuímos, reduzindo-o às condições dos "assinados" da França! Ao passo que os fatos vieram mais uma vez dar solene desmentido às previsões desses pregoeiros da ruína, que se evitava com o próprio fato por eles condenado!

Encontrava dificuldades em sua transmissão a massa de riqueza moderada, já então acumulada, pois desde 1850 alguma conversão em valores permutáveis se havia operado dos recursos naturais do país devido ao espírito de associação que nessa época começara a dar os primeiros passos, o que assustou por tal forma os rotineiros, que desde logo cuidaram em atar as pernas ao gigante, com receio de que, caminhando, pudesse cair! Essas dificuldades impediam o maior desenvolvimento das forças produtivas do país pela falta de instrumentos que pudessem servir de motor às transações; e reunido a isso a ação de duas más colheitas sucessivas, e as restrições violentas que a lei de 22 de agosto de 1860 criaram deram em resultado a crise bancária de 10 de setembro de 1864.

As urgências da guerra determinaram a copiosa emissão de papel-moeda a que nos referimos. De um grande mal nasceu algum bem dizemo-lo afoitamente, cônscios de provocar iracunda explosão negativa da parte dos doutrinários inflexíveis.

As transações ou a transmissão dos valores sujeitos à lei econômica da oferta e da demanda se achavam, como já o dissemos, necessariamente peadas. O grande elemento que o crédito representa nas permutas sofrera rude golpe com a legislação financeira de 1860, e a crise de 1864 veio ainda mais enfraquecer esse poderoso instrumento que nas sociedades bem organizadas supre a falta de meio circulante. Os 45 mil contos de papel-moeda, que em um estado de crédito satisfatório auxiliavam a circulação dos valores; quebrada a força daquele instrumento, tornaram-se manifestamente insuficientes. Foi, pois, em tais circunstâncias, uma salvação a presença em maior escala da força-motriz, representada nesse papel-moeda, digam o que quiserem os seus inimigos.

Os caminhos de ferro têm necessidade de vagões na proporção das mercadorias a transportar, sob pena de ficarem estagnados, em prejuízo da riqueza pública, os valores que têm de transitar.

Se os vagões são de mogno, ou de pinho, é indiferente, o que cumpre é que existam em número suficiente.

Assim também as transações — carecem de instrumentos de permuta sob pena de atonia, se não bastam os que existem, causando a maior perturbação a sua falta, pois a criação da riqueza fica embaraçada, em grave detrimento dos interesses da sociedade.

À primeira vista, a elevação ao triplo do *quantum* do meio circulante no curto período de cinco anos, sem que as transações pudessem aumentar proporcionalmente nesse prazo, deveria produzir a perturbação que os economistas denunciam, como coisa certa, em tais casos. Deu-se o fato? Não, certamente: à medida que esse papel se foi derramando na circulação do vasto Império de que nos orgulhamos, se foi elevando o seu valor, e sua escassez novamente manifestando-se a ponto de ser necessário, poucos anos depois, uma nova emissão para fazer frente a uma deficiência reconhecida e provada, votando-se a lei de 29 de maio de 1875 – chamada de Auxílio aos Bancos, que foi a medo aplicada, salvando-se as instituições de crédito que tinham apólices e bilhetes do tesouro em quantidade suficiente para garantir com esses títulos os adiantamentos de que necessitavam.

Não havia nessa época nenhum abalo recente ao crédito derivado de prejuízos suportados por interesse algum dos que influem na vida econômica, financeira e comercial do país. A escassez de numerário era de tal ordem que as reservas de todos os bancos reunidos não alcançavam a cifra que o maior deles não pôde jamais dispensar em satisfação das necessidades de sua posição na praça.

O estado dos câmbios era tal que, depois de realizada toda a nova emissão, bastavam apenas 97$ do nosso papel-moeda para obter uma letra de câmbio de 100 mil réis em ouro cobrável em qualquer praça estrangeira? Querem provas mais decisivas? Impossível é fortalecê-las!

Querem prova igualmente decisiva de que não os metais preciosos, porém outras causas, influem no valor desse papel? Aqui a têm.

Depois de recolhida a totalidade do papel que entrou na circulação em auxílios dos bancos em obediência à lei, o câmbio baixou notavelmente e tem mais declinado. Onde está, pois, o valor prático de vossas teorias em relação ao papel-moeda do Brasil, que assim proclama a sua independência, embora tenham essas teorias o apoio dos economistas da maior pujança científica?

O grande impulso dado à circulação dos valores, que constituem capital flutuante, pela elevação ao triplo do meio circulante no curto prazo referido permitiu os empréstimos em grande escala realizados durante esse período pela emissão de apólices, inclusive a operação dos Gold Bondes internos, que jamais podemos compreender, concentrando-se, além disso, no erário nacional 70 mil contos do capital do país representados em bilhetes do tesouro, ao terminar a guerra! Seriam essas transações sequer possíveis, com um motor para realizá-las limitado aos 45 mil contos preexistentes? – ninguém ousará afirmá-lo.

As emissões referidas, vieram, pois, estabelecer prova plena de que era insuficiente a quantidade previamente em circulação.

Elas satisfizeram necessidades indeclináveis da ocasião em que os brios e a dignidade nacional estavam empenhados, impossíveis de serem atendidos sem essa intervenção.

Mais tarde, derramado esse papel pela vasta extensão dò território pátrio, ficou ainda provada sua insuficiência, para mover todas as transações do Brasil.

Quereis ouro de preferência como base de nossas transações monetárias? É sem dúvida instrumento mais perfeito, e desde que possa ser obtido, pela conversão em grande escala, dos recursos naturais do país em riqueza, nós aceitaríamos. Por qualquer outro meio, cumpre seja repelido: seria um presente de grego!

Acabamos de consignar ao papel as ideias que ficam expendidas, quando lemos o decreto de 17 do corrente, que contém um ato governativo de vigorosa iniciativa.

Os que nos tem feito a honra de ler com atenção as reflexões que nos sugere uma experiência e estudo prático de mais de meio século das coisas do nosso país, não terão dificuldade em acreditar que aceitamos a medida, não só como satisfazendo a necessidades imperiosas do momento.

Porém também levando em suas entranhas um pensamento de progresso econômico, que vai exercer benéfica influência nos destinos da nossa sociedade.

Desta vez o instrumento de permutas, o qual, não nos cansaremos de repetir, é o único que possuímos, não vai pôr em movimento o capital flutuante do país, para pôr em linha de batalha luzidos regimentos, nem para fazer aparecer nas águas de algum país, com quem a fatalidade nos leve a uma luta, os penachos fumegantes de numerosos vapores que atestem o poder material do Brasil – Deus arrede por muitos anos de nossa pátria tão medonha perspectiva.

Desta vez, o meio circulante lançado à circulação tem uma missão pacífica a desempenhar.

O inimigo que vai combater, porém, é bem digno do esforço que a medida denuncia.

Ele é tanto mais perigoso quanto lhe serve de armadura, a insinuante pretensão, de que fora levado a apresentar-se em campo em satisfação de necessidades públicas que entendem com o progresso e civilização do país.

Já se vê que nos referimos à absorção pelo tesouro público nacional de uma volumosa proporção de capital flutuante que concorre, mais do que outro algum elemento, para a criação da riqueza, e que, assim desviado de sua missão, embora o canal absorvente procure derramá-lo, em misteres de utilidade pública, a intenção fica desvirtuada na prática pelo desequilíbrio que opera esse fato na transmissão geral dos valores.

A retirada da concorrência do tesouro público na demanda de capital flutuante é uma necessidade clamorosa da situação. Essa necessidade vai ficar satisfeita.

Só então o produto da riqueza acumulada buscará emprego em maior escala, em misteres que entendam com o progresso do país e bem-estar social.

A nova batalha que vai dar o nosso meio circulante de papel inconvertível é, pois, bem digna de uma direção conveniente.

Lamentamos ver no final do decreto citado uma espécie de receio da parte dos generais que têm de fazer uso do instrumento na primeira instância: os preconceitos têm, na verdade, muita força!

A promessa antecipada de uma forte retirada anual desse papel da circulação deixa entrever receio – ou então que o instrumento precisa de acreditar-se.

Mantemos a convicção profunda de que se trata de fazer um bem e temos robusta crença de que a firma da nação brasileira, que esse papel representa, responderá satisfatoriamente pelo seu valor.

Quanto ao modo e forma de tornar efetiva essa responsabilidade, e questão para uma discussão larga e completa, em que têm de ser consultados todos os elementos que constituem o poder público nacional.

A antecipação de ideia fora de oportunidade, não alcança algum fim de utilidade pública, por isso nos abstemos de discutir, por agora, o meio lembrado; contentamo-nos em declarar com toda a energia de convicção que, adotando a medida em questão, o gabinete de 5 de janeiro bem mereceu do país.

ÁRVORE GENEALÓGICA

ASCENDÊNCIA E DESCENDÊNCIA DE IRINEU EVANGELISTA DE SOUZA — BARÃO E VISCONDE DE MAUÁ COM GRANDEZA[217]

Nasceu em 28 de dezembro de 1813 em Arroio Grande, que pertencia ao município de Jaguarão, no Rio Grande do Sul.

Faleceu em Petrópolis, província do Rio de Janeiro, em 21 de outubro de 1889. Foi sepultado no dia seguinte no Cemitério da Ordem de São Francisco de Paula no Rio de Janeiro.

Era filho de Dona Marianna Baptista de Carvalho, natural de Arroio Grande, por sua vez, filha de José Baptista de Carvalho, estancieiro, também de Arroio Grande, onde era muito considerado, e de Dona Isabel, de família holandesa, cujo corpo depois de cinquenta anos enterrado foi encontrado em perfeito estado.

Dona Marianna casou-se, em 1810, em Arroio Grande, com João Evangelista de Ávila e Souza, natural de Jaguarão, que morreu assassinado no Uruguai.

Era este filho de Manuel Jerônimo de Souza e de Dona Maria de Ávila e Souza, pertencente talvez à família dos Ávila e Souza, valentes farroupilhas, cujos antepassados se encontram no Nobiliário Sul-rio-grandense, p. 87, de Mario Teixeira de Carvalho, e nas Publicações do Arquivo Nacional, vol. XXIX, notas de Aurélio Porto, p. 335-353 e 358.

Contraiu Dona Marianna segundas núpcias em 1822, enviuvando novamente alguns anos depois; faleceu no Rio de Janeiro em 1877.

Casou-se Irineu Evangelista de Souza no Rio de Janeiro no dia 11 de abril de 1841 com Dona Maria Joaquina de Souza Machado, sua sobrinha, nascida no Rio Grande do Sul em 6 de janeiro de 1825 e falecida em Petrópolis no dia 15 de março de

1904. Era filha de sua irmã Dona Guilhermina de Souza, que nasceu em Arroio Grande no dia 21 de abril de 1811, faleceu no Rio de Janeiro em 1890, casou-se em 1822 com José Machado de Lima, natural do Rio Grande do Sul, primo do senador Pinheiro Machado.

Teve o casal dos Viscondes de Mauá dezoito filhos; não sabemos os nomes de todos, pois alguns morreram muito cedo:

1 – 1 – Lysia, morreu com treze anos.
1 – 2 – Irineu, morreu cedo.
1 – 3 – gêmeo de 1– 2 – morreu cedo.
1 – 4 – Irineu Evangelista de Souza, comendador, nasceu no Rio de Janeiro no dia 24 de fevereiro de 1851 e faleceu em Petrópolis no dia 23 de fevereiro de 1915. Casou-se nesta capital no dia 16 de fevereiro de 1871, com Dona Jesuína de Azevedo Salles, nascida em Porto Alegre, Rio Grande do Sul, no dia 27 de maio de 1854, falecida no Distrito Federal em 28 de setembro de 1940. Filha dos Barões de Irapuá.
Deste casal descendem:

2 – 1 – Alice Salles de Souza, nascida nesta capital, no dia 6 de outubro de 1872, em casa de seus avós paternos em São Cristóvão, no palácio que pertenceu à Marquesa de Santos. Faleceu em São Paulo no dia 12 de fevereiro de 1900 em consequência do nascimento de seu quarto filho. Casou-se no Rio de Janeiro no dia 6 de outubro de 1888 com seu parente pelo lado do Barão de Irapuá, Doutor Evaristo Ferreira da Veiga, natural de Campanha, Minas, médico que se estabeleceu primeiro em Bagé, Rio Grande do Sul, depois em São Paulo, onde faleceu em 1935, com 72 anos, deixando viúva sua segunda esposa, Dona Francisca de Barros, e três filhos do primeiro matrimônio:

3 – 1 – Evaristo, nasceu em Bagé em 1890, onde faleceu em 1891.
3 – 2 – Arthur, nasceu em Petrópolis em 1891 em casa da Viscondessa de Mauá, sua bisavó; bacharel em direito, reside em São Paulo.
3 – 3 – Heloisa, nasceu em São Paulo, onde se casou, em 1910, com o Doutor Marcio Pereira Munhós, natural de São Paulo, bacharel em direito, ex-magistrado e secretário do governo Armando Salles.
Teve o casal 5 filhos:

4 – 1 – Eduardo da Veiga Munhós, que se casou em 1935 com Dona Maria do Carmo Cintra. Tiveram 1 filho:
5 – 1 – Eduardo.
4 – 2 – Maria Alice, que se casou em 1935, com o Doutor Carlos Moraes Barros, médico, natural de São Paulo.
4 – 3 – Maria Helena.
4 – 4 – Roberto, estudante de direito, falecido em 2 de setembro de 1940.
4 – 5 – Marcio.
3 – 4 – Plinio Veiga, cursou o Mackenzie College, nasceu em 1900 e faleceu em 1927, vítima de um desastre de auto. Foi casado com Dona Rita Gouvêa, deixou 2 filhos:
4 – 1 – Álvaro.
4 – 2 – Ruth.
2 – 2 – Luzia Salles de Souza, nasceu no dia 7 de abril de 1874, em São Cristóvão, em casa de seus avós paternos. Casou-se no dia 4 de setembro de 1889, com o Doutor Antônio

Augusto de Azevedo Sodré, natural de Maricá, estado do Rio, médico, professor e diretor da Faculdade de Medicina, ex-Prefeito do Distrito Federal, deputado federal pelo estado do Rio de Janeiro. Diretor-médico de A Equitativa (1895–1929), da qual foi um dos fundadores. Falecido em Petrópolis, na sua Fazenda da Quitandinha, com 65 anos em 1929. Teve este casal seis filhos, todos nascidos no Rio de Janeiro:

3 – 1 – Fabio Sodré, médico do Hospício Nacional de Alienados, diretor médico de A Equitativa (1929–1940), publicista, ex-deputado federal, casou-se em 1914 com sua prima Dona Irene de Souza Lopes, de quem se divorciou em 1939.
Teve esse casal quatro filhos:

4 – 1 – Laura, nasceu em 1915 e faleceu em 1928.
4 – 2 – Regina.
4 – 3 – Antônio Augusto, estudante de direito.
4 – 4 – Domingos Alvares.
3 – 2 – Luís Sodré, médico assistente da Faculdade de Medicina, que se casou em 1917 com sua parenta pelo lado Sodré, Dona Mariana Cezar de Andrade. Descendem deste casal:
4 – 1 – Maria Adelaide, que se casou em 1939 com o Doutor Henrique de Almeida Fialho, engenheiro professor de matemática da Universidade do Distrito Federal.
4 – 2 – Lucia, que se casou em 1939 com o tenente aviador da marinha Carlos Alberto de Mattos.
Tiveram uma filha:

5 – 1 – Ana Maria.
4 – 3 – Luzia.
4 – 4 – Beatriz.
4 – 5 – Antônio Luís.
3 – 3 – Sarah, que se casou em 1917 com seu parente Doutor Paulo Cezar de Andrade, cirurgião nesta capital, diretor geral do serviço médico da Santa Casa de Misericórdia.
Tem o casal os seguintes filhos:

4 – 1 – Antônio Paulo, oficial da Marinha de Guerra.
4 – 2 – Alfredo Paulo, estudante de engenharia.
4 – 3 – Maria Helena.
4 – 4 – Maria Luísa.
4 – 5 – Roberto Paulo.
4 – 6 – Maria Clara.
3 – 4 – Lysia, que se casou em 1916 com seu parente Doutor Arthur Cezar de Andrade, engenheiro.
Tiveram três filhos:

4 – 1 – Arthur Oswaldo, aviador naval.
4 – 2 – Luís Fernando, estudante de medicina.
4 – 3 – Maria Cecilia, professora municipal.
3 – 5 – Altino Sodré, engenheiro agrônomo, casou-se em 1931 com Dona Hilda Moreira, natural de Petrópolis.
Tiveram os seguintes filhos:

4 – 1 – George.

4 – 2 – Aloysio.

3 – 6 – Zulmira, que se casou em 1922 com seu primo Doutor Alcindo Sodré, natural do Rio Grande do Sul, médico em Petrópolis, membro correspondente do Instituto Histórico e Geográfico Brasileiro, diretor do Museu Imperial de Petrópolis, autor dos trabalhos históricos: *A gênese da desordem* e *A cidade imperial*; descendente por sua mãe Dona Helena Jobim Porto Sodré, de João Teixeira d'Agueda e Dona Isabel Nunes, talvez também antepassados do Visconde de Mauá.

Teve o casal os seguintes filhos:

4 – 1 – Marília.

4 – 2 – Celina.

4 – 3 – Gilda.

4 – 4 – Rosa Maria.

4 – 5 – Arnaldo.

2 – 3 – Noemy Salles de Souza, nasceu no dia 22 de dezembro de 1875 em Rosário, Rio Grande do Sul (na estância do Curial de Pedras, pertencente aos seus avós maternos). Casou-se nesta capital no dia 21 de julho de 1894 com Edmundo Nicolau Ganns, nascido em São Leopoldo, Rio Grande do Sul, no dia 12 de abril de 1863. Ex-diretor do Departamento de Agências da Companhia de Seguros A Equitativa (1906–1934). Aposentado em 1934. Falecido em 8 de junho de 1941.

Teve o casal os seguintes filhos, todos nascidos nesta capital:

5 – 1 – Mario Ganns, oficial administrativo da Prefeitura do Distrito Federal, que se casou em 1932 com Dona Lia Nogueira, nascida no Amazonas, diretora do Departamento de Contabilidade da Prefeitura do Distrito Federal.

5 – 2 – Claudio Ganns, advogado e jornalista, membro efetivo do Instituto Histórico e Geográfico Brasileiro. Ex-auxiliar do Governo de Sergipe (1922–1925) e procurador do estado, no Rio (1926–1929). Casou-se em 1925 com Dona Layde Amoroso Lima, nascida nesta capital, neta dos Viscondes de Amoroso Lima.

5 – 3 – Paulo Ganns, professor, químico e industrial, ex-sócio dos Laboratórios Raul Leite. Diretor técnico das Indústrias Reunidas Mauá S. A. Casou-se em 1922 com Dona Olinda Soares, natural do estado do Rio.

Tiveram três filhos:

4 – 1 – Ernesto.

4 – 2 – Fernando.

4 – 3 – Dulce.

3 – 4 – Maria, que se casou em 1925 com Vicente Comes da Silva Junior, nascido nesta capital, corretor de navios.

3 – 5 – Alice.

3 – 6 – Manuel, só viveu 1 dia.

3 – 7 – Margarida, que se casou em 1934 com o Prof. Afonso Henriques da Silva Leite, natural de Petrópolis. Professor e diretor do Liceu Fluminense naquela cidade. Teve o casal dois filhos:

4 – 1 – Luís Afonso.

4 – 2 – Cecilia Alice.

3 – 8 – Hilda, que se casou em 1941 com o Senhor Arthur Lespinasse Campos.

3 – 9 – Oswaldo Ganns, farmacêutico, ex-sócio dos Laboratórios Raul Leite, nasceu nesta capital em 1907, onde faleceu em 1938.

3 –10 – Laura, que se casou em 1934 com o Doutor Pedro Borges Sampaio, natural de Pelotas, Rio Grande do Sul, médico, químico. Descendente por sua mãe Dona Carlinda Gonçalves Borges Sampaio, de João Teixeira d'Aqueda e Dona Isabel Nunes, talvez também antepassados do Visconde de Mauá.

3 – 11 – Sylvia.

3 – 12 – Ruth.

3 – 4 – Maria Salles de Souza, nasceu no Rio de Janeiro em 1877, viveu só 7 dias.

2 – 5 – Maria Jesuína Salles de Souza, nasceu em Montevidéu em 1879 e faleceu no Rio de Janeiro em 1883.

1 – 5 – Henrique Irineu de Souza, comendador, nasceu no Rio de Janeiro no dia 24 de abril de 1852 e faleceu em Petrópolis no dia 26 de junho de 1929. Casou-se em 1870 com Dona Maria Luísa Oliva Tavares Guerra, nascida no Rio de Janeiro em 6 de fevereiro de 1854, falecida em 18 de setembro de 1941.
Teve o casal a seguinte descendência:

2 – 1 – Helena Guerra de Souza, que se casou com Adriano dos Reis Quartin, comendador. São filhos deste casal:

3 – 1 – Adriano de Souza Quartin, diplomata, casou-se em 1915 com Dona Maria Ferreira Neves.
Tiveram os filhos:

4 – 1 – Antônio.

4 – 2 – Roberto.

4 – 3 – Paulo.

4 – 4 – Maria Anita.

3 – 2 – Alzira de Souza Quartin, que se casou em 1917 com seu primo Doutor Franklin Sampaio, advogado (veja 3 – 1 de 2 – 2 de 1 – 5).

3 – 3 – Beatriz, que se casou em 1916 com Doutor Otavio Simonsen.
Tiveram três filhos:

4 – 1 – Celina, que se casou em 1937 com Doutor Paulo Silva Costa, engenheiro arquiteto.
Tiveram um filho:

5 – 1 – Jorge.

4 – 2 – Raul.

4 – 3 – Helena, que se casou em 1939 com Afonso Parreiras Horta, aviador naval.

3 – 4 – Lydia, que se casou com Doutor Décio Olinto de Oliveira, médico.
Tiveram os seguintes filhos:

4 – 1 – Lucia.

4 – 2 – Vera.

4 – 3 – Paulo Cesar.

3 – 5 – Maria Elisa Quartin.

2 – 2 – Hermínia Guerra de Souza, casou-se em 1893 com Doutor Franklin Sampaio, advogado, falecido em 1910. Um dos fundadores de A Equitativa, de que foi diretor-presidente. Casou-se pela segunda vez em 1933 com Doutor Luís Tavares Alves Pereira, viúvo de Dona Alice Moreira.

Houve do primeiro matrimônio a descendência seguinte:

3 – 1 – Franklin Sampaio, advogado, banqueiro. Atual diretor-presidente de A Equitativa (1940). Casou-se em 1917 com sua prima Dona Alzira de Souza Quartin (veja 3 – 2 de 2 – 1 de 1 – 5).

3 – 2 – Irineu Sampaio, capitalista.

3 – 3 – Henrique Sampaio, que faleceu nos Estados Unidos da América do Norte em 1917.

3 – 4 – Luís de Souza Sampaio, comerciante.

3 – 5 – Jorge de Souza Sampaio.

3 – 6 – Luísa, que se casou em 1930 com Olavo Pompeia da Fonseca Guimarães.

Tiveram os filhos seguintes:

4 – 1 – Sylvia.

4 – 2 – Vera.

4 – 3 – Raul.

2 – 3 – Beatriz Guerra de Souza, que se casou em 1899 com Doutor José Sampaio Viana, médico.

São filhos deste casal:

3 – 1 – Álvaro Sampaio Viana.

3 – 2 – Mario, médico, faleceu em 1937. Foi casado com Dona Maria Lydia Furtado, deixou três filhos:

4 – 1 – Carlos Américo.

4 – 2 – Laura Beatriz.

4 – 3 – Vera Regina.

3 – 3 – Laura, que se casou em 1929 com Doutor Luís Rego, médico, de quem teve:

4 – 1 – Roberto.

4 – 2 – Ronaldo.

4 – 3 – Beatriz.

3 – 4 – Lysia, que se casou em 1934 com Armênio Rangel.

Tiveram os filhos seguintes:

4 – 1 – Fernando.

4 – 2 – Zilda.

2 – 4 – Laura Guerra de Souza, que se casou em 1895 com João Baptista Rodrigues Lopes, foi cônsul geral do Brasil em Paris, onde residiram muitos anos, faleceu no Rio de Janeiro em 1939.

Houve a seguinte descendência:

3 – 1 – Irene de Souza Lopes, que se casou em 1914 com seu primo Doutor Fabio Sodré e dele se divorciou em 1940 (veja 3 – 1 de 2 – 2 de 1 – 4, onde se encontra a sua descendência).

3 – 2 – Luísa, que se casou em 1940 com Doutor Domingos de Oliveira Alves, cônsul, aposentado.

3 – 3 – Carlota, que se casou em 1919 com Doutor Pedro Paulo Paes de Carvalho, cirurgião nesta capital.

Tiveram os seguintes filhos:

4 – 1 – Jorge.

4 – 2 – Miguel.

4 – 3 – Fernando.

4 – 4 – Gabriel.
4 – 5 – Ângela Maria.
4 – 6 – Antônio.
3 – 4 – Georgina, que se casou com Roberto Alvim Corrêa, publicista, ex-professor da Universidade do Distrito Federal e professor da Faculdade de Filosofia.
Tiveram três filhos:

4 – 1 – Cecilia Clara.
4 – 2 – João Carlos.
4 – 3 – Luís Henrique.
2 – 5 – Zaira Guerra de Souza, que se casou com Benjamim de Freitas Amorim Santa Vitoria, já falecido, filho dos Viscondes de Santa Vitória.
O casal teve quatro filhos:

3 – 1 – Luís de Souza Santa Vitória.
3 – 2 – Zaira, que se casou com Keneth Cooper.
3 – 3 – Sylvia, que se casou em 1930 com William Bryce Aimers.
3 – 4 – Roberto, que se casou com Cecile Elmer.
2 – 6 – Henrique Guerra de Souza, que se casou com Dona Maria Xavier.
2 – 7 – Arthur Guerra de Souza, que se casou com Dona Maria Werneck de Castro.
Tiveram a seguinte descendência:

3 – 1 – José, casou-se com Dona Maria Augusta Garcia. Tiveram um filho:
4 – 1 – Carlos Eugenio.
3 – 2 – Arthur.
3 – 3 – Maria, que se casou com Antônio Corrêa e Castro, de quem teve três filhos:

4 – 1 – Laura Maria.
4 – 2 – Antônio Sergio.
4 – 3 – Laureano.
3 – 4 – Mariana.
3 – 5 – Maria de Lourdes.
3 – 6 – Maria Luísa.
3 – 7 – Pedro.
2 – 8 – Luís Irineu Guerra de Souza, faleceu em 1939. Foi casado com Dona Ondina Gonçalves, deixou uma filha:

3 – 1 – Zaira, que se casou com o capitão Antônio Molina.
2 – 9 – Irineu Evangelista de Souza, já falecido. Foi casado com Dona Maria Ermelinda Cunha, deixou quatro filhos:

3 – 1 – Maria de Lourdes.
3 – 2 – Nair.
3 – 3 – Judith.
3 – 4 – Paulo.
2 – 10 – Maria Luísa Guerra de Souza, que se casou em 1919 com Doutor Alberto Nunes de Sá, advogado, de quem teve um filho:

3 – 1 – Humberto, que faleceu criança.
1 – 6 – Arthur Irineu de Souza, nasceu em 1853, faleceu em 1873.

1 – 7 – Maria Carolina, nasceu no dia 28 de outubro de 1854. Casou-se com José Luís Cardoso de Salles, mais tarde Barão de Ibirá-Mirim, filho dos Barões de Irapuá. Foi cônsul do Brasil em Londres durante trinta anos (nascido no Rio Grande do Sul em 16 de fevereiro de 1840. Faleceu em Nice, França, em 30 de março de 1904). Falecida em 9 de novembro de 1941.

1 – 8 – Ricardo Irineu de Souza, advogado, promotor em São Jerônimo, Rio Grande do Sul, nasceu em 1856 e faleceu em Porto Alegre. Casou-se em 1884 com Dona Amélia Daisson, também falecida em Porto Alegre em 1920. Deixou o casal um filho:

2 – 1 – Ricardo Daisson de Souza, que se casou com Dona Alice Cidade, falecida em 1939, de quem teve:

3 – 1 – Carlos, já falecido.
3 – 2 – Dirce.
3 – 3 – Naely.
3 – 4 – Renan.

1 – 9 – Lysia Ricardina de Souza, nasceu no Rio de Janeiro em 1860, onde faleceu em 1891. Casou-se em 1885 com João Frick, viúvo, nascido em Portugal em 1839, de origem suíça, falecido na Inglaterra em 1909. Deixou o casal quatro filhos:

2 – 1 – Tito Frick, nasceu em 1886, casou-se com Dona Julia Sorchi, já falecida, de quem teve:

3 – 1 – Maria Luísa, casada com Newton Velho Sobrinho.
3 – 2 – Joana.
3 – 3 – João.
2 – 2 – Irene, religiosa num convento da Inglaterra.
2 – 3 – João, nasceu em 1888 e faleceu em 1918.
2 – 4 – Carlos Frick, nasceu em 2 de outubro de 1889, advogado, foi promotor em Osasco, São Paulo, faleceu em Correias em 1938. Foi casado com Dona Margarida Kehl, de quem teve:

3 – 1 – Carlos Alberto.
3 – 2 – Ayrton.
3 – 3 – Lysia.
1 – 10 – Hermínia, faleceu com seis anos, nasceu em 1863.
1 – 11 – Irene de Souza, nasceu em Londres em 1865. Casou-se em 1882 com Tito Ribeiro, nascido no Rio Grande do Sul, em maio de 1853 e falecido em São Paulo em 1921. Filho de Ricardo José Ribeiro, gerente do Banco Mauá no Rio Grande do Sul. Este casal não teve descendência.
1 – 12 – Alice, faleceu com dois anos em Montevidéu.
1 – 13 a 18 – não sabemos os nomes (falecidos em tenra idade).

FONTES CONSULTADAS

A — ESCRITOS DE MAUÁ

1 – EXPLICAÇÃO a que se refere em sua autobiografia, em resposta às acusações do Senhor França Leite, ex-revolucionário de 1842. (Publicada no *Jornal do Comércio* de 1846).

2 – DISCURSO proferido na assembleia de incorporação do Banco do Brasil, cujos estatutos foram redigidos por Mauá. (Publicado no *Jornal do Comércio* de 2 de maio de 1851. Reeditado no *Jornal do Comércio*, Edição do Centenário, 1922, p. 285 e ainda em nota neste livro).

3 – DISCURSO a que se refere ainda a sua autobiografia na inauguração do primeiro trecho da Estrada de Ferro de Petrópolis, em 30 de março de 1854.

4 – COMPANHIA PONTA DA AREIA. Balanços e relatórios impressos (Biblioteca Nacional – IV – 317, 6, 2. n.º 14).

5 – COMPANHIA DE NAVEGAÇÃO E COMÉRCIO DO AMAZONAS. Estatutos, regulamentos, contratos e relatórios de seu presidente, desde a fundação em 1852 até 1871 (19 folhetos da "Coleção Manoel Barata". Existem outros exemplares dos relatórios dos anos de 1855, 1857, 1858, 1864 e 1867, na "Coleção Thereza Christina". Ambas as coleções são hoje propriedade do Instituto Histórico e Geográfico Brasileiro).

6 – ALOCUÇÕES E RELATÓRIOS da Companhia de Navegação a Vapor e Estrada de Ferro de Petrópolis. (No livro de Atas, desde a fundação, em 1852, até 1861, existente na Biblioteca Nacional, Seção de Manuscritos, n.º 1-8-2, n.º 57. Nesse volume encontram-se, ao pé das atas, os autógrafos dos participantes das assembleias.)

7 – RELATÓRIO da Imperial Companhia de Navegação a Vapor e Estrada de Ferro de Petrópolis. Apresentado em 25 de setembro de 1857. (Na Coleção do Instituto Histórico e Geográfico Brasileiro.)

8 – A MISSÃO ESPECIAL DO SENHOR CONSELHEIRO SARAIVA. Artigo assinado e datado de 20 de março de 1864. (Publicado no *Jornal do Comércio* de 22 de março de 1864 – Reeditado no *Jornal do Comércio*, edição do Centenário, 1922, p. 312.) Esse artigo, pela sua importância, vai transcrito em nota, ao pé da página, no ponto em que a autobiografia a ele se refere.

9 – LIQUIDAÇÃO da extinta sociedade bancária Mauá, Mac Gregor & Cia. Relatório apresentado em 14 de fevereiro de 1870. (Coleção Thereza Christina, do Inst. Hist. e Geog. Brasileiro.)

10 – CIRCULAR aos eleitores liberais do 2.º distrito do Rio Grande do Sul, sobre o repto de Gaspar Martins. (Publicada no *Correio Paulistano* e transcrita na *República*, do Rio, em começos de 1873.)

11 – MANIFESTO à Câmara dos Deputados, quando renunciou a sua cadeira, no incidente com Gaspar Martins. (Publicado nos Anais da Câmara e tirado em avulso, Rio, 1873.)

12 – CAMINHO DE FERRO D. IZABEL da Província de Paraná à de Mato Grosso. Considerações gerais sobre a empresa, pelo Visconde de Mauá. (De p. I a XV.) Relatório de William Loyd, membro do Instituto de Engenheiros da Inglaterra. Rio de Janeiro, Tip. de G. Leuzinger & Filhos, 1875, 152 p. e plantas. As observações de Mauá, tais como foram publicadas com a data de 10 de 1875, encontram-se transcritas na sua autobiografia, capítulo "Estrada de Ferro do Paraná a Mato Grosso".

13 – CARTAS sobre a questão da Estrada de Ferro São Paulo Railway, respectivamente de 3, 13 e 20 de agosto de 1875 e publicadas no *Jornal do Comércio* dos dias seguintes. Reimpressas no folheto que procura respondê-las, intitulado São Paulo Railway Company Limited: pretensões do Visconde de Mauá, Rio, Tip. Acadêmica, 1875, p. 18, 30 a 53 e 88.

14 – O MEIO CIRCULANTE DO BRASIL. Série de artigos publicados no *Jornal do Comércio* em começos de 1878 e logo em seguida reunidos em folheto, Rio, Tip. de J. Villeneuve 8 Cia., 1878, 4.º Exemplar pertencente à Bib. Nacional (*Catálogo da Exposição de História* – 2.º vol., p. 1.161 a 13.455). Reimpresso em apêndice à autobiografia.

15 – CARTAS PARTICULARES (3) ao Conselheiro Gaspar Martins a propósito dos artigos acima referidos (publicadas pelo filho e biógrafo, José Júlio (SILVEIRA MARTINS, p. 90 a 92).

16 – EXPOSIÇÃO DO VISCONDE DE MAUÁ aos credores de Mauá & Cia. e ao público. Rio de Janeiro, Tip. Imp. e Const. de J. Villeneuve & Cia., 61, Rua do Ouvidor, 1878 (165 páginas, 5 tabelas, um índice e uma errata). É a primeira e única edição, restrita, da sua autobiografia, na ocasião da falência, da qual a presente é apenas a reedição "anotada", antecedida de um estudo biográfico e crítico e seguida de outros esclarecimentos.

17 – ESTATUTOS da Companhia Pastoril, Rio, 1883 (na Biblioteca Nacional, V, 264, 3, 5, n.º 22).

18 – DISCURSOS na Assembleia Geral Legislativa do Império (Câmara dos Deputados – Sessões de 1856, 1857, 1858, 1561, 1563 e 1872 nos respectivos Anais).

19 – CARTA AOS CREDORES, antes de partir para Londres, em 8 de junho de 1864, e outra, de regresso, relatando os episódios da solução final da questão da São Paulo Railway, no *Jornal do Comércio* de 30 de novembro de 1884. Ainda no mesmo jornal de 5 e 6 de dezembro do mesmo ano, faz longa exposição do assunto, acompanhada de documentos.

20 – CORRESPONDÊNCIA EPISTOLAR, constante de muitos exemplares, a maior parte perdidos, mas de que ainda se salvaram os seguintes: I – Coleção de mais de trezentas cartas com seu sócio, Ricardo Ribeiro, desde 1850 até 1884, doada ao Instituto Hist. e Geog. Brasileiro por sua filha, Dona Irene de Souza Ribeiro: II – 67 cartas da Coleção acima, em posse da família Alberto de Faria; III – Copiador de cartas do ano de 1861 (de 4 de janeiro a 24 de julho), pertencente a sua filha, Dona Irene de Souza Ribeiro; IV – Correspondência com o Visconde do Rio Branco e o Barão de Penedo, nos arquivos do Palácio Itamarati, Ministério das Relações Exteriores; V – Correspondência com o Conselheiro Zacarias de Góes e o Marquês de São Vicente, no Arquivo Público Nacional; VI – Correspondência com o Conselheiro Dias

Carvalho, no Arquivo do Museu David Carneiro, em Curitiba; VII – Correspondência com o Marquês do Paraná e o Visconde do Cruzeiro em mão do Doutor H. C. Leão Teixeira Filho VIII – Correspondência com o Duque de Caxias, Eusebio de Queiroz e outros; X – Correspondência com o Marquês de Olinda e com o Conselheiro Nabuco de Araújo, nos Arquivos do Inst. Hist. e Geog. Brasileiro; XI – Correspondência varia e petições, na Biblioteca Nacional, Seção de Manuscritos; XII – Cartas em vários arquivos do Uruguai (Coleções Gabriel Terra, Herrera, Berro) e da Argentina (Coleção Saavedra Lamas de Pueyrredon) etc.

B — BIOGRAFIAS E ESTUDOS SOBRE MAUÁ

1 – A. SISSON. *Galeria dos contemporâneos ilustres*, Rio de Janeiro: 1857 – Vol. 1.º, p. 5 – É a primeira biografia publicada, acompanhada de excelente retrato litografado, de 1856.

2 – DIAS DA SILVA JR. *Dicionário biográfico de brasileiros ilustres nas letras, artes, política, filantropia, guerra, diplomacia, indústria, ciências e caridade de 1500 até os nossos dias*, Rio de Janeiro: Henrique Laemmert, 187, 192 p. mais 4 de índice, p. 72 e 73.

3 – ÁLBUNS com recortes de jornais, por ocasião do falecimento do Visconde de Mauá, em 21 de novembro de 1889. Um deles, encadernado em couro, tendo no rosto os dizeres: "Homenagem da sua esposa", pertence a sua filha, Dona Irene de Souza Ribeiro. Outro, pertence à sua bisneta Dona Irene São Lopes Sodré.

4 – JOSÉ LUIZ ALVES. "Necrológio do Visconde de Mauá". Discurso proferido no Inst. Hist. e Geog. Brasileiro, em 15 de dezembro de 1890, Revista do Instituto, tomo LIII, 2.º parte, 1890, p. 612–615.

5 – J. C. de SOUZA FERREIRA. "Um grande brasileiro" – Esboço biográfico do Visconde de Mauá – publicado inicialmente no *Jornal do Comércio* de 9 de maio de 1898, antecedido de uma "nota da redação", de autoria de José Carlos Rodrigues. Editado a seguir em livro, de X-87 p., na Tip. do *Jornal do Comércio*, de Rodrigues & Cia., 1898. Reeditado, ainda, pela Revista do Instituto Histórico, tomo LXII, 2.º parte, p. 74 a 136 – 1903.

6 – SACRAMENTO BLAKE. *Dicionário Bibliográfico Brasileiro*, vol. III, p. 284 a 286, nota biobibliográfica sobre Mauá.

7 – V. A. DE PAULA PESSOA. "Memória comemorativa do cinquentenário das Estradas de Ferro do Brasil". Lida, como orador oficial, no Instituto Politécnico Brasileiro, em 30 de abril de 1904. Antecedida do discurso do Presidente, Doutor Antônio de Paula Freitas, proferido na abertura da sessão solene. (Publicada na Revista do Instituto Politécnico – Rio de Janeiro, vol. XXX, 1904, 48 p. e 2 gravuras).

8 – RODRIGO OCTAVI. "Mauá – vitória – queda" (Crônica sobre a morte de Mauá, publicada na *Tribuna Liberal* de 27 de outubro de 1889); "Visconde de Mauá" (artigo não assinado em *A Renascença*, maio de 1904, vol. 1.º n.º 3, p. 119 a 122, com 4 gravuras).

9 – RAFAEL MARIA GALANTI. *Biografias de brasileiros ilustres*, São Paulo: Duprat, 1911, p. 254 e 255.

10 – H. M. INGLEZ DE SOUZA. "O comércio e as leis comerciais do Brasil" – Conferência feita na Biblioteca Nacional, a convite da Associação Brasileira de Estudantes. Publicada no *Jornal do Comércio* de 2 de outubro de 1915.

11 – LUIZ ADOLPHO DE ACCIOLY WANDERLEY (lente de Física da Escola Politécnica de São Paulo). Conferência na Escola de Comércio Alvares Penteado, entre 1916 e 1918, patrocinada pela Liga Nacionalista.

12 – VICENTE LICINIO CARDOSO. "A margem do Segundo Reinado". Longo ensaio em que o autor faz o confronto de Mauá com Pedro II – Publicado inicialmente no *Estado de São Paulo*, de 2 e 3 de dezembro de 1935; reproduzido na Revista do Instituto Hist. e Geog. Brasileiro, tomo 98, vol. 152, Rio, 1928, p. 1.039 a 1.088; incluído no livro póstumo, *A margem da história do Brasil*, ed. Cia. Editora Nacional, São Paulo, 1933, p. 125 a 215, com referências especiais a Mauá a p. 132 a 135, 141, 155 a 158, 162 a 164.

13 – ALBERTO DE FARIA. "Os forjadores da grandeza da nacionalidade" (Entrevista ao A. B. C. em 27 de junho de 1935); "O Visconde de Mauá" (conferência proferida na Liga de Defesa Nacional, a convite da Associação de Funcionários do Ensino Profissional e publicada no *Jornal do Comércio* de 23 de outubro de 1925); "Mauá: Irineu Evangelista de Souza, Barão e Visconde de Mauá, 1813 a 1889", 1.ª edição, Paulo, Pongetti & Cia., Rio, 1926, 604 p., 1.º índice e uma errata: 2.ª edição, póstuma, da Cia. Editora Nacional, Série Brasiliana, vol. 20, São Paulo, 1933, 568 p.; "Mauá" (discurso na Associação Brasileira de Educação, em 25 de junho de 1927, publicado no *Jornal do Comércio* de 3 de julho de 1927); Discurso de posse na Academia Brasileira de Letras, publicado no *Jornal do Comércio* de 16 de dezembro de 1928.

14 – LEVI CARNEIRO. "Mauá e seu tempo" (Conferência realizada na Associação Brasileira de Educação, publicada no *Jornal do Comércio* de 26 de junho de 1927).

15 – ADRIANO DE SOUZA QUARTIN. "Mauá e o estabelecimento da Ponta da Areia" (Artigo publicado no *Jornal do Comércio* de 8 de julho de 1928). Do mesmo autor saíram no referido jornal, ainda nesse ano, os seguintes trabalhos: "Mauá e a sua intervenção na questão da dívida uruguaia"; "Mauá precursor da política internacional de união por vínculos econômicos" (Cartas do grande brasileiro ao general Urquiza em 1861); "Mauá e a guerra entre Buenos Aires e as províncias da Confederação" (Cartas a Urquiza em 1861); "Mauá e a estrada de ferro de Santos a Jundiaí".

16 – ARMANDO DE ARRUDA FERREIRA. "O Visconde de Mauá". Conferência pronunciada no Instituto de Engenharia de São Paulo, em 5 de fevereiro de 1929. (Publicada no *Estado de São Paulo* em 14 de fevereiro de 1929).

17 – E. DE CASTRO REBELO. *Mauá: restaurando a verdade*, Rio de Janeiro: Editorial Universo, 1932, 202 p. Nota: Contestação apaixonada ao livro de Alberto de Faria. A maioria dos capítulos (16) já fora publicada na revista *Cultura*, em 1929, sendo os oito capítulos finais inéditos. Deu-lhe réplica o Senhor Otávio de Faria, em artigo intitulado "Mauá e a verdade histórica", publicado no *Jornal do Comércio* de 11 de dezembro de 1932.

18 – GABRIEL TERRA. "El baron de Mauá." Conferência no Clube Banco da República, em Montevidéu, em 1927 (ed. em espanhol). Esse trabalho foi traduzido para o português e publicado na revista do Instituto Histórico do Rio Grande do Sul (vol. VIII, no I e II trimestres de 1928, p. 13 a 34). Outra conferência, por ocasião de inaugurar-se a Ponte Internacional Mauá, foi proferida pelo mesmo autor, no mesmo local, em 12 de outubro de 1930 e transcrita, em português, no *Jornal do Comércio* do Rio, em 18 de agosto de 1834. Já anteriormente, em 1925, o Senhor Gabriel Terra, num banquete do Itamarati, sendo saudado pelo ministro Felix Pacheco, respondeu fazendo longa e calorosa apreciação da individualidade de Mauá (esse discurso foi publicado, entre outros pontos, sob o título "Brasil–Uruguai", no *Diário da Manhã*, de Aracaju, em 25 de agosto de 1925).

19 – ESTANISLAU BOLSQUET. "Mauá" (Discurso no Clube de Engenharia, publicado na respectiva revista), n.º 82, novembro de 1939.

20 – ARNALDO PIMENTA DA CUNHA. "Visconde de Mauá" (Irineu Evangelista de Souza, 1813–1889). Conferência realizada no Instituto Histórico e Geográfico da Bahia, em 21 de outubro de 1939. (Edição da Imprensa Oficial do Estado, n.º 50.532, Bahia, 1940, 89 p. 1 índice e 7 gravuras. Introdução do Interventor Federal, Landulpho Alves).

21 – J. BELFORT VIEIRA. "O Visconde de Mauá" – Conferência proferida no Clube de Engenharia, em outubro de 1939 e publicada na respectiva revista, n.º 82, de novembro de 1939.

22 – CARLOS DE LACERDA. "A lição nacional de Mauá" (artigo sem assinatura, no *Observador Econômico e Financeiro*, n.º 46, de novembro de 1939, p. 53 a 59 e 3 gravuras).

23 – RODRIGO OCTAVIO FILHO. "Mauá." Conferência realizada no 50.º aniversário de seu falecimento, em 21 de outubro de 1939, na sessão magna do Instituto Histórico e Geográfico Brasileiro; publicada primeiramente no *Jornal do Comércio* de 21 de janeiro de 1940 e a seguir no Tomo Especial da Revista do Instituto. (*O Visconde de Mauá no cinquentenário de seu falecimento*, Rio de Janeiro: Imprensa Nacional, 1940, p. 5 a 24). Essa conferência foi repetida na Associação Comercial do Rio de Janeiro em 20 de outubro de 1939.

24 – GUSTAVO BARROSO. "Mauá e o Prata" – Conferência realizada no Instituto Histórico e Geográfico Brasileiro, em 23 de outubro de 1939, e publicada inicialmente no *Jornal do Comércio* de 12 de novembro de 1939, e a seguir no Tomo Especial da revista do instituto. (*O Visconde de Mauá no cinquentenário de seu falecimento*, Rio de Janeiro: Imprensa Nacional, 1940, p. 25 a 44). Esse trabalho deu margem à contestação da Senhora Dona Irene de Souza Ribeiro, publicada no *Jornal do Comércio* de 5 de dezembro de 1939, sob o título: "O Visconde de Mauá e a conferência do Senhor Gustavo Barroso". Aliás, em livro anterior, *A História Secreta do Brasil*, ed. da Civilização Brasileira, 1938, vol. II, capítulo "Guerra dos Farrapos", p. 260 a 266, e vol. III, "Realeza econômica", p. 139 a 154, o Senhor Gustavo Barroso faz certas afirmações às quais o estudo que antecede a autobiografia procura também responder.

25 – ALCINDO SODRÉ. "O Visconde de Mauá" – Conferência realizada no Instituto Histórico e Geográfico Brasileiro, em 26 de outubro de 1939, publicada no *Jornal do Comércio* de 10 de dezembro de 1939 e a seguir no Tomo Especial da Revista do Instituto. (*O Visconde de Mauá no cinquentenário de seu falecimento*, Rio de Janeiro: Imprensa Nacional, 1940, p. 44 a 67). O Senhor Alcindo Sodré já havia discursado em 21 de março de 1928, em Petrópolis, na aposição da placa comemorativa na casa que ali pertencera a Mauá. (O discurso foi publicado em *O País*, do Rio, de 23 de março de 1928).

26 – NELSON WERNECK SODRÉ. *Panorama do Segundo Império*, São Paulo: Ed. da Cia. Editora Nacional, Série Brasiliana, vol. 170, 1939. (Ver os capítulos: "Influência inglesa", p. 158 a 167; "Liberdade de comércio", p. 250 a 258; e especialmente "Mauá", p. 259 a 266.)

27 – HEITOR LYRA. *História de Dom Pedro II*, São Paulo: Ed. da Cia. Editora Nacional, Série Brasiliana, vols. 133 e 133 A, 1939. (Ver: vol. I, "Questão Christie", p. 383 a 385; vol. II, capítulos IX, X e XI, p. 24 a 34).

28 – MANOEL LUBAMBO. Capitais e grandeza nacional, São Paulo: Ed. da Cia. Editora Nacional, Série Brasiliana vol. 187, 1940. (Ver especialmente o último capítulo: "Época do esplendor brasileiro", p. 195 a 225.)

29 – CLAUDIO GANNS. Mauá redivivo (a propósito do livro de Alberto de Faria), Artigo em *O País* de 13 de dezembro de 1927. "Vida particular de Irineu Evangelista de Souza" (conferência realizada no Instituto Histórico de Petrópolis, em 25 de outubro de 1939). "Vida pública do Visconde de Mauá" (conferência realizada no Instituto Histórico de São Paulo, em 28 de outubro

de 1939 e repetida no Instituto Histórico de Petrópolis, em 29 de setembro de 1941). Esses trabalhos, até agora inéditos, foram refundidos e condensados no estudo biográfico-crítico que antecede a presente edição da autobiografia de Mauá, intitulado "A trajetória de um pioneiro".

C — TRABALHOS E PUBLICAÇÕES EM TORNO DE MAUÁ

1 — ESTATUTOS DO BANCO DO BRASIL. Rio de Janeiro, 1851 — 8.º de 29 p. (Exemplar pertencente à Biblioteca Nacional, Catálogo da Exposição de História — 2.º vol., p. 1.164, n.º 13.500. Esses estatutos foram redigidos por Irineu Evangelista de Souza.)

2 — SOCIEDADE BANCÁRIA, MAUÁ, MAC GREGOR & CIA. Rio de Janeiro, Tip. de J. Villeneuve & Cia., 1854, in 4. de 8 p., e o "Contrato social", no *Catálogo da Exposição de História*, vol. 2.º, p. 1.169, n.º 13.573, pertence à Biblioteca Nacional. Há outro exemplar, impresso na Tip. de Brito & Braga. 1854, 4.º de 7 p. igualmente da Biblioteca Nacional — *Catálogo da Exposição de História*, n.º 13.574.

3 — MANOEL DA CUNHA GALVÃO. *Apontamentos sobre o melhoramento do porto de Pernambuco* (com a colaboração do Barão de Mauá e J. F. Alves Branco Muniz Barreto), Rio, 1867; *Notícias sobre as estradas de ferro do Brasil*, Rio de Janeiro: Tip. do Diário do Rio de Janeiro, 1869, 482 p. (referência a Mauá, p. 440).

4 — GERÊNCIA DA CASA FILIAL DO BANCO MAUÁ E CIA. Em Campinas, de outubro de 1867 a setembro de 1871, por Jorge Avelino, Rio de Janeiro: Tip. Perseverança, 1872, in 4.º (Exemplar pertencente à Biblioteca Nacional — *Catálogo da Exposição de História* — 2.º vol., p. 1.169, n.º 13.581).

5 — A QUESTÃO MAUÁ & CIA. Documentos e artigos que elucidam a matéria. (Pará Tip. do Futuro, 1875 — in 4º de 28 p., 12 fls. — assinado por M. A. Pimenta Bueno, gerente da Cia do Amazonas — É em defesa de Mauá — *Catálogo da Exposição de História* — 2.º vol., p. 1.169, n.º 13.575.)

6 — A QUESTÃO MAUÁ & CIA. Documentos e artigos que a discutem (Pará) — Tip. do "Comércio do Pará" — 1875, in 4.º de 82 p. (assinado Paulo — é em resposta ao folheto acima — in *Catálogo da Exposição de História* — vol. 2.º, p. 1.169, n.º 13.576).

7 — São PAULO RAILWAY COMPANY (LIMITED). Pretensões do Visc. de Mauá. — Carta circular do Presidente da Cia., dirigida aos acionistas, datada de 23 de junho de 1875 e a correspondência a que ela deu ocasião. Rio de Janeiro: Tip. Acadêmica, 1875, in 4.º de 1 fl. II-95 p. (Exemplar pertencente à Biblioteca Nacional, *Catálogo da Exposição de História* — 2.º vol., p. 1.217. n.º 14.328.)

8 — PLEITO MAUÁ e Memorial analítico por parte da Cia. de E. de Ferro de Santos a Jundiaí (São Paulo Railway C. Limited), Rio de Janeiro: Tipografia Acadêmica, 1877, in 4.º de 31 p., 2 fls., assinado Policarpo Lopes de Leão, *Catálogo da Exposição de História* — 2.º vol., p. 1.217, n.º 14.329.

9 — PLEITO MAUÁ. Memorial do Conselheiro João da Silva Carrão, advogado da São Paulo Railway Co. (Limited) e diversos artigos. Rio de Janeiro: Tipografia Acadêmica, 1877, in 4.º de 30 p. (*Catálogo da Exposição de História* — 2.º vol., p. 1.218, n.º 14.330).

10 — SÃO PAULO RAILWAY C. LIMITED. "Breves reflexões sobre o que nesta cidade se tem publicado em favor do Excelentíssimo Senhor Visconde de Mauá acerca da demanda que o mesmo Senhor traz com a Cia. de Estradas de Ferro de Santos a Jundiaí", Rio de Janeiro: Tip. Acadêmica, 1877, 4.º de 56 p. (assinado Polycarpo Lopes de Leão — *Catálogo da Exposição de História* — 2.º vol., p. 1.218, n.º 14.331).

11 – PROCESSO ENTRE PARTES. O Excelentíssimo Senhor Visconde de Mauá autor. – Cia. de Estradas de Ferro de Santos a Jundiaí, impresso em vista da certidão extraída dos autos pelo escrivão Antônio de Araújo Freitas. São Paulo? Tipografia da Província de São Paulo, 1875, ex. de XIV, 428 p. (Há uma introdução "Ao Público", assinada por Camillo de Andrade, de p. V a XIV – No texto encontram-se todas as razões de Mauá, redigidas pelo Conselheiro Joaquim Ramalho e as da Cia. pelo seu advogado João Chrispiniano Soares. A primeira parte dessas razões foi publicada na revista *O Direito*, vol. 8, ano 1875, p. 40 a 111).

12 – QUESTÃO COMERCIAL. Revista entre partes, recorrente o Visconde de Mauá, recorrida a Estrada de Ferro de Santos e Jundiaí. Memorial por parte do recorrente. Rio de Janeiro, Leuzinger & Filhos, 1877, in 8.º de 38 p. (*Catálogo da Exposição de História* – 2.º vol., p. 1.218, n.º 14.332.)

13 – MEMORIAL sobre a causa entre partes, apelantes: Mauá, Mac Gregor & Cia.; apelado: Antônio de Souza Ribeiro, oferecido aos Senhores Desembargadores e Deputados do Meritíssimo Tribunal do Comércio da Corte, por Antônio de Souza Ribeiro. – Rio de Janeiro, Tip. da "Atualidade", 1864, de 30 p. – NOTA: Há uma edição, de 1865, de 52 páginas, na qual foi juntado um Aditamento ao Memorial. É a questão da herança do Visconde de Vila Nova do Minho, de quem Souza Ribeiro era genro. Terminou por uma composição. O advogado de Mauá foi Teixeira de Freitas.

14 – AUGUSTO TEIXEIRA DE FREITAS. "Questão entre o Barão de Mauá e os administradores da massa falida de Antônio José Domingues Ferreira. Rio de Janeiro: Tip. Universal de Laemert, 1860, 30 p. (Biblioteca Nacional – V, 253, 2, 3 n.º 11).

15 – AUGUSTO TEIXEIRA DE FREITAS. "Questão entre Mauá, Mac Gregor & Cia. e os administradores da massa falida de Antônio José Domingues Ferreira", Rio de Janeiro: Tip. Imp. e Const. de J. Villeneuve & Cia., 1860, 65 p. (Biblioteca Nacional, V, 253, 2, 3, n.º 32).

D — OUTROS ESTUDOS E DOCUMENTOS

1 – CIA. DE NAVEGAÇÃO E COMÉRCIO DO AMAZONAS (Estatutos). Rio de Janeiro, 1852 in 4.º Bib. Nacional, 255 de março de 8 n.º 11; Idem, 1862 in 8.º – Bib. Nacional V, 255, 3, 8, n.º 10.

2 – CIA. DE CARRIS DE FERRO DA CIDADE A BOA VISTA, NA TIJUCA. Rio de Janeiro, Tip. de Agostinho de Freitas Guimarães & Cia. – 1856 in 4.0 – Bib. Nacional, V, 263, 2, 7, n.º 6.

3 – CIA. DE NAVEGAÇÃO E COMÉRCIO DO AMAZONAS. Contrato com o Governo Imperial – Rio de Janeiro, Tip. de J. Villeneuve & Cia., 1857, 1 folheto com 12 p. – Bib. Nacional, V, 263, 2, 3 n.º 5.

4 – CHRISTIANO OTTONI. *O futuro das estradas de ferro no Brasil*, 1859 (há uma segunda edição de 1938, com prefacio de Pio B. Ottoni) – *Autobiografia* (escrita em mil oitocentos e setenta e tantos, mas só publicada pelo filho em 1907).

5 – PEREIRA DA SILVA. "Escritos políticos e literários", Rio de Janeiro: Ed. Garnier, 1862 (p. 227–230 e seguintes, e 327 e seguintes) – *Memórias do meu tempo*, Rio de Janeiro, 1896 (vol. I. p. 252, 266 e 267 – vol. II, p. 153 e 165).

6 – TAVARES BASTOS – "Cartas do solitário" – Rio, 1862 – "O vale do Amazonas" – Rio, 1866.

7 – THEOPHILO OTTONI. *Breve resposta ao relatório da liquidação da Cia. de Mucuri, por parte do Governo*, Rio de Janeiro: Tip. de M. Barreto, Mendes Campos & Cia., 1862 (Ver relatório assinado por Mauá em 12 de junho de 1862, p. 42 a 45).

8 – CORRESPONDÊNCIA ENTRE O MINISTRO DA FAZENDA e a Legação em Londres, concernente ao empréstimo contraído em 1865, Rio de Janeiro: Tip. Nacional (ref. a p. 21, 40 e 41).

9 – CIA. DE CARRIS DE FERRO DA CIDADE ATÉ O ALTO DA BOA VISTA, NA TIJUCA: 1861 a 1865, Rio de Janeiro: Tip. C. Leuzinger, 1866 in 4.º, Bib. Nacional, V, 263, 2, 7 n.º 9.

10 – CONTRATOS CELEBRADOS PARA CONSTRUÇÃO DE ESTRADAS DE FERRO (Província do Rio de Janeiro), Rio de Janeiro: Tip. do Diário, 1872 (p. 121 a 125 está o de 12 de agosto de 1872, para prolongamento da Raiz da Serra e Petrópolis).

11 – ANDRÉ REBOUÇAS. "Garantia de Juros" – 1874 (p. 138): "Diário e notas autobiográficas" – Rio, 1938 (publicação póstuma; ver, sobre Mauá, p. 193 – 197 – 199 – 199 – 212 – 259 – 263 – 264 – 268 – 272 – 273 e 278).

12 – FRANCISCO PEREIRA PASSOS. "Estrada de Ferro de Mauá – Prolongamento da Raiz da Serra e Petrópolis – Memoria descritiva", Rio, 1874; "As estradas de ferro do Brasil", Rio, 1879; "Algumas considerações sobre o prolongamento da estrada de ferro do Paraná", Rio, 1883.

13 – AUGUSTO DA ROCHA FRAGOSO. Estrada de Ferro entre a Corte e Petrópolis, Petrópolis: Tip. do Mercantil, 1874 (21 p. de uma planta).

14 – O IMPÉRIO DO BRASIL NA EXPOSIÇÃO UNIVERSAL DE 1876 EM FILADÉLFIA. Rio de Janeiro: Tip. Nacional, 1875 – 8 p. 558 – (ver p. 319 – 349 – 350 – 354 – 356 – 369 – 378).

15 – MOREIRA DE AZEVEDO. O Rio de Janeiro, Ed. GarRio, Ed. Garnier, 1885 (p. 15–22).

16 – CIA. "AMAZON STEAN NAVIGATION". Cópia do requerimento apresentado ao Governo Imperial e do oficio dirigido à presidência do Pará pelo gerente da mesma Cia. Rio de Janeiro: Tip. Moreira, Maximino 8 Cia., 1877, in 8.º, Bib. Nacional, V, 225, 4, n.º 20.

17 – CIA. BOTANICAL GARDEN RAIL ROAD. Consultas, pareceres, contratos, estatutos e requerimentos etc., com um mapa, Rio de Janeiro: Tip. Alemã de L. Winter, 1878, in 8.º, Bib. Nacional, III, 202, 5, 37.

18 – FRANCISCO PICANÇO. Viação Férrea do Brasil, Rio de Janeiro, 1884, p. 212.

19 – FRANCISCO JOSÉ DA ROCHA. Comandita por ações, Rio de Janeiro: Ed. Garnier, 1885 (p. 15–22).

20 – CYRO DEOCLECIANO RIBEIRO PESSOA JUNIOR. Estudo descritivo das estradas de ferro do Brasil, precedido da respectiva legislação, Rio de Janeiro: Imp. Nacional, 1886.

21 – MELHORAMENTOS DO CANAL DO MANGUE. Relatório de 28 de junho de 1886, J. J. Revy ao Ministério do Império. Rio de Janeiro: Imp. Nacional, 1886 (p. 2 a 8).

22 – J. M. DA SILVA COUTINHO. "Estradas de Ferro do Norte" – Relatório apresentado ao ministro da Agricultura Imp. Nacional, 1888 (p. 112 e 149).

23 – LIBERATO DE CASTRO CARREIRA. História financeira e orçamentária do Império do Brasil, desde a sua fundação, Rio de Janeiro: Imp. Nacional, 1889.

24 – BARÃO DE JAVARI. Organizações e programas ministeriais desde 1822 até 1889, Rio de Janeiro: Imp. Nacional, 1889.

25 – EXPOSIÇÃO DA CIA. LUZ ESTEÁRICA. "A concessão Costa Figueiredo ao Congresso Nacional", Rio de Janeiro: Cia. Tipográfica do Brasil, 1893 (p. 38 e 74).

26 – GARCIA REDONDO. "A primeira concessão de Estrada de Ferro dada no Brasil" (Conferência no Instituto Histórico de São Paulo, em 12 de Nov. de 1895 – separata).

27 – JOAQUIM NABUCO. Um estadista do Império, Rio de Janeiro, 1897 – (1.º vol., p. 115, 126 e nota, 144, 165, 181-182, 216, 223, 259, 261-267; 2.º vol., p. 11 e 451; 3.º vol., p. 150 e 381).

28 – FRANCISCO DE ASSIS VIEIRA BUENO. Autobiografia. Campinas: Tip. a Vapor Livro Azul, 1898 (ver p. 51-52 e 105-110 – auxílio do Banco do Brasil em 1869).

29 – ENEAS MARTINS. Juízo dos Feitos da Fazenda, Manaus: Imp. Oficial, 1901, 55 p. – Indenização da The Amazon Steam Navegation Co. Ltda. (Histórico da concessão Mauá, p. 5 a 12).

30 – FERREIRA DA ROSA. Arte de ser caixeiro, Rio de Janeiro, 1902 (p. 107 a 112).

31 – FRANCISCO RAMOS STEPPLE DA SILVA. "Cias. de Navegação a Vapor" (Resumo histórico), 1902, Bib. Nacional – III – 94, 2, 28.

32 – J. C. RODRIGUES. "Resgate das Estradas de Ferro Recife a São Francisco e de outras que gozavam de garantias de juros". Relatório apresentado ao Doutor Joaquim Murtinho, Rio de Janeiro: Imp. Nacional, 1902, 123 p.

33 – ADOLPHO PINTO. *História da viação pública de São Paulo*, São Paulo, 1903.

34 – CIA. FERRO-CARRIL DO JARDIM BOTÂNICO (Comemoração do 35.º aniversário da inauguração dos serviços da), Rio de Janeiro: Tip. de J. Vileneuve & Cia., 1857 – Bib. Nacional, V, 263, 2, 3, n.º 5.

35 – ARTHUR AZEVEDO – "Mauá" (artigo publicado em *O País* de 30 de abril de 1904).

36 – VISCONDE DE TAUNAY. *Reminiscências*, Rio de Janeiro, 1908 (p. 3): "Homens e coisas do Império". São Paulo, 1924 (p. 5 e seguintes, 233-236).

37 – ERNESTO SENNA. "Rascunhos e perfis" (Notas de um repórter), Rio, Tip. do *Jornal do Comércio*, 1929 – (sobre Cia. Ferro-Carril do Jardim Botânico, p. 289-303).

38 – MARTINHO GARCEZ – "Do Direito das Coisas", Rio de Janeiro: Tip. do *Jornal do Comércio*, 1915 – 787 p. (ver p. 627-629).

39 – AFRANIO PEIXOTO. *Minha terra e minha gente*, Rio de Janeiro: Ed. Alves, 1916, 230 p. (p. 199).

40 – SCHMIDT DE VASCONCELLOS. *Arquivo Nobiliárquico Brasileiro*, Lausanne, 1918, 622 p. (ver p. 180-281).

41 – MUCIO TEIXEIRA. *Os gaúchos*, Rio de Janeiro: 1920 (1.º vol. p. 284-288).

42 – TOBIAS MONTEIRO. *Funcionários e doutores*, Rio de Janeiro: Ed. Alves (Perfil de Mauá na p. 39-42, reproduzido na revista "Fon-Fon" em 12 de fevereiro de 1921).

43 – GENSERICO DE VASCONCELLOS. *História Militar do Brasil (Campanha de 1851 a 1852)*, 2.ª ed., Rio de Janeiro: Imp. Militar, 1922 (Empréstimo de Mauá ao Uruguai, p. 79-87-93 – em apêndice, os tratados, a p. 335).

44 – GETULIO DAS NEVES. "Medidas de proteção indústria" – (in Dic. Histórico e Geográfico, p. 315) – Rio de Janeiro, 1922.

45 – SOUZA REIS. A dívida pública do Brasil – (Dic. Histórico e Geográfico, capítulo Industria, p. 523) – Rio de Janeiro, 1922.

46 – JORNAL DO COMÉRCIO – Coleções, além das edições especiais do Centenário da Independência (1922) e do 1.º Centenário do Jornal (1927).

47 – J. C. DE MACEDO SOARES. "Palavras ao Comércio." Discurso de agradecimento em 15 de fevereiro de 1924, no banquete oferecido pelos comerciantes e industriais da Diretoria da Associação Comercial de São Paulo – Inst. Dona Ana Rosa – São Paulo, 1924 – 39 p. (Longa referência a Mauá, na questão com a São Paulo Railway, p. 9 a 12) – Ainda do mesmo autor: uma entrevista na "A Noite", na série "Qual o maior homem do Brasil?".

48 – TRISTÃO DE ATHAYDE – "Em torno da história da República" (publicação coletiva) – Ed. do Anuário do Brasil – Rio, 1924, 350 p. – ensaio: "Política e letras", p. 250-251.

49 – AZEVEDO AMARAL. Artigo em torno de uma conferência no *O Jornal* de 24 de outubro de 1925.

50 – VIRGILIO DE SÁ PEREIRA. Artigo na *Gazeta de Notícias* de 26 de outubro de 1925.

51 – LAUDELINO FREIRE. Artigo no *Jornal do Brasil* de 27 de outubro de 1925.

52 – GETÚLIO VARGAS. Discurso proferido em 21 de outubro de 1926, no Jóquei Clube, para comemorar a sua posse na parte da Fazenda.

53 – H. C. LEÃO TEIXEIRA FILHO. Discurso como Diretor de Obras na Prefeitura de Petrópolis, ao ser inaugurada, em 6 de janeiro de 1926, a ponte Visconde de Mauá, fronteira ao solar em que residiu aquele titular (publicado no *Comércio*, de Petrópolis, em 7 de janeiro de 1926); "Mauá o

amigo e financista" (artigo publicado no *Jornal do Comércio* de 21 de dezembro de 1930 e incluído pelo autor no opúsculo "Centenário Natalício do Visconde do Cruzeiro", 1931, p. 95 a 102).

54 – VICTOR VIANNA. O Banco do Brasil, Rio de Janeiro: Tip. Do *Jornal do Comércio*, 1926 – 1.036 páginas – (o 2.º Banco, p. 319-327); "Formação Econômica".

55 – GEORGES DUMAS E GERMAIN MARTIN. Rio de Janeiro, capitale du Brésil, *L'Illustration*, Paris, 26 de junho de 1926.

56 – OLIVEIRA LIMA. *O império brasileiro*, São Paulo, 1927 (p. 206).

57 – PLINIO BARRETO. Alberto de Faria – Mauá (artigo publicado no *Estado de São Paulo* de 29 de janeiro de 1927, transcrito no *O Jornal*, do Rio de Janeiro, de 6 de fevereiro de 1927).

58 – LACERDA DE ALMEIDA. Perfil de um antigo (artigo no *O Jornal*, em 1927).

59 – HELIO LOBO. Discurso de recepção de Alberto de Faria, na Academia Brasileira de Letras (publicado no *Jornal do Comércio* de 16 de dezembro de 1928).

60 – MAX FLEIUSS. *História da Cidade do Rio de Janeiro*, Rio de Janeiro, 1928 (p. 187, n.º 8, 190, 191, n.º 19 e 21, p. 193, 23); *História Administrativa do Brasil* (2.ª edição, Cia. de Melhoramentos, 1925).

61 – HERMETO LIMA. Os caminhos de ferro do Brasil (artigo na *Revista da Semana* de 16 de março de 1929).

62 – J. J. SILVEIRA MARTINS. *Silveira Martins*, Rio de Janeiro: Tip. São Benedito, 1929, 425 p. (cap. II – p. 55 a 94).

63 – WANDERLEY PINHO. "Cartas do Imperador Dom Pedro II ao Barão de Cotegipe", Série Brasiliana, n.º XII, São Paulo: Cia. Ed Nacional, 1933. (Referências e cartas de Mauá – p. 47-48 e 83–89): "Cotegipe e o seu tempo" – mesma editora, mesma série – São Paulo, 1937 (Referências p. 239 – Ponte São Amaro, p. 297-299; 323, 406, estrada de ferro; p. 643. Nota: questão Moara, 465, 603).

64 – FIDELIS REIS. "O ensino profissional", Rio, 1933 (Discurso sobre Mauá a p. 123-129).

65 – OSWALDO ORICO. "Silveira Martins e a sua época" – Ed da Livraria do Globo – Porto Alegre, 1933, 402 p. – (Cap. XVII a XXII, p. 93 a 110).

66 – NORONHA SANTOS. "Meios de transporte no Rio de Janeiro", 2 vols. – Rio, Tip. do *Jornal do Comércio* – 1934 – (1.º vol.: p. 142 e nota, 223, 228 e nota, 249, 257-258, 496-497; 2.º vol.: p. 28 e nota, 283, 289-298).

67 – FELIX PACHECO. "Uruguai-Brasil", discurso de 1922-26 – Rio, 1934 – 47 p. Ed. restrita de 200 exemplares – (p. 29 a 45).

68 – CINQUENTENÁRIO DA ESTRADA DE FERRO DO PARANÁ (1885 – 5 de fevereiro – 1935). Publicação comemorativa de Rede de Viação Paraná-Sta. Catarina – Imprensa Paranaense – Curitiba, 1935 – 270 p. (Ver p. 34, 91, 266-267).

69 – HEITOR BELTRÃO. "A expressão cívica e social da classe mercantil no Rio" (aspectos coligidos a propósito do Centenário da Associação Comercial) – Rio, 1935 (Ref. a p. 40, 48, 61, 62, 67, 74, 75, 81, 83, 84).

70 – MARCOS CARNEIRO DE MENDONÇA. "O Intendente Câmara" – Rio, 1935, Imp. Nacional.

71 – SAMPAIO CORREA. "Francisco Pereira Passos" (Conferência realizada no Inst. Nacional de Música, no centenário do nascimento de F. p. Passos, 29 de agosto de 1836) – Separata da Revista do Clube de Engenharia – agosto de 1936 – (Ver capítulos "Pereira Passos e Mauá", p. 12-14, e "Pereira Passos e a Estrada de Ferro Petrópolis", p. 14-16.)

72 – TARGINO RIBEIRO. "Mauá" (Conferência no Inst. de Advogados) – Publicada no *Jornal do Comércio* de 22 de março de 1936.

73 – A. BANDEIRA DE MELO – "Politique commerciale du Brésil" – Rio, 1936 – (É a edição francesa do mesmo trabalho saído em português em 1933).

74 – CRAVEIRO COSTA. "O Visconde de Sinimbu" – Ed. Da Cia. Editora Nacional – Série Brasiliana São Paulo, 1937 (p. 104 e 142–146).

75 – PEDRO CALMON. "História social do Brasil" – Ed. Da Cia. Editora Nacional – Série Brasiliana, 1937 – 2.º tomo – Espírito da Sociedade Imperial, 2.º edição, 1940 (p. 178 e 209).

76 – M. TEIXEIRA DE CARVALHO. "Nobiliário sul-rio-grandense" – Ed. da Livraria do Globo – Porto Alegre – 1937 – (p. 156-157).

77 – FERNANDO SABOIA DE MEDEIROS. "A liberdade de navegação do Amazonas" – Ed. da Cia. Editora Nacional – Série Brasiliana, n.º 122 – São Paulo, 1938 (capítulo V, p. 255, 263, 271).

78 – GARCIA JUNIOR. "Divisas e bordados" – Rio, 1938 (p. 25).

79 – IRENE DE SOUZA RIBEIRO. "A Central do Brasil e o Visconde de Mauá" (carta ao *Jornal do Comércio* (publicada em 3 de abril de 1938); "O Visconde de Mauá e a Central do Brasil" (nova carta ao mesmo jornal, em 27 de junho de 1938, com outra endereçada ao Doutor Pio Ottoni, ambas publicadas em 30 de julho de 1938); "Pedro II e Ottoni" (carta ao "Correio da Manhã", publicada em 30 de julho de 1938); "O Visconde de Mauá e a conferência do Senhor Gustavo Barroso" (publicado no *Jornal do Comércio* de 5 de dezembro de 1939).

80 – EDUARDO SIQUEIRA. "Resumo histórico da The Leopoldina Railway Co. Ltda." Rio – Gráfica Editora Carioca 1938 (p. 170).

81 – IGNACIO JOSÉ VERÍSSIMO. "André Rebouças através da sua autobiografia" Rio, 1939 (p. 124, 125, 130, 132, 140 a 156).

82 – CELSO KELLY. "Mauá, sua falência e seus óculos de ouro" (reportagem ilustrada, na revista "Vamos ler", de 9 de novembro de 1939).

83 – BRUNO DE ALMEIDA MAGALHÃES. "O Visconde de Abaeté" – "Ed. da Cia. Editora Nacional – Série Brasiliana São Paulo, 1939 – (p. 284).

84 – MESQUITA PIMENTEL. "A elevação de Petrópolis a cidade" (conferência feita em 29 de setembro de 1939, no Inst. Histórico de Petrópolis – p. 5 e 6).

85 – CARLOS PONTES. "Tavares Bastos" (Aureliano Candido) – 1839-1875) – Ed da Cia. Editora Nacional, Série Brasiliana, n.º 136 – 1939 – 360 p.

86 – CENTENÁRIO DE PETRÓPOLIS. Trabalhos da Comissão – vol. II – Petrópolis, 1939 (Cap. "Estrada de Ferro de Petrópolis"', p. 189 a 148, com 3 grav.).

87 – ROBERTO C. SIMONSEN. "A evolução industrial do Brasil" – setembro de 1939 – (*Memorandum* para a Missão Universitária Norte-Americana) – São Paulo, 80 p. – (Ref. a p. 17).

88 – SALVADOR DE MOYA. "Anuário Genealógico Brasileiro" – ano II – São Paulo, 1940 – (p. 49-50); ano III, 1941 (p. 159-164 – artigo "Mauá, Visconde com grandeza – nota declara-se a sua autoria: Dona Laura Ganns Sampaio).

89 – FRANCISCO MARQUES DOS SANTOS. "A sociedade fluminense em 1852 (Conferência realizada no Inst. de Estudos Brasileiros, em 14 de fevereiro de 1941 e publicada no n.º 18 da respectiva Revista, maio-junho de 1941 – a p. 280 há um capítulo intitulado "O Barão de Mauá e o ano de 1852").

90 – JOSÉ JOBIM. "História das indústrias no Brasil" – Ed. Livraria José Olímpio – Rio, 1941 – (ver p. 18-19).

91 – CIA. PONTA DA AREIA. (Balanço, s/data) – Relatórios relativos aos anos de 1854, 1855, 1860 e 1862 – in Bib. Nacional, IV, 317, 6, 2 n.º 14.

92 – ANTONIO CARLOS. "Bancos de emissão no Brasil", edição de 1923 – (p. 68).

93 – MARTIM FRANCISCO. "Contribuindo" – (p. 71–73).

94 – AQUILLES PORTO-ALEGRE. "Homens ilustres do Rio Grande do Sul" – Tip. do Centro – Porto Alegre – 204 p. e índice – s/data – (ver p. 49–51).

95 – LUIZ FRANCISCO DA VEIGA. Repertório das leis e decisões do governo, concernentes à Secretaria da Agricultura, desde o ano de 1808 (Rio – ed. Garnier – 1865).

96 – PROVÍNCIA DO RIO DE JANEIRO. Contratos celebrados para a construção da estrada de ferro (Rio – Tip. do "diário" – 1872).

97 – BARÃO DO RIO BRANCO. Efemérides Brasileiras – (Rio – 1.ª ed. Imprensa Nacional 1918 – 2.ª ed. Rev. do Inst. Histórico – vol. 168 – ano 1933 – editado em 1938).

98 – TEIXEIRA DE MELLO. Efemérides Nacionais (Rio, 1881).

99 – JOSÉ AFFONSO MENDONÇA DE AZEVEDO. Repertório da legislação imperial – (Belo Horizonte 19...).

100 – COELHO NETTO e OLAVO BILAC. A Terra Fluminense (Ed. – 1898 Imp. Nacional, p. 21-22).

101 – GONDIN DA FONSECA. Biografia do jornalismo carioca (Rio 1941).

E — LIVROS E PUBLICAÇÕES ESTRANGEIRAS

1 – A. A. TEIXEIRA DE VASCONCELLOS. "O barão de Mauá (biografia datada de Paris, 23 de agosto de 1861 – publicada na "Revista Contemporânea de Portugal e Brasil") Lisboa, 1861 – (Tomo III, p. 113, acompanhada de uma gravura de Roze).

2 – BARTHOLOMEU BOSSI. "Viagem pitoresca por Mato Grosso e Paraguai" – Paris 1863 – (Ver dedicatória do livro, impressa a p. VII e ainda a p. 125 e gravura ao lado.)

3 – HISTOIRE GENERALE DES HOMMES VIVANTS ET MORTS DANS LE XIXeme. SIECLE (Genève – 1860 – 1866 Tome II).

4 – NIN REYS. "Esplorationes y perfidias del Visconde de Mauá en la Republica Oriental del Uruguai".

5 – BRITTO ARANHA. "Dicionário Bibliográfico Português" (Estudos de Inocêncio Francisco da Silva aplicáveis a Portugal e ao Brasil, continuados e ampliados) – Lisboa – 1884 – vol. XI (p. 270-272).

6 – ECO AMERICANO de Londres (Brasileiros notáveis na Europa – IV – O Senhor Barão de Mauá, n.º 20 de maio de 1871 e 24 de fevereiro de 1872).

7 – AURELIANO G. BERRO. De 1860 a 1864 – La diplomacia – La guerra, las finanzas – Montevidéu 1921 – (p. 357, a 370, 7 cartas de Mauá) – Mauá (art. in "El Dia" de Montevidéu – 9 de fevereiro de 1926).

8 – EDUARDO ACEVEDO. Annales históricos del Uruguai 1933 – Montevidéu. Tomo III p. 377 – 570 – 576 – 698 – 701 – 708 – 728 – 729; Tomo IV p. 53 – 98 – 164 – 166 – 174 – 207 – 349 – 453 – 456 – 459 – 460 – 461 – 551 – 582 – 584 – 586 – 590 – 594 – 662.

9 – J. F. NORMANO. Brasil, a Study of economics type – (ed. em inglês da Universidade de Carolina do Sul – 1935). A versão portuguesa foi feita em São Paulo, e publicada pela Cia. Editora Nacional – série "Brasiliana" n.º 152, em 1939 – sob o título "Evolução Econômica do Brasil" (há longas referências a Mauá p. 115, 120 a 134 – 137 – 149 – 151 – 224 a 233).

10 – HENRI HAUSSER. Um problema de influência: o Saint-Simonismo no Brasil – In Boletim do Centro de Estudos Históricos 2.º vol. I tomo II 1937 p. 10–17. E a tradução do que se encontra nos "Anuales d'Histoire economique et sociale (Jan. Mars 1937).

11 – PH. ARBOS. Petrópolis (esquisse de geographie urbaine in Revue Geografique alpine – vol. XXVI – 1938 – fase III p. 477-1530 – Cap. L'étape routière – p. 497–498).

12 – LYDIA BESOUCHET. Mauá y su época – Ediciones "América Econômica" Buenos Aires, 1940 (ed. em espanhol, de 236 p. e 20 gravuras fora do texto).

13 – J. GARRIDO TORRES. Mauá, the economic genius of Brasil (in "Brazilian Today" órgão do "Brazilian Information Bureau de New-York, n.º 5 vol. 1 de janeiro, 1941).

14 – CARLOS A. PASOS. El Baron de Mauá (artigo no "Mundo Uruguaio" de Montevidéu, n.º 5 de julho de 1941).

F — OUTRAS FONTES PARA PESQUISAS

1 – REVISTA DO INSTITUTO HISTÓRICO E GEOGRÁFICO BRASILEIRO. I Ata da sessão em que foram recebidos os objetos oferecidos por Mauá: pá e carrinho que serviram para o primeiro corte da Estrada de ferro Petrópolis (tomo 17 vol. – 17 – 1854); II Índice de publicações (tomo 68 – parte I, p. 304 e 318); III Índice da Revista, do tomo 1 a 90 (tomo especial – Ed. 1907 – referência – p. 600 in Souza e p. 605 in Souza e p. 605 in Souza Ferreira. – IV O Visconde de Mauá no cinquentenário do seu falecimento (tomo especial – 1940, de 96 p. e índice – além das conferências de Rodrigo Octavio Filho, Gustavo Barroso e Alcindo Sodré, em outros pontos assinaladas, contém mais: Catálogo da Exposição Visconde de Mauá, realizada no Instituto de 21 a 28 de outubro de 39 – p. 69 a 90 Bibliográfica – p. 91–96 e Índice p. 97). NOTA: Não se mencionam aqui o "Necrológio" de José Luiz Alves e a reedição do "Esboço biográfico" de Souza Ferreira, em lugares diferentes já registrados.

2 – 3. CONGRESSO DE HISTÓRIA NACIONAL 1938. Promovido pelo Instituto Histórico – Ver, nos respectivos Anais, (1941) as seguintes teses:

I – ARTHUR C. FERREIRA REIS. Navegação fluvial, especialmente do Amazonas. (Tomo – IV – 1941 – p. 28 a 38).

II – ROBERTO SIMONSEN. Aspectos da história econômica do Café – (idem – p. 256).

III – OSCAR SANT'ANNA. Panorama econômico financeiro do 2.º Reinado; organização do crédito 1941 – bancos. (Tomo IV – p. 329, 333/34 – 339).

IV – JOSÉ LUIZ BAPTISTA. O surto ferroviário e o seu desenvolvimento (a sair).

3 – INVENTÁRIO DO ARQUIVO DA CASA IMPERIAL DO BRASIL (CASTELLO D'EU). (Pub. da Biblioteca Nacional – II cols. Rio, 1939. Verificar os seguintes documentos: vol. I n.º 5.670 e 5.684 e 5.699 – sobre iluminação a gás – de A. Milliet: vol. II n.º 5.884, 5.906, 5.913, 5.920, 5.970, 6.010 – Estrada de ferro; 6.127 – São Paulo Railway, 6.139 – 7.248, 7.408 – porto de Pernambuco; 6.174, 6.176, 6.416 cabo submarino; 6.189 – 7.473 e 7.635 estrada Mauá; 6.479 recibos de subscrição; 5.509 – Ponta d'Arêa; 6.620. Questão Mauá São Ribeiro; 6.767 – J. Morgan; 6.950 bondes; 7.456 Palm estrada "Bolívia; 7.608 part. liberal; 7.719 Reclamação, 7.865 águas, 8.040 canhoneira; 8.066 – estrada Rio Verde; 8.411 Petição aos administradores da massa falida – Mauá, e em anexo 826 – gás; 971 estradas.

4 – CONTRATOS E ESCRITURAS. Lavrados em notas do tabelião Fialho, do Rio (hoje cartório C. Penafiel), desde 1848 até 1880.

BIBLIOGRAFIA COMPLEMENTAR

AMARAL, B. *História da Bahia do Império à República*, São Paulo: Imprensa Oficial do Estado, 1923.

BARROSO, G. *A história secreta do Brasil*, v. II, Rio de Janeiro: Civilização Brasileira S/A, 1937.

BARROSO, G. *A história secreta do Brasil*, v. III, Rio de Janeiro: Civilização Brasileira S/A, 1938.

BARROSO, G. Mauá e o Prata, *Jornal do Comércio*, 12 nov. 1939.

BARROSO, G.; OCTAVIO FILHO, R; SODRÉ, A. *et al. O Visconde de Mauá no cinquentenário de seu falecimento*, Rio de Janeiro: Imprensa Nacional, 1940.

BASTOS, T. *O vale do Amazonas*, Rio de Janeiro: [s.n.], 1866.

BESOUCHEL, L. *Mauá y su epoca*, Buenos Aires: América Econômica, 1940.

BRANCO, B. do R. *Efemérides brasileiras*, Rio de Janeiro: Instituto Histórico, 1933.

BUENO, F. de A. V. *Autobiografia*, Campinas: [s.n.], 1899.

CAMPOS, R. A. de. *Relações diplomáticas do Brasil*, [s.l.]: [s.n.], 1913.

CARDOSO, V. *A margem da história da República*, Rio de Janeiro: Anuário do Brasil, 1924.

CARLOS, A. *Bancos de emissão no Brasil*, Rio de Janeiro: Livraria Leite Ribeiro, 1923.

CARREIRA, C. *História financeira e orçamentária do Império do Brasil*, Rio de Janeiro: Imprensa Nacional, 1889.

CASCUDO, L. da C. *O Marquês de Olinda e seu tempo (1793-1870)*, São Paulo: Editora Nacional, 1938.

CAVALCANTI, J. *Dívida externa*, Rio de Janeiro: Imprensa Nacional, 1923.

CORREA, S. Francisco Pereira Passos, *Revista do Clube de Engenharia*, 29 ago. 1839.

FARIA, A. de. *Mauá*, 1.ª ed., Rio de Janeiro: Paulo Pongetti Cia., 1926.

FERREIRA, J. C. de S. *Esboço biográfico*, [s.l.]: [s.n.], 1898.

FONSECA, G. *Biografia do jornalismo carioca*, Rio de Janeiro: Quaresma, 1941.

GARCEZ, M. *Do direito das cousas segundo o projecto do código civil brasileiro*, Rio de Janeiro: J. Ribeiro dos Santos, 1915.

GARCIA JUNIOR. *Divisas e bordados*, Rio de Janeiro: [s.n.], 1938.

JAVARI, B. *Organização e programas ministeriais*, Rio de Janeiro: Imprensa Nacional, 1889.

JORNAL DO COMÉRCIO. Edição comemorativa do 1.º centenário da Independência do Brasil, 7 set. 1922. Rio de Janeiro: Rodrigues & Comp., 1922.

JÚLIO, J. Silveira Martins, Rio de Janeiro: Typografia São Benedicto, 1929.

LIMA, O. *Reconhecimento do Império*, Rio de Janeiro: H. Garnier, [1901].

LYRA, H. *História de d. Pedro II*, v. II, Rio de Janeiro: Companhia Editora Nacional, 1939.

MELLO, A. B. *Politique commerciale du Brésil*, Rio de Janeiro: Departamento de estatística e publicidade, 1935.

MENEZES, D. *O ouro e a nova concepção da moeda*, Rio de Janeiro: Alba, 1941.

MONTEIRO, T. *O Primeiro Reinado*, Rio de Janeiro: F. Briguiet & cia., 1946.

NABUCO, J. *Um estadista do Império*, Rio de Janeiro: [s.n.], 1897.

NABUCO, J. *Um estadista do Império*, Rio de Janeiro: [s.n.], 1897.

NORMANO, J. F. *Brazil: a study of economic types*, New York: University of North Carolina Press, 1932.

NORMANO, J. F. *Formação econômica*, Rio de Janeiro: Editora Nacional, 1939.

OCTAVIO FILHO, R. *Panorama político da Revolução dos Farrapos*, Rio de Janeiro: Inst. Histórico, v. 168, [18--?].

OTTONI, O. *Biografia de Theophilo Ottoni*, Rio de Janeiro: Typ. do Diario do Rio de Janeiro, 1870.

PALM, C. *Memorial sobre uma via férrea interoceânica do Rio de Janeiro a Lima*, Rio de Janeiro: Tip. Nacional, 1876.

PESSÔA, C. *Estudo descriptivo das estradas de ferro do Brazil, precedido da respectiva legislação*, 1886.

PICANÇO, F. *Viação férrea do Brasil*, Rio de Janeiro: [s.n.], 1884.

PINHO, W. *Cartas do Imperador d. Pedro II ao Barão de Cotegipe*, São Paulo: Editora Nacional, 1933b.

PINHO, W. *Cotegipe e o seu tempo*, São Paulo: Editora Nacional, 1933a.

PINTO, A. *História da Viação*, São Paulo: Imprensa Oficial do Estado, 1977.

REBELLO. *Mauá*, Rio de Janeiro: Editorial Universo, 1932.

REBOUÇAS, A. *Caminho de ferro Interoceânico pela Província do Paraná (Sinopse geral)*, Rio de Janeiro: [s.n.], 1876.

REBOUÇAS, A. *et al. Demonstração da superioridade do caminho de ferro de Antonina a Curitiba*, Rio de Janeiro: Tip. De G. Leuzinger, 1879.

REBOUÇAS, A. P. *Garantia de juros: estudos para sua aplicação as emprezas de utilidade pública do Brazil*, Rio de Janeiro: Tip. Nacional, 1874.

REDE DE VIAÇÃO PARANÁ-SANTA CATARINA. Cinquentenário da estrada de ferro do Paraná. Curitiba, *Imprensa Paranaense*, 5 fev. 1935.

REDONDO, G. A primeira concessão de Estrada de Ferro dada no Brasil. *In:* INSTITUTO HISTÓRICO DE SÃO PAULO, São Paulo, 12 nov. 1895.

REPARTIÇÃO GERAL DOS TELÉGRAFOS. *Memória histórica*, Rio de Janeiro: Imprensa Nacional, 1908, p. 65.

SANTOS, J. M. dos. *A política geral do Brasil*, [s.l.]: [s.n.], 1930

SANTOS, N. *Meios de transportes no Rio de Janeiro*, v. I e II, Rio de Janeiro: Tip. do Jornal do Comércio, 1943.

SANTOS, N. O aqueduto da carioca, *Revista do Patrimônio Histórico*.

SILVA, P. da. *Memórias do meu tempo*, Rio de Janeiro: H. Garnier, 1895.

SOARES, J. C. de Macedo. Palavras ao Comércio. Discurso de agradecimento em 15 fev. 1924, no banquete oferecido pelos comerciantes e industriais. Diretoria da Associação Comercial de São Paulo, Inst. d. Ana Rosa, S. Paulo, 1924, 39 p.

SOUTHEY. *História do Brasil*, Oliveira Castro (trad.), vol. VI, Rio de Janeiro: B. L. Garnier, 1862.

SOUZA, P. *Ensaio sobre direito administrativo,* Rio de Janeiro: Tip. Nacional, 1862.

SOUZA, P. *Estudos práticos sobre administração das Províncias,* Rio de Janeiro: Ed. Garnier, 1865.

TAUNAY, A. *O Visconde do Rio Branco,* Rio de Janeiro: Typ. de G. Leuzinger & Filhos, 1884.

VARELA, A. *Revoluções cisplatinas,* v. II. [*s.l.*]: Livraria Chardron, 1915.

VASCONCELLOS, B. de. *Archivo nobiliarchico brasileiro,* Lausanne: Imprimerie La Concorde, 1918.

VASCONCELLOS, G. *História Militar do Brasil: a campanha de 1851-1852,* Rio de Janeiro: Imprensa Militar, 1922.

VERISSIMO, I. J. *André Rebouças através de sua autobiografia,* Rio de Janeiro: José Olympio, 1939.

VERISSIMO, I. J. *Apontamentos para a biografia do engenheiro Antônio Rebouças,* Rio de Janeiro: [*s.n.*], 1874.

VIANA, V. *História da formação econômica do Brasil,* Rio de Janeiro: Imprensa Nacional, 1922.

NOTAS

1. Já havia sido a sede do governo provisoriamente, depois da tomada de São Pedro por Zeballos, em 1762 (Cf. SOUTHEY. *História do Brasil*. Oliveira Castro (trad.), vol. VI, Rio de Janeiro: B. L. Garnier, 1862, p. 522).

2. Palavras do Doutor Claudio Williman, ex-presidente da República do Uruguai, na sua *Exposição sobre el Banco de la Republica Oriental del Uruguay*, p. 11-13. (apud FARIA, 1926, p. 15 e p. 44; BARROSO, 1938, p. 140).

3. Os restos mortais desta, ao serem exumados para passarem a jazigo perpétuo, foram encontrados em perfeito estado de conservação. O vigário local então permitiu que fosse de novo enterrada debaixo de uma das colunas da igrejinha, em Arroio Grande, que ela e o marido, nos tempos fartos, haviam ajudado a construir. Sobre a origem "holandesa", Carlos Penafiel me esclarece que é a de muitos açorianos imigrados, transplantados do continente para a ilha e daí para o sul do Brasil.

4. Manoel Jeronymo de Souza era possuidor, em 1798, da sesmaria de Arroio Grande (Cf. ARQUIVO NACIONAL. *Documentos de sesmarias*, vol. XXXVI, p. 240).

5. Cf. ARQUIVO NACIONAL. *Processo Farroupilha*, 1.ª ed., p. 335; e *Anais do Itamarati*, vol. I, p. 432-466.

6. Tristão de Athayde, no seu alto espírito, há de escusar, no comentador desabusado, mas também crente, alguma heresia crítica, que possa ferir a disciplina de sentimentos exemplarmente ortodoxos.

7. Impõe-se aqui uma retificação a dados colhidos por Alberto de Faria, que no seu belo livro aparecem truncados (FARIA, 1926, p. 72). D. Marianna é a mulher de inteligência aguda que, pela sua natural vivacidade e mordentes "a propôs", tinha a admiração do marquês de São Vicente; D. Guilhermina, a abelha-mestra, dona da colmeia caseira...

8. Souza Ferreira (1898, p. 4) e A. de Faria (1926, p. 68) não lhe dão o nome exato: aludem a "Antônio José", em vez de "João Rodrigues".

9. No *Almanaque do Rio de Janeiro* (1824) figura como comerciante à rua Direita: o de 1826 situa-lhe o número da casa: 155. No *Almanaque dos negociantes do Império do Brasil* (1827) repetem-se as mesmas informações, no de 1829 ele não aparece mais. Por esse tempo a casa inglesa de R. Carruthers obedece à razão social Carruthers & Irmãos e está situada à mesma rua Direita, número 84.

10. Há uma carta de Carruthers para Mauá, de Eden Grover, na Inglaterra, datada de 8 de fevereiro, no arquivo doado por D. Irene São Ribeiro ao Instituto Histórico.

11. Esse tratado, ratificado por Dom Pedro I em 30 de agosto de 1825, depois de aprovado pelo rei de Portugal em 15 de outubro de 1825, recebeu ordem para ser executado no Brasil pelo decreto de 10 de abril de 1826, assinado pelo Visconde de Inhambupe, ministro dos Estrangeiros (CARREIRA, 1889, p. 60).

12. O general farrapo, Souza Netto, vencedor do Seival, viria a ser sogro de Henrique D'Ávila, futuro senador e ministro, primo de Mauá, a quem este muito ajudou no começo da carreira.

13. Bento Gonçalves apenas não escapou por ter preferido retroceder para ficar com o companheiro Pedro José de Almeida, que não sabia nadar; Corte Real e Honofre da Silveira nadaram e fugiram; Zembecarri ficara por não saber nadar.

14. Na biografia de Theophilo Ottoni (ed. de 1870), lê-se textualmente: "Foi no ano de 1844 que teve fim a rebelião do Rio Grande do Sul, pacificação devida em parte a Theophilo Ottoni. Quando o Senhor Conde de Caxias propôs a Canabarro condições para a terminação da luta, quis aquele general ouvir o parecer do democrata mineiro, a quem mandou como emissário o Senhor Tenente Martins (hoje Coronel), que fez a viagem sob nome suposto, por Curitiba e São Paulo, e que foi por mim hospedado" (OTTONI, 1870, p. 27). Há ainda nesse episódio outra confusão de Alberto de Faria (1926, p. 74) que o Senhor Gustavo Barroso (1937, p. 262) também repete: a de misturar o Tenente Martins, de nome suposto, com José Simeão de Oliveira. Aquele foi o primeiro emissário, e este foi o portador da carta, quase um ano depois, em que Canabarro agradece a Theophilo Ottoni os seus conselhos de pacificação enviados pelo primeiro. Basta ler atentamente o que está narrado nesse ponto por C. Ottoni (1870, p. 72) para não ser mais permitida a continuação do equívoco.

15. A esse propósito convém lembrar o manifesto de 25 de setembro de 1835, em que o chefe da revolução dos farrapos condena o presidente deposto, Fernandes Braga, como "um administrador inepto e faccioso" e um pouco antes se refere à sua "má e odiosa administração" (OCTAVIO FILHO, [18--?], p. 746-747).

16. Nem o Imperador teria só por isso motivos para rancores prolongados. A sua reconhecida tolerância permitiria mais tarde até que o ex-revolucionário sulino José de Paiva Magalhães Calvet, que teve ali papel até de relevo, fosse oficial-maior da secretaria do Império, com ele convivendo e tendo apreço "ao espírito culto servido por um talento de elite". Fato notório é o de Bento Gonçalves convidando, anos depois (1858) o Monarca para padrinho de seus filhos e mais adiante o pedido de emprego para o filho (Cf. Arquivo do Castelo D'Eu, n.º 6.259, p. 55; n.º 7349, p. 177 do vol. II).

17. Essa casa de Sta. Tereza foi a primeira propriedade adquirida por Irineu de Souza em 25 de outubro de 1837 (conforme escritura do antigo tabelião Castro). Tinha ele, portanto, apenas 24 anos. Era uma chácara, com casa de vivenda, arvoredos e benfeitorias, limitando-se pelo norte e pelo oeste com o Convento de Sta. Tereza. Foi vendida em 1849, a Henrique Fournier, por onze contos (de acordo com o cartório Fialho, hoje Penafiel, no Livro 204, fls. 100).

18. Ao inverso, não é difícil ainda hoje reconhecer, no fundo de certas reivindicações da *soit-disant* extrema esquerda – ou dos seus "simpatizantes" intelectuais – senão o recalque da inveja pelos que possuem fortuna ou sabem ganhar dinheiro. É divertido verificar, em alguns revoltados dessa espécie, a deselegância com que procedem, logo se apanhem em face de qualquer oportunidade feliz, com ensejo para transação pecuniária lucrativa: a pressa, a avidez, a fome do ouro transmuda-os inteiramente; faz logo esquecer as acariciadas doutrinas e os converte nos tipos mais repelentes da burguesia parasitária e aproveitadora...

19. A ligação que Alberto de Faria (1926, p. 110-127) se afadiga em fazer da conformação intelectual de Mauá com o pensamento de Michel Chevalier encontrará talvez mais proximidade com André Rebouças, ao qual este se refere constantemente no seu livro sobre garantias de juros (de 1874). É certo que nessa época eles se entendiam sobre assuntos ferroviários (Rebouças e Mauá), como deixa evidente a publicação recente do "Diário" de Rebouças. Se existe tal analogia entre as palavras de Mauá em 1878 e Chevalier, seria através de Rebouças ou pela mão deste, que Mauá viria a conhecer o economista francês. Aliás, como acentuou o Senhor Castro Rebello, Chevalier também não é "sansimoniano", pois, embora seja discípulo do fundador, "pertence indiscutivelmente à escola liberal", ao passo que aquele é por todos incluído entre os precursores do socialismo moderno (REBELLO, 1932, p. 34-35).

20. Vide o seu estudo nos "Annales d'histoire economique et sociale" (1937) – que foi transcrito no Boletim do Centro de Estudos Históricos (Tomo I, fls. I, 1937).

21. Para facilidade de estudo, é muitas vezes cômodo determinar *a posteriori* se os indivíduos, pelas suas tendências, pertencem a esta ou àquela escola e enquadrá-los numa classificação ideológica qualquer. Não basta, porém, para convencer. Previamente faz-se mister descobrir realmente as raízes profundas do seu temperamento, dos seus atos, das suas palavras, com determinada corrente filosófica,

para se poder situá-lo nessa direção, obediente aos seus preceitos, influído por suas doutrinas. Quanto a Mauá e o "sansimonismo", esse trabalho não foi feito.

22. Vide: Biblioteca Nacional – Seção de Manuscritos – verbete: Mauá.

23. À lista desses barcos que nos fornece Alberto de Faria, juntam-se outros, referidos por Garcia Junior (1938, p. 25).

24. Neste ponto, A. Bandeira de Mello (1935, p. 57-58) se engana, quando assinala a terceira tarifa como sendo a de Souza Franco, de 28 de março de 1857, e a quarta tarifa a de Wanderley, pelos decretos de 26 de agosto de 1857 e 28 de março de 1858. Há evidente confusão de datas: Wanderley sucedeu a Paraná no Ministério da Fazenda em agosto de 1856, indo até 1857. Quem o substituiu foi Souza Franco, ministro de 4 de maio de 1857 a 12 de dezembro de 1858.

25. A aspiração era antiga: Decreto de 23 de outubro de 1828. Já dera concessão a Antônio da Costa (ministro José Clemente), para organizar a companhia que empreendesse o melhoramento. A Lei n.º 66, de 12 de outubro de 1833 (ministro Araújo Vianna), autoriza ainda o contrato para a iluminação a gás.

26. O Código Comercial, como se sabe, é de 25 de junho desse ano (Lei n.º 556). A elaboração vinha desde 1834. Os regulamentos são os dos Decretos n.º 737 e 738, de 25 de novembro de 1850, que determinam a ordem do juízo no processo comercial e dos tribunais de comércio e processo das quebras.

27. As insígnias, em rica joia com diamantes, lhe seriam oferecidas por uma delegação de comerciantes estrangeiros (um representando cada nação), em expressiva manifestação de regozijo da classe e do prestígio que nela gozava o já influente brasileiro.

28. Vide: JAVARI, 1889, p. 319, notas 42 e 44. Souza Ferreira só se refere à segunda substituição. O Senhor Gustavo Barroso engana-se de todo quando, na sua recente conferência, "Mauá e o Prata", afirma: "Depois de 1860 o Estado começa a reagir, começa a intervir. Mauá sente perfeitamente isso. Sente instintivamente. E que faz? Procura participar do Estado e entra em 1863 para a política, elegendo-se deputado pelo Rio Grande do Sul" (BARROSO, 1939). Só se o seu instinto tinha milagres maravilhosos de antecipação. Porque não raciocinar então ao contrário, pela forma mais lógica e generosa, e concluir: era tal o seu crescente prestígio no Comércio, que a política o foi buscar espontaneamente, para que ele colaborasse com a sua experiência notória nas decisões legislativas?

29. "Não tendo tido assento na Câmara em 1867 e 1868, por terem sido adiados as eleições na província (do Rio Grande do Sul) para depois de concluída a guerra com o Paraguai, pelo decreto de 19 de dezembro de 1866" (JAVARY, 1889, p. 346), e de 1869 a 1872 por não haver sido eleito, tendo "o partido liberal resolvido abster-se nas eleições para essa legislatura". (FERREIRA, 1898, p. 67).

30. Regulamentada pelos decretos n.º 120 de 31 de janeiro de 1842, n.º 122 de 2 de fevereiro de 1842 e n.º 143 de 15 de março de 1842; código e regulamento expedidos por Paulino de Souza (Uruguai).

31. Em 28 de janeiro de 1873.

32. Porto Alegre ficara com Mauá; Brusque e Flores não acompanhariam de público o tribuno, atitude explicável em liberais, uma vez que já partem da Câmara conservadora; divergiam também do gabinete, em razão das reformas liberais.

33. A renúncia constou de dois ofícios à Câmara: o primeiro de 21 de abril e o segundo, confirmando o primeiro, de 25 de junho de 1873. Não foi aceita, por deliberações da Câmara, nas sessões de 18 de junho e 21 de julho.

34. Vem a ser promulgada só mais tarde com o Decreto n.º 3.065, de 6 de maio de 1882, que estabelece novas disposições para as concordatas comerciais.

35. Prefácio ao *Futuro das Estradas de Ferro no Brasil*, de Christiano Ottoni, 1.º edição de 1859, reeditada em 1938, p. 14.

36. Decreto n.º 101 de 31 de outubro de 1835 (ministro Limpo de Abreu), privilégio exclusivo por quarenta anos e outros favores, no uso de carros para o transporte de gêneros e passageiros – a uma ou mais companhias que fizessem a estrada de ferro.

37. Quase vinte anos depois, já em condições econômicas mais felizes, viria o governo a conceder, pelo Decreto n.º 5.607 de 25 de abril de 1874, fiança para a garantia de juros de 7% por trinta anos, ao capital da estrada de ferro São Paulo e Rio de Janeiro.

38. "Parece, de fato, que o rumo natural era procurar São Paulo, não na zona de Minas que a E. de F. Mauá ia servir; não chegava a dinheiro para as duas coisas. Itaboraí e Manoel Felizardo estiveram ao lado de Mauá: foi o Imperador que pendeu para o outro lado" (FARIA, 1926, p. 180).

39. "Empréstimo de 6 mil contos, depois perdoado, encampação do seu contrato com dispêndio de mais 3 mil contos e afinal um contrato com a estrada de ferro D. Pedro II, por dez anos – que lhe assegurava a recomposição do seu capital" (MAUÁ, 1879, p. 28).

40. Bahia and São Francisco Railway Company, capital de 1.800.000 de libras – com garantia de juros de 7%, a contar de 1855, época da sua organização, durante noventa anos e privilégio de zona em igual período, com 123 km e 340 m, até Alagoinha.

41. Concessão por noventa anos com garantia de 5% sobre o capital que fosse necessário pelo Decreto n.º 1.030 de 7 de agosto de 1852 e privilégio de zona – com 124 km e 720 m.

42. Concessões a políticos como essa não eram excepcionais: Gonçalves Martins (Barão de São Lourenço) teve a da navegação de Jequitinhonha; Candido B. de Oliveira, a dos "bonds" no Rio. Há ainda outros exemplos frisantes: Theophilo Ottoni, para a colonização do Mucuri; Muniz Barreto (sogro de Octaviano) para a estrada de ferro da Baía, Mariano Procópio, Machado Coelho e Castro e Armond – depois deputados diretores da "União e Industria" –; T. Cockrane (sogro de José Alencar) teve a concessão de estrada de ferro e depois do Caminho da Tijuca. Cristiano Ottoni, político também, foi administrador excepcional da Estrada D. Pedro II. Afora as cadeiras de diretores do Banco do Brasil, onde se assentaram sempre, apesar de políticos, portadores de tomes ilustres: Itaboraí, Salles Torres Homem, Cruzeiro etc.

43. Devo os esclarecimentos dessas ligações familiares ao Senhor Américo Jacobina Lacombe – Cit. ainda em Djalma Forjaz – O senador Vergueiro, p. 28. Smith Vasconcellos – Arquivo nobiliárquico.

44. Ver: "Notícia documentada dos negócios em Londres, de suas altezas imperiais e reais os Senhores Conde e Condessa d'Aquila", s/d., in 8.º, 61 p., na Biblioteca Nacional, V. 254, 2, 6 n.º 15. A atitude de Mauá nessa questão, auxiliando até financeiramente sua irmã e o cunhado, deveria também em muito ter irritado o monarca.

45. Lei n.º 582 de 5 de setembro de 1850. Eleva a comarca do Alto Amazonas, na província do Grão-Pará, à categoria de Província.

46. Lei n.º 586 de 6 de setembro de 1850.

47. "Tive que ceder à exigência peremptória do finado Marquês de Paraná, que me honrava com a sua amizade e exercia sobre mim grande influência" (MAUÁ, 1878, p. 32).

48. O Amazonas e as costas atlânticas da América meridional. Essa edição da B. L. Garnier (1853) era vendida na época a 500 réis. Teve esse trabalho duas respostas: a de M. de Angelis, então ao serviço do Império – De la navigation de l'Amazone, Montevidéu, e a de João Baptista de Castro Morais Antas, em O Amazonas, Rio, 1854.

49. O Decreto n.º 3.920, de 21 de julho de 1867, manda "observar o regulamento para a navegação do Amazonas e seus afluentes e do São Francisco".

50. Essa convenção só vem a ser promulgada no Brasil pelo Decreto n.º 4.473, de 10 de fevereiro de 1870, ato do Barão de Cotegipe, então ministro interino dos Estrangeiros.

51. Rio Branco (1933, p. 377) e Souza Ferreira (1898, p. 41) dão a data acima, que é a verdadeira: o Jornal do Comércio (1928, p. 562) dá entretanto a de 22 de julho, que nem coincide com as notícias do mesmo jornal, em 23 e 29 de junho, sobre o acontecimento. H. Fleiuss, na semana ilustrada de 28 de junho de 1874, publica um expressivo desenho em homenagem ao Barão de Mauá, "a quem se deve o melhoramento do cabo submarino".

52. Essa missiva achava-se recolhida ao arquivo do Instituto Histórico (coleção João Alfredo – que era então o ministro do Império, por onde se processavam as concessões dessas dignidades e honrarias).

53. Conforme cartas no Instituto Histórico (citadas pelo Senhor Alcindo Sodré, na sua conferência sobre Mauá, em 26 de outubro de 1839).

54. Essa comparação original do Senhor Tristão de Athayde já deu margem a suspeitosos equívocos. Alberto de Faria (1926) adotou-a por outra forma – equiparando Mauá a Caxias, como sustentáculos

do Império. Houve a seguir quem achasse demasiada a aproximação das duas figuras, por julgar a atuação econômica do industrial muito superior à do soldado. (Garanto, e com razão que não foi absolutamente o Senhor Gondim da Fonseca: quem ler o seu curioso livro *Biografia do jornalismo carioca* (1941, p. 142), verificará mesmo o contrário, classificando como aí faz a atividade onímoda de Mauá, de meras fantasias...). Bastou porém aquela apreciação para que o Senhor Diacir Menezes, num zelo excessivo, viesse logo, em opúsculo recente (*O ouro e a nova concepção da moeda*) protestar de forma patriota na defesa dos melindres militares tão ofendidos: "no ponto de vista nacional o grande soldado não se poderia jamais equiparar ao comerciante e banqueiro sob cujas ações se pressente muitas vezes o móvel interesseiro" (MENEZES, 1941, p. 110).

55. O decreto foi assinado por J. Rodrigues Torres (Itaboraí), ministro da Fazenda, mas o amparo foi de Costa Carvalho, chefe de gabinete e já então "amigo íntimo" de Irineu.

56. Decreto n.º 688, de 15 de julho de 1853, aprova a deliberação tomada pelo Governo de fazer um empréstimo aos dois bancos desta Corte, em bilhetes do Tesouro, sob caução da dívida pública (ministro Rodrigues Torres). A Lei n.º 683 só veio a ser modificada dez anos depois, pela Lei n.º 1.349, de 12 de setembro de 1863 (ministro Zecharias de Góes).

57. Nessa versão malévola, vê-se logo a diferença grande que vai da subscrição espontânea de ações para a simples doação, equivalente à propina ou ao suborno indireto...

58. Nessa notável peça, depois de analisar os propósitos do governo, a conclusão de Mauá é a seguinte: que sendo o seu propósito "provocar por diversos modos a importação de capitais europeus", os obstáculos opostos dificultariam a sua intenção. Entretanto, com isso, ter-se-ia apenas conseguido um fim: "uma individualidade poderia vir a ter grande influência, bem que alheia à esfera política, em que essa individualidade não quer ter influência; não é talvez inconveniente que isso se dê, mesmo vendo-se que essa mesquinha individualidade só se ocupa em fazer bem! Resigno-me" (NABUCO, 1897, p. 266–267).

59. Pereira da Silva é o homem a quem Mauá responde na Câmara, que se opunha à garantia de juros para a via férrea de Petrópolis. Mais tarde é ainda o "atravessador" da concessão do cabo submarino, que desejava vender para ganhar dinheiro, quando Mauá apenas queria obter um benefício para o Brasil. E a ele se refere a carta de F. Octaviano, de 16 de setembro de 1872, que Alberto de Faria (1926, p. 223–224) transcreve do seu livro, colocando um discreto P.S. para não lhe comprometer a memória. O deputado F. ainda está na carta de Mauá, de 5 de setembro de 1875, que está no mesmo livro, na página 226. Ainda é ele um dos dois votos que, na diretoria do Banco do Brasil, recusam a Mauá o auxílio que o livraria da moratória de 1875.

Daí, por certo, o desdém proposital com que Mauá o trata, em 1878, nem sequer querendo dar-lhe a honra de recordar-se de que fora ele quem, na Câmara, se opusera ao pedido de garantias de juros para a estrada de ferro, quando diz: "Contra a pretensão pronunciou-se um nobre deputado cujo nome me escapa" (MAUÁ, 1878, p. 26). E essa recordação não lhe poderia faltar, pois Mauá, de excelente memória, lembrava-se até dos argumentos que lhe opôs. Quem lhe levanta o véu do anonimato, para a geração atual, de passagem, é C. Rabello (1932, p. 47) quando, ao referir-se ao caso, cita-o nominalmente, como autor da impugnação. Essa talvez a razão do despeito maior que, em homem vaidoso, devia explodir no veneno sutil de 1895.

60. Para estudo ainda mais aprofundado, melhor seria examinar as próprias ideias que Mauá expendeu na sua *Autobiografia* de 1878 (ver especialmente os capítulos relativos aos "auxílios à agricultura" e ao "Banco Mauá" – publicados adiante) e as que emitiu, nesse mesmo ano, sobre o *Meio circulante do Brasil*, também aqui editado em apêndice. Por um confronto atento, verifica-se logo que, mesmo na defesa das "emissões", Mauá as advogou "com lastro" ou das "cédulas hipotecárias" ou de outras garantias; o chamado "direito lato às emissões" não lhe merecia simpatias expressas.

61. Primeira vez, em 31 de maio de 1868; segunda vez, em 11 de fevereiro de 1869.

62. Pagamentos de saques no valor de 300 mil libras que vieram devolvidos dos Estados Unidos e da Europa (FARIA, 1926, p. 242).

63. Convirá explicar a liquidação em algarismos: restavam a pagar 26.915:000$. Entregando até bens pessoais, haveres e joias da família no valor de mil contos, já em 1882 essa dívida estava reduzida a menos

da metade. Mauá propõe pagar desse saldo de 13 mil contos – 51% – sendo 7% em dinheiro e 44% em ações da Cia. Pastoril, cotadas a 40% do seu valor nominal. Portanto 910 contos em dinheiro e 5.720 contos em ações. Aceito o acordo nessa base, deixou de ser pago, apenas 49% de 13 mil contos – 6.370:000$! no final. Se ponderarmos ainda que as ações da Cia. Pastoril foram vendidas adiante, pela cotação de 94,7% –, verifica-se que o prejuízo dos credores foi quase nenhum. Exatamente, pelos dados acima, foram num passivo de 98 mil contos, apenas de 6,5%! (Vide A. de Faria – Mauá p. 243/44).

64. Sei que a fonte dessas críticas foi o conceito apressado de Capistrano de Abreu; mas este tão genuíno homem de bem era, que, lido o livro de Alberto de Faria, emendou nobremente a opinião antiga, fazendo questão de mandá-la corrigida a Alberto de Faria, que a publicou (FARIA, 1926, p. 65).

65. Cf. FLEIUSS, M. *Contribuições.*

66. In: CARDOSO, V. *A margem da história da República,* Rio de Janeiro: Anuário do Brasil, 1924, p. 123–219.

AUTOBIOGRAFIA

1. Mauá refere-se aí, está-se a ver, a Ricardo Carruthers – seu ex-patrão e sócio –, que o ajudou a vencer no começo da carreira e a quem ele dedicou em toda a vida imperecível gratidão. (A autobiografia publicada em 1878 não trazia nem precisava de notas, pois os fatos eram contemporâneos; as notas são exclusivas da presente edição.)

2. Tendo começado a trabalhar em 1823 e entrado para a casa Carruthers Irmãos por volta de 1829, Mauá encerrou as transações dessa firma comercial em 1845. A liquidação da firma durou, porém, ainda alguns anos.

3. Escrevendo em 1878 a referência é, portanto, a 1846. Nascido em 1813, Mauá teria, nessa época, apenas 33 anos.

4. Tinha Mauá, nessa ocasião, 65 anos. A referência logo a seguir é à decretação de sua falência, requerida judicialmente e aberta em 25 de junho de 1878, no Juízo Especial da 1.ª Vara do Comércio da Corte. A suspensão de pagamentos tinha sido feita em 17 de maio de 1875, seguida da moratória, concedida pelo Tribunal do Comércio em 21 de junho de 1875, por um prazo de três anos (Cf. FERREIRA, 1898, p. 76–78).

5. A Exposição subordina-se realmente, quase toda, a uma ordem estritamente cronológica, como se verifica nas datas abaixo, pelo começo e fim em que os empreendimentos aludidos estiveram sob o controle de Mauá: Ponta da Areia, 1846–1870; Rebocadores do Rio Grande, 1849–1850; Gás do Rio, 1851–1865; Serviços no Prata, 1850–1851; Cia. Fluminense de Transportes, 1852; Banco do Brasil, 1851–1853; Estrada de Ferro Mauá, 1852–1872; Cia. de Navegação do Amazonas, 1852–1872; Estrada de Ferro de Pernambuco, 1853; Estrada de Ferro da Bahia, 1853; Diques Flutuantes, 1852; Mauá, Mac Gregor & Co., 1854–1866; Canal do Mangue, 1855–1858; Luz Esteárica, 1854–1864; Montes Áureos, 1862; Cia. de Curtumes, 1860–1869; Estrada de Ferro Santos a Jundiaí, 1855–1868; Estrada de Ferro D. Pedro II, 1855; Caminho de Ferro da Tijuca, 1856–1868, Cia. Jardim Botânico, 1861–1868; Estrada de Ferro de Paraná a Mato Grosso, 1871–1874; Cabo Submarino, 1872–1874; Abastecimento de água, 1874–1877; Estrada de Ferro do Rio Verde, 1875; Banco Mauá & Cia., 1867–1878.

6. O inglês John Morgan foi mais tarde, pessoalmente, o concessionário, na Bahia, dos serviços ferroviários a vapor do Paraguaçu (Decreto Imperial n.º 3.590, de 17 de janeiro de 1866), que transferiu mais adiante a companhia inglesa – The Paraguaçu Steam-Tram-Road Ltd. (Decreto n.º 3.905, de 3 de julho de 1867). A ele e à sua iniciativa se refere André Rebouças no seu livro *Garantia de juros* (1874, p. 44), por onde se vê que ali publicou, em 1867, um folheto "O tram road a vapor de Paraguaçu, na província da Bahia". Ao mesmo João Carlos Morgan ainda faz referência Braz do Amaral em sua *História do Império à República* (1923, p. 255, 299–301).

7. Registre-se a antevisão profética de Mauá em relação à siderurgia como base das outras indústrias do Brasil. A iniciativa da implantação da siderurgia em nossa terra, como Marcos de Mendonça demonstra cabalmente no seu ótimo trabalho "O Intendente Câmara", cabe a Manoel Ferreira da Câmara

Bittencourt e Sá, não só pelo Alvará n.º 41, de 10 de outubro de 1808 (cuja autoria é sua), como ainda pela sua construção no Morro do Pilar, em Minas, do primeiro alto forno do Brasil (de 5 de abril de 1809 a janeiro de 1814); vem, em seguida, Eschwege, com a sua fábrica de Congonhas do Campo (1813), e por fim Varnhagem, pai do grande historiador, com a Fábrica de Ferro de Ipanema, São Paulo, de iniciativa oficial, mas cuja direção lhe coube, ainda no governo de D. João VI.

8. Marcellino de Britto foi ministro do Império de 3 de maio de 1846 a 22 de maio de 1847. O contrato com Mauá para o fornecimento foi celebrado, afinal, em 18 de agosto de 1846. O Decreto Legislativo n.º 506, de 23 de setembro de 1848, autorizou o governo imperial a pagar-lhe a importância dos tubos de ferro, fornecidos e a fornecer, e a fazer as despesas necessárias para a conclusão das obras do encanamento do Rio Maracanã. O art. 16, da Lei n.º 555, de 15 de junho de 1850 (orçamento), declarou que a autorização acima fosse extensiva às despesas que o governo houvesse de realizar "com a desapropriação dos terrenos generativos das águas potáveis que abastecem a capital".

9. O *Jornal do Comércio* de 28 de novembro de 1844 noticiava: "O Senhor Pedro Toulois acaba de ser encarregado, pelo Governo, dos trabalhos preliminares para o encanamento do Rio Maracanã, a fim de abastecer de água os chafarizes desta Capital".

10. A aquisição foi feita por escritura pública de 11 de agosto de 1846, passada em notas do tabelião Fialho, desta cidade (hoje C. Pennafiel), livro 199, fls., 40. Vendedores: Carlos Colemann & Co. Preço: 60 contos, sendo 10 contos pela posse do terreno foreiro e suas benfeitorias (prédios e maquinismos), 30 contos pelos utensílios e 20 contos por 28 escravos a ele pertencentes. Chama-se ao conjunto, pomposamente, de Estabelecimento de Fundição e Estaleiro da Ponta da Areia, título que só mais tarde teria justificação. Não satisfeito com o pequeno espaço, Mauá arrenda uma casa térrea de Lucinda Deolinda dos Santos, em Niterói, Ponta da Areia (escritura de 26 de novembro, cartório Fialho). Em 1848, com o mesmo fim, adquire ainda de Francisca Rosa Xavier e outros o domínio útil de mais 30 braças de terras na Ponta da Areia (escritura do tab. Fialho, de 6 de abril, livro de 1848, fls. 38). Em 1849, Mauá adquire novamente, por escritura pública (tab. Fialho, livro 204, fls. 11, em 13 de agosto) outra casa de sobrado e benfeitorias, pertencente a Camilo José do Espírito Santo, situada na Ponta da Areia, pelo preço de 4 contos. Ainda nesse mesmo ano adquire de Francisca Rosa Xavier e seus filhos terras de marinhas de 146 braças de testada para o mar, e nove moradas de casas, situadas na Ponta da Areia, ao lado dos estaleiros da Armação, pelo preço de 20 contos (Livro 204, fls. 85, em 27 de outubro).

11. Pelo Decreto Legislativo n.º 510, de 2 de outubro de 1848, o governo imperial foi autorizado a fazer o empréstimo, a fim de auxiliar a "fundição de ferro e maquinismos, estabelecida na Ponta da Areia". Prazo de onze anos, com amortização somente nos últimos seis anos, à razão de 50 contos anualmente. Os juros seriam os que o governo tivesse que pagar para obter essa quantia, pagos de 4 em 4 meses. Exigia-se de Mauá fazer hipoteca especial do terreno, prédios e maquinismos, "assim como de quaisquer outros bens de raiz que tivesse na Corte". O governo poderia ainda emitir apólices ou fazer operações de crédito para esse fim. Realmente assim foi feito. Tanto que, tendo o casal Mauá hipotecado, além de outros bens, a chácara n.º 18, que possuía no morro de Santa Tereza, para obtenção do aludido empréstimo, substituiu em 13 de novembro de 1849 essa garantia, avaliada em 11:400$000, pelos prédios que adquirira na Ponta da Areia, no valor de 24:000$000 (escritura no tabelião Fialho, livro 204, fls. 99).

12. A legislação aduaneira na marcha para o antiprotecionismo, nesse ponto, teve um prosseguimento lento: a lei de 28 de setembro já autorizava a revisão da tarifa estudada por Paraná, mas só começou pela Lei n.º 1.914, de 28 de março de 1857 (reforma Cotegipe) e prosseguiu no ministério seguinte, de Souza Franco (leis de 26 de agosto de 1857 e 28 de março de 1858), mas teve o seu apogeu na reforma de Silva Ferraz (lei de 3 de setembro de 1860).

13. Pelo Decreto n.º 1.411, de 15 de julho de 1854, foram aprovados os estatutos da sociedade anônima da Cia. Ponta da Areia, redigidos por Mauá em 18 de maio de 1854, à qual foram transferidos pelo seu proprietário todos os direitos do antigo estabelecimento – avaliados só os prédios e terrenos em 250 contos –, excluídos os armazéns, as oficinas, os maquinismos e os materiais existentes. O total dos bens transferidos foi avaliado em 500 contos. A nova sociedade teria o prazo de vinte anos a partir de 1.º de julho de 1854 e, além dos seus objetivos anteriores, cuidaria da iluminação a gás de Niterói, logo que fosse aprovado pela

Assembleia Provincial o contrato já celebrado entre o empresário e o governo da Província. O capital é de 1.250 contos, dividido em ações de 2.505. Mauá é o presidente da empresa, recebendo de remuneração 5% dos lucros líquidos. Aos acionistas foi assegurado, sob a responsabilidade do antigo proprietário, por um período de cinco anos e meio, até 31 de dezembro de 1859, um dividendo nunca menor de 7% ao ano.

14. O incêndio verificou-se em 24 de junho de 1857.

15. Em 26 de junho de 1857, Mauá requer novo empréstimo à Câmara dos Deputados, que lhe foi concedido pelo Decreto n.º 933, de 26 de agosto do mesmo ano: 300 contos amortizáveis depois do terceiro ano, "em prestações anuais de 30 contos".

16. Em fins de 1862 – como aconteceu com outras empresas suas: a do gás, a da navegação do Amazonas –, Mauá fez ainda uma tentativa para passar a Ponta da Areia a capitais ingleses. A operação já estava inteiramente ajustada, quando sobreveio a "questão Christie", na qual Mauá ainda tem sido acusado de ter ficado ao lado da Inglaterra (LYRA, 1939). É bem possível que o seu primeiro movimento fosse o de procurar intervir apenas como mediador, para evitar o conflito que nos poderia trazer prejuízos, com o fechamento do "mercado financeiro" de Londres aos nossos interesses. Mero juiz de paz amistoso... Não sendo possível evitar a ruptura das relações diplomáticas, Mauá interrompe todas as negociações para a transferência da Ponta da Areia – como diz no seu relatório de março de 1863. (Bib. Nacional – IV, 317, 6. 2 n.º 14). E desde então fica decididamente ao lado do seu país: foi até o tesoureiro da comissão popular destinada a angariar fundos para o Estado, na hipótese de uma guerra externa. No Castelo D'Eu, há nessa qualidade um recibo seu a donativo da Imperatriz (ver: Catálogo, vol. II, n. 6479, p. 76). Assim também foi invariavelmente a sua atitude: quer na "intervenção" no Uruguai, quer na guerra contra o Paraguai.

17. Na Biblioteca Nacional encontram-se os relatórios da Cia. da Ponta da Areia (IV, 317, 6, 2, n.º 14) relativos aos anos de 1854, 1855, 1856, 1860 e 1862. Por eles se vê que a produção da empresa montou: em 1855, a 901:513$937; em 1856, a 865:287$427; em 1857, a 956:5945586; em 1858, a 638:248$163; em 1859, a 347:706$647; em 1860, a 557:886$623; em 1861, a 275:032$116. Nesse último ano, Mauá era possuidor de 9/20 do capital: 362:500$000. Por outro lado, a Cia. já lhe devia, em conta-corrente, perto de 400 contos!

18. Sisson (Galeria dos homens Ilustres) declara que Irineu, contribuindo para o progresso comercial da província em que nascera, estabeleceu uma casa no Rio Grande, sob a firma de Carruthers, Souza & Cia, e que, em 1847, achando-se na cidade do Rio Grande, fundou a Cia. aludida. Esta última afirmação não confere com o "alguns anos depois" da declaração de Mauá. Se o estabelecimento da Ponta da Areia foi adquirido em 1846 e montado no ano seguinte, a data do outro empreendimento só deve conter-se depois de 1848, provavelmente entre 1849 e 1850. O detalhe serve para uma elucidação: Tancredo Paiva declara no seu *Dicionário de Pseudônimos* que a biografia de Mauá, da "Galeria" de Sisson, "foi escrita pelo próprio biografado". Estranhando imodéstia tão excessiva, indaguei-lhe a fonte dessa informação: estaria no exemplar da Biblioteca Nacional, assim anotado pelo Barão Homem de Mello. A divergência entre Sisson e Mauá prova, porém, o contrário. Aliás, essas indicações de Homem de Mello não são rigorosamente exatas; haja vista outra idêntica, com referência a Theophilo Ottoni, quando se sabe, sem sombra de dúvida, que a biografia do tribuno liberal, como outras da "Galeria", é de Flavio Farnese.

19. Parece que a empresa de Mauá foi substituída por outra, composta de negociantes da cidade do Rio Grande, votando os seus estatutos em assembleia de 27 de julho de 1853, os quais foram aprovados pelo Decreto Imperial n.º 1.414, de 19 de julho de 1854, pois esta outra tinha por fim "estabelecer um ou mais vapores de reboque na barra da mesma província", conforme está textualmente no mesmo decreto: "Compra de um ou mais vapores para servirem de rebocadores na barra e ancoradouro desta cidade e vila de São José do Norte" (art. 2.º dos estatutos). O capital era de 100 contos, e a Cia. não podia ser dissolvida antes de dez anos, "salvo a perda do vapor". Está claro que existia o vapor, o qual não pode deixar de ter outro senão o "Rio Grande", já em mãos do Governo.

20. Os serviços de gás nas capitais das províncias foram autorizados, primeiramente, pela Lei n.º 939, de 26 de setembro de 1857, art. 16, § 4.º, os de Recife; § 11, os do Pará. A seguir, o Decreto Imperial n.º 2.729, de 16 de janeiro de 1861, concedeu à Cia. de Gás da Bahia, fundada em Londres, o direito de funcionar no Brasil, aprovando-lhe os estatutos, assinados em 28 de novembro de 1860, pelo procurador John

Bloant. O Decreto n.º 3.009, de 24 de outubro de 1862, autoriza a incorporação da Cia. de Iluminação a Gás do Maranhão, conforme o contrato assinado com a presidência da Província em 19 de março de 1861. O Decreto n.º 3.630, de 27 de março de 1866, concedeu à Cia. do Gás do Pará, organizada em Loñdres, a necessária autorização para funcionar no Império. O Decreto n.º 4.986, de 19 de junho de 1872, refere-se a Campos Gás Co. O Decreto n.º 2.352, de 27 de agosto de 1873, à Cia. de Iluminação a Gás da Cidade de Campinas. O Decreto n.º 7.115, de 14 de fevereiro de 1878, à Cia. Rio-grandense de Iluminação a Gás. O Decreto n.º 5.076, de 28 de agosto de 1872, à The São Pedro Brasil Gás Co. Ltde. O Decreto n.º 5.541, de 31 de janeiro de 1873, à Ceará Gás Co., e o Decreto n.º 5.358, de 23 de julho de 1883, à Cia. Campineira de Iluminação a Gás.

21.   A Cia. de Iluminação a Gás do Rio de Janeiro teve os seus estatutos aprovados pelo Decreto n.º 1.179, de 25 de maio de 1853, com o capital de 1.200 contos em quatro mil ações de 300$000, privilégio por vinte anos. O concessionário obrigou-se a estender 31 milhas de canos em tubos de ferro.

22.   Pelo Decreto n.º 1.495, de 20 de dezembro de 1854, obteve aprovação do aumento de mais 300 contos, representados por mil ações de 300$ cada uma. A ela ainda se referem os Decretos n.º 3.436, de 27 de abril, o Decreto n.º 1.666, de 3 de novembro de 1855, e o Decreto n.º 2.149, de 24 de abril de 1858, que autoriza a Cia. a elevar o seu fundo social para 2 milhões de libras. O Decreto n.º 2.954, de 19 de maio de 1860, aprovou a renovação do contrato até então existente (de 28 de outubro de 1854), para estabelecer no Jardim Botânico do Passeio Público o sistema de queimar por contador.

23.   A The Rio de Janeiro Gás Company Limited, empresa inglesa "organizada para substituir a que está encarregada da iluminação a gás da capital do Império", foi autorizada a funcionar no Brasil pelo Decreto n.º 3.456, de 27 de abril de 1865. Foi autorizada a elevar o seu capital para 750 mil libras pelo Decreto n.º 5.249, de 5 de abril de 1873. O art. 7º, § 2.º da Lei n.º 3.141, de 30 de dezembro de 1882, declarou sem efeito o contrato celebrado em 21 de abril de 1879 com a referida Cia. para o serviço de iluminação a gás da Corte, estabelecendo as normas para a nova concorrência pública.

24.   O ministério, em 1851, era composto do Visconde de Monte Alegre, na pasta do Império e presidente do Conselho; de Eusebio de Queiroz, na Justiça; de Paulino de Souza (Uruguai), nos Estrangeiros; de Rodrigues Torres (Itaboraí), na Fazenda; de Manoel Vieira Tosta (Muritiba) na Marinha, e Manoel Felizardo, na Guerra. É presumível que a confidência fosse com o próprio presidente do Conselho, seu íntimo, como ele o declara em outra passagem da autobiografia.

25.   A correspondência ao "Amigo ausente" (Silva Paranhos), no *Jornal do Comércio* de 6 de janeiro de 1851, diz quais eram os concorrentes: "Os primeiros pretendentes a essa empresa foram Milliet & Comp.; seguiram-se-lhes, pouco depois, outros dois: Mr. Charollais e os Senhores Irineu & Cia., proprietários da fábrica de fundição da Ponta da Areia, todos, ao que parece, bem habilitados, e alguns recomendados especialmente. No vapor inglês 'Est', recém-chegado, veio outro candidato, Mr. Camille Fréderic Adolphe Schweppe, diretor da fábrica de gás da cidade de Angers, França, que se propõe ao mesmo fim, como procurador de um dos diretores das oficinas de Gás de Lisboa" (JORNAL DO COMÉRCIO, 1922, p. 289).

26.   Uma informação do *Jornal do Comércio* de 24 de novembro de 1850 traz indícios denunciadores desse médico: "S. M. o Imperador dignou-se assistir na quarta-feira à tarde a uma das lições de química, do Senhor Doutor em medicina Francisco Ferreira de Abreu, há pouco chegado da Europa, onde foi estudar a expensas da província do Rio Grande do Sul, de onde é filho. A lição teve lugar em uma das salas do pavimento térreo do Museu Nacional e versou sobre os preliminares necessários para o estudo do gás de iluminação e vantagens da introdução dessa indústria no Brasil (JORNAL DO COMÉRCIO, 1922, p. 255).

27.   O *Jornal do Comércio* de 26 de março de 1854 noticia: "Iluminação a gás. Começou anteontem, nas ruas São Pedro, Sabão, Rosário, Ouvidor, Direita e Largo do Paço. Todas essas ruas se apinharam de povo. Não se ouvia senão uma observação: Como é que estivemos privados por tanto tempo desse imenso melhoramento? Em verdade o contraste que apresentavam os antigos candieiros de azeite ao lado dos brilhantes lampiões de gás tornava ainda mais notável a diferença da luz. A distância em que se acham os novos lampiões pareceu a todos bem-calculada. Nas praças que não têm o centro iluminado, como o Largo do Paço, seria conveniente colocar um grande facho. As luzes laterais não chegam ao centro, por fortes que sejam". O mesmo jornal, a 18 de maio seguinte, acrescentava: "Iluminação a gás. Já estão ilu-

minadas as seguintes ruas: Direita, Violas, São Pedro, Sabão, Alfândega, Hospício, Rosário, Ouvidor, Assembleia; Carioca; Ciganos; Conde; Lavradio, Arcos, Mangueiras, Passeio, Sta. Luzia, São Joaquim, e Largos do Paço, Rocio, Lapa e Campo de Santana. Na Cidade Nova: ruas Formosa, Flores, São Pedro, Sabão, Rocio Pequeno e Aterrado. O número de lampiões nas ruas e largos acima especificados é de 637. Ainda não chega à terça parte do total que excederá de dois mil lampiões".

28. O general David Canabarro, em altiva honra patriótica, no seu manifesto, datado de Ponche Verde em 28 de fevereiro de 1845, diz textualmente aos seus comandados: "Um poder estranho ameaça a integridade do Império, e tão estólida ousadia jamais deixaria de ecoar em nossos corações brasileiros. O Rio Grande não será o teatro de suas iniquidades, e nós partilharemos a glória de sacrificar os ressentimentos criados no furor dos partidos, ao bem geral do Brasil" (JORNAL DO COMÉRCIO, 1922, p. 238).

29. O general Thomaz Guido foi ministro da Confederação Argentina, no Rio, desde 15 de julho de 1841. Já havia firmado, em nome da "República Argentina", a Convenção Preliminar da Paz, em 27 de agosto de 1828. Em 26 de maio de 1830, assinara, no Rio, o "auto de aprovação da Constituição Política do Uruguai. Manteve com o Barão de Caiuru (ministro dos Estrangeiros) longa correspondência, de 4 de abril de 1846 a 18 de janeiro de 1847, relativa à Independência do Uruguai (CAMPOS, 1913, p. 135–136). O general Guido pediu os passaportes, que lhe foram imediatamente devolvidos em outubro de 1850, ficando as relações do Império com a Argentina rotas até 1852.

30. Paulino de Souza havia entrado para o Ministério dos Estrangeiros em 8 de outubro de 1849, substituindo Araujo Lima (Olinda); nesse posto ainda se conservou no ministério seguinte, até a queda do gabinete, em 6 de setembro de 1853. Permaneceu portanto, na chefia da nossa política externa, por ele admiravelmente dirigida, cerca de quatro anos seguidos; por isso e pelos seus talentos, pôde dar-lhe uma orientação luminosa. Paulino de Souza (Visconde com Grandeza de 2 de dezembro de 1854) nasceu em Paris, a 4 de outubro de 1807, falecendo no Rio em 15 de julho de 1866. Foi aluno em Coimbra, mas se formou em direito em São Paulo, em 1831. Deputado geral pela província do Rio de Janeiro, de 1834 a 1848. Presidente da Província, em 1836 e 1840. Ministro da Justiça em 1840 e 1841, e dos Estrangeiros em 1843, 1848 e 1852. Senador em 1849. Foi chefe de missão especial em Paris, em 1855 – para solucionar litígio com a Guiana Francesa. Como publicista destacam-se os seus trabalhos: *Estudos práticos sobre administração das Províncias* (1865) e o seu *Ensaio sobre direito administrativo* (1862), obras notáveis em que revela o seu forte cabedal jurídico e a sua longa prática e ciência da administração pública.

31. Os tratados com o Uruguai, representado por D. André Lamas, outro homem eminente que se conservou a vida inteira amigo e admirador de Mauá, são diversos: o primeiro, secreto, existente no arquivo do Itamarati, é de 6 de setembro de 1850, e nele o negociante Irineu de Souza também figura; o segundo é de 12 de outubro de 1851. (Ver todos os tratados com o Uruguai em apêndice ao excelente estudo de Genserico de Vasconcellos, *História Militar do Brasil: a campanha de 1851-1852*, p. 302 e seguintes). Por esse trabalho, verifica-se que o auxílio inicial do Império, através de Mauá, foi de 18 mil pesos mensais a juros de 6% a contar de 1.º de julho, por espaço de treze meses, portanto até agosto de 1851 (VASCONCELLOS, 1922, p. 93). O tratado de 12 de outubro de 1851, art. 1.º, estabelecia o auxílio mensal de 60 mil patacões, a contar de 1.º de novembro seguinte em diante. O art. 3.º manda emprestar de uma só vez, mais 130 mil patacões para ocorrer a despesas extraordinárias, e as já feitas de julho a outubro (1851). O decreto n.º 846, de 18 de outubro de 1851, manda despender pelo exercício de 1851–1852, a quantia de 636:000$000 para ter a aplicação marcada no art. 3.º da convenção celebrada em 12 de outubro com a República Oriental. O Decreto n.º 861, de 14 de novembro de 1851, manda despender igualmente, pelo mesmo exercício, a quantia de 266 mil pesos fortes para aplicação marcada nos contratos celebrados com o ministro da República Oriental em 6 de setembro e 1.º de dezembro do ano anterior. O Decreto n.º 880, de 5 de dezembro de 1851, autoriza o governo a despender mais 100 contos "com despesas extraordinárias no exterior, de urgente necessidade" (Ver Decreto n.º 881, de 6 de dezembro de 1851). O Decreto n.º 885, de 10 de dezembro de 1851, abre um novo crédito extraordinário de 400 contos para pagamentos de despesas da missão especial no Prata, do Conselheiro Honório Hermeto Carneiro Leão, em virtude dos ajustes e convenções então firmados. O Decreto n.º 922 A, de 1.º de março de 1852, abre novo crédito de 550 contos para a continuação dos pagamentos mensais de que trata a Convenção de 12 de outubro de 1851. O De-

creto n.º 1.046, de 29 de setembro de 1852, autoriza a despesa de 120 mil patacões para pagar as prestações de julho e agosto.

32. De fato assim foi. A nota do governo Oriental ao do Brasil, de 3 de abril de 1852 (*in* Arquivo do Itamarati) sobre os auxílios secretos, declara que as importâncias foram entregues por Irineu de Souza, textualmente, "sem o menor desconto a título de juro, comissão ou qualquer outro interesse".

33. A Cia. Fluminense de Transportes foi autorizada a incorporar-se pelo Decreto n.º 1.015, de 17 de julho de 1852, sendo aí aprovados os respectivos estatutos ou bases, que estão assinados, em 12 de junho do mesmo ano, pelos seus fundadores: Cyrino Antonio de Lemos, João Duarte Lisboa Serra e Thomaz José de Castro. A este último, pelo Decreto n.º 790, de 28 de maio de 1851, havia sido concedido privilégio para que "somente a companhia que viesse a organizar" pudesse usar por doze anos os carros de quatro rodas no transporte de café e outros gêneros. Esse privilégio foi aprovado pela resolução legislativa constante do Decreto n.º 624, de 12 de setembro de 1851. Capital de 200 contos, dividido em quinhentas ações.

34. O ministério de 29 de setembro de 1849 a 11 de maio de 1852, chefiado, de início, por Araujo Lima (Olinda) e, a partir de 6 de outubro de 1849, por Monte Alegre. A lei de repressão ao tráfico dos africanos é de 1850 (Lei n.º 581, de 4 de setembro). O decreto n.º 731, de 14 de novembro de 1890, de Eusebio de Queiroz, ministro da Justiça, regula a execução da referida lei.

35. O início do Banco do Brasil data da vinda de D. João vi, mas só funcionou em 1809 e liquidou-se em 1829. Na Regência (ministro Araujo Viana, de 13 de setembro de 1832 a 2 de junho de 1834), foi novamente autorizada a sua criação (Lei n.º 59, de 8 de outubro de 1833), mas a subscrição das ações não pôde realizar-se. A iniciativa de Irineu de Souza, com outros capitalistas e comerciantes, é de 1851; portanto, realmente, a de segunda fase. A terceira começa em 1853, com a Lei da Fusão dos Bancos (Comercial e do Brasil, iniciativa de Itaboraí). A quarta fase foi a iniciada por Leopoldo Bulhões com a sua reforma de 1905. Os promotores da segunda fase, além de Mauá, foram: Darrigue Faro (Rio Bonito), J. M. Pereira da Silva e Pimenta Bueno (VIANA, 1922, p. 318). O projeto de Estatutos do "Banco do Comércio e Indústria do Brasil" foi publicado no *Jornal do Comércio* de 19 de fevereiro de 1851. Em 1.º de março, realiza-se na Praça do Comércio a reunião de comerciantes presidida por Irineu de Souza, para a fundação do Banco do Brasil. Este faz aí o discurso de apresentação, publicado no *Jornal do Comércio* do dia seguinte (JORNAL DO COMÉRCIO, 1922, p. 285; VIANA, 1922, p. 320–322) e que, pela sua importância, aqui transcrevemos: "O Jornal do Comércio de 2 de março de 1851 assim se refere ao acontecimento: 'Reuniram-se ontem os acionistas do novo banco no pavimento superior da Praça do Comércio. Foi aclamado Presidente da reunião o Sr. Ireneo Evangelista de Souza, que proferiu a seguinte alocução: Senhores, acionistas do Banco do Comércio e Industrial do Brasil, colocado nesta cadeira por vossa eleição, é meu primeiro dever agradecer-vos a honra que acabais de fazer-me quando tantos dentre vós eram, sem dúvida, muito mais dignos da vossa escolha. Passarei a cumprir um dos deveres que a minha posição me impõe, apresentando-vos o projeto de estatutos de que já tendes conhecimento, e tenho ao mesmo tempo o grande prazer de anunciar-vos que estão efetivamente tomadas as dez mil ações de que trata o art. 5.º do projeto. Não é sem alguma ufania, senhores, que eu vos comunico este resultado, pois sendo obtido em três semanas, é a verdade um fato notável e que protesta altamente contra a asserção tantas vezes repetida entre nós. O que infelizmente nos falta, senhores, é a perseverança, a força de vontade tão necessária para se alcançar grandes fins. Quando esta aparece e é convenientemente sustentada, tudo se vence, tudo se consegue. O espírito da associação, senhores, é um dos elementos mais fortes da prosperidade de qualquer país e, por assim dizer, a alma do progresso. Quando o sábio, em suas meditações, descobre os segredos da natureza, apenas nos mostra o gérmen; é o espírito de associação quem, desenvolvendo-o, faz crescer a árvore que mais tarde nos brinda com seus frutos sazonados; é o espírito de associação quem faz a grandeza e prosperidade da Inglaterra, pois é ele quem fornece os meios de se executarem essas obras gigantescas que, dando um valor a todos os cantos daquela nação, operam essa prodigiosa multiplicação de capitais que ali se observa. E o espírito de associação que dotou esse país, em vinte anos, com 1.600 léguas de caminhos de ferro que, atravessando em todo o país, em todas as direções, leva a abundância e a barateza por toda parte. É o espírito de associação quem dá aos ingleses os meios de comunicarem os seus pensamentos de um extremo ao outro de

sua ilha, com a velocidade do raio, por meio de telégrafos elétricos; descoberta de tão poucos anos e que já dá emprego só na Inglaterra, a mais de 70.000.000$. É o espírito de associação que faz com que os Estados Unidos, seguindo as pisadas da mãe pátria e emparelhando-a logo, maravilham o mundo com o seu progresso. Se, pois, é essa a causa a que eu em grande parte atribuo os resultados, por assim dizer, fabulosos que se observam em outros países, eu, que ambiciono para o meu país a mesma posição e vantagens, não posso deixar de saudar com entusiasmo essa reunião que me convence que esse espírito se manifesta também entre nós. Senhores acionistas do novo banco, no meu modo de ver, o estabelecimento de que fazeis parte abre uma picada que, com o andar do tempo, se transformará em larga estrada à prosperidade pública. Direi agora duas palavras sobre o projeto de estatutos; foi ele elaborado sobre uma base larga, porém, em minha humilde opinião, os estatutos garantem a prosperidade do estabelecimento; existem neles providências que acautelam tudo quanto é essencial, deixando todavia à direção uma porção de necessário arbítrio para conseguir o bom andamento das operações do banco. Uma ou outra ideia, porém, tem sofrido contestação, e como o meu desejo é sobretudo acertar e concorrer com todas as minhas forças para que a lei orgânica do banco saia tão perfeita quanto é possível desejar-se, resolvi desde logo propor a nomeação de uma comissão de exame que, meditando sobre o projeto de estatutos, e coadjuvada, como será, pelas luzes dos sócios que possam ter ideias sobre a matéria, nos apresente com a urgência que convém, o seu parecer, propondo as alterações ou ampliações que julgar convenientes.'" A proposta de Mauá para designar-se uma comissão que examine o seu projeto de estatutos saiu vitoriosa, sendo eleitos: Irineu Evangelista de Souza, 101 votos; Isey Levy, 94; Pereira da Silva, 77; Darrigue Faro, 74 e Theophilo Ottoni, 78. Os imediatos em votos foram Pimenta Bueno e Ribeiro de Carvalho. Em 9 de abril o *Jornal do Comércio* publicou o substitutivo ao projeto primitivo cuja redação, no dia seguinte, declara ser do próprio Mauá, defendendo aí a ideia que vingou, do nome mais curto e expressivo: Banco do Brasil. O capital seria de 10 mil contos. Em 19 de abril o *Jornal do Comércio* publica o parecer de Darrigue Faro, Pereira da Silva e Theophilo Ottoni. Afinal, em 25 de abril de 1851, o mesmo jornal noticia a Assembleia Geral do Banco do Brasil, realizada na véspera, onde foram aprovados, depois de discussão prolongada, "os estatutos apresentados pelo Senhor Irineu Evangelista de Souza". O banco poderia emitir letras que não ultrapassariam 50% do capital. O Decreto do Governo Imperial n.º 801, de 2 de julho de 1851, que aprovou os estatutos do banco, reduziu essa faculdade para apenas 1/3 do referido capital. Em 30 de julho de 1851, um aviso da diretoria, assinado pelo Barão de Ipanema como presidente e Irineu de Souza como secretário, convida os acionistas a realizarem a primeira entrada de ações (que eram de 500$), na importância de 50$. A Assembleia Geral, de 5 de agosto convocada para discutir o regimento interno e a nomeação dos Senhores Garcia e Henrique Rieby para gerentes aprovou unanimemente os dois pontos. Presidiu a assembleia, na ausência do Conselheiro Carneiro Leão (Honório Hermeto, o futuro Paraná) que tivera 457 votos para essa designação, o secretário João Ignacio Tavares, amigo de Mauá. Em 24 de agosto de 1851, o *Jornal do Comércio* noticiava que o banco havia, naquela data, completado o seu capital, ficando as vinte mil ações com 618 acionistas. "É a associação de maior fundo que existe na América Meridional."

36. O capital realizado em 1851 foi de 2 mil contos, subindo a 4.999 contos em 1852 e a 8 mil contos em 1853. A emissão em circulação passou de 98 contos em 1851, a 1.594 em 1852, 1.937 em 1853, e 1.880 em 1854. As contas-correntes eram de 694 contos em 1854, e os descontos subiram de 3.901 contos em 1851 a 9.364 contos em 1854 (VIANA, 1922, p. 32). Ver ainda sobre o Banco do Brasil, nessa época, os decretos: 1.040, de 6 de setembro de 1852 e 1.067, de 15 de novembro de 1852.

37. A junção do antigo Banco do Brasil (segunda fase) com o Banco do Comércio – para dar origem ao Banco do Brasil (terceira fase) foi iniciativa de Rodrigues Tones (Itaboraí), que a ela se referiu como necessidade imediata no seu relatório de Ministro da Fazenda, em 1853, convertendo-se na Lei n.º 683, de 5 de julho do mesmo ano. Novo decreto, n.º 688, de 15 de julho de 1853, aprova a deliberação tomada pelo governo de fazer um empréstimo aos dois bancos da Corte, em bilhetes do Tesouro, sob caução da dívida pública. Afinal, o Decreto n.º 1223, de 31 de agosto de 1853, concede a incorporação de um banco de depósitos, descontos e emissão, pela fusão dos dois bancos existentes, no novo Banco do Brasil. O capital foi de 30 mil contos dividido em cento e cinquenta mil ações, das quais oitenta mil já pertenciam, pelo

acordo, aos bancos existentes, pelo valor do capital efetivo de cada um (5 mil contos do Comercial e 8 mil do Banco do Brasil). Das setenta mil restantes, trinta mil foram subscritas, ficando para os particulares quarenta mil. O banco iniciou as operações de sua nova fase em 10 de abril de 1834, já no ministério Paraná, tendo sido seu presidente, então, o Conselheiro José Duarte Lisboa Serra, deputado pelo Maranhão.

38. Ao Senhor Gilberto Freyre que, com a costumada perícia, realizou estudo bastante interessante sobre a influência dos técnicos franceses no Brasil (vide: "Um engenheiro francês") e agora orienta suas pesquisas para o lado Inglês, conforme o atesta uma conferência recente, seria útil examinar a influência dos técnicos que Mauá, com suas iniciativas, trouxe ou atraiu ao Brasil. Se não, vejamos: na Ponta da Areia ele teve como auxiliar o engenheiro Thomaz Buttler Dodgson (ver capítulo: "Diques Flutuantes"); na Cia. de Gás, o Senhor Bartlett James; na Estrada de Ferro Mauá, os engenheiros Guilherme Bragge e Roberto Milligan; no estudo do seu prolongamento até Três Barras, o engenheiro Web; no estudo da estrada Santos a Jundiaí, os engenheiros Brunlees (que depois passou para a estrada D. Pedro II), Fox e D'ordam; na estrada da Tijuca, sem contar Thomas Cochrane, seu iniciador, o engenheiro Guilherme Gilbert Ginty; na estrada Paraná, em Mato Grosso, o engenheiro William Lloyd; no fornecimento de águas, o Senhor Cotto, isso tirando Carruthers, seu antigo patrão, e Mac Gregor, seu sócio na casa bancária. Essa preferência, resultante de sua "formação inglesa", não excluía, entretanto, em Mauá, o apreço pelos técnicos brasileiros, haja vista o apoio que deu a Antonio Rebouças (estrada de Antonina a Curitiba), o auxílio eficaz a Francisco Pereira Passos (na estrada Mauá) e a Couto de Magalhães (na do Rio Verde). Outro aspecto interessante a esse respeito seria ainda o resultante de suas criações industriais, as quais, quando indecisas, apoiavam-se quase exclusivamente nos seus auxílios bancários e financeiros e, quando remuneradoras, transferia-as ele quase sempre a capitais ingleses, para vir aplicar os lucros em outras iniciativas fascinantes. Nesse sentido, seria curioso examinar a influência técnica que poderiam ter tido em nosso meio, depois de transformadas, companhias como a The Rio de Janeiro Gás Company, a Amazon Steam Navigation e a Montes Aureos Brazilian Mining Co., ou as que foram criadas desde o início sob a bandeira inglesa, como a The Brazilian Submarine Telegraph Co. ou ainda aquelas cujos capitais foram obtidos na Inglaterra (estradas de Pernambuco, Bahia e São Paulo Railway Co.) ou nos Estados Unidos (Botanical Garden's Rail Road Co.).

39. A concessão inicial da Província do Rio de Janeiro para a construção da estrada (ato do Presidente Couto Ferraz) tem a data de 27 de abril de 1852. A do privilégio de zona foi autorizada pela Lei provincial n.º 602, de 23 de setembro de 1892.

40. A esses há que acrescentar ainda Simão de Porciúncula, Joaquim da Fonseca Guimarães e J. Frias. (FARIA, 1926, p. 165). Nas atas da Cia., existentes na Biblioteca Nacional, consta que os seus acionistas, em 29 de janeiro de 1852, eram ainda: Issac Carruthers, como representante da firma Carruthets & Co., José Antonio Pimenta Bueno, José Jeronymo Pereira de Mesquita, Bernardo Caseniro de Freitas, Doutor Candido Borges Monteiro, Porfírio Ferreira Nunes, Luiz Augusto Ferreira de Almeida, João Antonio de Miranda e Silva, Theophilo Benedito Ottoni, Manoel Ferreira Pinto, Antonio Ribeiro de Queiroga, Francisco Antonio de Carvalho Ribeiro, Leopoldo Augusto da Camara Lima, José Antonio dos Santos Xavier, J. H. Weitzmann, Manoel da Costa Faria, Thomaz Frilding, como procurador de Howden, Hewlands & Co.: total, 1.310 ações. Na ata de 22 de dezembro de 1852, são novos acionistas o Visconde de Paraná e o Doutor Cruz Jobim. O total das ações era de 1.521. (Nessa ocasião foram eleitos para o Conselho Diretor: Paraná e Pimenta Bueno, que imediatamente renunciaram, por serem magistrados, em virtude de disposição legal.) O capital foi aí aumentado para 5 mil contos. Na 16.ª ata, de 2 de fevereiro de 1855, Mauá por si e representando Mauá, Mac Gregor & Cia., era detentor de 6.937 ações. Na 8.ª ata, de 29 de abril de 1856, Mauá fala na necessidade do "plano inclinado" na Serra da Estrela. Na 91.ª ata de 25 de setembro de 1857, precisando Mauá ausentar-se do país, foram eleitos diretores: Manoel Pereira Pinto, presidente; Alexandre Taylor, vice-presidente; e José Miranda Ribeiro, secretário.

41. Os serviços tiveram começo de execução em 29 de agosto de 1852. Ainda há pouco, F. Marques dos Santos, numa conferência sobre "A sociedade fluminense em 1852", evocou a cerimônia festiva no trecho: "O Barão de Mauá e o ano de 1852", publicada na revista *Estudos Brasileiros*, n.º 18, de maio-junho de 1941, p. 280.

42. Trata-se da pá, com cabo de jacarandá e incrustações de prata, e carrinho de jacarandá, que serviram para Dom Pedro II abrir o primeiro corte da Estrada de Ferro, atualmente no Inst. Histórico e Geográfico Brasileiro, por doação do próprio Mauá, conforme consta da ata da sessão de 29 de setembro de 1854. No carrinho há uma placa de prata com os dizeres: "O primeiro corte da Estrada de Ferro de Petrópolis, por S. M. I., o Senhor Dom Pedro II, no dia 29 de agosto de 1852. Empresário e Presidente – Irineu Evangelista de Souza. Encarregado da Fatura da Estrada, o engenheiro civil William Bragge".

43. O Decreto n.º 641, de 20 de junho de 1852, autorizava o governo a conceder a uma ou mais companhias a construção total ou parcial de um caminho de ferro que, partindo da Corte, fosse terminar em Minas Gerais e em São Paulo. O Decreto n.º 1.598, de 9 de maio de 1855, ordenava que a execução do contrato celebrado pelo ministro do Brasil em Londres para a fatura de uma parte do caminho de ferro a que se refere o decreto acima fosse cometido a uma companhia organizada na Corte. O Decreto n.º 1.599, da mesma data, aprovava os estatutos da Cia. Estrada de Ferro Dom Pedro II.

44. Decreto n.º 1088 de 13 de dezembro de 1852. Privilégio por oitenta anos. A estrada iria de Petrópolis a Três Barras e daí até Porto Novo do Cuba.

45. Refere-se, como é notório, ao engenheiro Mariano Procopio Ferreira Lage.

46. A aspiração já era antiga – a ligação rodoviária para Minas, tanto que o Decreto n.º 16, de 2 de julho de 1838, já garantia com os mesmos privilégios dos empréstimos nacionais, aquele que fora decretado pela Assembleia Provincial, "para a construção da estrada entre o Rio Paraibuna e a capital da Província". O Decreto n.º 1.031, de 7 de agosto de 1852, havia concedido a Mariano Procopio Ferreira Lage privilégio por cinquenta anos, para incorporar uma companhia que construísse, conservasse e melhorasse duas linhas de estradas em Minas Gerais, começando em Paraíba até Porto Novo, dirigindo-se uma às margens do Rio das Velhas, passando por Barbacena com ramal para São João D'El Rey, e outra passando por Mar de Espanha e indo até Ouro Preto. O Decreto n.º 1.336, de 18 de fevereiro de 1854, aprovou os estatutos provisórios da Cia. União e Indústria, adotados na Assembleia de 24 de janeiro de 1853. O capital era de 5 mil contos, divididos em dez mil ações de 5005$000. Dessas ações, só seis mil foram tomadas até 24 de janeiro de 1853, e as entradas seriam de 10%. Primeira diretoria por seis anos: presidente, Mariano Procopio; secretário, José Machado Coelho e Castro; vice-presidente, Doutor Camillo F. Armond. Mariano Procopio teve ainda de gratificação mais trezentas ações integralizadas e liberadas pelo privilégio que transferiu, despesas feitas e honorários durante os seis primeiros anos de administração. O Decreto n.º 2.408, de 27 de abril de 1859, aprovou os estatutos "definitivos" da companhia. Os objetivos eram os mesmos, porém com o acréscimo sobre a estrada de Paraíba "podendo entroncar com a que a Cia. constrói na província do Rio de Janeiro", e variando os ramais: um para Juiz de Fora, Mar de Espanha, Pomba e Ubá e outro, de Barbacena e São João D'El Rey. O capital era idêntico, mas dividido em 25 mil ações de 200$000. O Decreto n.º 2.505, de 16 de novembro de 1859, aprova o contrato celebrado entre o governo e o diretor para um empréstimo de 6 mil contos, feito de acordo com o Decreto Legislativo n.º 1.045, de 20 de setembro de 1859, dos quais 3 mil contos seriam aplicados na estrada de rodagem de Petrópolis a Paraibuna, na forma dos contratos de 14 de março de 1856 e 21 de outubro de 1857, e o restante para pagamento de dívidas contraídas sob a garantia do Estado. O Decreto n.º 3.201, de 24 de dezembro de 1863, autorizou a transferência para o Governo da estrada de rodagem que a Cia. construiu, bem como a colônia "Dom Pedro II", que fundou com as condições, entre outras, do mesmo Governo assumir a responsabilidade da dívida contraída em Londres, de 6 mil contos, e mais, de pagar-lhe 248:171$000 de débitos do próprio governo e de receber ainda, de indenização, 1.500 contos em apólices, de juros de 6%. O Decreto Legislativo n.º 1.231, de 10 de setembro de 1864, autorizava o Governo a inovar o contrato com a Cia., para a manutenção de serviços de diligências de passageiros e transportes nas estradas, mas perdoando-lhe os juros e a amortização que o Estado já tiver pago do empréstimo em Londres, e que a Cia. estiver devendo, por igual foi perdoada do "empréstimo de 200 contos para a fundação da colônia Dom Pedro II". O Decreto n.º 3325, de 29 de outubro de 1864, transfere ao Estado a propriedade da estrada de rodagem União e Indústria, da qual a Cia. lhe faz cessão, obrigando-se a conservá-la durante quinze anos. O Decreto n.º 3469, de 10 de maio de 1865, aprovou os novos estatutos da Cia. O capital foi aí reduzido para 1.800 contos em 6 mil ações de 300$000. Da renda líquida deduzir-se-iam anualmente, a título de remuneração, 10%, até a importância de 200 con-

tos, e mais 5% sobre o que a ultrapassasse, dividindo-se o produto: metade para o Diretor-presidente e a outra metade para o Secretário e o Caixa.

47. Na sessão de 26 de junho de 1856.

48. Trata-se de J. M. Pereira da Silva. O "esquecimento" de Mauá para não lhe mencionar o nome é evidentemente proposital.

49. Aqui há um lapso na memória de Mauá: Paraná (Honorio Hermeto Carneiro Leão), o grande ministro, chefe do Gabinete da Conciliação (6 de setembro de 1853 a 3 de setembro de 1856), foi feito visconde com grandeza em 26 de junho de 1852, à volta da sua missão do Rio da Prata; nessa ocasião já era Marquês, por decreto de 2 de fevereiro de 1854.

50. Parece tratar-se de Itaboraí (Rodrigues Torres), que se desaviera com Mauá em virtude da interpelação deste, na Câmara, sobre os negócios do Banco do Brasil (em 7 de maio de 1857), o que forçou aquele a demitir-se da presidência do referido estabelecimento de crédito (em 20 de junho de 1857), lugar que exercia com grande prestígio, por nomeação de Paraná, desde 24 de agosto de 1855. Itaboraí, ex-chefe do gabinete anterior (11 de agosto de 1852 a 6 de setembro de 1853) já era então senador antigo, pela Província do Rio de Janeiro (1844).

51. O Decreto n.º 2.646, de 19 de setembro de 1860, aprova os novos estatutos da Companhia de Navegação por vapor e Estrada de Ferro Petrópolis, ampliando para trinta anos o privilégio de dez anos que lhe foi concedido pelo Decreto n.º 987, de 12 de junho de 1852, para a navegação por vapor entre esta cidade e o porto de Mauá.

52. Trata-se do notável engenheiro Francisco Pereira Passos, que trabalhou com Mauá em 1872, na Estrada de Ferro Petrópolis (estudos da parte da Serra) e foi mais tarde, quase ao fim de sua bela carreira, o benemérito remodelador do Rio de Janeiro (1902–1906). (Sobre ele, ver a brilhante conferência do Doutor Sampaio Correia, de 29 de agosto de 1956.) A concessão de Mauá para a construção de planos inclinados na Cerca da Estrela, outorgada pelo Decreto n.º 2.834, datava de 12 de setembro de 1861. O contrato, firmado ainda por Mauá, com a Província do Rio de Janeiro, para a respectiva construção, era de 12 de agosto de 1872.

53. Privilégio de nova estrada de ferro que, saindo da Corte, passando por Petrópolis, devia dirigir-se a Águas Claras. Concessão a Augusto da Rocha Fragoso pelo Decreto n.º 5.538, de 31 de janeiro de 1874.

54. A Estrada de Ferro Petrópolis, depois crismada com o nome de Cia. Estrada de Ferro Príncipe do Grão-Pará, foi afinal absorvida pela Leopoldina Railway.

55. Lei n.º 586, de 6 de setembro de 1852, art. 2.º § 1.º. Na despesa, a lei n.º 582 havia elevado a comarca do Alto Amazonas, na província do Grão-Pará, à categoria de Província.

56. Monte-Alegre, então presidente do Conselho e detentor da pasta do Império, que referendara o ato da criação da Província do Amazonas, e de quem, em outro trecho da "Autobiografia", Mauá se declara "amigo íntimo".

57. Decreto n.º 1.037, de 30 de agosto de 1852, concedeu a Irineu de Souza privilégio exclusivo, por trinta anos, para a navegação a vapor do Rio Amazonas.

58. Decreto n.º 1.055, de 20 de outubro de 1852, aprovou os Estatutos da Cia. de Navegação do Amazonas.

59. Interessante verificar como o alto pensamento de Paulino de Souza, já nessa época (antes de 6 de setembro de 1853, pois até aí é que ele foi ministro dos Estrangeiros), antecipando-se mesmo ao princípio da liberdade de navegação dos rios internacionais, só fixado claramente no tratado de Paris, em 1856, sentia, desde aí, com visão penetrante, o rumo inteligente que devíamos imprimir à nossa política internacional, a fim de podermos, com segurança moral e garantias de êxito, levantar o mesmo princípio em face do Prata.

60. O Decreto Legislativo n.º 726, de 3 de outubro de 1853, aprovou o contrato celebrado para a navegação do Amazonas. O Decreto n.º 1445, de 2 de outubro de 1854, inovou o contrato anteriormente celebrado, desistindo então Mauá do privilégio.

61. O decreto legislativo n.º 934, de 29 de agosto de 1857, autorizou o governo a inovar, outra vez, o contrato celebrado com a Cia. do Amazonas, o que só veio a realizar-se pelo Decreto n.º 1.988, de 10 de outubro de 1857.

62. Souza Franco foi o prestigioso ministro da Fazenda, de 4 de maio de 1857 a 12 de dezembro de 1858. Além dos longos debates financeiros no Parlamento, mormente nesse ano de 1858, havia publicado *Os Bancos do Brasil, sua história, defeitos da organização atual e reforma do sistema bancário* (1848) e *Situação econômica e financeira do Brasil* (1863).

63. Com o capital de 600 mil libras em 1870.

64. Alusão a Tavares Bastos, o admirado autor das *Cartas do solitário* (1863) e do *Vale do Amazonas* (1866), em que, pugnando a princípio só pela abertura do grande rio ao livre tráfego internacional, chega ao extremo de querer negar adiante os meios de auxílio oficial necessário à subsistência da empresa de navegação que lhe trouxera, com a riqueza, o progresso e a civilização. Ver ainda em Mauá, 1878, p. 102, outra referência menos velada ao escritor da "Província". Na ocasião dessas farpas inocentes (1878), Tavares Bastos já não era vivo (falecera em 1875).

65. O Decreto n.º 4.374, de 25 de maio de 1869, autorizou a incorporação da Cia. Fluvial do Alto Amazonas, fundada por Alexandre de Paula Britto Amorim, para navegação nos rios Madeira e Purus, à qual também se refere o Decreto n.º 1.831, de 9 de setembro de 1870. Essa empresa subsidiária foi depois encampada pela *Amazon Steam Navigation*; ver Decreto n.º 5.575, de 21 de março de 1874. Existiu ainda outra empresa, a Fluvial Paraense, fundada por João Augusto Correia, igualmente absorvida (ver: Arthur Cesar Ferreira Reis – Tese ao III Congresso de História Nacional).

66. O decreto n.º 1.030, de 7 de agosto de 1852, concedeu privilégio exclusivo aos irmãos de Morney (Eduardo e Alfredo) para a construção do caminho de ferro de Pernambuco (de Recife a Água Preta). Prazo de noventa anos, privilégio de zona de cinco léguas de cada lado da estrada e garantia de juros a 5% sobre o capital que fosse necessário, ficando o ato dependente de aprovação do Parlamento, o que foi feito pelo Decreto Legislativo n.º 670, de 11 de setembro de 1852. Tendo o Decreto Legislativo de 3 de outubro de 1853 autorizado a modificar a primitiva concessão, foi isso feito pelo Decreto n.º 1.245, de 13 de outubro de 1853. O Decreto n.º 1.246, da mesma data, aprovou os estatutos da Companhia The Recife and São Francisco Railway, dando-lhe autorização para funcionar no Império. A Província de Pernambuco, pela Lei n.º 153, de 21 de setembro de 1854, garantiu mais 2% sobre o capital da empresa, que com a garantia do Governo Imperial, de 5%, estava assegurado com 7% de rendimentos (PICANÇO, 1884, p. 54–55). Os irmãos Morney (Decreto n.º 1.053, de 13 de outubro de 1852) tinham também o privilégio por dez anos para a fatura e venda de aparelhos que inventaram destinados à fabricação de açúcar.

67. José Henrique Reynell de Castro era "companheiro de infância" de Irineu (segundo uma curta e antiga biografia de Mauá, em manuscrito, redigido em inglês, que me foi fornecido por sua filha, D. Irene de Souza Ribeiro) e seu sócio desde 1840 na firma Carruthers, de Castro & Cia., de Manchester, que Mauá fundou por ocasião de sua primeira viagem à Europa. Henrique de Castro, também amigo de Carruthers, era filho do Senhor Miguel de Castro, físico-mor do Senhor Dom João VI (informa Teixeira de Vasconcellos, na biografia de Mauá, de 1861, inserta na *Revista Contemporânea de Portugal e Brasil*). Não se deve confundir aquele Senhor de Castro com o outro, português, mas igualmente José, que foi também físico-mor, no exército de Dom Miguel e depois emigrado político no Brasil. Este é o notável ensaísta do *Novo Príncipe* (1841) e aqui exerceu atividades jornalísticas, primeiro no *Despertador* (1839) e depois no *Jornal do Comércio* (1840). Ainda aqui foram publicados dois outros trabalhos seus, anônimos: um sobre a *Nobreza brasileira* (1841) e outro intitulado *O novo carapineiro* (1842). Gama e Castro também foi depois viver na Inglaterra, onde igualmente fez fortuna e se casou com a filha de Abrahão Augusto Helly Hutchinson, irmão do primeiro Conde de Denoughwove, par da Inglaterra, como informa Inocencio. Consta que da Europa, em 1857, Gama e Castro redigiu ainda correspondência política para o *Jornal do Comércio*. Faleceu em Paris, em 8 de setembro de 1873 (JORNAL DO COMÉRCIO, 1922, p. 32). O principal ensaio de Gama e Castro, *O novo príncipe*, teve uma consagradora 3.ª edição no Porto, em 1921, promovida pelo "integralismo lusitano, de quem ele se converteu num dos doutrinadores mais prestigiosos e citados". As correntes chamadas "da direita" muito prezam as ideias de Gama e Castro. Sei que Severino Sombra, por exemplo, examina-lhe agora a figura através de pesquisas exaustivas em rebuscas de arquivos, jornais e papéis velhos, para estudo próximo, que será, sem dúvida, bastante interessante.

68. O capital, de início, era de 875.123 libras; depois, pelo Decreto n.º 1.629, de 11 de agosto de 1855, elevou-se a 1,2 milhão de libras, e pela soma que lhe foi adicionada em 1870, atingia, em 1884, 1.685.000 libras. Desse total, 1.200.000 libras estavam garantidas pelos juros de 5% (geral) e 2% (provincial); as restantes 485 mil libras, com 7% do Governo Imperial (PICANÇO, 1884, p. 54).

69. O Marquês de Olinda, também acionista, valeu-se dessa autorização para trocar as suas ações (títulos estrangeiros) por apólices internas, conforme se vê da correspondência existente no seu arquivo, no Instituto Histórico.

70. Lei n.º 2.183, de 5 de junho de 1858. Os juros desse empréstimo seriam abatidos da garantia fornecida pelo Estado, que era o seu fiador, a partir de 1.º de junho de 1860, em virtude do acordo celebrado em Londres, em 10 de abril de 1860, pelo qual ficou assentado fazer o próprio governo imperial, diretamente, o empréstimo aludido. O contrato de empréstimo foi aprovado pelo Decreto n.º 2.700, de 28 de novembro de 1860.

71. O presidente do conselho, em 1878, era Cansansão de Sinimbu, que fora ministro da Agricultura, de 30 de maio de 1862 a 9 de fevereiro de 1863.

72. A Lei n.º 1.507, de 26 de setembro de 1867, autorizava o governo a emprestar mais 150 contos à companhia, para aumento do trem rodante da Estrada. Pela Lei n.º 1.767, de 9 de julho de 1870, foi o governo autorizado a conceder a garantia de juros de 5% para o capital adicional dispendido, até a importância de 4.316:977$770. Por acordo celebrado em Londres, em 20 de agosto de 1870, entendeu-se que a referida lei dizia respeito à garantia de 5% sobre o capital adicional de 488.660 libras. Por isso é que, acrescido ao capital primitivo, a garantia geral de 5% foi sobre $ 1.685.660, e a suplementar de 2% (provincial), foi apenas sobre $ 1.200.000, autorizada pela Lei Provincial n.º 153, de 21 de setembro de 1854 (PESSÔA, 1886, p. 98–99).

73. O advogado mais assíduo nessa época e que cuidava com a maior dedicação dos interesses de Mauá era o Conselheiro Francisco Octaviano.

74. A Lei n.º 725, de 3 de outubro de 1853, autorizou o governo a conceder a construção de uma estrada de ferro, desde o litoral da Bahia até o Joazeiro ou outro ponto do Rio São Francisco. O Decreto n.º 1.299, de 19 de dezembro de 1853, concedeu o privilégio por noventa anos a Joaquim Francisco Alves Branco Muniz Barreto – sogro de Francisco Otaviano e proprietário da empresa do *Correio Mercantil* –, ambos amigos de Mauá, sendo que este era até o seu advogado mais constante e assíduo em inúmeras questões. Joaquim Francisco Alves Branco Muniz Barreto foi igualmente sogro do Conselheiro J. C. de Souza Ferreira, futuro autor de uma biografia de Mauá. O privilégio de zona foi de cinco léguas de cada lado, à margem da linha e o prazo de noventa anos "a contar da data da incorporação da companhia que se organizasse". Pelo mesmo prazo foi ainda assegurada a garantia de juros de 5% sobre o capital.

75. O Decreto n.º 1.344, de 11 de março de 1854, declara que o prazo de um ano para constituição da empresa excetuava os casos de força maior. O Decreto n.º 1.602, de 16 de maio de 1855, fixa provisoriamente o capital necessário à construção da estrada em 1,8 milhão de libras. A Bahia and São Francisco Railway foi assim organizada em Londres nesse mesmo ano, e seus estatutos aprovados pelo Decreto n.º 1.614, de 9 de junho de 1855, e outro, n.º 1.615, de mesma data, aprovou igualmente a convenção celebrada entre o concessionário e a companhia, relativa aos direitos da concessão. Em 14 de maio de 1856, o governo aprovou os estudos definitivos da linha até Alagoinhas (PESSÔA, 1886, p. 176). Entretanto, Francisco Picanço (1884, p. 116) diz que só depois desses decretos é que a companhia foi lançada na praça de Londres, o que ocorreu em 20 de janeiro de 1858. As obras começaram em 1859, como faz certo o relatório do ministro do Império desse ano. O Decreto n.º 2.123, de 13 de maio de 1858, declara que a garantia de juros de 5% para o capital provisório, de 1,8 milhão de libras, relativos às primeiras vinte léguas, seria "definitivamente marcado segundo o que se reconhecesse ter sido realmente despendido na construção".

76. A ideia do dique seco flutuante vinha desde 1845 (Decreto n.º 344, de 5 de abril) e continuava ainda sem solução em 1850 (ver Decreto n.º 538, de 15 de maio).

77. A concessão foi feita ao engenheiro Thomaz Butler Dodgson, pelo Decreto n.º 971, de 24 de abril de 1852. Chamava-se o invento: "Dique flutuante de suspensão". Há, pois, equívoco de Mauá; o fato se passara havia 26 anos (1878-26 = 1852), e não 18, como diz o texto. Acentua-se, porém, que Mauá escreveu essa *Exposição* em vinte dias, na sua fazenda de Sapopemba, longe da família, dos seus livros e papéis –

como diz em carta íntima da mesma época (*in* Arquivo Ribeiro, no Instituto Histórico). Em 29 de dezembro do mesmo ano, pelo Decreto n.º 1.102 foram aprovados os estatutos da companhia, com o capital de 200 contos, preço pelo qual ia ser construído o dique na Ponta da Areia. O engenheiro Dodgson foi ainda nesse ano duas vezes concessionário do governo em privilégio exclusivo por dez anos: primeiro com um calçamento de rua, conforme o sistema que inventara (Decreto n.º 979, de 1 de maio de 1852); depois com a construção de pontes de ferro na Corte e na Província do Rio de Janeiro, segundo o sistema que empregara na ponte sobre o Rio Alcantara, na referida província (Decreto n.º 1.027, de 10 de agosto de 1852). Em 1855–1856 era cultivador de cana-de-açúcar do município de Itaguaí, e aí fazia experiências com novos maquinismos, quer na parte propriamente agrícola, com "Instrumentos aratórios", quer na parte industrial, na "moagem do produto e especialmente com a 'mesa pneumática' para separar de pronto o açúcar cristalizável", como o atesta o relatório do Presidente Da Província, Conselheiro Luiz Antonio Barbosa (1856, p. 19). A impressão que deixa é a de um homem realmente inteligente, mas um tanto "visionário"...

78.   Sobre esses diques "em suspensão", a legislação imperial ainda cuida adiante: Decreto n.º 2.277, de 13 de outubro de 1858; Decreto n.º 5.824, de 12 de dezembro de 1874 e Decreto n.º 7.154, de 8 de fevereiro de 1879.

79.   A "Companhia de Curtumes" foi autorizada a funcionar com a aprovação dos respectivos estatutos, pelo Decreto n.º 3.532, de 18 de novembro de 1865. Entretanto, as preocupações do governo nesse assunto já eram antigas: o *Jornal do Comércio* de 6 de setembro de 1846 publica um ofício do Ministro do Império, Marcellino de Brito, ao Doutor Cruz Jobim, declarando que "achando-se em andamento a construção de um novo matadouro no mangue de São Cristovão, no lugar denominado Chácara do Curtume, mas tendo-se posto em dúvida a conveniência da obra, pede-lhe que vá ao local com outro médico, opinar sobre os preceitos higiênicos que deverão ser cumpridos etc.". No ano anterior, em virtude do art. 49 da Lei n.º 369, de 18 de setembro de 1845, o governo aprovou o plano da Câmara Municipal para a referida obra e bem assim a autorização para um empréstimo até 300 contos. O Decreto n.º 2.046, de 9 de dezembro de 1857, aprovou o regulamento para o corte de gado no matadouro público da Corte. A Cia. de Curtumes já em 1860 era explorada pela firma Mello e Souza & Cia. Em carta de Mauá a Ribeiro, em 3 de setembro, encontra-se: "É possível que certos amigos tenham aí feito espalhar a ideia de um enorme prejuízo que se presume suportarmos com a falência possível ou antes arranjo que faz Mello Souza com seus credores: os malévolos não fazem distinção entre Mello e Souza & Cia. (sociedade comanditária de curtumes) que representa um dos melhores estabelecimentos do gênero que existe em todo o mundo. O indivíduo Mello Souza é quem faz fiasco, e não a sociedade, onde na verdade temos uma soma avultada. Também não é pequeno o débito de Mello Souza, de sorte que os 45 meses sem juros equivalem a um prejuízo de 300 contos para a Casa Mauá, Mac Gregor & Cia., porém é uma irrisão fazer-se disso a matéria de falatórios que se tem dado e que esperamos, mesmo neste semestre teremos lucros superiores a esse algarismo. A posição eminente da minha firma bancária excita as iras da malta que muito me persegue, sem embargo de só me ocupar de fazer o bem, e nunca o mal a pessoa alguma".

80.   Em 1.º de julho de 1869, a Companhia de Curtumes, por escritura pública do tabelião Fialho, hoje Penafiel (Livro 258, fls. 58 v.), contratou a gerência do estabelecimento localizado na rua do Imperador, em São Cristovão, ao Senhor Antonio Pinto Guedes, que entrou com 100 contos para continuar o negócio de compra, preparo e manufatura de couros, e sua venda e exportação, depois de curtidos e salgados, permitindo o emprego e instalação de todo o seu maquinismo para esse fim. O prazo seria de nove anos.

81.   Em 1871, o *Diário* do engenheiro André Rebouças registra: "8 de outubro – Fui com o amigo Taunay ao curtume de São Cristovão, que o Barão de Mauá desejava vender ao Governo, para Quartel de cavalaria". Alberto de Faria (1926, p. 160) informa que os terrenos foram, de fato, adquiridos pelo governo, por mil contos para quartel – que é ainda hoje o do Primeiro Regimento de Cavalaria –, julgando, na época, os adversários do governo, o preço excessivo! A área vendida não era inferior a oitenta mil metros quadrados.

82.   O Decreto n.º 723, de 29 de outubro de 1850, concede a João Eduardo Lajuox, por catorze anos, a exclusividade para melhoramentos que introduzira na fabricação de velas de estearina. Essa indústria parece que teve início antes de 1842, pois é nesse ano que Jacques Poulet vende a Lajour & Besson, a sua

fábrica de óleos e sabão situada em São Cristovão, na casa que foi do falecido Paulo Bregaro. O preço foi de 6:250$, mas mesmo assim os compradores, em garantia, hipotecaram-na ao vendedor. (É o que consta da escritura de 11 de julho, em notas do Tabelião Fialho, hoje Penafiel, Livro 190, fls. 127). No começo desse mesmo ano de 1842, certamente para entrar no novo negócio João Eduardo Lajoux já distratara a sociedade que tinha com Etienne Peyneau, na exploração de uma "padaria" situada a rua do Ouvidor, n.º 4 (Escritura de 29 de janeiro). O Decreto n.º 1.479, de 22 de novembro de 1854, aprovou os estatutos da Companhia Anônima Luz Esteárica e Produtos Químicos, sob a presidência de Mauá, que detinha 1/3 das ações (carta particular a Ribeiro de 8 de março de 1860). A administração de Mauá vai de 1854 a 1864 – como se infere da medalha comemorativa que a própria Companhia mandou cunhar em 1904. João Eduardo Lajoux e sua mulher, por escritura de 17 de janeiro de 1855, em notas do Tabelião Fialho (hoje Penafiel), Livro 214, fls. 62, venderam à Companhia representada pelos seus diretores, Barão de Mauá, Antonio de Miranda e Silva e Louis Decoterd, os muares, as cubas móveis e inclusive os maquinismos existentes na Alfândega, o privilégio de fabricação da estearina acima aludido. Cederam também o arrendamento do terreno à Praia dos Lázaros e suas benfeitorias sob o aluguel de dois contos por ano, durante dez anos, pagos mensalmente. Preço total: 331:042$639, sendo que 42$639 em dinheiro, os restantes 331 contos em ações da Companhia. Nesse ato ratificaram a posse que lhe haviam dado desde 1º de abril de 1854. Em 1857, por escritura de 1º de julho (Tabelião Fialho – Livro 220 fls. 10 v.), Lajoux, conforme o deliberado pela assembleia de 18 de junho, desistiu dos direitos (privilégios e interesses) que lhe haviam sido assegurados pelo art. 13 dos estatutos de 9 de maio de 1854, ficando porém só com o direito aos interesses nos lucros igual a 1/2 do que exceder o dividendo de 12% ao ano, ficando ainda os seus herdeiros, por morte sua, com esse mesmo direito. Em 1861, por escritura de 19 de fevereiro (Tabelião Fialho, Livro 235, fls. 49 v.), Dona Joanna Emilia Lajoux e Dona Margarida Candida Lajoux, a primeira viúva de João Baptista Lajoux e a segunda de João Besson, vendem à Cia. Esteárica, por 25 contos, o terreno de 25 braças até a rua dos Lázaros e o prédio n.º 7-B da praia dos Lázaros – onde se acha a fábrica de velas. Por essas duas escrituras vê-se que a diretoria da companhia era composta do Barão de Mauá, do comendador João Augusto Ferreira de Almeida e de Antonio da Rocha Miranda e Silva – na primeira, e apenas dos dois primeiros, na última.

83. A legislação imperial que ainda se refere a essa empresa consta dos decretos n.º 4.179, de 6 de maio de 1868; n.º 4.216, de 27 de junho de 1868; n.º 4.469, de 10 de fevereiro de 1870; n.º 4.655, de 29 de dezembro de 1870; n.º 4.886, de 5 de fevereiro de 1872; n.º 5.042, de 7 de agosto de 1872; e n.º 6.820, de 2 9 de dezembro de 1877.

84. À Companhia de Mineração Maranhense referem-se os decretos n.º 1.044, de 22 de setembro de 1852, e n.º 1.925, de 25 de julho de 1857. Por escritura lavrada no Tabelião Fialho (Livro 219 fls. 121 em 26 de maio de 1857) verifica-se que eram seus diretores os Senhores Doutor Candido Mendes de Almeida, Antonio da Rocha Miranda e Silva (codiretor com Mauá, na Luz Esteárica e na Cia. da Tijuca) e o Comendador Manoel da Rocha Miranda.

85. Os decretos imperiais que se referem à Companhia inglesa são os de n.º 2.910, de 19 de abril de 1862, n.º 1.960, de 7 de agosto de 1862, e n.º 3.707, de 26 de setembro de 1866.

86. Costa Carvalho, ex-regente do Império (1831-1833), nascido na Bahia em 7 de fevereiro de 1796, falecido em São Paulo em 18 de setembro de 1860. Foi constituinte de 1823. Deputado e presidente da Câmara de 1826 a 1833. Senador em 1839. Presidente de São Paulo em 1842. Ministro do Império de 29 de setembro de 1848 a 8 de outubro de 1849. Presidente do Conselho de 8 de outubro de 1849 a 11 de maio de 1852.

87. Pimenta Bueno nasceu em Santos em 4 de fevereiro de 1803. Faleceu em 20 de fevereiro de 1878. Presidente de Mato Grosso em 1836 e do Rio Grande do Sul em 1850. Deputado em 1845 e senador em 1853. Ministro no Paraguai em 1846. Ministro dos Estrangeiros em 1847 e da Justiça em 1848. Presidente do Conselho em 1870.

88. A Lei n.º 838, de 12 de setembro de 1855 – como a Lei Provincial n.º 495, de 17 de março do mesmo ano – havia autorizado o governo a fazer a respectiva concessão que, afinal, concretizasse no Decreto n.º 1.759, de 26 de abril de 1856: privilégio por 33 anos, garantia de juros de 5% sobre o capital de 2 milhões

de libras. O decreto de 11 de março de 1858 aprovou as plantas apresentadas pelo engenheiro Brunlees, com as modificações do engenheiro C. B. Lane. O Decreto n.º 2.124, de 13 de março de 1858, prorrogou o prazo para a constituição da empresa. Com a garantia de juros de 2% (provincial), o capital desde o seu início estava assegurado com dividendos de 7%. Os Decretos n.º 2.499 e 2.569, de 29 de abril de 1859 e 7 de abril de 1860, garantiram um juro de 7% sobre o capital adicional de 650 mil libras, despendido realmente na construção das obras, que não estavam computadas no capital primitivo.

89. A companhia inglesa foi constituída sob a denominação de São Paulo Railway Company Limited e teve autorização para funcionar no Império, com a aprovação dos respectivos estatutos, pelo Decreto n.º 2.601, de 1.º de junho de 1860.

90. O diplomata e jurista F. de Carvalho Moreira, companheiro de Mauá, em 1850, na comissão que elaborou os regulamentos do Código Comercial. Barão de Penedo em 29 de julho de 1864. Nasceu em Alagoas em 25 de dezembro de 1845 e faleceu em 1.º de abril de 1906. Penedo foi prestigiado ministro do Brasil na Inglaterra, em cuja Corte teve influência desde 4 de maio de 1855 até o rompimento (Questão Christie) em 28 de maio de 1863. Ali voltou em 1866. Depois, permanente, de 5 de abril de 1873 até 14 de janeiro de 1889. Levava vida faustosa e foi acusado publicamente de receber comissões dos banqueiros, pelos empréstimos brasileiros. Há, no arquivo do Itamarati, violenta troca de cartas entre ele e Mauá (1885) pela atitude que tomou, na fase final da questão, ao lado da São Paulo Railway, contra os interesses que Mauá defendia: o Senhor Renato de Mendonça, escritor e diplomata, legalmente alagoano, prepara-lhe interessante e documentada biografia, apoiada naquele arquivo, com o título *Um diplomata do Império*, da qual já nos tem antecipado alguns brilhantes capítulos pelos jornais.

91. Robert A. Heath, que publicou depois, em Londres, um folheto, em inglês, na qualidade de presidente da companhia defensora contra "as pretensões do Visconde de Mauá". Essa carta aos acionistas, de 23 de junho de 1875, foi traduzida e publicada no Rio, em outro folheto da iniciativa do Senhor J. Aubertin, superintendente da empresa, que a fez acompanhar de outros escritos seus, no mesmo sentido (Tip. Acadêmica, 1875).

92. Conselheiro Lafayette Rodrigues Pereira, grande jurista que foi, ao lado de Teixeira de Freitas, Ramalho e Carlos de Carvalho, um dos mais eminentes jurisconsultos do Brasil. Autor de *Direitos de família*, *Direito das coisas*, e *Pareceres*, todos em forma genuinamente vernácula e lapidar. Ministro da Justiça no gabinete Sinimbu (desde 5 de janeiro de 1878 até 28 de março de 1880). A finura de espírito de Lafayete, exteriorizada do seu estilo límpido, contrasta com a dos "sabedores" de hoje, que para demonstrarem que são profundos na ciência jurídica, escrevem mal ou em forma hermética e ininteligível...

93. Apesar de "haver sempre juízes em Berlim", conforme o conhecido caso do moleiro, infelizmente não se deu assim em Londres; naquela época a questão foi julgada estritamente em face da lei, e o direito à reclamação considerado prescrito. Mauá, quando de lá voltou, em 1884, decepcionado, narrou esse triste episódio pelo *Jornal do Comércio*, não escondendo nà sua acerba crítica, nem a posição do ministro brasileiro, Penedo, que dizia ter ficado ao lado da empresa inglesa. Daí a violenta troca de cartas entre ambos, existente nos arquivos do Itamarati.

94. A inauguração das obras da Serra (plano inclinado), começados os trabalhos da construção da estrada em 24 de novembro de 1860, teve lugar, pelo Presidente da Província, Barão Homem de Mello, em 28 de junho de 1864. No arquivo Olinda (Inst. Histórico), há carta de Mauá dessa época, 1865-1866, pedindo ao governo para "aceitar" desde logo o restante dos trabalhos já concluídos, a fim de poder ele receber os adiantamentos que fizera. O capital despendido na construção da estrada, para os efeitos do contrato, foi fixado em 2.650.000 libras – Decreto n.º 5.529, de 7 de janeiro de 1875, o qual aprovou o acordo firmado em Londres, a 6 de novembro de 1873, entre o governo e a empresa para regularização de várias questões. Efetivamente, porém, esse capital se elevou a 2.750.000 libras (PINTO, 1977, p. 35).

95. Era nosso ministro na Inglaterra Doutor Sergio Teixeira de Macedo – que depois foi deputado, presidente da Província de Pernambuco (1856) e ministro do Império (1859). Sergio de Macedo, dispensado nessa ocasião, voltou à carreira diplomática, sendo ministro na França em 1866 (onde já estivera em 1837, 1843 e 1851) e novamente em Londres, em 1868, morrendo porém em Paris, sem assumir o último posto.

96. Em 26 de junho de 1852, foi aberta concorrência para a estrada, e o Doutor T. Cockrane, concessionário anterior, obteve prorrogação do seu privilégio – que foi considerado caduco em 2 de janeiro de 1853. Resolveu assim o governo, por edital, abrir nova concorrência, que determinou que fosse transferida para Londres e aí celebrado o novo contrato. Depois de várias tentativas para incorporar a empresa, o ministro Sergio de Macedo contratou, em 9 de fevereiro de 1855, diretamente a construção do primeiro trecho, da extensão de 37,5 milhas, com o empreiteiro Eduardo Price, engenheiro. O Governo Imperial entendeu que esse contrato não estava conforme com o que dispunha a lei de 26 de junho de 1852 – e por isso dispensou da sua função em Londres o ministro Sergio de Macedo, que ultrapassara as instruções que lhe haviam sido enviadas nesse sentido. O diplomata e político, é bem verdade, que publicou a sua defesa no *Jornal do Comércio* logo em seguida a editou em folheto: "Estrada de ferro de D. Pedro II – Exposição – Rio – 1855".

97. Pelo Decreto n.º 1.598, de 9 de maio de 1855, o governo ordenou que, para a execução do contrato celebrado pelo ministro brasileiro em Londres, para a fatura de uma parte do caminho de ferro, autorizado pelo Decreto n.º 641, de 26 de junho de 1852, fosse delegada essa tarefa a uma companhia organizada na Corte. Pelo Decreto n.º 1.599, da mesma data, foram aprovados os estatutos da Estrada de Ferro Dom Pedro II – os quais fazem expressa referência ao contrato de Londres de 9 de fevereiro de 1855, nos arts. 12, 43, 44 e 61. O Decreto n.º 816, de 10 de julho de 1855, autoriza a desapropriação de prédios para a construção da estrada.

98. A companhia foi organizada por uma comissão composta do Visconde do Rio Bonito, Doutor Caetano Furkin de Almeida, João Baptista da Fonseca, José Carlos Mayrink e Militão Maximo de Souza – onde estão pelo menos dois amigos de Mauá, o primeiro e o último. Mauá subscreveu logo 100 contos de ações. O vice-presidente escolhido para a companhia, que realmente a dirigiu até 1869, foi o engenheiro Christiano Ottoni, que teve, de início, como companheiros de diretoria: J. J. Teixeira, Junior (Cruzeiro), B. T. Haddock Lobo, A. J. de Sigueisar e D. da Fonseca. O capital inicial era de 12 mil contos e foi julgado insuficiente. A companhia foi autorizada a contrair um empréstimo no exterior, para assim realizar 1/3 do capital necessário (Lei n.º 912, de 26 de agosto de 1837), empréstimo esse que, levantado em Londres (Decreto n.º 2.104, de 11 de fevereiro de 1859) atingiu a importância de Rs. 11.666:6665666.

99. De fato: no referido cartório, hoje na posse do Doutor C. Penafiel – que com tanta gentileza me facilitou o exame desse e de outros documentos aqui citados –, encontra-se a escritura de 16 de junho de 1856 (Livro 217, fls. 47) que Alberto de Faria (1926, p. 183) descobriu e a que faz referências, e está transcrita no volume especial do Instituo Histórico: *O Visconde de Mauá* (p. 88–90). Por ela se verifica que Mauá realmente hipotecou todos os seus bens havidos e por haver, em garantia da execução do contrato do engenheiro Price (construção da primeira seção do Estrada de Ferro Dom Pedro II). Há, porém, outra escritura do mesmo ano, quase uma mês depois (17 de julho de 1856 – Livro 217, fls. 85) na qual Mauá declara que "pelo interesse que lhe merece a obra, que vem marcar uma nova era nos destinos do Império", ficando sem efeito a anterior, "compromete-se, durante a vida do empreiteiro Price a pagar à Estrada de Ferro Dom Pedro II a diferença existente entre o material entregue e as obras feitas" (dando assim interpretação ao art. 14 do contrato).

100. O Decreto n.º 1.742, de 29 de março de 1856, autorizava a organização de uma companhia tendo por fim estabelecer a condução de gêneros, por meio de carris de ferro, desde o Largo do Rocio até o lugar denominado Boa Vista, na Tijuca. O Decreto n.º 1.772, de 28 de junho de 1856, autoriza a companhia a empregar o vapor ou outro qualquer motor que o iguale ou exceda. O Decreto n.º 1.777, de 9 de julho de 1856, aprova os estatutos da companhia.

101. Pela escritura lavrada em notas do tabelião Fialho, hoje C. Penafiel, em 27 de abril de 1857 (Livro 219, fls. 87), Doutor Thomas Cochrane faz cessão do seu privilégio (Decreto n.º 1.742) à Companhia de Ferros Carris da Tijuca – representada pelos seus diretores: Francisco José de Mello e Souza, Alexandre Taylor e Antonio da Rocha Miranda e Silva. Cede ainda à empresa os terrenos que possuía na Tijuca (Boa Vista). Esta, por sua vez, obriga-se a construir a estrada de carris, com doze trens para passageiros e doze trens para cargas. A construção deveria concluir-se em dezoito meses. A companhia indenizaria o concessionário com 1.300 contos de réis, sendo 732 contos em ações e 568 contos em di-

reito – pagos estes em cinco prestações de 113 contos – a primeira no ato, a segunda em 19 de junho de 1857 e as outras de três em três meses.

102. Por escritura de 14 de agosto de 1857, o Doutor Thomas Cochrane (Livro 220, fls. 73 do tabelião Fialho, hoje C. Penafiel) reconhece a dívida de 100 contos que tomou por empréstimo ao Banco Mauá, Mac Gregor & Cia, a juros de 10% ao ano. E dá como garantia a hipoteca dos terrenos e benfeitorias no lugar denominado Boa Vista, que foram cedidos à Cia. de Carris de Ferro da Tijuca, mas que lhe voltaram, com as 3.300 ações que lhe pertenciam, como acionista da referida empresa.

103. Os Decretos n.º 1.931, de 26 de abril de 1857; n.º 2.202, de 3 de junho de 1858; e n.º 2.223, de 18 de agosto de 1858, modificaram as condições do primitivo contrato e alteraram a direção da linha. O Decreto n.º 2.828, de 24 de setembro de 1861, autorizou o emprego da locomotiva "dentro dos limites da cidade, em substituição ao motor animal". O Decreto n.º 2.999, de 8 de novembro de 1862, concedeu o prolongamento da via férrea da Tijuca (alterando o primitivo Decreto n.º 1.742, de 29 de março de 1856).

104. Os três diretores estão assinalados na escritura de 27 de abril de 1857 (vide nota n.º 98).

105. Francisco José de Mello e Souza, por escritura pública de 28 de setembro de 1860, em notas do tabelião Fialho (hoje C. Penafiel – Livro 233, fls. 130) declara ser pessoalmente devedor da importância total de Rs. 2:052:469$051 contos de réis, dos quais Rs. 842:365$331 são a crédito de Mauá, Mac Gregor & Co. Nesse ato compromete-se a fazer o dito pagamento no prazo de 45 meses e dá, com sua mulher, em garantia, a hipoteca de todos os seus bens de raiz, móveis e semoventes. Nova escritura de 28 de maio de 1863 (livro 241, fls. 137 v.) ratifica a venda dos bens, feita em leilão da Praça do Comércio, em 31 de março de 1863, os quais deram apenas 21:768$000I. Ainda por escritura de 6 de outubro de 1863 (Livro 242, fls. 94, do cartório Fialho), Mello e Souza vende outro bem (terreno) a Mauá, Mac Gregor & Co., pelo preço de Rs. 56:830$000, para abater da dívida existente.

106. Antonio da Rocha Miranda e Silva esteve ligado a Mauá em outros negócios: especialmente na Estrada de Petrópolis, Luz Esteárica etc.

107. Alexandre Taylor, também participante e até diretor, em certa época, da Estrada de Ferro Petrópolis. Foi despachante da Alfândega, tendo a preferência e principal freguesia nos negociantes ingleses. Sendo estrangeiro, não podia, porém, assinar os despachos, o que era feito por João Baptista de Freitas Amaral, seu empregado e preposto. Nessa casa trabalhou J. C. de Souza Ferreira, em 1851, o biógrafo do futuro *Esboço biográfico* (1898) (SANTOS, 1934, p. 297).

108. A Cia de Carris de Ferro da Tijuca teve a sua administração em mãos de Mauá e seus colaboradores (principalmente o engenheiro Ginty, gerente) de 1861 a 1865. Sobre a companhia, ver interessante histórico no excelente livro de Noronha Santos, *Meios de transportes no Rio de Janeiro*, vol. 1, p. 235–240. Entrando a companhia em liquidação, os seus bens foram adjudicados a Mauá, Mac Gregor & Co., por sentença do juízo da Segunda Vara Comercial, em pagamento da dívida.

109. Decreto n.º 1.733, de 12 de março de 1856, autoriza a organização da companhia que tem por fim estabelecer o transporte e condução de gêneros, por meio de carris de ferro, desde o Largo da Mãe do Bispo até o morro da Boa Vista, no caminho que conduz à Gavea. O Decreto n.º 2.142, de 10 de abril de 1858, altera as condições anteriores. O Decreto n.º 2.616, de 28 de julho de 1860, faz outras alterações quanto ao ponto de partida e ao caminho que deve seguir a estrada, até o cais da Glória, e concede mais seis meses para a organização da companhia. O Conselheiro Candido B. de Oliveira, nascido no Rio Grande do Sul em 15 de fevereiro de 1801, faleceu a bordo do paquete francês Pelouse, em 26 de maio de 1865, sendo sepultado na Bahia. Foi lente da Escola Militar, ministro da Fazenda e dos Estrangeiros (em 1839) na regência de Araujo Lima, e senador pelo Ceará em 1848. Escreveu, entre outras obras valiosas, a *Sistema financial do Brasil e condições geológicas do porto do Rio de Janeiro* (1859) (SANTOS, 1934, p. 257).

110. Decreto n.º 2.927, de 21 de maio de 1862, concede afinal ao Conselheiro Candido Baptista de Oliveira e Luiz Plinio de Oliveira a necessária permissão para transferir ao Barão de Mauá os privilégios e favores que lhes foram outorgados pelo Decreto n.º 1.733, de 12 de março de 1856. A cessão de direitos operou-se por escritura pública de 29 de maio de 1861 (tabelião Fontes), na qual foi ajustada a transferência pelo preço de quarenta contos; os cedentes receberam no ato dez contos. Mais tarde, por nova escritura de 14 de outubro de 1871, morto o Conselheiro Baptista de Oliveira (tabelião Fialho – Livro 263 fls. 153),

o seu filho Luiz Plinio de Oliveira declara já haver recebido anteriormente (por si e sua mãe) a importância de 20 contos, correspondentes à segunda e à terceira prestação ajustadas e, nesse ato, recebendo a última ainda de 10 contos da plena e geral quitação ao Barão de Mauá.

111. O Decreto n.º 3.001, de 18 de novembro de 1862, aprovou os estatutos da Companhia de Carris de Ferro do Jardim Botânico. O Decreto n.º 3.510, de 6 de setembro de 1865, prorrogou, por dois anos, o prazo marcado no art. 2.º dos estatutos da companhia, para a conclusão das respectivas obras. Foram ampliados os favores do Decreto n.º 1.733 por outro Decreto n.º 3.633, de 13 de abril de 1866, que ainda alterou as condições dos decretos n.º 2.142, de 16 de abril de 1858, e n.º 2.616, de 28 de julho de 1860 (santos, 1934, p. 250).

112. Uma empresa norte-americana foi a cessionária do privilégio, aprovada a transferência pelo Decreto n.º 3.738, de 21 de novembro de 1866: a Botanical Garden Rail Road Company, que teve os seus estatutos aprovados pelo Decreto n.º 4.145, de 4 de abril de 1868, e em virtude do contrato de 22 de maio do mesmo ano, investiu-se na direção do serviço. A venda da concessão; que se achava em mãos de Mauá, operou-se por escritura pública de 23 de agosto de 1866 (livro 249, fls. 6, do tabelião Fialho), na qual o outorgado "cedeu o privilégio para a construção da estrada de ferro para passados, entre a cidade e o Jardim Botânico, com um ramal para Laranjeiras". Em nova escritura de 22 de março de 1869, a Companhia, representada pelo seu presidente, Charles B. Greenough, reconhece-se devedora do Barão de Mauá, na importância de 75:000$000, que pagará em três prestações de 25 contos, respectivamente em 1.º de janeiro de 1870, 1.º de janeiro de 1871 e 1.º de janeiro de 1873, dando em garantia os bens da empresa. Ainda por outra escritura, de 4 de novembro de 1871 (tabelião Fialho, livro 264, fls. 21), o representante de Mauá recebeu mais 20 contos, em virtude de outra escritura de 29 de maio de 1871. Vê-se portanto, que o início da venda se operou em 1866, e não em 1871, como, talvez por um lapso de memória, Mauá declara. Certo é, entretanto, que ausente, em Londres, de 23 de julho de 1864 a 6 de outubro de 1866, como em 1871, ele não estava no país quando se fizeram essas transações.

113. Ainda sobre a companhia, ver a legislação imperial: Decretos n.º 4.755, de 2 de julho de 1871; n.º 5.460, de 7 de novembro de 1873; n.º 5.754, de 23 de setembro de 1874; n.º 9.044, de 20 de outubro de 1883; n.º 9.161, de 1.º de março de 1884; e n.º 9.655, de 11 de outubro de 1886. Informa Noronha Santos que a transferência do contrato da companhia norte-americana para a brasileira (Companhia Ferro Carril do Jardim Botânico) custou em 1882 10 mil contos de réis! (santos, 1943, p. 233).

114. A primeira concessão da Estrada de Ferro do Paraná foi dada pelo Decreto n.º 4.674, de 10 de janeiro de 1871, que autorizou Antonio Pereira Rebouças Filho, Francisco Antonio Monteiro Tourinho e Mauricio Schwarz a organizarem a companhia para o fim de construírem uma estrada econômica, do porto de Antonina à cidade de Curitiba (rede..., p. 267). Ainda sobre a mesma estrada, deve consultar-se, na legislação imperial, os decretos n.º 5.192, de 4 de janeiro de 1874, e n.º 5.576, de 2 de março de 1874.

115. No Museu David Carneiro, em Curitiba, segundo me declarou seu diretor, existe o original do contrato assinado em junho de 1871, por Mauá com Rebouças e seus demais sócios.

116. Manoel Jeronymo de Souza, avô de Mauá e sesmeiro em Arroio Grande, em 1798, era natural de Paranaguá. O barão de Antonina (João da Silva Machado), nascido no Rio Grande do Sul, de grande influência no Paraná, por onde foi senador desde 1854, falecendo em 1875, era ainda contraparente de Mauá.

117. Brunlees é um dos engenheiros que aparece também aos estudos preliminares da estrada de Santos a Jundiaí.

118. O Doutor Passos é o grande engenheiro Francisco Pereira Passos, que esteve ligado a Mauá não só nos estudos dessa estrada, como nos da Serra da Estrela, para a estrada de Petrópolis. Os estudos prévios, *in loco*, foram executados por Antonio e André Rebouças, de julho de 1871 a maio de 1872, conforme se infere do trabalho de Ignacio José Verissimo, *André Rebouças através de sua autobiografia* (1939, p. 130), e dos *Apontamentos para a biografia do engenheiro Antônio Rebouças* (1874).

119. Antonio Rebouças, o primeiro concessionário, irmão do grande André Rebouças, a quem este dedica uma amizade mais do que fraternal, a extravasar-se nos "apontamentos biográficos" que dele escreveu sem assinatura e nas referências constantes de seu *Diário* recém-publicado, faleceu em São Paulo, em 1874.

120. A pretensão de Paranaguá estava apoiada na influência da família Correia, que tinha um representante na Câmara desde 1869, Manoel Francisco Correia, ministro dos Estrangeiros desde 7 de março de 1871, e então reeleito deputado pelo Paraná, em 22 de março de 1871. Deixou o ministério em 28 de janeiro de 1873, mas foi eleito senador em 1877. Na legislatura 1872-1875, foram eleitos deputados pelo Paraná para os dois únicos lugares existentes Manoel Eufrasio Correia e Manoel Francisco Correia. O mesmo fato se repetiu em 1877. As peripécias para arrancar do Governo Imperial a construção partindo de Paranaguá e não de Antonina – afinal liquidada com a vitória da rival – estão resumidas no livro de Ignacio Verissimo, *André Rebouças* (1939, p. 152-155). Sobre a concessão da linha para a Estrada de Paranaguá a Curitiba, ver decretos n.º 7.420, de 12 de agosto de 1879, e n.º 9.302, de 27 de setembro de 1884. Sobre o ponto de vista técnico do traçado ser melhor por Antonina do que por Paranaguá, existem os artigos de André Rebouças, reunidos com os do Barão de Teffé e H. E. Hargreaves, no folheto *Demonstração da superioridade do caminho de ferro de Antonina a Curitiba* (1879).

121. As palavras de Mauá com o relatório do engenheiro W. Lloyd encontram-se na introdução ao volume relativo ao "Caminho de Ferro de D. Izabel" (1875).

122. De Christiano Palm, o engenheiro sueco, foi publicado, depois de sua morte, traduzido do inglês, um relatório: *Memorial sobre uma via férrea interoceânica do Rio de Janeiro a Lima* (1876). Por esse trabalho vê-se que o decreto da concessão (n.º 4.851, de 22 de dezembro de 1871) era para uma linha férrea de Curitiba a Miranda e para a navegação nos rios Ivaí, Ivinheíma, Brilhante e Mondego. A esse traçado refere-se ainda o Decreto n.º 5.081, de 17 de julho de 1872. Há também, sobre o mesmo assunto, o relatório de André Rebouças: *Caminho de ferro Interoceânico pela Província do Paraná (sinopse geral)* (1876), e outro do engenheiro Tourinho, que também faz observações ao traçado Lloyd e à proposta de Palm.

123. Esse trecho, tendo sido escrito em 1875, refere-se claramente à cerimônia inaugural da estrada de ferro Mauá, em 30 de abril de 1854, narrada em outro capítulo.

124. O Doutor Nicolau Rodrigues dos Santos França Leite foi revolucionário de 1842 e, como tal, um dos seis brasileiros deportados para Europa, depois da derrota de Santa Luzia. De 1845 a 1848, foi deputado liberal. Foi feita uma publicação póstuma, sua "Considerações políticas sobre a Constituição do Império do Brasil".

125. Per Ballestrini, organizador da empresa Ballestrini, propunha-se, em 1863, a ligar vários pontos do nosso litoral e os dois continentes pelo cabo submarino, mediante ajuste entre França, Itália, Portugal e Haiti, tendo o Brasil sido convidado a tomar parte na convenção, que foi assinada em 16 de maio de 1864. Não chegou, porém, a organizar-se a empresa projetada por Ballestrini, que procurou tirar partido das concessões obtidas, aliás, já caducas, transferindo-as a terceiros. Daí surgiram complicações que tiveram de ser resolvidas por via diplomática. Cf. REPARTIÇÃO GERAL DOS TELÉGRAFOS. *Memória histórica*, Rio de Janeiro: Imprensa Nacional, 1908, p. 65.

126. Manoel Antonio da Rocha Faria, então Barão de Nioac (desde 2 de setembro de 1870). Foi visconde com grandeza, desde 9 de maio de 1874 e conde por decreto de 8 de agosto de 1888. Era natural de Porto Alegre, onde nasceu em 7 de março de 1830. Faleceu em Cannes (França) em 20 de dezembro de 1894. Tinha o curso da Escola de Marinha e praticou na Marinha de Guerra francesa durante cinco anos. Tomou parte nos combates da Crimeia, no vapor de guerra Napoleon, e, ferido em Marrocos, recebeu o oficialato da Legião de Honra, pelos serviços prestados, apenas com 21 anos. Reformado, dedicou-se ao comércio; foi deputado geral pelo Rio Grande do Sul, de 1851 a 1860 – tornando-se colega de Mauá, na mesma bancada na Câmara de 1855 em diante (VASCONCELLOS, 1918, p. 310-311).

127. Em seguida a Ballestrini, pelo Decreto n.º 4.491, de 23 de março de 1870, obteve concessão Charles T. Bright, para o cabo submarino entre o sul e o norte do Império, "tendo este então a preferência para o lançamento de um cabo submarino transatlântico". O prazo de dois anos, marcado para começarem a funcionar os cabos, foi prorrogado pelo Decreto n.º 4.926, de 13 de abril de 1872, mas ainda assim caducou a nova concessão na qual, porém, não se incluía mais a preferência para o cabo transatlântico. (REPARTIÇÃO..., 1908, p. 66).

128. A concessão ao Barão de Mauá foi outorgada pelo Decreto n.º 5.058, de 16 de agosto de 1872, para lançamento e exploração de um cabo entre o Brasil e Portugal e suas possessões, com privilégio por

vinte anos e, segundo modificação feita pelo Decreto n.º 5.125, de 30 de outubro do mesmo ano, tendo o gozo do cabo ou cabos que houvesse imergido, mas sem privilégio algum depois dos vinte anos (REPAR-TIÇÃO..., 1908, p. 67). Nessa época já o Brasil havia promulgado a convenção de 16 de maio de 1864 com outras nações, para o assentamento do cabo submarino (Decreto n.º 4.473, de 10 de fevereiro de 1870).

129. Pelo Barão de Mauá foram transferidos os direitos à Brazil Submarine Telegraph Company, que, pelo Decreto n.º 5.312, de 18 de junho de 1873, teve autorização para funcionar no Brasil. Foi confiado por esta à Telegraph Construction and Maintenance o lançamento do cabo, cuja inauguração se reali-zou em 22 de junho de 1874. (REPARTIÇÃO..., 1908). A Telegraph Construction and Maintenance, pelo De-creto n.º 5.270, de 26 de abril de 1873, já tinha obtido a renovação do contrato Bright n.º 4.926, de 13 de abril de 1872, para os cabos entre o norte e o sul do Império, o qual, por seu turno, depois o transferiu à Western and Brazilian Telegraph Company, o que foi aprovado pelo governo (Decreto n.º 5.539, de 31 de janeiro de 1874). A Western foi autorizada a funcionar pelo Decreto n.º 5.971, de 21 de julho de 1875 (RE-PARTIÇÃO..., 1908). À Brazilian Submarine Telegraph Company refere-se ainda o decreto n.º 5.705, de 12 de agosto de 1874.

130. Escrevendo em 1878, Mauá se refere a 1864.

131. Aí, sendo quinze anos antes de 1864, a referência atinge 1849, quando realmente a repartição montou os tubos fornecidos pela Ponta da Areia. O serviço foi inaugurado em 7 de setembro de 1851, ten-do sido construído sob a fiscalização do engenheiro Miguel de Frias e Vasconcellos. O fornecimento pú-blico de águas fazia-se, desde então, por 23 bicas na cidade e 21 nos arrabaldes mais distantes do centro comercial (SANTOS, 18--?, p. 35).

132. William Gilbert Ginty é o engenheiro que acompanha Mauá em diversos empreendimentos. Já o encontramos na Cia. do Gás, na estrada da Tijuca e ainda numa proposta para o telégrafo submarino. Agora, nos projetos para o fornecimento de água. O Decreto n.º 3.455, de 21 de junho de 1865, dava-lhe privilégio por dez anos para um processo de preparação da turfa.

133. O Decreto n.º 2.639, de 22 de setembro de 1875, abriu o crédito de 19 contos para as desapropria-ções indispensáveis ao novo serviço de abastecimento de águas (ministro Thomaz Coelho).

134. Antonio Gabrielle viu diretamente recomendado ao governo brasileiro pelos banqueiros Rotchilds.

135. Decreto n.º 6.092, de 12 de janeiro de 1876, referendado pelo ministro Thomaz Coelho, aprovou o plano organizado pela Inspetoria Geral de Obras Públicas para o abastecimento de água. Em 12 de maio de 1880, inaugurou-se o reservatório do Pedregulho, alimentado pelas águas da Serra do Tinguá (SANTOS, 18--?, p. 38).

136. O general Couto de Magalhães, admirável sertanista, já fora o concessionário (Decreto de 9 de setembro de 1870) para a navegação do Araguaia – tarefa que tentou levar avante com tenacidade e pa-triotismo. Foi presidente de várias províncias (Goiás, Pará, Mato Grosso e São Paulo). Escreveu a *Viagem ao Araguaia* (1934) e o *Selvagem* (1913). Há sobre ele dois interessantes estudos biográficos: o primeiro de Affonso Celso (1898) e outro mais recente, de Aureliano Leite (1936).

137. Escrevendo em 1878, a referência situa-se, portanto, em 1853.

138. Em 30 de abril de 1854.

139. O primeiro decreto de concessão da Estrada de Ferro Rio Verde tem o n.º 5.952 e a data de 23 de junho de 1875 – portanto um mês e alguns dias depois da moratória de Mauá (17 de maio de 1875). Nesse decreto, o Governo Imperial garantiu mais 3% de juros sobre o capital de 14 mil contos de réis (4% já ha-viam sido assegurados em contrato com a Província de Minas, de 22 de fevereiro de 1875).

140. A legislação imperial que diz respeito a essa estrada consta ainda dos decretos n.º 6.091, de 18 de janeiro de 1876; n.º 6.593, de 27 de junho de 1877 (aprovação dos estatutos); n.º 6.683, de 12 de setembro de 1877 (que elevou o capital a 16.150:000$000 e garantiu o juro de 7% sobre os 2.150:000$000 adicionais) e n.º 6.887, de 4 de maio de 1878. E, já depois de passada a concessão, a The Minas and Rio Railway Com-pany Limited, constituída em Londres em 24 de abril de 1880, os decretos n.º 7.734, de 21 de junho de 1880, e n.º 8.068, de 3 de maio de 1881. A construção começou em 1881, e em 14 de junho de 1884 foi inaugurado o tráfego em toda a linha – desde a estação de Cruzeiro (em São Paulo), sobre o vale do Passa-Vinte, atra-

vessando a Serra da Mantiqueira pelos túneis, descendo o vale do Passa-Quatro, atingindo Três Corações, ponto terminal (PICANÇO, 1884, p. 321-322).

141. Portanto, por volta de 1838. Bernardo de Vasconcelos foi escolhido senador em 1838 e faleceu em 1850. Sobre essa figura em tantos aspectos admiráveis, ver a sua biografia, redigida com a maestria habitual por Octavio Tarquínio de Souza.

142. A ideia abolicionista em Mauá era, assim, de 1838, naturalmente acompanhando nesse ponto as tendências inglesas da casa comercial que dirigia. Pelo desenvolvimento da exposição, ver-se-á, porém, que a sua fórmula de libertação dos escravos não era em nada romântica ou sentimental, mas prática, procurando resolver o problema pelo lado racional – dando, antes da emancipação, um sucedâneo, necessário aos interesses vitais do país, ao braço escravizado.

143. Em 1858.

144. Alusão aos discursadores puramente retóricos, perdidos em verbiagem vazia de qualquer sentido, que devia causar "mal-estar" ao temperamento pragmático de Mauá.

145. É o Decreto n.º 1.083, assinado por Silva Ferraz (Uruguaiana), quando ministro da Fazenda, contendo providências sobre bancos de emissão, meio circulante e outras medidas restritivas, no terreno financeiro, às atividades de diversas companhias e sociedades.

146. Refere-se à Lei n.º 1.237, referendada por E. J. Furtado, como ministro da Justiça, reformando a antiga legislação hipotecária e estabelecendo as bases em que se permitiu o funcionamento das sociedades de crédito real.

147. Trata-se do Decreto n.º 2.687, assinado pelo Barão de Cotegipe, como ministro da Fazenda, autorizando o governo a conceder ao Banco de Crédito Real que se fundar (segundo o plano da Lei n.º 1.237) garantia de juros para as suas letras hipotecárias e assim garantir juros de 7% às companhias que se propusessem a estabelecer "engenhos centrais" para fabricar açúcar de cana.

148. Alusão evidente ao autor de *A Província*, A. C. Tavares Bastos, falecido em 1875.

149. Referência à frase célebre de Gaspar Silveira Martins, então ministro da Fazenda (de 5 de janeiro de 1878 a 8 de fevereiro de 1879).

150. Essa fazenda, como outras denominadas "Boa Vista" e "Córrego de Ouro", foram judicialmente adjudicadas a Mauá, na questão da herança da Viscondessa de Vila Nova do Minho, por dívidas dela e dos seus herdeiros à casa bancária Mauá, Mac Gregor & Cia. Senhor Antonio de Souza Ribeiro (genro), irmão do grande jurista João de Souza Ribeiro.

151. O projeto foi apresentado no Senado consubstanciando as ideias de Rodrigues Torres (Itaboraí). A lei, que tem o n.º 683, é de 5 de julho de 1853 e faz a fusão dos dois bancos existentes na praça (o do Brasil e o do Comércio), no Banco do Brasil (4.ª fase). O Decreto n.º 688, de 15 de julho de 1853, autorizava o governo a fazer um empréstimo aos referidos bancos, em bilhetes do Tesouro, sob caução dos títulos da dívida pública.

152. Rodrigues Torres (Itaboraí), ministro da Fazenda de 11 de maio de 1852 a 6 de setembro de 1853.

153. O Decreto n.º 1.223, de 31 de agosto de 1853, aprovou os seus estatutos.

154. O Banco, nessa fase, tendo iniciado as suas operações em 10 de abril de 1854, sendo já Honorio Hermeto (Paraná) ministro da Fazenda, teve escolhido para seu presidente o Conselheiro José Duarte Lisbôa Serra, funcionário de fazenda que, como deputado pelo Maranhão, trabalhara na Câmara pela aprovação do projeto de fusão (VIANA, 1922, p. 345). Lisbôa Serra foi deputado desde 1847, presidente da Bahia em 1848, novamente deputado em 1833. Faleceu em 16 de abril de 1855.

155. Paraná foi chefe de gabinete e ministro da Fazenda (Ministério da Conciliação) de 6 de setembro de 1853 até quase a sua morte, em 3 de setembro de 1856, pois foi então substituído interinamente por Wanderley (Cotegipe) em 23 de agosto de 1856, em virtude da moléstia.

156. O ministro da Justiça era Nabuco de Araujo – também desde o início do Gabinete da conciliação até o seu fim, em 4 de maio de 1837.

157. O contrato da casa bancária Mauá, Mac Gregor & Cia. foi firmado em 31 de julho de 1854, reduzido a escritura pública de 12 de agosto de 1854. Por nova escritura (L. 50, fls. 37 do Livro de registro do Tabelião Fialho) de 29 de agosto de 1854, verifica-se que os sócios gerentes, solidariamente responsáveis

por todos os seus bens para com terceiros eram, nesta cidade, o Barão de Mauá, Alexandre Donald Mac Gregor e João Ignacio Tavares, e, em Londres, os mesmos e mais um indivíduo escolhido pela administração. Por esse documento verifica-se ainda que eram, entre outros, sócios comanditários: Militão Maximo de Souza (Barão de Andaraí), José Antonio de Figueiredo (pai do Conde de Figueiredo), James Andrews, Manoel Joaquim Ferreira de Mello, Manoel Pinto da Fonseca, João Antonio de Miranda e Silva (que foi diretor da Cia. de Carris da Tijuca), José Francisco Mendes, Antonio Ribeiro Queiroga (que foi um dos gerentes), Bernardo Casemiro de Freitas, Loquai David & Co., Gomes & Moraes, Amaral & Basto, António José Teixeira de Faria, Antonio Alves Ferreira, Manoel Correa de Aguiar (secretário da Estrada de Ferro Mauá), Roberto Emery & Co., Jeronymo José Teixeira (pai do futuro Visconde de Cruzeiro e sogro de uma filha de Paraná), José Antonio Soares, Manoel Monteiro da Luz, Flores, Filho & Cia., Joaquim da Fonseca Guimarães & Cia., Antonio José do Prego, Pereira & Cia., Inuiz Tavares Guerra (futuro sogro de um filho de Mauá), Antonio Ferreira Neves, João Pedro da Veiga, Hoggetdown & Cia., Irineu Evangelista de Souza, L. Leconte Ferou & Cia., Henrique Ferran, São Binoche, Debien De & Cia., Militão Correia de Sá, Doutor José Agostinho Vieira de Mattos, João Manoel Correia da Silva, Manoel Teixeira de Souza, Antonio Luis de Magalhães Mangueira, Manoel T. de Souza, Carlos Emilio Adet. Adet & Cia., Sammarne, F. Rumeri, Augusto Leuba & Cia., Stephen Busk & Cia., Mackey Muller & Cia., E. W. Malet, André Steele, Muller Sillo & Cia., M. R. de Srotowood, Hugo Bird, Manoel Joaquim da Rocha Lima e Augusto Ferreira de Almeida. O capital inicial era de 6 mil contos, podendo ser aumentado, a critério dos sócios, até 12 mil contos de réis.

158. Decreto n.º 1.487, referendado pelo ministro da Justiça Nabuco de Araujo (ver a explicação que o professor de Direito Comercial, Castro Rebello, dá em *Mauá* com a exposição acima, na p. 75 e seguintes e confrontá-la com a exposição acima).

159. Souza Franco foi ministro da Fazenda de 4 de maio de 1857 a 12 de dezembro de 1858 (Ver: "Relatório do Ministério da Fazenda", 1858, e anexo, p. 12–13).

160. Silva Ferraz (Barão de Uruguaiana) foi presidente do Conselho e ministro da Fazenda de 10 de agosto de 1859 a 2 de março de 1861.

161. Manoel Marques de Souza, rio-grandense (Porto Alegre), o herói de Monte Caseros, foi dos maiores amigos de Mauá, aquele que espontaneamente o elegia deputado desde 1853, com seus amigos do Sul, antes que o fizesse Osorio pela última vez (1872).

162. 1858.

163. Paulino de Souza, ministro dos Estrangeiros de 8 de outubro de 1849 até 6 de setembro de 1853: quase quatro anos completos de admirável e brilhante atuação em benefício do país e do seu crescente prestígio internacional.

164. O Banco Mauá & Cia. iniciou irregularmente, no Uruguai, as suas transações em julho de 1856. O contrato para a conversão da dívida pública uruguaia é de 1857. Andrés Lamas era então aqui o ministro oriental pela segunda vez (desde 11 de outubro de 1856 até 1873). Da primeira vez, de 1848 a 1855, obteve surpreendente êxito diplomático, convencendo o Brasil a entrar na política de intervenção contra Oribe e Rosas.

165. General Venancio Flores, grande amigo de Mitre, chefe rebelde que depois de apoiado pelo Brasil chegou ao governo em 21 de fevereiro de 1865, convertendo-se afinal em nosso aliado contra o Paraguai (tratado da tríplice aliança, 1.º de maio de 1865).

166. Do *Jornal do Comércio* de 22 de abril de 1864: "A missão especial do Senhor Conselheiro Saraiva, do alto da tribuna parlamentar, foi o ministério interpelado acerca das graves ocorrências que se tem dado ultimamente nas regiões do Prata: nada mais natural nem mais legítimo. Ausente da capital nessa ocasião, vi-me inibido de emitir francamente o meu juízo a tal respeito, e não querendo, passada a oportunidade, tomar tempo à Câmara a que tenho a honra de pertencer, mormente agora que ela se acha ocupada nas discussões das leis anuais, de que depende a marcha da alta administração pública, recorro à imprensa para dar a conhecer o meu modo de pensar, a fim de que não se diga que não tenho a coragem das minhas opiniões. Sou daqueles que pensam dever o Brasil exercer no Rio da Prata a influência a que lhe dá direito sua posição de primeira potência da América do Sul; o fato de serem as fronteiras do Império limitadas

pelas repúblicas do Prata; os interesses comerciais que a elas nos ligam, avultados na atualidade e suscetíveis ainda de extraordinário desenvolvimento; a circunstância excepcional de habitar na República Oriental do Uruguai um grande número de brasileiros cujos interesses legítimos é rigoroso dever do Governo Imperial proteger e amparar; tudo o que, reunido, constitui um interesse nacional de primeira ordem que não pode deixar de ser atendido em todas as épocas e em qualquer ocasião. Já se vê, pois, que repito essa política tão apregoada nestes últimos anos, de abstração completa e absoluta nos negócios do Rio da Prata. Os que a seguem não refletem que não podemos mudar a nossa posição geográfica; os vizinhos que temos ao sul do Império são aqueles que os altos desígnios da Providência aí colocaram. O Brasil não adota a política da China ou do Japão, pretende e deseja conviver com todos os povos cultos e entreter com eles essas relações de fraternidade e de interesses recíprocos que a civilização aconselha a manter na época atual; como pois, excluir dessa comunhão os seus mais próximos vizinhos? É, pois, para mim, motivo da mais viva satisfação ver que o Brasil desperta afinal do letargo em que parecia engolfado, em presença da nefanda rebelião que, assolando as campinas da República do Uruguai, fez perigar os interesses e a própria vida dos nossos compatriotas, que em grande número habitam nessa República. Fui talvez o primeiro brasileiro que, ao romper da guerra civil do Estado Oriental, dirigiu-se ao Governo Imperial pedindo com a maior instância que mais alguns vasos de nossa esquadra reforçassem a divisão naval do Brasil nas águas do Rio da Prata e que um exército de observação se movesse sobre a respectiva fronteira. Era fácil de prever que a invasão Flores poria em risco os valiosos interesses e, porventura, a existência dos brasileiros, e portanto, se desde logo não fossem tomadas medidas, seria eu, pois, contraditório comigo mesmo se censurasse a presença de mais alguns navios de guerra brasileiros no Rio da Prata e de um exército de operações na fronteira do Rio Grande. O que eu lastimo é que a política do meu país em relação aos nossos vizinhos continue a ser a mesma política de movimentos desencontrados, sem ponto fixo, sem ideias claras e definidas, sem um pensamento altamente manifestado e que, conciliando nossos interesses nacionais e nossos deveres para com esses vizinhos, nos conquiste no Rio da Prata a posição, a estima e o respeito a que temos jus. Lastimo que a intervenção agora anunciada tenha lugar sob a pressão de exageradas declarações, sobre fatos mencionados nos relatórios desses últimos dez anos e sobre outras ocorrências em que sequer é respeitada a verdade, para melhor se envenenar o espírito público e fomentar o ódio de raças nesse sangrento passado que, aliás, está nos interesses, nas conveniências e na moralidade de ambos os países fazer esquecer. Lastimo ainda que o Brasil apareça no Rio da Prata, não na altitude elevada e digna de uma nação vizinha, poderosa e amiga, que procura aconselhar, guiar e conduzir a bom caminho, os espíritos inquietos e desvairados que ali perturbam a paz pública e que são a verdadeira causa dos sofrimentos dos brasileiros, mas sim como ares de ameaça que para mim, que conheço de perto os nossos vizinhos, podem ser fatais às negociações que pretende entabular. Quanto a mim, o Brasil tem para com o Rio da Prata e para com todas as demais nações que nos rodeiam uma grande, nobre e elevada missão a desempenhar. Não basta que a política do Governo Imperial seja fundamentalmente pacífica, como sei que é; é preciso, é indispensável que uma política ilustrada, um pensamento conciliador, generoso e magnânimo, presida aos atos do governo brasileiro em relação a esses países, para que se apertem os laços que nos unem, e se multipliquem as relações de mútuo interesse e benevolência que convém subsistir entre povos vizinhos e irmãos. As nações, bem como os indivíduos, têm tanto mais responsabilidade moral pelos atos que praticam, quanto maior é a força de que dispõem. O Brasil, colocado em posição tão alta na América meridional, não deve, não pode lançar-se no caminho a que o querem arrastar espíritos inquietos, ideias de exagerada apreciação de nossa força, e mesmo as ruins paixões e interesses ilegítimos que às vezes, acobertados com o manto sagrado do patriotismo, impelem os corações generosos a praticar atos que não resolvem as dificuldades, que podem mesmo complicá-las e aumentá-las extraordinariamente. Se, porém, a política do Governo Imperial tem sido até aqui, com raras intermitências, vacilantes, inconsequente, e não poucas vezes irrefletida, dando lugar às amargas decepções que têm justamente magoado o coração de todos os bons brasileiros, nos é dado esperar que o distinto estadista, o Senhor Conselheiro Saraiva, talento varonil, prudente e refletido, munido de instruções adequadas, vá agora inaugurar no Rio da Prata uma nova era política do Brasil. Sem desconhecer o merecimento não vulgar do digno diplomata que nos representa em Montevidéu, cumpre admitir que o nosso enviado, uma das colunas do partido dominante, possuindo sem dúvida a confiança íntima do governo, está mais que ninguém no caso de bem interpretar as vistas do governo, a quem dispensa um apoio firme e decidido. Aqueles que, como eu, jamais duvidaram da lealdade da política brasileira no Rio da Prata, embora por mais de uma vez tivessem de deplorar os erros dessa política, aguardam com ansiedade o seu desenvolvimento na nova fase que assume. Oxalá que, a título de proteger os interesses brasileiros, não se comprometam ainda mais esses mesmos interesses. Nada exigir que não seja justo e razoável, é o segredo do bom êxito que cordialmente desejo à missão árdua e difícil, confiada à ilustração e patriotismo do Senhor Conselheiro Saraiva. Rio, 20 de abril de 1864. Barão de Mauá."

167. O general Flores morreu assassinado em 1868.

168. De 1868.

169. Araujo Gondim (Antonio José Duarte de – depois Barão) foi ministro em Montevidéu de 22 de fevereiro de 1868 até 27 de janeiro de 1869, quando ali chegou Silva Paranhos, em missão especial.

170. Em 1870.

171. De 1869.

172. Em 11 de fevereiro de 1869.

173. De 1871.

174. Wanderley Pinho (1933b, p. 83) publica um bilhete do Imperador remetendo uma representação de Mauá, na questão do Uruguai, que lhe havia sido entregue pelo marquês de São Vicente (amigo de Mauá). Dom Pedro II julgava-o "digno de toda a consideração", mas apesar disso e de ouvido o Conselho de Estado, nunca a reclamação de Mauá foi adotada oficialmente pelo Governo Imperial, como uma "questão sua", para, nesse caráter, ser apresentada ao governo de Montevidéu. Vê-se pelas outras cartas publicadas por W. Pinho (1933b, p. 83–89) que Silva Paranhos (Rio Branco) sempre apoiou a pretensão de Mauá, julgando-o cheio de razões e merecedor do amparo do seu país. Outros estadistas porém (entre os quais se inclui o próprio Cotegipe) assim não pensavam – achando preferível um encaminhamento, particular, meramente oficioso, por parte da nossa legação, em relação ao pedido do banqueiro brasileiro. Evidentemente, essa última solução, que foi afinal a invariavelmente adotada pela nossa diplomacia, enfraqueceu em muito o reconhecimento dos direitos irrecusáveis de Mauá a qualquer indenização pelos prejuízos que tivera.

175. Refere-se novamente à orientação governamental de Silva Ferraz e especialmente à Lei n.º 1.083 de 22 de agosto de 1860, relativa aos bancos.

176. Alude à crise comercial de 1864 – quando faliram o banqueiro Souto e outras casas importantes – mas em que a Casa Mauá, Mac Gregor & Cia. resistiu com galhardia.

177. Em 1865.

178. Aguiar de Andrada nessa época era simples encarregado de negócios. Pelo reatamento das nossas relações com a Inglaterra, depois da questão Christie ainda não havia chegado ali o Barão de Penedo – o que se deu em janeiro de 1866, tendo apresentado suas credenciais só em 1.º de março de 1866, por se achar ausente no campo a rainha Victoria. Aguiar de Andrada foi depois ministro efetivo na Argentina e no Uruguai (1873–1878), na Santa Sé (1882–1886), na Suíça (1890–1892). Grande diplomata, agraciado com o baronato (1876), faleceu em Washington em 28 de março de 1893, quando iniciava as "demarches" da nossa questão de limites das Missões (Argentina), em que foi substituído magistralmente por Silva Paranhos, o segundo Rio Branco.

179. Trata-se do "The London Brazilian and Mauá Bank Ltda.", autorizado a funcionar no Império pelo Decreto n.º 3.567, de 20 de dezembro de 1865.

180. Nos doze anos de existência da sociedade, tinham os comanditários recebido, até 30 de junho de 1864, a soma de 5.617:500$, a título de dividendos (93,62% em nove anos e meio). Os prejuízos sofridos com as crises de 1857 a 1864 tinham, porém, absorvido a reserva e parte do capital de 6 mil contos. Nessa ocasião, Mauá resolveu concentrar todos os seus estabelecimentos bancários e empresas existentes no Prata, no exterior e em diversos pontos do Império numa só direção, bem como os seus bens pessoais, em sociedade nova que oferecia, em compensação, aos seus comanditários, pelos interesses que haviam perdido (FERREIRA, 1898, p. 70–71).

181. A comissão era composta de Luiz Tavares Guerra, Bernardo Casemiro de Freitas (Barão da La-goa) e Joaquim da Fonseca Guimarães, membros do conselho fiscal – a qual se juntaram os comanditá-rios J. M. Pereira da Silva, João Baptista da Fonseca e Luiz Antonio da Silva Gulmarães. Dizia o relatório dessa comissão: "Sem exigir dos seus coassociados na extinta comandita a entrada de um só réis de ca-pital nem a responsabilidade adicional, propõe-se o Senhor Barão de Mauá a restaurar o capital integral da extinta comandita, colocando-o de novo em condições de renda vantajosa. Para esse fim põe ele em contribuição a totalidade dos seus haveres e os seus serviços por espaço de três anos, privando-se du-rante esse prazo de qualquer proveito pessoal". Essa oferta, de natureza tão excepcional, induziu a co-missão a entrar em averiguações mudas e exigir mesmo explicações categóricas relativas ao fundo so-cial e recursos com que contava o proponente para levar a efeito o pensamento que anunciara. Foram-lhe franqueados com prontidão e clareza balanços e documentos que demonstram que o saldo a favor excede de 14.000:000$000, e que os lucros do ano próximo findo ascendem a algarismo muito considerável, correspondente a vantajosa percentagem sobre aquele capital, formando os estabeleci-mentos, que ora se concentram na nova comandita Mauá & Cia., uma instituição de crédito de ordem elevadíssima" (FERREIRA, 1898, p. 71–72).

182. Por aí se vê que a antiga sociedade em comandita, Mauá, Mac Gregor & Co., extinguiu-se em 31 de dezembro de 1866, entrando em liquidação que levou alguns anos. A nova sociedade comercial pas-sou a denominar-se Mauá & Cia., assumindo, como sucessora, todos os compromissos da anterior. In-teressante constatar, na vida financeira de Mauá, que as duas sociedades realizam no tempo, àquela data, como uma espécie de "*divortium aquarium*" – a primeira encerra uma vida ascensional de doze anos quase justos, como a nova começa outra existência, que seria decrescente até a falência, também por outros doze anos.

183. A escritura de reconhecimento da dívida e obrigação, responsabilidade e hipoteca que, com o Banco do Brasil fazem Mauá & Cia.; o Barão de Mauá e sua mulher; Mauá, Mac Gregor & Co. (em liqui-dação), consta das notas do tabelião Fialho (hoje C. Penafiel) e tem a data de 8 de maio de 1869 (Livro 258, fls. 1). Mauá e sua esposa, ausentes em Montevidéu, e as aludidas sociedades são representadas por Al-fredo Bastos (um dos seus gerentes) e Henrique Murat (seu guarda-livros): o banco está pelo seu presi-dente, José Pedro Dias de Carvalho. É um empréstimo de Rs. 720:000$ a Mauá & Cia., pelo qual o Barão de Mauá e sua mulher se confessam igualmente devedores, dando como garantia bens particulares. O prazo é de seis anos, o juro de 9% pago semestralmente e adiantado, a amortização de 8% ao ano, sendo os restantes 60% no final do prazo e juros de 12% pelas prestações que ficarem atrasadas. Numa solida-riedade notória com a Casa Mauá & Cia.; vemos que a Cia. da Ponta da Areia acode também com 600 contos, tomadas ao Banco do Brasil, em 23 de setembro de 1869 – conforme a escritura em notas do ta-belião Fialho (Livro 258, fls. 137 v.). Aí também se faz o reconhecimento de dívida e hipoteca dos bens e maquinismos, da empresa com relação completa, levantada em 1868 e por igual o Barão de Mauá repre-sentado por João Ignacio Tavares: confessa-se ainda pessoalmente devedor. As condições do emprésti-mo em relação a juros, prazo e quota de amortização são idênticos ao anterior.

184. A história vergonhosa dessa interpelação acha-se fielmente narrada no livro de memórias, *Au-tobiografia* de Francisco de Assis Vieira Bueno (1899, p. 51–52), seu diretor naquela época. A diretoria re-agiu apresentando um protesto, redigido por Vieira Bueno, e como o parecer (interpelação) foi aprovado, a referida diretoria demitiu-se. O protesto da diretora está publicado no aludido livro (BUENO, 1899, p. 105–120) e foi assinado por quase todos os seus membros.

185. Os diretores então demissionários foram todos que assinaram o protesto, a saber: José Pedro Dias de Carvalho, vice-presidente; Jeronymo José Teixeira Junior (futuro Visconde do Cruzeiro), secre-tário, e mais os seguintes: Francisco de Assis Vieira Bueno, Joaquim Antonio Fernandes Pinheiro, Ma-noel Ferreira de Faria e Bernardo Casemiro de Freitas (Barão da Lagoa). José Machado Coelho e Castro, que não o assinara por achar-se ausente em Minas, ficou solidário com os seus colegas e afastou-se. O próprio Salles Torres Homem, presidente da instituição bancária, já resignatário do posto anteriormen-te, não deixou de comparecer à assembleia geral de 30 de setembro de 1869 e "de tomar parte nos debates, unido aos seus companheiros" – relata Vieira Bueno (1899). A única voz discrepante então na diretoria

foi o diretor João Baptista da Fonseca que, como diz o memorialista citado, com malícia intencional "separou-se dos colegas, ficando na sua prebenda". É interessante ler as "razões" desse protesto, porque os seus fortes e valiosos argumentos seriam quase os mesmos que justificariam a diretoria futura de 1875 – se esta tivesse querido acordar com a nova transação, que então salvaria o Banco Mauá & Cia. da moratória e, em consequência, da falência de 1878.

186. Data do pedido de moratória.

187. Pedro Varella assumiu o governo do Uruguai em janeiro de 1875, deixando-o em março de 1876. Para mais perfeita compreensão das atividades do Banco Mauá & C. no Uruguai, ao qual daqui por diante se faz referência, convém assinalar, delimitando-os, os períodos de cada governo ali, para melhor esclarecimento aos leitores brasileiros: Bernardo Berro governou de 1860 a 1864; sucedeu-o o Doutor Athanasio Aguirre, que foi deposto pelo general Venancio Flores em 1865; este assumiu o governo em 20 de fevereiro desse ano e foi até 19 de fevereiro de 1868 – data do seu assassínio. A. Flores substituiu D. Lorenzo Batte, que foi até 1872. Assumiram a seguir o governo os presidentes do Senado: Thomaz Gomensoro, 1872-1873; e D. José Elauri, 1873-1875. Esteve na presidência, adiante, D. Pedro Varella, de 1875 até 10 de março de 1876 – quando foi deposto, sendo substituído pela ditadura do Cel. Lourenzo La Torre, que foi até 1880.

188. De 1875.

189. Converteu-se a proposta na Lei n.º 2.565, de 29 de maio de 1875, a qual autorizou o governo a emitir até a soma de 25 mil contos em bilhetes ao portador e tomar outras providências.

190. O Banco Nacional foi autorizado a funcionar pelo Decreto n.º 4.819, de 18 de novembro de 1871.

191. O Banco Alemão Brasileiro foi autorizado a funcionar pelo Decreto n.º 5.390, de 10 de setembro de 1873.

192. Os dois bancos acima e o de Mauá & Cia. foram principalmente os atingidos pela crise de 1875, suspendendo então os respectivos pagamentos.

193. Mauá, em carta íntima, declara que foi sobretudo devido à má vontade do Conselheiro J. M. Pereira da Silva, então diretor e já de algum tempo seu desafeto notório. Em outra correspondência deixa entrever o "interesse" visível que esse político tinha pelas questões em que poderia haver alguma compensação pecuniária.

194. O Código Comercial estabelecia um período apenas de três anos para qualquer moratória, findo o qual – se não houvessem sido arrumados os negócios – passava-se fatalmente à liquidação, pela falência, salvo se houvesse maioria absoluta de credores presentes. Os de Mauá eram mais de três mil, espalhados pelo Brasil e exterior.

195. A modificação foi feita por iniciativa de Nabuco de Araujo e colaboração de Gaspar Martins – dois antigos adversários de Mauá, já então reconciliados: mas não aproveitou mais a Mauá, pela dissolução da Câmara de 1875 e a nova que só funcionaria em 1877, também dissolvida. A lei que sancionou a emenda foi tardia: Lei n.º 3.065, de 6 de maio de 1882, modificando as disposições relativas a concordatas comerciais.

196. Refere-se Mauá ao Decreto n.º 1.487, de 13 de dezembro de 1854, da autoria de Nabuco de Araujo (então ministro da Justiça), que obrigou a sociedade em comandita, recém-criada, Mauá, Mac Gregor & Co., a convocar rapidamente a Assembleia Geral de 23 de dezembro daquele ano e assim, em dez dias, reorganizar-se segundo os moldes da nova lei – em contrário porém aos objetivos dos seus constituidores. A sociedade já se achava então legalmente registrada no tribunal do comércio e com o seu estatuto assim juridicamente aprovado.

197. São, de fato, profundamente estranháveis esses "recursos" da processualística imperial a qual enviava para tribunais regionais questões de cujo mérito o Tribunal Superior já decidira. Na agitada vida de Mauá vemos três casos flagrantes, nesse sentido. O primeiro é o que acima ele refere – e a decisão final acabou por lhe ser contrária. O segundo é o da famosa questão Moura-Ferreira, em que as suas relações pessoais com o advogado do adversário, Conselheiro Nabuco de Araujo, estremeceram-se, extravasando dos jornais para o parlamento a polêmica entre ambos: a decisão final da Bahia foi favorável a Mauá. O terceiro, o mais importante, é o caso da São Paulo Railway, em que uma pessoa de São

Paulo proferiu sentença em contrário à decisão anterior do Supremo Tribunal, e aquela decisão acabou alguns anos depois sendo confirmada pelo próprio tribunal superior...

198. Trata-se da agitada demanda, proveniente da sucessão dos bens da Viscondessa de Vila Nova do Minho. Um genro seu, Antonio de Souza Ribeiro (parece que "demandista" inveterado) recebeu forte auxílio de Mauá, Mac Gregor & Co. de Rs. 970:000$000 (escritura pública de 3 de agosto de 1859). Não querendo pagar, sob vários protestos, foi executado no Juízo da Segunda Vara Especial de Comércio e teve de dar bens a adjudicação: fazendas de Atalaia (em Macaé), Boa Vista e Córrego do Ouro; um prédio na rua do Ouvidor n.º 71; o palacete (sobrado e chácara) da rua São Cristovão n.º 71; a ilha de Bom Jardim etc.

199. Augusto Teixeira de Freitas, o grande jurisconsulto e notabilíssimo autor da "Consolidação das leis civis" (1858). Nasceu na Bahia em 17 de agosto de 1816, faleceu no Rio em 12 de dezembro de 1883. Fora contratado para redigir o Código Civil em 1859, de que publicou somente o Esboço, que foi servir de modelo à Argentina. Como devia concluir o trabalho em 31 de dezembro de 1861 e, por um nobre escrúpulo moral, que só o eleva, não desejava mais acabá-lo, por haver modificado a sua orientação – prevendo, talvez, por antecipação genial à nossa época, a necessidade de um código geral, e não apenas o das relações civis –, renunciou à missão, sendo o seu contrato rescindido em 18 de novembro de 1872, e então substituído por Nabuco de Araújo (Decreto n.º 5.164, de 11 de dezembro de 1872).

200. Parece querer referir-se à douta assistência do também notável conhecedor do direito, o Doutor João de Souza Ribeiro, irmão do "rábula" demandista – ou, talvez, com mais fundamento, a Flavio Farnese, que foi o advogado "oficial" de Antonio de Souza Ribeiro, no pleito, assinando-lhe as petições em juízo.

201. Parece incrível ver, nesse triste caso, como tantas vezes se depara na vida judicial, as galinhas agredindo e vencendo a águia: Teixeira de Freitas, com a sua admirável cerebração, acima das tricas, atrapalhado pelas espertezas da rabulice ou da inidoneidade profissional.

202. O advogado que assina as "razões" de Souza Ribeiro – repitamo-lo ainda uma vez – foi Flavio Farnese, que, além de bacharel em direito, foi jornalista, deputado por Minas e, mais tarde, até propagandista republicano.

203. A escritura de "composição" foi passada em notas do tabelião Fialho (hoje C. Penafiel – Livro 256, fls. 143–146) em 1868. O acordo se fez entre Mauá, Mac Gregor & Co. (em liquidação), o comendador Antonio de Souza Ribeiro e sua mulher, Delfim José Ferreira e o Barão de Mauá – o qual, certamente com a maior repugnância por esse epílogo incrível, não compareceu pessoalmente, delegando poderes a um dos seus auxiliares.

204. Os empreiteiros Roberto Sharp & Filhos, com quem a estrada se conluiou, pagando-lhes 30 mil libras e prometendo outro tanto no fim do serviço, para, em acordo desde então, lesarem a Mauá que, além dos adiantamentos em dinheiro, concluiu diretamente as obras, garantindo com isso poder ser melhor indenizado com a renda da própria estrada, o que nem assim, infelizmente, ocorreu.

205. Parte do processo, até 1875, com as razões de Mauá, pelo seu advogado, o Conselheiro Joaquim Ignacio Ramalho, e as razões da estrada, pelo advogado João Crispiniano Soares, corre impressa num só volume, de 428 páginas, editado em São Paulo, por Camilo de Andrade, empregado de Mauá, segundo certidão extraída dos autos pelo escrivão Antonio de Araujo Freitas. Foram ainda advogados de Mauá em São Paulo, os Doutores Justino de Andrade e Falcão Filho, e no Rio o Conselheiro Lafayette Rodrigues Pereira (FARIA, 1926, p. 546). O Conselheiro Ramalho foi um dos mais eminentes juristas da pauliceia. Ali nasceu em 6 de janeiro de 1809. Doutor em ciências jurídicas e sociais em 1835; foi lente da Academia de Direito e Presidente do Instituto dos Advogados quando ali instalado em 1875. Havia sido presidente de Goiás em 1845. Barão por decreto imperial de 28 de maio de 1887 (VASCONCELLOS, 1918, p. 379).

206. Alberto de Faria (1926, p. 548) informa que o primeiro acórdão que confirmou por unanimidade a sentença do Juiz de São Paulo tem a data de 12 de agosto de 1874. Vê-se do processo publicado (ACÓRDÃO 8.520, p. 112) que está assinado pelos seguintes ministros: Barão de Montserrate, Costa Pinto, Cerqueira, Villares, Couto, Albuquerque, Barbosa, Leão, Simões da Silva e Valdetaro.

207. A decisão do Tribunal de São Paulo tem a data de 24 de novembro de 1876 (FARIA, 1926, p. 548).

208. A nova decisão do Supremo Tribunal, contrariando a anterior, de 27 de julho de 1877, foi por 6 votos contra 4. Dos dez juízes anteriores, mantiveram-se honrosamente firmes, no mesmo ponto de vis-

ta: Villares, Albuquerque, Simões da Silva e Valdetaro. Montserrate passou a presidente, sem voto. Um dos juízes primitivos mudou de voto e outro jurou suspeição. Havia cinco novos, e estes, todos divergentes da primeira decisão, formaram a maioria (FARIA, 1926, p. 550).

209. Não é essa a primeira vez que Mauá se manifesta escandalizado contra as decisões da justiça. Já na questão Moura Ferreira, contrariando a Nabuco de Araujo, Mauá, da tribuna da Câmara, agrediu violenta e diretamente os magistrados do Tribunal do Comércio, nomeados por Nabuco e decidindo no pleito a favor deste. Na questão Artley, Wilson & Co., a que Mauá se referiu, seu desafeto, o juiz Albino Barbosa de Oliveira, conseguiu, à última hora, mudar a decisão que lhe ia ser favorável – conforme consta das suas "memórias", em mãos de Americo Jacobina Lacombe, seu parente. Em 15 de setembro de 1861, foram "removidos" os juízes do Tribunal do Comércio – ato de Sayão Lobato, ministro da Justiça de 2 de março de 1861 a 4 de maio de 1862 –, entre os quais o juiz Barboza, que também, por seu lado, nas aludidas "memórias", ainda inéditas, extravasa toda a sua má vontade contra Mauá... Certa vez, por essas decisões contraditórias ou injustas, Mauá chegou ao exagero de propor na Câmara a "aposentadoria forçada" dos magistrados (o que aliás foi feito ao menos uma vez na Bahia), atribuindo-lhe só por isso, mais tarde, no ato de Sayão Lobato, a sua intervenção prestigiosa, atrás das cortinas.

210. A moratória, requerida em 17 de maio.

211. A mudança de atitude do Brasil, auxiliando o revolucionário Flores contra o governo legalmente constituído no Uruguai.

212. A orientação diplomática da nossa política externa – não querendo fazer "reclamação" direta na questão Mauá contra o governo do Uruguai, e resolvendo somente assisti-lo por forma apenas oficiosa.

213. Os fatos ocorridos na Assembleia Geral de 30 de setembro de 1869, narrados por Vieira Bueno, na sua *Autobiografia* (1899).

214. Ver: em notas do tabelião Fialho (hoje Penafiel, Livro 259, fls. 130) essa escritura.

215. Já vimos que se trata do Banco Nacional, em 12 de maio de 1875, do Banco Alemão Brasileiro (Deutsch-Brasilianich Bank) e Banco Mauá & C. – que encerraram as atividades na data acima (VIANA, 1922, p. 487–488).

216. Sobre as atividades de Mauá no Prata – além dos trabalhos de Gabriel Terra e outros escritores uruguaios (Eduardo Acevedo, Palomeque etc.), consultar-se o excelente ensaio da Senhora Lydia Besouchet, *Mauá y su epoca* (1940), onde há muita documentação até aí inteiramente desconhecida dos brasileiros.

217. As presentes indicações devemos à contribuição da Senhora Dona Laura Ganns Sampaio.

ASSINE NOSSA NEWSLETTER E RECEBA INFORMAÇÕES DE TODOS OS LANÇAMENTOS

www.faroeditorial.com.br

CAMPANHA

Há um grande número de pessoas vivendo com HIV e hepatites virais que não se trata. Gratuito e sigiloso, fazer o teste de HIV e hepatite é mais rápido do que ler um livro.

FAÇA O TESTE. NÃO FIQUE NA DÚVIDA!

ESTA OBRA FOI IMPRESSA EM JANEIRO DE 2024